Aus Freude am Lesen

Er gab einer Epoche ihren Namen. Sie war die Hauptfigur in all seinen Romanen. Zusammen waren sie das Traumpaar der Jazz-Ära und der »lost generation«: Erfolgsautor F. Scott Fitzgerald und seine Frau Zelda forderten das Leben heraus, suchten das Glück und endeten in Verzweiflung. Reich und erfolgreich, berüchtigt für ihre verrückten Kapriolen und ihren exzessiven Alkoholgenuss in New York, Paris und an der französischen Riviera waren sie das Idol einer Generation. Doch die Schönen wurden zu Verdammten: exaltierter Lebenswandel, Schaffenskrisen und psychische Probleme führten zum Absturz. Der Mythos aber lebt weiter ...

MICHAELA KARL, geboren 1971, studierte Politologie, Geschichte und Psychologie in Berlin, München und Passau und promovierte mit einer Arbeit über Rudi Dutschke. Mit den Lebensläufen rebellischer Figuren beschäftigt sie sich auch in ihren Büchern. Sie ist Lehrbeauftragte an der Hochschule für Politik in München und Mitglied der Münchner Turmschreiber.

MICHAELA KARL BEI BTB
»Noch ein Martini und ich lieg unterm Gastgeber« Dorothy Parker. Eine Biografie (74493)

Michaela Karl

»Wir brechen die 10 Gebote und uns den Hals«
Zelda und F. Scott Fitzgerald

Eine Biografie

btb

Verlagsgruppe Random House FSC® N001967
Das für dieses Buch verwendete FSC®-zertifizierte
Papier *Lux Cream* liefert Stora Enso, Finnland.

1. Auflage
Genehmigte Taschenbuchausgabe Februar 2013,
btb Verlag in der Verlagsgruppe Random House GmbH, München
Copyright © der Originalausgabe 2011 by Residenz Verlag, St.
Pölten – Salzburg – Wien
Umschlaggestaltung: semper smile, München nach einem Entwurf
von www.boutiquebrutal.com
Umschlagmotiv: © Filius de Lacroix
Druck und Einband: CPI – Clausen & Bosse, Leck
SL · Herstellung: sc
Printed in Germany
ISBN 978-3-442-74652-1

www.btb-verlag.de
www.facebook.com/btbverlag
Besuchen Sie auch unseren LiteraturBlog www.transatlantik.de

*In memoriam
meiner geliebten Mutter
Christl Karl
(1946–2007)*

Für Carmen

SCOTT: »*So um 1921 herum waren wir wahrscheinlich das am meisten beneidete Paar in ganz Amerika.*«

ZELDA: »*Wir waren verdammt gute Schauspieler.*«[1]

Inhalt

Prolog: Gar gekocht in Veuve Clicquot 9

I. *»In einem Haus unter dem Durchschnitt,
in einer Straße über dem Durchschnitt«*
Ein Junge aus dem Mittleren Westen 15

II. *»Die letzte Schöne des Südens«*
Eine Ballkönigin aus Alabama 41

III. *»Ich habe in der Tat die Heldin meiner Romane geheiratet«*
Ein Offizier und ein Wirbelwind 59

IV. *»Kein Boden unter den Füßen«*
Ein Alb-Traum-Paar erobert New York 81

V. *»Wir suchten die Alte Welt auf (...) in der ernsthaften
Überzeugung, dass wir unser altes Ich für alle Zeiten
über Bord geworfen hatten«*
Eine verlorene Generation in Europa 111

VI. *»Wir haben uns jeder selbst ruiniert«*
Ein Glamourpaar im Rosenkrieg 141

VII. *»Du wurdest verrückt und nanntest es Genie«*
Ein verdammtes Schlamassel 169

VIII. *»Für eine von Nacht umfangene Seele ist es immer
drei Uhr morgens«*
Ein Niedergang vor Publikum 201

IX. *»Jetzt, da das Glück verweht ist und die Heimat verloren«*
Ein Romancier in Hollywood 231

X. *»Wir waren dazu bestimmt, uns als Helden zu begreifen«*
Ein Salamander und ein Phönix 263

Epilog: Der zweite Akt 283

Anmerkungen 285
Literatur 303
Textnachweis 311
Bildnachweis 312
Personenregister 313

>»Es gibt alle Arten von Liebe auf der Welt,
aber niemals die gleiche Liebe zweimal.«
F. SCOTT FITZGERALD²

Prolog
Gar gekocht in Veuve Clicquot

Ich muss Ihnen ein Geständnis machen. Ich bin verliebt in zwei Verrückte, die in Abendgarderobe leere Champagnerflaschen die Fifth Avenue hinunterkullern ließen. Die auf der Motorhaube von Taxis sitzend durch Manhattan sausten und in Hoteldrehtüren Karussell fuhren. Die den Champagnerumsatz in New York und an der französischen Riviera in schwindelerregende Höhen trieben und sich bei Gelegenheit auch mal die Kleider vom Leib rissen – was niemanden störte, denn sie waren zwei außergewöhnlich schöne Menschen.

Ja, ich bin verliebt in Zelda und F. Scott Fitzgerald. Und meine Zuneigung wächst in dem Maße, in dem Bücher über Moral, makrobiotisches Essen und Glücksversprechen die Buchhandlungen erobern. Dann doch lieber, wie F. Scott Fitzgerald in seinem Roman »Zärtlich ist die Nacht« schrieb: »gar gekocht in Veuve Clicquot«.³

Als Kind glaubte ich, F. Scott Fitzgerald sähe aus wie Robert Redford und käme in langen weißen Flanellhosen und mit einem strahlenden Lächeln immer gerade vom Tennisplatz. Das war lange, bevor ich »Der große Gatsby« zum ersten Mal las und F. Scott Fitzgerald mein Lieblingsautor wurde. Später lernte ich, dass meine kindliche Phantasie gar nicht so weit von der Realität entfernt war, hielten ihn doch viele seiner Zeitgenossen für den bestaussehenden Mann, dem sie je begegnet waren. F. Scott Fitzgerald war Stilikone und Popidol, umschwärmt und bewundert wie ein Filmstar und ganz nebenbei der größte Trinker unter den amerikanischen Schriftstellern. Und dazu gehört einiges, denn Abstinenz war innerhalb dieser Berufsgruppe nicht sehr weit verbreitet.

F. Scott Fitzgerald war der *golden boy* der 1920er Jahre, die er mit dem Begriff »Jazz-Ära« belegte und einer Epoche damit ihren Namen gab. Er war Chronist und herausragendster Exponent einer Zeit, die eine andere Art von Helden hervorbrachte. Helden, die nach dem Desaster des Ersten Weltkrieges nicht mehr aus Politik und Militär kamen, sondern aus Musik, Literatur, Sport und Abenteuer. Baseballspieler wie Babe Ruth, Schauspieler wie Rudolph Valentino, Musiker wie Louis Armstrong, Komponisten wie George Gershwin, wagemutige Piloten wie Charles A. Lindbergh und nicht zuletzt Schriftsteller wie F. Scott Fitzgerald, Ernest Hemingway und William Faulkner waren die Helden eines neuen Amerikas.

F. Scott Fitzgeralds Aufstieg zum glamourösesten Schriftsteller seiner Zeit hängt maßgeblich mit den Umwälzungen zusammen, welche die 1920er Jahre des letzten Jahrhunderts mit sich brachten. Die USA waren die einzige Nation, die gestärkt aus dem Ersten Weltkrieg hervorging. Nach dem Sieg gaben sie ihre isolationistische Politik auf und gefielen sich in ihrer neuen Rolle als Supermacht. Allerdings hinterließ dieser Sieg bei der Generation, die den Krieg ausgefochten hatte, ein zwiespältiges Gefühl. Die jungen Leute, zu denen auch Fitzgerald gehörte, hatten für die Freiheit und gegen ein korruptes altes Europa gekämpft und auf dem Schlachtfeld den Untergang ihrer Ideale erleben müssen. Nach ihrer Rückkehr warfen sie desillusioniert alle moralischen Skrupel über Bord und widmeten sich fortan einzig dem Vergnügen. Der Krieg hatte hedonistische Zyniker mit unstillbarem Lebenshunger geboren, für die die Werte der Gründerväter keine Bedeutung mehr hatten.

Die 1920er Jahre waren die Jahre des Börsenbooms und des schnellen Geldes. Das politische Selbstbewusstsein der USA spiegelte sich in einem scheinbar grenzenlosen Wirtschaftswachstum wider. Die moderne Konsumgesellschaft löste die puritanische Gesellschaft ab, in der Sparsamkeit und Askese an oberster Stelle gestanden hatten. Geld und Luxus waren die Götter dieses neuen Amerikas. Dies ist die wahre Geburtsstunde des *American way of life*, jener uramerikanischen Art, das Leben zu sehen und jenseits des alten Europas einen eigenen Weg zu beschreiten. Bis zum Schwarzen Freitag im Oktober 1929 schien absolut alles möglich. Es ist die Zeit, in der sich die USA auch kulturell von Europa emanzipieren und Schriftsteller wie Ernest Hemingway, William Faulkner, John Dos Passos oder Thomas Wolfe, die der Konsumgesellschaft kritisch gegenüberstanden, eine eigenständige amerikanische Literatur begründen.

Die 1920er Jahre wurden zum Jahrzehnt der Jugend erklärt, und F. Scott Fitzgerald und seine Frau Zelda zu ihrem König und ihrer Königin. Denn dass der Gralsritter der New Yorker Nachtclubs das schönste Mädchen des Südens geheiratet und an seiner Seite nun eine ebenso kluge wie aufregende Frau hatte, machte die beiden zum Traumpaar der *Roaring Twenties*. Und dass sich ihr spektakuläres Eheleben in aller Öffentlichkeit abspielte, machte sie zu den erklärten Lieblingen der Klatschpresse. Bereits Anfang der 1920er Jahre hatte Zeitungszar Randolph Hearst zwei Reporter beauftragt, das Paar rund um die Uhr zu begleiten und minutiös über alles zu berichten, was die beiden anstellten. Und das war eine ganze Menge. Dass F. Scott Fitzgerald neben all den Skandalen, die er lieferte, einer der bedeutendsten Schriftsteller seines Jahrzehnts war, ging darüber fast unter. Dabei gelang es ihm wie keinem Zweiten, das Lebensgefühl der 1920er Jahre einzufangen und sehr wohl auch die zerstörerische Seite zu zeigen, die dem amerikanischen Traum innewohnte.

Die wahnsinnige Liebesgeschichte der Fitzgeralds fand Eingang in Artikel, Biografien, Romane und Essays, die ich von jeher mit größter Neugierde verschlang. Dabei fiel mir auf, dass es von Anfang an zwei Lager gab, die sich unversöhnlich gegenüberstanden. Da waren die, die für Zelda Partei ergriffen und Scott für das grausame Schicksal seiner Frau verantwortlich machten. Dieses Lager wurde vor allem mit der zweiten Welle der Frauenbewegung in den späten 1960er Jahren immer größer. Auf der anderen Seite standen all diejenigen, die in Zeldas Lebenshunger und Egoismus die Schuld für Scotts Tragödie suchten. Dazu gehörten viele ihrer Freunde und Zeitgenossen.

In den letzten Jahren bekam das Zerrbild von F. Scott Fitzgerald, dem Unterdrücker und Tyrannen, neue Nahrung. Das Genre der Romanbiografie nahm sich Zeldas Geschichte an und schilderte mit dichterischer Freiheit ihren Absturz um einiges dramatischer, als dieser ohnehin gewesen war. Ich las es mit Befremden. Natürlich ist mir bewusst, wie viele Genies ausgesprochene Unsympathen waren. Doch F. Scott Fitzgerald wird von Zeitgenossen übereinstimmend als sensibler und loyaler Mann beschrieben. Konnte ein Mann, dessen Sprache so fein, so poetisch war, ein solches Scheusal sein? Es fiel mir schwer, das zu glauben; doch ich kenne die unzähligen Beispiele unterdrückter weiblicher Kreativität zu gut, um das in Zeldas Fall als Humbug abzutun. Ich beschloss, mir selbst ein Bild von der Situation zu machen und zu hören, was die beiden Hauptdarsteller dieses Dramas zu ihrer Verteidigung zu sagen haben. Wer, wenn nicht sie, konnten mir die Frage beantworten, die mir auf der Seele brannte: Wer hat hier wen zugrunde gerichtet?

Und so begab ich mich auf eine lange Reise, zurück in eine Zeit, in der Männer noch Brooks-Brothers-Anzüge und Pomade im Haar trugen. In der Alkohol verboten und ein Rock, der über dem Knie endete, ein Novum waren. In der ein Bubikopf als Skandal und ein separater Bühneneingang für schwarze Künstler als normal galten. In der Jazz die Musik der rebellierenden Jugend war und die Menschen auf mächtigen Ozeandampfern den Atlantik überquerten.

Es wurde für mich eine Reise kreuz und quer durch Nordamerika: von New York über Minnesota nach Alabama und von dort aus weiter nach Los Angeles. Unterschiedlichere Landschaften und Menschen kann man sich kaum vorstellen, und doch haben sie alle das Leben der Fitzgeralds beeinflusst. Zelda und F. Scott Fitzgerald zu folgen ist nicht schwer, haben sie doch ihr Leben in Romanen, Kurzgeschichten und Artikeln exakt beschrieben, ja ihre Protagonisten sogar oft unter denselben Adressen untergebracht, unter denen sie selbst lebten. F. Scott Fitzgerald führte ein Kontobuch, in dem er Jahr für Jahr alles, was passierte, akribisch notierte, um dann doch irgendwann den Überblick über sein Leben komplett zu verlieren. Mir half es dabei, einen Überblick zu gewinnen, über sein Schaffen, sein Leiden, seine finanziellen Verhältnisse, seine Erfolge und Niederlagen, seine Freunde und Gegner, seine Aufenthaltsorte, Krankheiten und nicht zuletzt über sein Leben mit Zelda. In seinen Texten hat F. Scott Fitzgerald mir verraten, dass Irving Berlin sein Lieblingskomponist war, Charlie Chaplins Film »Der Pilger« sein Lieblingsfilm und »Der Held der westlichen Welt« von John M. Synge sein bevorzugtes Theaterstück. Dass er die englischen Romantiker George Byron und Percy Shelley liebte und John Keats sein Lieblingsdichter war, war nicht schwer herauszufinden. Er trank gerne Bier, Coca-Cola und Gin und schrieb zeitlebens mit Bleistift. Dass er selten vor ein Uhr mittags aufstand und zwischen fünf Uhr nachmittags und halb vier Uhr morgens am produktivsten war, hat mich schwer beeindruckt. Er aß gerne Ente in Orangensauce und Pilzsuppe, und als kleiner Junge wollte er nichts Geringeres als der König der Welt werden. Ich begegnete einem Mann, der hin- und hergerissen war zwischen dem Wunsch, einen Megaseller zu landen und damit reich und berühmt zu werden, und dem Anspruch, etwas von dauerhafter Qualität zu schreiben, und der an dem Versuch, beides zu vereinen, fast zerbrochen wäre. Der genau wie seine Romanhelden nach außen hin vor Selbstbewusstsein strotzte und doch tief in seinem Inneren durch die Ausbeutung seiner Seele Höllenqualen litt. Einem Mann, den seine Freunde für einen guten Menschen hielten und von dem Ernest Hemingway sagte, er habe keinen treueren Freund gehabt als Scott Fitzgerald – wenn er nüchtern war.[4]

Zelda berichtete mir von ihrem Traum, Primaballerina zu werden und ansonsten zu leben und zu lieben und zu sterben, wie es ihr beliebte. Von der Unmöglichkeit, mit einem Trinker und Träumer zu leben, von ihren Kämpfen um Eigenständigkeit und Selbstverwirklichung und wie wenig sie Ernest Hemingway leiden mochte. Mit den Fitzgeralds auf große Fahrt zu gehen, führt nicht nur in die Archive der altehrwürdigen Universität Princeton oder nach South Carolina zur größten Fitzgerald-Sammlung in den USA, sondern vor allem in die schönsten Städte der Welt, nach New York, Paris und London, zu Sommerhäusern, Stadtapartments und Hotelzimmern in Südfrankreich und den Hamptons auf Long Island. Die Fitzgeralds sind dabei der beste Reiseführer, haben sie doch beinahe jedes Hotel, in dem sie abgestiegen sind, literarisch verewigt. Sie hatten stets einen Hang zu Luxushotels, egal wie knapp sie bei Kasse waren. Ich denke, sie wären wenig begeistert, wenn sie wüssten, dass ihr New Yorker Hauptquartier, das Plaza Hotel, heute statt aus Suiten vor allem aus den unvermeidlichen »Condos« für Superreiche besteht. Dass an der Stelle, an dem das legendäre Garden of Allah Hotel in Hollywood stand, heute ein McDonald's ist und das Beau Rivage in Nizza statt mit Chesterfield-Sofas jetzt mit Designermöbeln protzt. Und darüber, dass das Anwesen auf Great Neck, das Fitzgerald einst zu seinem Jahrhundertroman »Der große Gatsby« inspirierte, 2011 von Baggern platt gemacht wurde, um den Grund zu parzellieren und teuer zu verkaufen, hätten sie sich wahrscheinlich ebenso empört, wie es die *New York Times* tat.

In Hunderten von Briefen haben Zelda und F. Scott Fitzgerald dokumentiert, wie viel ihnen dieses gemeinsame Leben abverlangte und was sie dazu trieb, Entscheidungen zu fällen, die ihnen die Nachwelt heute zum Vorwurf macht. Auch in ihren literarischen Texten beschrieben sie ihr Leben, ließen ihre Figuren aber auch Dinge tun und sagen, zu denen sie sich in der Realität außerstande sahen. Ihre Geschichten waren immer auch Nachrichten an den andern. Es war ihre Art, miteinander zu kommunizieren, auf Verletzungen hinzuweisen und Warnungen auszusprechen, keine weitere Grenze zu überschreiten. Dass sie diese Warnungen allesamt ignorierten und rast- und rücksichtslos weitermachten, führte schließlich dazu, dass aus Hotelbetten Klinikbetten wurden und aus Hausangestellten Krankenschwestern. Pietro Citati schrieb in seinem Essay über das Paar: »Zelda und Scott Fitzgerald waren sich zu nah, so nah, wie Menschen einander selten sind; und das Übermaß an Nähe zwischen Göttern und Menschen, wie zwischen Männern und Frauen, verbrennt die Herzen und die Leben. (...) Sie waren ein und dieselbe Person, mit zwei Herzen und zwei Köpfen; und diese Herzen und Köpfe wandten sich leidenschaftlich zueinander, gegeneinander, bis sie in einem einzigen Feuer brannten.«[5]

Zelda und F. Scott Fitzgerald waren zwei Seiten einer Medaille. Nichts und niemand hätte sie aufhalten können. Sie standen einander in nichts nach, nicht an verrückten Ideen, nicht an Egozentrik, nicht an Kreativität. Hätten sie gewusst, wie alles enden würde, hätten sie wohl dennoch keinen Tag anders gelebt. Ihre Tochter Scottie hat einmal über sie gesagt: »Ich glaube, in den Jahren, in denen sie glücklich waren, haben sie sich mehr amüsiert und mehr erlebt als die meisten Leute in ihrem ganzen Leben. Und für diese Qualität ihres Lebens mussten sie eben mit einem frühen Tod bezahlen.«[6]

* * *

Ich bin mittlerweile an der französischen Riviera angekommen. Juan-les-Pins ist das Ende meiner Reise. Ein letztes Mal noch packe ich die Koffer aus. Hier im Hotel Belles Rives haben die Fitzgeralds 1926 einen Sommer lang gelebt. Damals war es noch kein Hotel; heute hängen ihre Fotos in der Lobby. Es ist der letzte Abend meiner Reise auf den Spuren von Zelda und F. Scott Fitzgerald und ihrem verrückten Leben und ich werde mir heute ein Glas Champagner genehmigen und auf sie anstoßen. Aus der Bar »Fitzgerald« klingt Musik. Der Mann am Klavier spielt Cole Porter. Welche Nummer? Na was wohl: »Anything goes« – Alles ist erlaubt!

Hotel Belles Rives, Juan-les-Pins, im Januar 2012

> »Ich möchte einer der größten Schriftsteller
> aller Zeiten werden. Du nicht?«
> F. SCOTT FITZGERALD ZU EDMUND WILSON[7]

I.
»In einem Haus unter dem Durchschnitt, in einer Straße über dem Durchschnitt«
Ein Junge aus dem Mittleren Westen

»Es gehört zu meinen lebhaftesten Erinnerungen, wenn ich zur Weihnachtszeit von der Schule und später vom College in die Ferien nach Hause fuhr. Wenn wir (…) in den Winterabend hinausfuhren, die trüben Lichter kleiner Wisconsin-Bahnhöfe an uns vorbeisausten und der wirkliche Schnee, unser heimatlicher Schnee, sich zu beiden Seiten auf den Feldern hinbreitete und in Flocken am Coupéfenster glitzerte, dann spürte man plötzlich ein scharfes wildes Ziehen in der Luft. Wir atmeten sie in tiefen Zügen, wenn wir vom Speisewagen über die offenen Plattformen zu unserem Abteil zurückgingen. Das waren die Stunden, in denen uns das Gefühl unsäglichen Einsseins mit diesem Lande seltsam überkam, ehe wir dann wiederum unauffällig mit ihm verschmolzen. Das ist mein Mittelwesten – nicht die Weizenfelder, die Prärien oder die verstreuten Schwedenstädtchen, sondern die erregenden Heimkehrzüge meiner Jugend, die Straßenlaternen und Schlittenglöckchen in der frostigen Dunkelheit und die Schatten der Weihnachtskränze vor den erleuchteten Fenstern im Schnee. Mit alledem fühle ich mich verbunden.«[8]

So romantisch verklärt wie in seinem Erfolgsroman »Der große Gatsby« betrachtete F. Scott Fitzgerald seine Kindheit im Mittleren Westen nicht immer. Als Heranwachsender wollte er nichts wie weg aus St. Paul, Minnesota, wo er am 24. September 1896 geboren wurde. Grover Cleveland, der einzige Präsident der USA, dessen zwei Amtszeiten nicht unmittelbar aufeinander folgten, ist gerade zum zweiten

Mal Präsident und St. Paul, obgleich die Hauptstadt des 1858 gegründeten Bundesstaates Minnesota, für Scott tiefste Provinz. Es ist das Land der 10 000 Seen, das Land von Laura Ingalls Wilder, die mit ihren Kindheitserinnerungen »Unsere kleine Farm« die Besiedlung des Westens für Generationen von kleinen Lesern greifbar gemacht hat. Während dieser Besiedlung war St. Paul dank seiner Lage am Mississippi zu einem wichtigen Handelsstützpunkt geworden. Das Land, den Ureinwohnern abgeluchst, hatte sich rasch entwickelt. Der letzte Aufstand der Indianer gegen die Siedler 1862 war lang vergessen, die meisten Sioux waren im Reservat von Nebraska untergebracht. Als Scott geboren wird, gibt es in der Kleinstadt alle Arten von Schulen sowie zahlreiche Theater und Museen. Ihren wirtschaftlichen Höhepunkt hatte sie erlebt, als Eisenbahnmagnat James J. Hill Ende der 1880er Jahre St. Paul zum Ausgangspunkt der *Great Northern Railway* machte, mit der der Nordwesten der USA erschlossen wurde. Seine Villa thront hoch über der Stadt, ein Palast mit allem erdenklichen Komfort wie Badezimmer, Speisenaufzug und elektrischem Licht.

Fitzgeralds Großvater mütterlicherseits, Philip Francis McQuillan, war einst dem Treck nach Westen gefolgt. 1843 war er als Neunjähriger mit seinen Eltern aus Irland in die Vereinigen Staaten gekommen. Mit 23 Jahren zog er von Illinois nach St. Paul, wo er es bald zu einem eigenen Kolonialwarengeschäft brachte. Der gläubige Katholik profitierte vom Aufschwung des Westens und hinterließ bei seinem frühen Tod 1877 seiner Frau nicht nur ein Privatvermögen von 266 289,49 Dollar, sondern auch einen florierenden Großhandel. Dies ermöglichte der Witwe und ihren Kindern ein angenehmes Leben in einer gutbürgerlichen Umgebung sowie diverse Europareisen zur Vertiefung von Sprach- und Kulturkenntnissen. F. Scott Fitzgeralds Mutter Mary, genannt Mollie, geboren 1860, ist die älteste von fünf Geschwistern, die mit ihrer Mutter ein relativ zurückgezogenes Leben führten. Denn obwohl Philip McQuillan ein angesehener Geschäftsmann war, gehört die Familie beileibe nicht zur High Society von St. Paul. Mollie McQuillan vertreibt sich die Zeit zumeist mit einem Buch. Ansonsten wartet sie auf den richtigen Mann. Doch da sie weder sonderlich hübsch noch charmant ist, zerschlägt sich mehr als eine Hoffnung auf eine gute Partie. Kurz bevor ihr mit 29 Jahren der Stempel der alten Jungfer aufgedrückt wird, heiratet sie am 12. Februar 1890 den 37-jährigen Edward Fitzgerald, Inhaber einer kleinen Firma für Korbmöbel.

Edward Fitzgerald wurde 1853 in Rockville, Maryland, geboren. Die gesamte Familie stand während des Bürgerkriegs offen auf Seiten der Konföderierten, seine Cousine Mary Surratt wurde wegen Verschwörung zur Ermordung Präsident Lincolns gehängt. Eine Geschichte, für die sich Scott weniger erwärmen konnte als Robert Redford, der 2011 ihren Fall in dem von der Kritik hoch gelobten Film »Die Lincoln Verschwörung« in die Kinos bringt. Edward Fitzgerald selbst lotste während des Krieges Spione durch feindliches Gebiet. Nach Ende des Sezessionskrieges ging er nach St. Paul, um hier sein Glück zu machen. Edward Fitzgerald ist ein vornehmer Südstaatler, immer gut gekleidet und mit perfekten Manieren. Dass er geschäftlich ein Versager ist, bleibt der glücklichen Braut vorerst verborgen. Denn dass dieser attraktive Mann ausgerechnet sie erwählt hat, beeindruckt die unscheinbare Mollie so sehr, dass sie zu spät erkennt, wie antriebslos er eigentlich ist. In den ersten Jahren ihrer Ehe sind Mollie und Edward dennoch sehr glücklich. Zwei Töchter komplettieren dieses Glück. Doch dann schlägt das Schicksal grausam zu. Die Töchter Louise und Mary sterben 1896 an einer Epidemie. Nur wenige Monate danach wird Francis Scott Key Fitzgerald geboren. Der Verlust der beiden Mädchen führt dazu, dass das Baby, das am Nachmittag des 24. Septembers in der Laurel Avenue 481 das Licht der Welt erblickt, innerhalb der Familie einen hohen Stellenwert hat: »Drei Monate, bevor ich geboren wurde, verlor meine Mutter ihre beiden Kinder und ich denke, damit hat alles angefangen, obwohl ich nicht genau weiß, wie es sich exakt vollzogen hat. Ich glaube aber, damals habe ich angefangen, ein Schriftsteller zu werden«, wird Scott später in einem Interview sagen.[9]

Das über zehn Pfund schwere Baby wird nach dem berühmtesten Vorfahren seines Vaters benannt: dem Schöpfer der amerikanischen Nationalhymne »The Star Spangled Banner«, Francis Scott Key. Allerdings ist diese Verwandtschaft viel weitläufiger, als Scott dies später gerne darstellt: Philip Key, der Urgroßvater von Francis Scott Key, ist der Urururgroßvater des kleinen Scotts, der sich selbst als Mischung aus finsterstem Irland und altem Amerika sehen und in dieser Mischung aus Tradition und schnellem Geld einen »zweizylindrigen« Minderwertigkeitskomplex entwickeln wird: »Wenn ich morgen zum König von Schottland gewählt werden würde, nachdem ich Eton und Magdalen College abgeschlossen habe, mit einem Stammbaum, der mich als einen der Plantagenets ausweist, dann wäre ich immer noch ein Parvenü.«[10] Was Scott rückblickend über seine Kindheit denkt, schreibt er in seinem »Ledger«, seinem Kontobuch, nieder, in dem er von seinem 14. Lebensjahr an bis 1937 über sein Leben, das private und das berufliche, Buch führt. Jahr für Jahr, beginnend und endend an seinem Geburtstag. So sollen seine ersten Worte, gesprochen im Juli 1897, gleich sein Lebensmotto beinhaltet haben: »nach oben«.[11] Dass er fünf Monate später schwer an Bronchitis erkrankt, liest sich folgendermaßen: »Ein Spezialist wurde zu Rate gezogen. Da seine Empfehlungen jedoch nicht befolgt wurden, überlebte das Kind.«[12] Auch dass die Familie nach dem Bankrott des Vaters kurze Zeit später St. Paul verlassen muss, nimmt Scott locker: »Nachdem er St. Pauls überdrüssig war, zog er gen Osten nach Buffalo, New York, und ließ sich mit seinen Eltern in Lennox nieder.«[13] Sein Vater arbeitet nun als Seifenvertreter für Procter & Gamble. Im Januar 1900 bekommt Scott ein Schwesterchen, das kurz nach der Geburt stirbt, und auch ansonsten behält er den Jahrhundertwechsel in unangenehmer Erinnerung: »Er feierte das neue Jahrhundert, indem er einen Penny verschluckte und an Masern erkrankte. Beides wurde er wieder los.«[14]

Im März 1900 kommt Scott in die Vorschule. Bereits am ersten Tag veranstaltet er einen solchen Zirkus, weint und schreit so lange, bis ihn die Mutter wieder abmeldet, obwohl der Vater dagegen ist. Doch der kleine Charmeur im Matrosenanzug hat seine Mutter fest im Griff. Statt Vorschule folgt ein weiteres Jahr einer unbeschwerten Kindheit, die geradewegs aus Mark Twains »Tom Sawyer« stammen könnte. Er liefert sich Seifenkistenrennen mit seinen Freunden, wirft Steine nach den Botenjungen und feiert Kindergeburtstage. 1901 wird Edward Fitzgerald nach Syracuse versetzt, die Familie zieht erneut um. Unbehelligt von der Geburt seiner Schwester Annabel im Juli des gleichen Jahres ist der kleine Scott auch hier überall vorn dabei. Er liefert sich Boxkämpfe mit anderen Jungen und hält von der Pritsche eines Lastwagens aus flammende Reden ans Volk: »Freunde, Römer, Landsleute«. Bei einer Rauferei zieht ihm ein Nachbarsjunge mit dem Baseballschläger eins über, eine Narbe auf der Stirn wird ihn lebenslang daran erinnern. 1902 muss auch Scott in die Schule. Er entschließt sich zu bleiben und wird zum Klassenprimus, als es ihm gemeinsam mit einer Schulkameradin gelingt, das Wort »Katze« richtig zu buchstabieren. Der kleine Junge ist ein glühender Patriot und als Anhänger des amerikanischen Revolutionshelden Paul Revere Mitglied in der »National Society of Children of the

American Revolution«. Folgerichtig reißt er als Sechsjähriger am 4. Juli, dem amerikanischen Nationalfeiertag, von zu Hause aus: »Zur Strafe wurde mir der Hintern versohlt und ich konnte das Feuerwerk abends von der Veranda aus nur mit heruntergelassener Hose verfolgen.«[15] Viel schwerer wiegt für ihn, dass zu seiner Geburtstagsparty im September keiner kommt. Ist er doch nicht so beliebt, wie er glaubt? Er wird es nicht mehr herausfinden, denn noch im selben Monat kehrt die Familie zurück nach Buffalo in eine Wohnung in Irving Place 29.

Hier besucht er nun die Schule im Holy Angels Convent. Begeistert ist er nicht. Mit seiner Mutter handelt er den Deal aus, jeweils nur einen halben Tag hingehen zu müssen und sich die jeweilige Tageshälfte selbst aussuchen zu dürfen. Zum ersten Mal erlebt er eine Theateraufführung. Er ist hellauf begeistert, beginnt die Szenen zu Hause nachzuspielen. Sein Gedächtnis ist fabelhaft, was sich auch später, als er Schriftsteller ist, immer wieder zeigen wird. Gewandet in Decken und Laken deklamiert Scott vor den Nachbarskindern. Am liebsten aber hält er sich in der Bibliothek auf: »Eines der großartigsten Ereignisse meines Lebens war, glaube ich, als ich zum ersten Mal ein Buch in Händen hielt. Es war nur ein Kinderbuch, aber es erfüllte mich mit den traurigsten und leidenschaftlichsten Emotionen.«[16] Der Beginn einer lebenslangen Leidenschaft.

1905 zieht die Familie in eine der besseren Gegenden Buffalos, die Highland Avenue 71, in ein extravagantes, mit Schindeln gedecktes Haus mit Turm. Der Umzug bringt einen erneuten Schulwechsel mit sich: Miss Nardens katholische Privatschule für Knaben. Scott nimmt es sportlich, sieht es als Herausforderung, sich immer wieder neue Freunde suchen zu müssen. Zum Glück ist er nicht schüchtern. Dazu kommt, dass aus dem pummeligen Baby ein hübscher, feingliedriger Junge mit großen Augen geworden ist, die je nach Lichteinstrahlung grau, grün oder blau schimmern. Allerdings ist er mit seinen neun Jahren auch ein ziemlicher Klugscheißer, was Fragen wie »Mutter, wenn ich erst einmal ein großer Junge bin – darf ich dann alle jenen Dinge haben, die ich eigentlich nicht haben soll?«[17] eindeutig belegen. Er sieht bereits eine glorreiche Zukunft für sich voraus. Zunächst einmal aber heißt es bei Miss Narden zu überleben, wo ihm die Lehrer, seiner Ansicht nach, nicht wohl gesonnen sind. Als er sich einmal hartnäckig weigert, Mexico City als Hauptstadt Mittelamerikas zu akzeptieren, wird er gar ins Direktorat gerufen und zu seiner großen Empörung völlig ungerechtfertigt gemaßregelt.

Seine Begeisterung für Bücher und die amerikanische Geschichte schlägt sich schon früh in ersten Schreibversuchen nieder. Zu gern würde er seine Texte im legendären Jugendmagazin *St. Nicholas* gedruckt sehen, das er geradezu verschlingt. Doch sein ehrgeiziges Projekt einer großen Historie der Vereinigten Staaten kommt über die Schlacht von Bunker Hill nicht hinaus. Nur wenig besser zurande kommt er mit einer Kriminalgeschichte, einer Variation des »Ivanhoe«, sowie einer Abhandlung über George Washington und den heiligen Ignatius von Loyola. Seine Eltern sorgen dafür, dass neben all der Schreiberei noch genügend Zeit für die Fahrt in ein Feriencamp nach Orillea, Ontario, bleibt, wo er leider selbstkritisch feststellen muss, wie hoffnungslos unbeliebt er ist. Der Sommer im Camp macht ihm klar, wie wichtig dagegen sportliche Erfolge sind: Er erkennt darin die schnellste Möglichkeit, sich Anerkennung, Ruhm und Ehre zu verschaffen. Sofort nach seiner Rückkehr wird er Mitglied einer Footballmannschaft, obwohl er sich bisher nie für Sport interessiert hat. Ein Spitzenspieler wird er nicht. Dafür bewahrt er immer Contenance, nie hört man ihn fluchen oder brüllen. Eine Art, die vor allem bei den Mädchen gut ankommt. Er ist der beliebteste, wenn auch nicht beste Tänzer in Mr. Van Arnums Tanzschule. Als Einziger erscheint Scott dort im schwarzen Anzug mit Abendschuhen. Bei der Polonaise macht er mit Kitty Williams seine erste Eroberung: »Am nächsten Tag erzählte sie Marie Lautz, dass ich in ihrem Herzen an dritter Stelle stehe. Marie erzählte es Dorothy Knox, die es ihrerseits Earl berichtete. Ich erinnere mich nicht, wer an erster Stelle stand, aber ich weiß, dass Earl Zweiter war, und da ich von ihrem Charme schon völlig überwältigt war, beschloss ich an Ort und Stelle, dass ich den ersten Platz erobern würde.«[18] Erster zu sein ist eines der wichtigsten Dinge in seinem noch jungen Leben – und wird es für immer bleiben.

Das Jahr 1908 erlebt Scott als Einschnitt. Im März wird sein Vater bei Procter & Gamble entlassen: »Am Morgen hatte er als vergleichsweise junger Mann voll Kraft und Zuversicht das Haus verlassen. Am Abend kehrte er als alter Mann zurück, völlig gebrochen. Er hatte seine ganze Motivation, all seine Antriebskraft verloren. Er blieb ein Versager für den Rest seines Lebens.«[19] In der ihm eigenen Dramatik sieht Scott sich und die Seinen schon im Armenhaus. Davon kann allerdings dank Mollies finanziellem Hintergrund keine Rede sein.

Geschlagen kehrt die Familie nach St. Paul zurück. Die Kinder kommen im Haus der Großmutter unter, die Eltern bei einem Freund. Erst im Herbst beziehen sie alle zusammen das Haus in der Holly Avenue 514. Edward versucht sich im Geschäft seines Schwagers als Vertreter im Lebensmittelgroßhandel, doch ohne die finanzielle Unterstützung seiner Schwiegermutter könnte er die Familie nicht ernähren. Kein Tag vergeht, an dem Mollie Scott nicht daran erinnert: »Wo wären wir bloß ohne deine Großmutter McQuillan?« Hinter vorgehaltener Hand erzählt man sich in der Stadt, dass Edward Fitzgerald sogar die Briefmarken auf seine Frau anschreiben lässt. Er wird beruflich nie wieder auf die Beine kommen und von der feinen Gesellschaft St. Pauls gemieden werden.

Scott liebt seinen Vater und schätzt dessen feine Manieren und den noblen Südstaatenhintergrund, doch das erneute Versagen seines Vaters im Geschäftsleben macht es ihm schwer, ihn zu bewundern. Ist er doch selbst voller Tatendrang. Die Lethargie seines Vaters ist ihm fremd. Jahre später wird er an seinen Agenten schreiben: »Sein eigenes Leben war, nach einem durchaus vielversprechenden Start in den 1870er Jahren, eine einzige Pleite. Er lebte stets in Mutters Schatten, und meine Erfolge dienen ihm jetzt als Ersatzbefriedigung.«[20]

Schon als kleiner Junge kann Scott sein wichtigstes Ziel im Leben benennen: dazugehören. Dazugehören zu den Reichen und Mächtigen. »Nach oben«, so lauteten seine ersten Worte, und die stehen unverrückbar auf dem Wegweiser, nach dem er sein Leben gestaltet.

Damit hat er die Richtung eingeschlagen, die seine Mutter ohnehin für ihn vorgesehen hat. Auch als Kompensation für das Versagen ihres Mannes konzentriert sich Mollie Fitzgerald voll und ganz auf ihren Sohn Scott. Aus dem Jungen soll etwas Großes werden. Dafür sind ihr keine Mühe und keine Ausgabe zu groß. Scott sieht immer aus wie aus dem Ei gepellt, seine Anzüge sind immer einen Tick zu elegant. Während seine Spielkameraden Plastrons tragen, hat er voller Stolz Seidenfliegen in verschiedenen Farben umgebunden und eine Eton-Mütze auf dem Kopf. Während sie Scott immer nach der neuesten Mode ausstaffiert, legt Mollie kurioserweise auf ihr eigenes Erscheinungsbild wenig Wert, kleidet sich vielmehr ausgesprochen unvorteilhaft. Ihr Haar ist so zerzaust und ihr Hut sitzt so windschief, dass manche Kinder sie für eine Hexe halten, wenn sie mit ihren viel zu langen Röcken über die Straße schlurft. Ein Eindruck, der sich durch ihr absonderliches Verhalten noch verstärkt. Sie gilt als extrem taktlos. Selbst die

Nachbarn machen einen großen Bogen um sie, vermeiden geflissentlich jegliche Unterhaltung. Wer sich dennoch in ein Gespräch verwickeln lässt, kann sein blaues Wunder erleben. In der Straßenbahn trifft Mollie eines Tages eine Dame, deren Mann schwer krank ist. Nachdem diese sie anspricht, weil Mollie sie ungeniert von oben bis unten mustert, meint sie trocken: »Ich versuche mir gerade vorzustellen, wie Sie in Trauerkleidung aussehen werden.«[21] So gedankenlos sie gegenüber Fremden ist, so nachsichtig ist sie gegenüber Scott. Den liebt sie abgöttisch, verhätschelt ihn nach Kräften. Eine Erziehung mit Folgen. Er ist bald so eitel, dass die Nachbarsjungen sich weigern, mit ihm zu spielen. Nach außen hin gibt er sich unbeeindruckt: »Bis ich 15 war, wusste ich nicht mal, dass es außer mir noch irgendjemand anderen auf der Welt gab.«[22] Doch in Wahrheit ist sein zur Schau gestelltes Selbstbewusstsein nur Fassade. Kritik oder gar Ablehnung bringt ihn völlig aus dem Konzept. Eine kleine unfreundliche Bemerkung genügt, und er ist so verunsichert, dass er sich noch arroganter gibt als üblich. Mollie macht aus Scott einen Außenseiter, der, je mehr sich die anderen von ihm abwenden, um so verzweifelter versucht dazuzugehören.

Die übertriebene Fürsorge seiner Mutter ist ihm peinlich – beinahe noch peinlicher als ihr Benehmen und ihr vernachlässigtes Äußeres. Wie anders ist doch da sein kultivierter Vater, der das Haus nie ohne Spazierstock verlassen würde. Wäre da nicht sein berufliches Desaster, könnte der Vater durchaus als Vorbild durchgehen. Doch zu seinem großen Bedauern hat dieser zwar den richtigen Stammbaum, aber kein Geld, und bei seiner Mutter ist es genau umgekehrt. Scott verachtet seine Eltern und wird ihnen später eine große Mitschuld an seinem Scheitern geben: »Es ist wahrlich kein Wunder, dass ich durchdrehe. Mein Vater ist ein Schwachkopf und meine Mutter eine Neurotikerin, halb wahnsinnig mit pathologischen Angstzuständen. Miteinander haben und hatten sie nicht mal so viel Grips wie (US-Präsident – M.K.) Calvin Coolidge.«[23] Weder Vater noch Mutter entsprechen Scotts Vorstellung von den passenden Eltern, und so beginnt er früh damit, sich einzureden, er sei ein Findelkind, höchstwahrscheinlich der Sohn eines großen Königs.

Im September 1908 kommt Scott auf die St. Paul Academy, eine konfessionsungebundene Privatschule für Knaben. Unsicher, was seine Person und seine Position anbelangt, schießt der begnadete Selbstdarsteller auch hier immer wieder über das Ziel hinaus. Er ist schlichtweg ein arroganter Schnösel, der es liebt, im Mittelpunkt zu stehen. So lernt er die Titel von Büchern auswendig, um hinterher so zu tun, als hätte er sie gelesen. Als er mit seiner Mutter einmal ein Nonnenkloster besucht, deklamiert er zum Entzücken der Nonnen auf der Klostertreppe selbstverfasste Zeilen. Haben seine Eltern Gäste, dann singt Scott ihnen etwas vor – mit unterdurchschnittlicher Stimme. In der Schülerzeitung *St. Paul Academy Now and Then* ist bald zu lesen, dass er zwar vor heimlichem Wissen schier übersprudle, aber, so schließt der Verfasser: »Wenn irgendjemand Scott vergiften oder ihm sonst irgendwie das Maul stopfen könnte, wären ihm die gesamte Schule und ich persönlich sehr verbunden.«[24] Beim Sport erweist er sich erneut als ehrgeizig, aber talentfrei. Wie um das Gegenteil zu beweisen, kämpft er um jeden Ball, jeden Punkt, jeden Sieg. Noch immer ist er nicht unbedingt der Junge, mit dem man gerne befreundet ist, doch sogar seine Gegner müssen zugeben, dass dort, wo Scott ist, immer etwas los ist. Er gründet mehrere Geheimclubs mit Namen wie »White Handkerchief Club«, The Boys' Secret Service, of St. Paul«, »The Cruelty to Animals Society« und »The Scandal Detectives«. Die Aufnahmebedingungen sind hart: »Das erste Mitglied war Cecil, und Paul und ich unterzogen ihn einer ganz scheußlichen Aufnahmeprüfung, die darin bestand, ihn rohe Eier essen zu lassen und ihn mit Säge, Eis und Nadel zu traktieren.«[25] Scott sprüht vor verrückten Ideen. Einmal ruft er bei einer Prothesenfirma an und ordert ein Holzbein für sich. Ein andermal gibt er in der Straßenbahn den Betrunkenen – mit 13. So wenig ihn die Kinder mögen, so sehr mögen ihn deren Eltern. Scott gelingt durch Aussehen und Benehmen das, was seinen Eltern verwehrt bleibt – er verkehrt in den besseren Kreisen von St. Paul. Selbst sein Großvater, so erfolgreich er auch gewesen war, hatte das nicht geschafft. Die Aristokratie der Neuen Welt unterliegt ebenso strengen Gesetzen wie die Hierarchien im alten Europa. Die oberen Zehntausend von St. Paul gehen auf die ersten Einwanderer zurück und sind vor Jahrzehnten aus dem Osten gekommen. Die Armutseinwanderer des 19. Jahrhunderts haben kaum Chancen, in ihren Kreis aufgenommen zu werden. St. Paul ist eine stolze Dreigenerationenstadt, das weiß Scott längst: »Ganz oben standen diejenigen, deren Großeltern etwas aus dem Osten mitgebracht hatten, sei es nun eine Menge Geld oder Kultur; dann kamen die Familien der Self-Made-Männer, die alten Siedler der 1860er und 1870er Jahre, Amerikaner englischer, schottischer, deutscher oder irischer Abstammung. Die sahen genau in dieser Reihenfolge aufeinander herab.

Auf die Iren weniger aus religiösen Gründen, die französischen Katholiken waren ziemlich angesehen, sondern mehr aufgrund der politischen Korruption im Osten. Nach all denen kamen schließlich die wohlhabenden Neuankömmlinge, die galten irgendwie als mysteriös, mit einer nebulösen Vergangenheit und möglicherweise unsolide.«[26] Es ist eine Umgebung, in der man beizeiten ein feines Gespür für die sozialen Unterschiede entwickelt, die im Land der Freiheit herrschen. Kleinigkeiten entscheiden darüber, ob man dazugehört oder bloß geduldet ist. Und auch wenn Scott mit denen, die dazugehören, verkehrt, fühlt er sich als Außenseiter. In seinen stark autobiografischen Basil-Duke-Lee-Geschichten wird deutlich, wie sehr F. Scott Fitzgerald verstand, dass er, wenn es darauf ankommt, nicht dazugehören wird. Obwohl die vielen Umzüge die Familie zumindest geografisch näher an die High Society heranbringen, bleibt doch die Distanz, selbst als sie in die Summit Avenue in St. Paul mit ihren viktorianischen Ensemblehäusern zieht. Hier lebt die Upper Class, hier zu wohnen bedeutet, im Zentrum von Wohlstand und Einfluss zu leben. Allerdings können sich die Fitzgeralds kein eigenes Haus leisten, sondern müssen ein kleines Reihenhaus mieten, das am weniger eleganten Ende der Straße, weit weg von dem Palast des Eisenbahnkönigs Hill steht. Weitere Umzüge innerhalb der Summit Avenue können daran nichts ändern. Vom falschen Ende der Straße aus beobachtet Scott, wie die Kinder der Reichen von livrierten Chauffeuren in schweren Limousinen zur Schule gefahren werden. Obwohl er in denselben Clubs und derselben Tanzschule verkehrt, wird er das Gefühl, ein Außenseiter zu sein, niemals los. Er ist drin, und doch irgendwie draußen, ganz so wie später Nick Carraway, der Erzähler in »Der große Gatsby«. Die Doppelsicht, die sich aus dieser Rolle ergibt, wird einmal das Besondere an Fitzgeralds Romanen sein, die mit Insiderwissen und Distanz zugleich geschrieben werden. Dazuzugehören wird das beherrschende Thema seines Lebens werden, von den Schönen und Reichen anerkannt zu werden sein Lebensziel. Dass die Eltern ihn nicht in diesen Teil der Gesellschaft hineingeboren haben und es ihm durch ihr Verhalten zusätzlich erschweren, sich zu integrieren, wird er ihnen niemals verzeihen. Dass es ausgerechnet der kleine Fitzgerald ist, der der Summit Avenue dereinst weltweites Ansehen verschaffen wird, ahnt zu dieser Zeit noch niemand. Heute gehört das Haus Summit Avenue 599, in dem er seinen ersten Roman vollendet, zu den *National Historic Landmarks* der USA.

Für Scott bedeuteten das alljährliche Kistenpacken und ein paar Blocks Weiterziehen Rastlosigkeit und Unsicherheit. Ein wirkliches Zuhause kennt er nicht, und das wird immer so bleiben. Auch als erwachsener Mann wird er niemals eine Wohnung oder ein Haus sein Eigen nennen, sondern ruhelos umherziehen und die meiste Zeit in Hotelzimmern verbringen.

Im Oktober 1909 veröffentlicht die Schülerzeitung *Now and Then* seine erste Geschichte. »The Mystery of Raymond Mortage« ist eine Kriminalgeschichte und Scott unendlich nervös: »Niemals werde ich den Montagmorgen vergessen, als die Schülerzeitung herauskam. Am Samstag hatte ich mich stundenlang in der Nähe der Druckerei in der Innenstadt aufgehalten und einen Mann fast zur Verzweiflung getrieben, weil ich beharrlich versuchte, ein Exemplar zu bekommen, obwohl die Ausgabe noch nicht gebunden war – schließlich war ich, den Tränen nahe, weggegangen. Nichts interessierte mich bis zum Montag, und als dann ab der Pause ein großer Stapel Schülerzeitungen hereingebracht und dem Hausmeister übergeben wurde, war ich so aufgeregt, dass ich von meinem Stuhl aufsprang und vor mich hin murmelte: ›Sie sind da! Sie sind da!‹, bis die ganze Schule mich erstaunt anschaute. Ich las meine Geschichte mindestens sechsmal durch, lungerte den ganzen Tag über in den Korridoren herum und zählte die Leute, die in der Zeitung lasen, und versuchte sie beiläufig zu fragen, ob sie meinen Beitrag gelesen hatten.«[27]

Weil seine Erfolge im Sport begrenzt sind, wird das Schreiben immer wichtiger für ihn. Im Februar und März 1910 erscheinen die Kurzgeschichten »Read, Substitute Right Half« und »A Debt of Honor«. Im August 1910 beginnt er ein Gedankenbuch anzulegen, in dem er alles notiert, was ihm wichtig erscheint: Namen und Eigenschaften von Freunden, Schulkameraden und Mädchen, Einzelheiten über sportliche Aktivitäten und die Clubs, in denen er verkehrt. Es ist der Anfang von F. Scott Fitzgeralds akribischen Listen und Aufzeichnungen, die ihn sein Leben lang begleiten werden und aus deren Fundus er beim Schreiben schöpft.

Im Herbst 1911 wechselt Scott auf ein Internat an die Ostküste. Er ist nicht länger der kleine Charmeur in kurzen Hosen, sondern ein 15-Jähriger in den begehrten langen Hosen, mit großen Ambitionen und schlechten Noten, der sich für klüger hält als die meisten Menschen in seiner Umgebung. Die Eltern erhoffen sich von diesem Schulwechsel eine Leistungsverbesserung; ihm selbst ist die Heimatstadt längst zu eng geworden. In seinem ersten Roman »Diesseits vom Paradies« erzählt er anhand seines Alter Egos Amory Blaine von dieser Zeit: »Wenn er im Bett lag, waren Stimmen vor seinem Fenster zu hören – verschwommene, verklingende, verzaubernde Stimmen –, und bevor er einschlief, träumte er einen seiner liebsten Wachträume: dass er ein großer Stürmer werden würde oder dass er als Auszeichnung für den Kampf bei der japanischen Invasion zum jüngsten General der Welt ernannt werden würde. Immer träumte er, etwas zu werden, nie, etwas zu sein.«[28] Dabei hat er gerade in diesem Sommer einen großen Erfolg zu verzeichnen: Der Elizabethan Dramatic Club von St. Paul führt sein erstes Stück »The Girl from Lazy J« auf, und Scott selbst spielt die Hauptrolle. In den nächsten Jahren werden weitere Stücke folgen, die allesamt sehr positiv aufgenommen werden.

Scotts neues Zuhause ist die Newman School in Hackensack, New Jersey. Die nur 40 Zugminuten von New York entfernte Schule besuchen Kinder wohlhabender Katholiken aus dem ganzen Land. Es ist eine weltoffene Schule, die auch Protestanten aufnehmen würde, doch die zeigen wenig Interesse. Die einflussreichen amerikanischen Familien sind durchweg Protestanten und schicken ihre Kinder in protestantische Eliteschulen, mit denen Newman nicht konkurrieren kann. Der 15-jährige Scott ist dennoch voller Vorfreude auf das elegante Amerika des Ostens, auf das pulsierende New York, das besser sein muss als alle Wachträume. Das liberale Klima seiner neuen Schule kommt ihm sehr entgegen. Etwas weniger kann er mit dem umfangreichen Sportangebot anfangen. Die Tennisplätze, Footballfelder, Turnhallen, das Eishockeyfeld und das obligatorische Baseballfeld interessieren ihn nur mäßig. Da Scott sich beharrlich weigert, die vierte Klasse, in die er aufgrund seines Alters eingeteilt wird, zu wiederholen, darf er probeweise in die fünfte Klasse aufrücken. Er wird sogar Mitglied der Footballmannschaft. Allerdings nur im dritten Team. Weil er es wieder einmal nicht lassen kann, die anderen zu belehren, macht er sich schon bei seinem ersten Spiel unbeliebt. Doch wie jeder Amerikaner weiß auch Scott, dass fehlender familiärer Background am ehesten durch sportliche Erfolge ausgeglichen werden kann. Er trainiert wie ein Verrückter und schafft es sogar zum Quarterback der zweiten Mannschaft. Mit Anstrengung ist alles zu erreichen, dieses Prinzip amerikanischer Erziehung ist ihm in Fleisch und Blut übergegangen. Doch er ist ein zartes Bürschchen, das den körperlichen Attacken des

Gegners nur allzu gern ausweicht. Dies bringt ihm schnell den Ruf eines Feiglings und die Verachtung seiner Mitspieler ein. Sein prahlerisches Auftreten, mit dem er seine Unsicherheit überspielen will, verprellt so manchen, der sich mit ihm anfreunden möchte. Innerhalb kurzer Zeit ist er der unbeliebteste Junge der Schule, mit dem niemand etwas zu tun haben will. Jetzt rächen sich die 15 Jahre, in denen er nach Strich und Faden verzogen wurde. Auch mit den Lehrern bekommt er Schwierigkeiten. Er widerspricht ihnen bei jeder Gelegenheit, und sein Lerneifer lässt zu wünschen übrig. Da ihn die anderen Schüler meiden, kapselt er sich ab. Unglücklich und einsam verbringt er die meiste Zeit allein auf seinem Zimmer und liest. In »Basil der Frechste« rekapituliert er mithilfe seines jugendlichen Alter Egos, Basil Duke Lee, dieses erste Jahr in Newman: »Nach einem Monat erfasste er erst richtig, wie unbeliebt er war. Das erschütterte ihn. (…) Jetzt sah er ein, dass er von Anfang an einiges falsch gemacht hatte – er hatte geprahlt, beim Football hatte er den Eindruck von Feigheit gemacht, er hatte andere mit der Nase auf ihre Fehler gestoßen, und er hatte in der Klasse ostentativ sein ziemlich außergewöhnliches Allgemeinwissen vorgeführt. Aber er hatte sich um Besserung bemüht, und er konnte nicht verstehen, warum ihm die Anpassung misslang. Offenbar war es zu spät. Er war für immer ein Außenseiter.«[29] Seine Noten werden kontinuierlich schlechter. Als er beim Football ungerechtfertigterweise wegen Feigheit aus dem Spiel genommen wird, rächt er sich durch ein Gedicht in der Schülerzeitung. Es kommt hervorragend an, und er ist mit einem Schlag Tagesgespräch. Er hat eine wichtige Entdeckung gemacht: »Wenn man sich nicht durch Taten beweisen konnte, dann sollte man zumindest darüber schreiben, man spürte dabei die gleiche Intensität – es war eine Art Hintertürchen, um mit der Realität fertig zu werden.«[30]

Er ist froh, als er zu Weihnachten endlich nach Hause fahren darf. Zurück in Newman, will er noch einmal von vorn beginnen – doch zunächst einmal erhält er aufgrund seiner schlechten Noten Ausgangssperre. Musicalausflüge an den Broadway sind vorerst gestrichen. Er nutzt die Zeit und freundet sich mit Sap Donahoe an, einem ruhigen, bescheidenen Jungen mit guten Noten und sportlichen Erfolgen. Einer, mit dem jeder gern befreundet wäre und der Scotts Ansehen deutlich hebt. Langsam geht es bergauf. Nicht nur seine Noten bessern sich, auch im Wettbewerb der Junioren kann er einen Sieg verbuchen.

In seinem zweiten Schuljahr kommt ein Mann nach Newman, der Scotts junges Leben entscheidend beeinflussen wird, Pater Cyril Sigourney Webster Fay. Von Anfang an besteht ein gutes Verhältnis zwischen dem rebellischen Schüler und dem unkonventionellen Priester. Fay ist Konvertit und Genussmensch, klug und belesen, mit großer Begeisterung für die Dichter des europäischen Fin de Siècle. Fay wird zum Vaterersatz für Scott. Er ist einer der Ersten, die sein Talent erkennen und seine literarischen Ambitionen unterstützen. Scott wird ihm in der Figur des Father Darcy in »Diesseits vom Paradies« ein Denkmal setzen. Wann immer er in den nächsten Jahren Rat sucht, wird er sich an Fay wenden.

Das neue Schuljahr läuft tatsächlich wesentlich besser als das alte. Die Schülerzeitung *Newman News* veröffentlicht drei seiner Kurzgeschichten, »A Luckless Santa Claus«, »Pain and Scientist« und »The Trail of the Duke«, und er spielt in einer Aufführung des Schultheaters mit. Mit seinen Mitschülern kommt er besser zurecht, obwohl viele ihn noch immer für einen aufgeblasenen Geck halten, der schlichtweg viel zu viel Wert auf sein Äußeres legt. Alles in allem aber ist die Situation nun erträglich. Da er jedoch weiterhin wesentlich mehr an außerschulischen Aktivitäten interessiert ist als an seinen Noten, vermasselt er im Frühjahr sein Examen. Dabei will er hoch hinaus: nach Princeton, eine der acht ältesten Universitäten der USA, die man heute unter dem Begriff *Ivy League* zusammenfasst: Harvard, Yale, Columbia, Princeton, Brown, Cornell, Pennsylvania und Dartmouth College. Sie alle gelten als Eliteuniversitäten und sind deshalb für Scott, seiner Ansicht nach, genau das Richtige: »Ich möchte nach Princeton gehen. (…) Ich weiß nicht wieso, aber ich stelle mir die Harvard-Leute alle als Weichlinge vor, so wie ich früher war, und die aus Yale tragen alle weite blaue Pullover und rauchen Pfeife. (…) Princeton stelle ich mir lässig vor, gutaussehend und aristokratisch – wie einen Frühlingstag (…). Harvard klingt so nach Eingesperrtsein.«[31]

Den Sommer verbringt er in St. Paul, wo er sich voller Eifer in die Proben zur Aufführung seines Bürgerkriegsdramas »The Coward« stürzt. Scott führt bei dem Stück, das eines seiner Lieblingsmotive aufgreift – den Verlierer, der durch eine mutige Tat zum Helden wird –, Regie und steht auch selbst auf der Bühne. Wertvolle Zeit, die er eigentlich zum Lernen für die Nachprüfungen für Princeton nutzen sollte. So verfehlt er den erforderlichen Notendurchschnitt erneut. Allerdings nur knapp, und er erhält die Chance, sich vor einer Kommission zu bewähren. Eine Sache wie geschaffen für den Dauerredner F. Scott Fitzgerald. Es gelingt ihm spielend, die Kommissionsmitglieder von sich zu überzeugen, nicht zuletzt mit dem Argument, man könne ihn unmöglich heute an seinem 17. Geburtstag ablehnen. Überglücklich telegraphiert er an seine Mutter: »Angenommen. Übersende umgehend Football Pads und Schuhe. Warte bitte noch mit dem Koffer.«[32]

Im Herbst 1913 geht F. Scott Fitzgerald nach Princeton. Erleichtert wird die Entscheidung für die efeuberankte Eliteuniversität durch den Tod der Großmutter, die der Mutter ein stattliches Vermögen hinterlassen hat. Damit können die Kosten für Scotts Studium, die sich alles in allem auf etwa 2000 Dollar jährlich belaufen, gedeckt werden. Zu jener Zeit ist Princeton mit 1500 Studenten eine Universität von überschaubarer Größe. Nichts hat sich verändert, seit Woodrow Wilson drei Jahre zuvor sein Amt als Rektor niedergelegt hat, um in die Politik zu gehen. Man legt hier größten Wert auf Tradition. Religion spielt ebenso eine Rolle, wie es traditionelle gesellschaftliche Werte tun. Alkohol ist auf dem Campus streng verboten. Die Studenten sind schick, aber nicht übertrieben elegant gekleidet und pflegen die besten Umgangsformen. Für Scott ist Princeton mit seiner hellen, heiteren Atmosphäre der »schönste Country Club Amerikas«.[33] Auch hier ist der sportliche Erfolg enorm wichtig. Footballspiele gegen die Erzrivalen Harvard und Yale sind Ereignisse von überregionaler Bedeutung. Größter Star der Universität ist Hobey Baker, Kapitän der Footballmannschaft und wichtigster Spieler des Eishockeyteams Princeton Tigers. Der Ausnahmeathlet gilt als größter Sportler, den Princeton jemals hervorgebracht hat. Unmittelbar nach dem Ersten Weltkrieg, an dem er als Pilot teilnimmt, kommt er kurz vor seinem Wechsel in die Profiliga bei einem Flugzeugabsturz in Frankreich ums Leben. Das sind Männer nach Scotts Geschmack. Für den Rest seines Lebens wird Scott Anhänger der Princeton Footballmannschaft bleiben und, soweit es ihm möglich ist, immer wieder zu den Spielen kommen.

Gemeinsam mit neun Mitstudenten – einer davon ist sein Schulfreund Sap Donahoe – bezieht er das Haus University Place 12. Auf dem Campus ist zu seinem Bedauern kein Platz für all die *Freshmen*, wie man die Erstsemester nennt. Rasch stellt er fest, dass in diesem Country Club strenge Regeln gelten, vor allem für Erstsemester. Um neun Uhr abends müssen sie auf ihren Zimmern sein, dürfen auf dem Campus weder

Pfeife rauchen noch über den Rasen laufen. Die Kleiderordnung verpflichtet sie zu Hosen ohne Aufschlag, steifen Krägen, schwarzen Krawatten, Sockenhaltern und schwarzen Scheitelkappen. Dazu kommt, dass die Studenten des zweiten Semesters, die sogenannten *Sophomores*, sie in den ersten Tagen allerlei lächerlichen Tests unterziehen dürfen. Dennoch liebt Scott Princeton vom ersten Augenblick an.

Sein Vorhaben für das erste Semester ist ehrgeizig und lautet schlicht und einfach: »zu den Göttern seiner Klasse zu gehören«.[34] Dabei überlässt er nichts dem Zufall. Zunächst versucht er es wieder einmal mit Sport, doch kein noch so großer Trainingseifer kann ihm einen Platz in der Footballmannschaft verschaffen. Unter dem Vorwand einer Knöchelverletzung gibt er schließlich auf. Sein Projekt, die Nummer eins auf dem Campus zu werden, behält er dennoch im Auge. Einfach ist das nicht. Auch in Princeton hat es ein katholischer Junge aus dem Mittleren Westen schwer. Die Eliteuniversitäten des Landes werden von den *WASPs* dominiert, den weißen angelsächsischen Protestanten der Ostküste. Deren Vertreter sind die *Slickers*, die feinen Pinkel, zu denen Scott nur zu gern gehören würde: »Der Slicker sah gut aus oder zumindest adrett; er hatte Talent – das hieß gesellschaftliches Talent, und bediente sich auf dem breiten Pfad der Tugend aller Mittel, um vorwärtszukommen, beliebt und bewundert zu sein und niemals in Schwierigkeiten zu geraten. Er war gut gekleidet, legte besonderen Wert auf eine makellose Erscheinung und hatte seinen Namen daher, dass er das Haar unbedingt kurzgeschnitten trug, in der Mitte gescheitelt und mit Wasser oder Brillantine glatt zurückgekämmt, wie die herrschende Mode es vorschrieb. In diesem Jahr trugen die Slicker als gemeinsames Kennzeichen Schildpattbrillen, was sie so leicht erkennbar machte. (…) Der Slicker war offenbar an der ganzen Schule verbreitet, immer etwas schlauer und durchtriebener als seine Altersgenossen, er leitete ein Team, oder sonst etwas, und war bemüht, seine Klugheit sorgfältig verborgen zu halten.«[35]

Rein optisch nähert er sich diesen Studenten in den nächsten Jahren immer mehr an. Er ist ungemein attraktiv, wenn auch mit 1,68 Metern nicht besonders groß. Dafür aber schlank, mit einem ausdrucksstarken Gesicht und blonden Haaren. Seine lebenslange Leidenschaft für Anzüge des noblen amerikanischen Herrenausstatters Brooks Brothers beginnt in Princeton. Immer nach der neuesten Mode gekleidet, gibt er sich blasiert und weltmännisch. Nachdem ihm die Footballkarriere verwehrt bleibt, besinnt er sich erneut auf sein schriftstellerisches Können. Er verfasst Gedichte und bietet sie dem humoristischen Campusmagazin *Princeton Tiger* an. Das Renommee derartiger Zeitschriften ist hoch und sie haben, wie der *Harvard Lampoon*, eine weite Verbreitung; aus ihren Redaktionen rekrutieren die führenden amerikanischen Zeitungen ihre Schreiber. Da Scott auch als Autor von Theaterstücken bereits Erfolge vorzuweisen hat, dient er sich dem Triangle Club an, einem Theaterclub, der einmal jährlich ein Musical auf die Bühne bringt und damit zur Weihnachtszeit auf Tournee geht. Auch wenn man dort zunächst auf seine Mitarbeit keinen Wert legt, ist er weiterhin blendender Laune. Die vornehme Universität ist genau seine Welt. Als er in den Weihnachtsferien nach Hause fährt, erscheint ihm St. Paul noch provinzieller als zuvor. Seine Arroganz ist maßlos. Am Weihnachtsabend brüskiert er die ganze Gemeinde: Viel zu spät erscheint er zum Gottesdienst, doch anstatt sich ruhig auf seinen Platz zu setzen, marschiert er mit klappernden Absätzen durch die Kirche, auf der Suche nach einem Freund. Dem sichtlich konsternierten Pfarrer ruft er entgegen: »Kümmern Sie sich gar nicht um mich, fahren Sie einfach mit dem Gottesdienst fort.«[36]

Eine Arroganz, die er sich gar nicht leisten kann, denn die im Januar 1914 beginnenden Halbjahresprüfungen schafft Scott nur mit Ach und Krach. Er hat so viel Energie auf seinen gesellschaftlichen Aufstieg verwandt, dass er seine Studien erneut vernachlässigt hat. Allein in seinem ersten Jahr bleibt er dem Unterricht ganze 49 Mal unentschuldigt fern. Und ist er einmal anwesend, dann ist er mit seinen Gedanken meist ganz woanders. Obwohl das erste Jahr in Princeton kein akademischer Erfolg ist, ist es für Scott dennoch ein gutes Jahr. Nicht nur, dass er mit »Fie! Fie! Fi-Fi!« den Wettbewerb um das Stück für die nächste Aufführung des Triangle Clubs gewinnt, er findet auch einen Freund fürs Leben: John Peale Bishop, Erstsemester wie er, jedoch tatsächlich belesen und umfassend gebildet. Bishop ist dreieinhalb Jahre älter als Scott und aufgrund einer schweren Krankheit im Kindesalter erst spät nach Princeton gekommen. Bishop wird Scotts Lehrmeister, macht ihn mit Keats bekannt, der für den Rest seines Lebens sein Lieblingsdichter sein wird. Die Juniprüfungen für das zweite Semester besteht Scott knapp, nur in Geometrie fällt er durch. In sein Kontobuch notiert er: »Ein Jahr voll harter Arbeit und lebhafter Erfahrungen.«[37] In diesem Sommer schreibt er sein letztes Stück für den Theaterverein in St. Paul, »Assorted Spirits«. Anstatt seine Lernlücken zu schließen, verbringt er die Sommerferien mit der Inszenierung des Stückes, in dem er selbst die Hauptrolle spielt.

Als stolzer *Sophomor* kehrt er im Herbst 1914 nach Princeton zurück, nur um zu erfahren, dass ihm aufgrund seiner schlechten Leistungen ein Betätigungsverbot für alle außerschulischen Aktivitäten erteilt wurde. Dies bedeutet, dass er weder an den Aufführungen seines Stückes durch den Triangle Club mitwirken kann noch im Dezember mit auf Tournee darf. Dennoch strahlt ein Teil des Erfolges auf ihn ab. Die Zeitungen erwähnen den Verfasser mehrmals lobend: »Die Liedtexte stammen von F. S. Fitzgerald, der sich schon jetzt unter die besten Verfasser geistreicher Liedtexte in Amerika einreihen darf.«[38] Vielleicht auch als Entschädigung dafür, dass er nicht mitwirken kann, wird er im Februar 1915 zum Sekretär des Triangle Clubs gewählt werden. Damit hat er gute Chancen, dessen nächster Präsident zu werden.

Doch zunächst steht Weihnachten vor der Tür. Wie immer verbringt Scott die Ferien in St. Paul. Einen Tag vor seiner Rückreise, am 4. Januar 1915, lernt er die 16-jährige Ginevra King aus Illinois kennen, die ihre Schulfreundin Marie Hersey besucht, eine alte Freundin Scotts. Ginevra ist eine Highschool-Schönheit, hinter der alle Jungen her sind. Die vielen Briefe, die sie von Collegestudenten aus Harvard, Yale und Princeton bekommt, sprechen eine deutliche Sprache. Sie ist ein Mädchen, das Scott geradezu magisch anzieht: »Ich bin stets nur am Allerbesten interessiert.«[39] Er lässt seinen ganzen Charme spielen und schafft es tatsächlich, Ginevra an diesem einen Tag, der ihm noch bleibt, zu erobern: »Mir fehlen die beiden wichtigsten Sachen: animalische Ausstrahlung und Geld. Ich bin nur mit den zweitbesten Dingen gesegnet: gutes Aussehen und Intelligenz. Und deshalb bekomme ich immer das tollste Mädchen.«[40] Während Ginevra ihn unter ihre vielen Verehrer einreiht, ist Scott bis über beide Ohren verliebt. Noch im Zug nach Princeton verfasst er das erste Telegramm an die Geliebte, es folgen zahlreiche Briefe und Fotos. Die Entfernung lässt nur wenige Treffen zu, Scott ist von Eifersucht gequält. Ginevra genießt es, umschwärmt zu sein, und ist einem Flirt niemals abgeneigt, selbst wenn Scott ihr momentaner Favorit ist. Dies zeigt sie deutlich, als sie ihn im Februar einlädt, sie in ihrer Highschool in Westover zu besuchen. Scott nimmt eine lange Anreise in Kauf, nur um enttäuscht festzustellen, dass die Anstandsregeln der Schule es ihm nicht erlauben, mit Ginevra allein zu sein. Dennoch hinterlässt er großen Eindruck, denn am Abend schreibt

Ginevra in ihr Tagebuch: »Oh, es war so wundervoll, ihn wiederzusehen. Ich bin schrecklich verliebt in ihn. Er ist so wunderbar.«[41]

Fast noch wichtiger als die erste große Liebe ist für Scott jedoch die Aufnahme in einen der sogenannten *Eating Clubs*, die sich im zweiten Jahr in Princeton vollzieht. Für das Ansehen eines Studenten ist die Mitgliedschaft im richtigen Club von enormer Bedeutung. Jeder Club besitzt ein prächtiges Haus auf dem Campus, und wer Mitglied in einem der 18 Clubs ist, darf mit seinen Kameraden in den Räumen des jeweiligen Clubhauses speisen, während alle Nichtmitglieder weiterhin gemeinsam in der Speisehalle der Universität essen. Die privaten *Eating Clubs* bestimmen in Princeton, wo Studentenverbindungen verboten sind, das gesellschaftliche Leben, und Scott erscheint die Aufnahme in den richtigen Club geradezu überlebensnotwendig. Bereits im ersten Jahr hat er alle wichtigen Informationen zusammengetragen, um eine Auswahl treffen zu können. Nur die bedeutendsten Clubs kommen für ihn infrage: Ivy, Cap and Gown, Cottage und Tiger Inn: »Ivy, exklusiv und atemberaubend vornehm; Cottage, eine beeindruckende Mischung aus schillernden Abenteurern und blendend gekleideten Schürzenjägern; Tiger Inn, breitschultrig und athletisch (…); Cap und Gown, antialkoholisch, religiös angehaucht und politisch einflussreich.«[42] Alle vier suchen sich ihre Neumitglieder genau aus, und Scott erhält zu seiner Freude tatsächlich Einladungen zu allen vier. Er entscheidet sich schließlich für die blendend gekleideten Schürzenjäger vom Cottage Club. Weil jeweils nur zwei Drittel eines Jahrgangs in die Clubs aufgenommen werden, steht das System seit Jahren heftig in der Kritik. Seine Gegner bemängeln, dass es einem ungebührlichen Elitedenken Vorschub leisten würde. Dennoch hält es sich bis heute. Selbst Woodrow Wilson war als Rektor mit dem Versuch gescheitert, die *Eating Clubs* abzuschaffen. In Scotts letztem Jahr in Princeton wird die Anti-Club-Bewegung noch einmal aufflammen, doch da die großen Privatsponsoren der Universität samt und sonders Mitglieder der wichtigen Clubs sind und Princeton auf deren Spenden in Höhe von 2 Millionen Dollar weder verzichten will noch kann, bleibt alles beim Alten. Auch Scott wird seinem Club lebenslang die Treue halten.

In seinem zweiten Jahr in Princeton verfasst Scott einige Kurzgeschichten, die im *Nassau Literary Magazine*, kurz *Lit* genannt, veröffentlicht werden. Er freundet sich dabei eng mit dem Chefredakteur der angesehenen Campuszeitung an, Edmund Wilson, genannt Bunny.

Wilson ist ein Intellektueller, der nur wenig Kontakt zu seinen Mitstudenten hat. Obwohl die beiden unterschiedlicher kaum sein können, verstehen sie sich blendend. Wilson ist stets ruhig, überlegt, wirkt vergeistigt. Scott dagegen ist voller Empathie, Lebenshunger und Fantasie. Das Leben im Elfenbeinturm ist ihm fremd und wird es bleiben. Dennoch wird Wilson einer seiner engsten Freunde, mehr noch, wie Scott selbst sagt, sein »intellektuelles Gewissen«.[43] Scotts erster Beitrag für die *Lit* erscheint im Frühjahr 1915, »Shadow Laurels«, ein Einakter über eine Vater-Sohn-Beziehung.

Auch diesmal vergeigt Scott im Juni die Abschlussprüfungen. Von sieben Fächern besteht er nur vier auf Anhieb, in Latein fällt er sogar zweimal durch, ehe es klappt. Dafür sieht er Ginevra wieder. Sie kommt mit ihrer Mutter zur Jahresabschlussfeier nach Princeton und fährt anschließend mit Scott nach New York, wo auf ein Dinner im Ritz ein unvergesslicher Theaterabend folgt. Die Sommerferien verbringt er bei seinem Freund Sap Donahoe auf einer Ranch in Montana, wo er sich mit den Cowboys betrinkt und beim Pokern 50 Dollar gewinnt. Eine Reise, die er später in einer seiner besten Kurzgeschichten, »Ein Diamant – so groß wie das Ritz«, verarbeiten wird.

Das dritte Jahr als *Junior* beginnt stressig. Scott muss in die Nachprüfung und schafft auch diese nur knapp. Erneut sind alle außerschulischen Aktivitäten gestrichen. Er hat nun viel Zeit, um zu schreiben, und verfasst gemeinsam mit Edmund Wilson ein neues Stück für den Triangle Club. Wilson schreibt die Dialoge, Scott alle Liedtexte für »The Evil Eye«. Beworben wird das Stück mit einem Foto von Scott als Showgirl. Und darauf sieht er so gut aus, dass die *New York Times* das Bild übernimmt, was bergeweise männliche Fanpost sowie ein Broadwayangebot zur Folge hat. Scott ist fest entschlossen, dieses Jahr zu einem der besten seines Lebens werden zu lassen. Und die Chancen dafür stehen gut: Er ist Mitglied in dem von ihm favorisierten Club, schreibt für die wichtigen Zeitschriften auf dem Campus und es gilt als sicher, dass er bei der nächsten Wahl Präsident des Triangle Clubs werden wird. Er hat echte Freunde gefunden, was wohl auch daran liegt, dass er endlich gelernt hat zuzuhören und sich ehrlich für andere zu interessieren. Noch immer ist er vor allem dort anzutreffen, wo etwas los ist. Er geht oft aus und genießt das Studentenleben in vollen Zügen. Schon jetzt zeigt er eine besorgniserregende Nähe zum Alkohol. Obwohl er überhaupt nichts verträgt, trinkt er mit Begeisterung. Am liebsten Gin – pur. Dass es noch immer genügend Kommilitonen und Dozenten gibt, die ihn für leichtsinnig und eitel halten, stört ihn nicht. Daran, dass er sich gerne produziert, andere zum Narren macht und sich selbst für den Allergrößten hält, hat sich nichts geändert. Als er von einem Dozenten wegen Zuspätkommens gerügt wird, erwidert er empört: »Sir – es ist absurd, von mir zu erwarten, dass ich pünktlich bin. Ich bin ein Genie!«[44] Im Jahrbuch wird stehen, dass immerhin zwei seiner Kommilitonen ihn tatsächlich für den Besten halten, 15 andere aber davon ausgehen, dass er sich vor allem selbst für den Witzigsten hält.

Seine gefühlte Überlegenheit bekommt in diesem Sommer auch seine fünf Jahre jüngere Schwester Annabel zu spüren. Er ist wild entschlossen, aus ihr eine begehrenswerte junge Dame zu machen. Wie immer weiß er ganz genau, worauf es ankommt: »Du weißt ja, dass du nicht besonders gut in Konversation bist, und du könntest dich mal fragen, worüber Jungs gerne sprechen wollen. Jungs reden am liebsten über sich selbst. (…) Sei immer sehr liberal. Jungs hassen Moralpredigten. Erzähl ihnen, es macht dir überhaupt nichts aus, wenn ein Mädchen raucht, nur du selbst würdest nicht rauchen. (…) Einer deiner Schwachpunkte ist dein Ausdruck, besser gesagt dein Gesichtsausdruck. (…) Das richtige Lächeln ist von enormer Bedeutung. Du lächelst nur mit einem Mundwinkel, das ist grundverkehrt. Stell dich vor den Spiegel und übe zu lächeln. (…) Du hast schönes Haar, du solltest etwas daraus machen. (…) Bei den herrlichen Augenbrauen, die du hast, solltest du sie bürsten oder anfeuchten und sie morgens und abends in Form bringen, das hab ich dir schon vor längerer Zeit geraten. Da darf kein Haar abstehen. (…) Letzten Samstag ist mir aufgefallen, dass deine Gestik ungeschickt und so unnatürlich ist, dass es affektiert aussieht. (…) Trag nicht Sachen wie diesen schrecklichen Hut, der dir überhaupt nicht steht.«[45] Jahre später wird er seine Ratschläge an Annabel nahezu wortwörtlich in die Kurzgeschichte »Bernices Bubikopf« einbauen. Anders als Annabel wird sich Bernice allerdings für die demütigenden Ratschläge, die nicht nur ihr Aussehen, sondern auch ihren Charakter verändern, bitter rächen.

Im November 1915 erkrankt Scott schwer. Es heißt, er habe Malaria, eine Krankheit, die in der sumpfigen Gegend um Princeton öfter vorkommt. Wahrscheinlich handelt es sich jedoch um eine leichte Form von Tuberkulose, die im Laufe der Jahre immer wieder ausbrechen wird. Wie immer macht Scott das beste aus der Situation. Da seine Zensuren wieder einmal so schlecht sind, dass es eines Wunders bedarf, damit er die nächsten Prüfungen übersteht, nutzt er die Gunst der Stunde und lässt sich für die nächsten Monate beurlauben, um sich zu Hause von der Krankheit zu erholen. Irgendwie würde er die versäumten Kurse schon wieder aufholen. Als er im Februar 1916 nach Princeton zurückkehrt, verlangt man jedoch von ihm, das dritte Jahr komplett zu wiederholen. Scott ist schwer getroffen. Er, der sich für den klügsten Kopf seines Jahrgangs hält, soll wiederholen. Welch eine Blamage. Um wenigstens den Schein zu wahren, lässt er sich von Dekan Howard McClennan folgende Bescheinigung ausstellen: »Mr. F. Scott Fitzgerald hat sich aus gesundheitlichen Gründen am 3. Januar 1916 freiwillig beurlauben lassen und es hätte ihm zu diesem Zeitpunkt völlig freigestanden, sein Studium fortzusetzen, wenn sein Gesundheitszustand dies erlaubt hätte.« Dem Umschlag, in dem die Erklärung steckt, liegt eine Notiz des Dekans bei: »Dies ist für Ihren verletzten Stolz, ich hoffe, es hilft.«[46] Doch Scott steckt diese Schmach nicht so einfach weg. Zudem ist er seine Ehrenämter los, auch die angestrebte Präsidentschaft des Triangle Clubs. Nun zeigt sich, dass sein Selbstbewusstsein reine Fassade ist: »College würde für mich nie wieder das gleiche sein. Es würde keine stolzen Abzeichen, keine Medaillen mehr geben. An diesem Nachmittag im März kam es mir vor, als hätte ich alles, was ich mir je gewünscht hatte, verloren – und an diesem Abend jagte ich zum ersten Mal dem Phantom des Weiblichen nach, neben dem für eine kurze Weile alles andere unwichtig erschien.«[47] In dieser Nacht lässt er sich von einer Prostituierten über das Geschehen hinwegtrösten. Es ist seine erste sexuelle Erfahrung: »Das Leben um mich war ein ernster Traum, und ich lebte von den Briefen, die ich an ein Mädchen in einer anderen Stadt schrieb. Ein Mann erholt sich nicht von solchen Schlägen – er wird ein anderer Mensch, und am Ende findet dieser neue Mensch neue Dinge, die ihm am Herzen liegen.«[48] Und tatsächlich gibt er seinem Leben eine neue Richtung. Statt sich weiterhin vorwiegend bei Clubsitzungen aufzuhalten, belegt er einen Kurs über englische Dichtung und feilt an der Verbesserung seines Ausdrucks. Im Rückblick wird er schreiben: »Nach Shaws Maxime ›Wenn du nicht bekommst, was du liebst, liebe besser, was du bekommst‹ war das ein glückhafter Umschwung – aber zunächst war es hart und bitter zu erkennen, dass es mit meiner Karriere als Menschenführer aus war.«[49]

Auch privat muss er eine Niederlage verkraften. Seine Beziehung mit Ginevra scheitert. Im Sommer 1916 hat das Verhältnis der beiden seinen Höhepunkt überschritten, Ginevra längst die Fühler nach einer besseren Partie ausgestreckt. Bei einem seiner Besuche im Sommerhaus der Familie King in Lake Forest hört Scott mit, wie die Worte fallen: »Arme Schlucker sollten sich nicht darauf versteifen, reiche Mädchen zu heiraten.«[50] Wer dies sagt, wird Scott nie preisgeben. Vermutlich ist es Ginevras Vater Charles King, den er später in »Der große Gatsby« als reichen Unsympathen Tom Buchanan porträtiert. Die gesellschaftlichen Unterschiede zwischen dem Möchtegern F. Scott Fitzgerald und der Tochter aus reichem Hause sind zu groß, als dass etwas Ernstes daraus werden könnte. Sein Ego ist schwer getroffen. Zwar wird ihn Ginevra im Herbst noch einmal in Princeton besuchen, doch im Januar 1917 gehen sie endgültig auseinander. Als er sie daraufhin um die Rückgabe seiner Briefe bittet, muss er erfahren, dass sie diese längst weggeworfen hat. Ein Jahr später wird sie ihn von ihrer Hochzeit in Kenntnis setzen. Erst 1937 wird er sie wiedersehen.

Die unerfüllte Liebe zu Ginevra wird eine lebenslange Wunde bleiben, die er mehr als einmal literarisch verarbeitet. Ginevra wird zur Vorlage zahlreicher Frauengestalten in seinen Kurzgeschichten. Manche glauben, dass weitaus mehr nach Ginevra als nach Zelda geformt sind. So ist viel von Ginevra in Isabelle Borgé und Rosalind Connage, die beiden Lieben von Amory Blaine in »Diesseits vom Paradies«, eingeflossen. Sie ist Judy Jones in »Winterträume« und Josephine Perry in den sechs Josephine-Geschichten. Und nicht zuletzt findet sich vieles von ihr in Daisy Buchanan, der großen unerfüllten Liebe Jay Gatsbys. Das Thema der schönen reichen Frau, die einen armen Mann verstößt, um einen reichen zu heiraten, zieht sich wie ein roter Faden durch seine Texte und zeigt Scotts Faszination für einen bestimmten Frauentyp: »Während ich sie maßlos idealisierte, war ich mir ständig bewusst, dass sie mehr Fehler hatte als alle anderen Mädchen, die ich kannte. Sie war egoistisch, eingebildet und unbeherrscht, und da das auch meine Fehler waren, konnte ich sie um so klarer an ihr erkennen ... Aber ich wollte nie, dass sie sich änderte ... Sie übte eine ungeheure Wirkung auf mich aus. Sie weckte in mir das Bedürfnis, etwas für sie zu tun, etwas zu erringen, das ich ihr vorweisen konnte«, schreibt er im Oktober 1917.[51]

Um sich abzulenken, versucht er in diesem Sommer andere Mädchen zu beeindrucken, unter anderem dadurch, dass er mit dem neuen Auto seiner Eltern, einem Chalmers, die Straßen von St. Paul unsicher macht. Er ist ein katastrophaler Autofahrer, nie richtig auf die Straße konzentriert. Dass der Chalmers nicht neu ist und vor allem durch unaristokratisches Ächzen auf sich aufmerksam macht, stört ihn gewaltig. Da kann er beim Tanzen besser punkten. Scott ist ein guter Tänzer, und das kommt an, seit in Amerika die Tanzwut ausgebrochen ist. Vor dem Spiegel übt er die neuesten Schritte: Maxie und Turkey Trot. Doch auch wenn er bei den Frauen gut ankommt – er trauert Ginevra nach. F. Scott Fitzgerald ist ein Romantiker, der sich nicht so leicht trösten lässt.

Zurück in Princeton schreibt er die Liedtexte für das neue Stück des Triangle Clubs, »Safety First«. An den Aufführungen darf er sich erneut nicht beteiligen. Dafür veröffentlicht er im Februar 1917 in der *Lit* die erste Kurzgeschichte, die er für wirklich überzeugend hält, »The Spire and the Gargoyle«. Literatur bedeutet ihm alles, weshalb er den Unterricht mancher Dozenten in Princeton kaum erträgt: »O je, dieser Mann – einfach schrecklich. Ich sitze hier und langweile mich zu Tode, während er englische Poesie in Stücke hackt. Kleiner Mann, kleiner Geist. Verdrießlich und gemein. Hol ihn der Teufel. ›Hübsch‹ ist sein Lieblingswort. Man stelle sich das nur einmal in Verbindung mit Shakespeare vor! (…) Oh, was ist er doch für ein unangenehmes dummes Arschloch!«[52] Wie anders ist doch da sein Professor für Romanistik, Christian Gaus. Gaus ist ein umfassend gebildeter Mann, der als Journalist in Paris gearbeitet hatte und mit Oscar Wilde bekannt war. Er ist einer der wenigen Professoren, die den Studenten Raum für eigene Überlegungen lassen. Gaus konnte sich auch nach Scotts Tod noch sehr genau an den Studenten Fitzgerald erinnern: »Er konnte Disziplin nicht ertragen. (…) Er sehnte sich heftig und anhaltend danach, die Welt zu beherrschen, Präsident des ›Triangle Clubs‹ zu werden und einer der Großen auf dem Campus zu sein.«[53]

Zu all diesen Zielen ist in den letzten Monaten ein neues gekommen: Scott will einer der größten Schriftsteller aller Zeiten werden. Wenn auch nicht Shakespeare, so doch unmittelbar dahinter. Dies halten nun sogar seine Freunde für etwas übertrieben. Doch Scott lässt sich nicht beirren: »Die Rhythmen von Swinburne und die Themen von Rupert Brooke schwirrten mir im Kopf herum und ich verwandte den ganzen Frühling darauf, bis in die frühen Morgenstunden hinein Sonette, Balladen und Rondeaus zu verfassen. Irgendwo hatte ich gelesen, dass jeder große Poet schon bevor er 21 war bedeutende Poesie geschrieben hatte. Ich hatte also nur noch ein Jahr Zeit.«[54]

Auch in diesem Halbjahr muss Scott in die Nachprüfung. Seine Aussicht auf eine brillante Karriere nach Abschluss der Universität schwindet. Einmal mehr sucht er den Rat von Pater Fay, der ihn mit dem anglo-irischen Schriftsteller Shane Leslie, einem Cousin Winston Churchills, bekannt macht. Scott ist hellauf begeistert: »Er trat in mein Leben als die romantischste Gestalt, die ich jemals getroffen hatte. Er hatte zu Füßen Tolstois gesessen und war mit Rupert Brooke geschwommen, er war ein junger Engländer der herrschenden Klasse, was, wie Compton McKenzie sagt, ungefähr so viel bedeutete, wie ein Bürger Roms zu sein.«[55] Beide Männer sind überzeugte Katholiken und die Gespräche mit ihnen so intensiv, dass Scott kurzzeitig mit dem Gedanken spielt, Geistlicher zu werden. Doch mit dem Eintritt der USA in den Ersten Weltkrieg am 6. April 1917 tut sich eine bis dato nicht in Erwägung gezogene Alternative auf, Ruhm und Ehre zu erlangen. Unzähligen jungen Amerikanern, die mit der romantischen Verklärung des Bürgerkrieges aufgewachsen sind, winkt nun das große Abenteuer. Tapfere Gentlemensoldaten werden Europa vom Joch der aristokratischen Tyrannei befreien. Unter den vielen, die sich freiwillig melden, ist auch F. Scott Fitzgerald. Im Mai 1917 absolviert er ein dreiwöchiges Intensivtraining bei der Armee, mit dem er seine Noten ausgleichen kann. Im Sommer folgt eine Ausbildung in Fort Snelling für die Infanterie. Pater Fays Plan, ihn unter dem Deckmantel des Roten Kreuzes auf eine geheime Mission zur Rettung der katholischen Kirche ins revolutionäre Russland zu schicken, scheitert daran, dass die Mission abgesagt und Fay nach Rom beordert wird. Der letzte Sommer vor seinem Einsatz gehört dem Studium der Philosophen William James, Arthur Schopenhauer und Henri-Louis Bergson. Im September 1917 kehrt Scott als *Senior* für sein letztes Jahr nach Princeton zurück. Am 26. Oktober kommt endlich der ersehnte Einberufungsbefehl. Schnurstracks fährt Scott nach New York, um sich bei Brooks Brothers eine adäquate Uniform zu besorgen. Dass es zu jener Zeit noch keine standardisierten Uniformen gibt, die von der Armee gestellt werden, ist ihm nur recht. An seine Mutter schreibt er: »Wenn du beten willst, dann bete für meine Seele und nicht dafür, dass ich nicht getötet werde – Letzteres scheint mir nicht wirklich bedeutsam, und wenn du eine gute Katholikin bist, dann sollte dir Ersteres wichtig sein.«[56] Dann reist er nach Fort Leavenworth in Kansas ab, um sich dort einer dreimonatigen Offiziersausbildung zu unterziehen.

F. Scott Fitzgerald verlässt Princeton ohne Abschluss. Doch obwohl seine Erfolge eher mäßig waren, wird er später gern an seine Zeit dort zurückdenken. Princeton wird Schauplatz vieler seiner Geschichten und vor allem seines ersten großen Romanerfolges sein. Kein amerikanischer Schriftsteller wird bis heute so sehr mit seiner Universität in Verbindung gebracht wie F. Scott Fitzgerald. Ironischerweise tut sich die Universität ihrerseits lange Zeit schwer mit ihrem ehemaligen Studenten. Als er 1934 hier eine Vortragsreihe starten will, lehnt die Universität dankend ab, und sein Professor für englische Literatur, Gordon Hall Gerould, merkt stattdessen an, dass jemand, der so schlechte Noten in Englisch hatte, wohl schwerlich der Autor von »Der große Gatsby« sein könne.

Für Scott jedoch beginnt, so glaubt er zumindest, mit dem Ende seiner Studienzeit das große Abenteuer. Die Welt steht ihm offen, und er macht sich mit unglaublicher Chuzpe daran, sie zu erobern. Mit der Beschreibung dessen, was sein Romanheld Amory Blain von sich denkt, lässt er tief in sein eigenes Inneres blicken, denn auch er hatte »seine erste Philosophie formuliert, einen Kodex von Lebensregeln, den man als eine Art aristokratischen Egoismus bezeichnen könnte. (...) [Er] bezeichnete sich selbst als einen vom Glück begünstigten jungen Mann mit schier unbegrenzten Entwicklungsmöglichkeiten zum Guten wie zum Bösen. Er hielt sich nicht für einen ›starken Charakter‹, sondern vertraute auf seine rasche Auffassungsgabe und seine überlegenen geistigen Fähigkeiten. (...) [Er] hielt sich für außerordentlich gutaussehend. (...) Er sprach sich Persönlichkeit, Charme, magische Anziehungskraft und Selbstsicherheit zu, die Macht, alle gleichaltrigen jungen Männer zu übertrumpfen, und die Gabe, alle Frauen faszinieren zu können. Geistig: Absolute, über jeden Zweifel erhabene Überlegenheit. (...) Doch es gab auch einen seltsamen Zug von Schwäche, der seine Pose durchkreuzte ... ein hartes Wort (...) genügte, um seine Selbstsicherheit zu rauben und ihn empfindlich zu kränken. (...) Er war der Sklave seiner Launen, und obwohl er zu kühnen und verwegenen Taten fähig war, spürte er, dass er weder Mut noch Ausdauer oder Selbstachtung besaß. Eitelkeit, gedämpft durch Selbstzweifel, wenn nicht gar Selbsterkenntnis, dazu die Vorstellung, dass Menschen seinem Willen wie Automaten zu folgen hätten, und das Verlangen so viele Gleichaltrige wie möglich zu ›übertrumpfen‹ und zu einem unbestimmten Gipfel der Welt vorzudringen.«[57]

> »Auf die schönen Frauen des Südens,
> so rein wie das klare Wasser und so kalt
> wie das glitzernde Eis in diesem Glas«
> TRINKSPRUCH

II.
»Die letzte Schöne des Südens«
Eine Ballkönigin aus Alabama

»Scarlett O'Hara war nicht eigentlich schön zu nennen. Wenn aber Männer in ihren Bann gerieten, (…) so wurden sie dessen meist nicht gewahr. (…) Zwischen den strahlenförmigen schwarzen Wimpern prangte ein Paar blassgrüner Augen ohne eine Spur von Braun. Die äußersten Winkel zogen sich ein klein wenig in die Höhe, und auch die dichten, schwarzen Brauen darüber verliefen in einer scharf nach oben gezogenen schrägen Linie von jener magnolienweißen Haut, die in den Südstaaten so geschätzt und von den Frauen Georgias mit Häubchen, Schleiern und Handschuhen ängstlich vor der sengenden Sonne geschützt wird. (…) Hinter so viel Sittsamkeit verbarg sich nur mühsam ihre wahre, unbändige Natur. In den grünen Augen blitzte und trotzte es und hungerte nach Leben, so wenig der mit Bedacht gehütete sanfte Gesichtsausdruck und die ehrbare Haltung es auch zeigen wollten. Das Benehmen war ihr von ihrer Mutter in milden Ermahnungen, von ihrer Amme in weit strengerer Zucht beigebracht worden. Die Augen aber waren ihr eigen.«[58] So lauten die ersten Zeilen des berühmtesten aller Südstaatenromane, »Vom Winde verweht« von Margaret Mitchell. In ihrem Bürgerkriegsepos schuf Mitchell nicht nur die berühmteste *Southern Belle* der Literaturgeschichte, sondern machte Scarlett O'Hara zum Prototyp der stolzen Südstaatlerin schlechthin. Spätestens seit der Verfilmung von 1939, die aus einer völlig unbekannten englischen Schauspielerin namens Vivien Leigh einen Superstar machte und mit zehn Oscars alle Rekorde brach, wusste man weltweit, wie die Frau der amerikanischen Südstaaten im Idealfall zu sein hat: schön, kultiviert, gebildet, stolz, selbstbewusst und – weiß. Immer ist sie eine Tochter aus dem gehobenen Bürgertum, und als solche versteht sie es, ihre zahlreichen Verehrer nicht nur durch ihr Äußeres, sondern auch durch ihre charmante Art zu bezaubern. Sie ist Mittelpunkt jeder Gesellschaft, gern gesehener Gast bei Bällen und Empfängen. Feurig und mit einem gewissen Sexappeal, ohne jedoch billig zu wirken. Ihr wichtigstes Kapital sind ihre Jugend und ihre Schönheit. Ihr wichtigstes Ziel ist es, einen Mann zu finden, der ihr ein angemessenes Leben bieten kann. Die Entscheidung darüber macht sie sich nicht leicht, und sie liebt es, ihre Verehrer zappeln zu lassen. Die *Southern Belles* sind ein Mythos, der nach dem Untergang des alten Südens auf den Schlachtfeldern von Gettysburg neu entstand und bis heute die Erinnerung an die »gute alte Zeit« verkörpert. Eine Zeit, die für viele Bewohner des Südens allerdings eher ein wahr gewordener Albtraum war. Denn dieser Landstrich der Vereinigten Staaten, zu dem sich die 16 Staaten jenseits der Mason-Dixon-Linie, der Grenze zwischen Pennsylvania und Maryland, zählen, ist nicht nur berühmt für seine schönen Frauen, sondern auch berüchtigt für seine Sklavenhaltung. Das Land der Eichenalleen und der üppig blühenden Magnolienbäume, deren schwüle Luft träge und sinnlich macht, das Land der großen Baumwoll- und Tabakplantagen, das Land der Herrenhäuser mit den großen Säulenportalen, in denen viel von Ehre und guten Manieren die Rede ist, hat eine traurige Tradition als Land der Sklavenhalter. Der Reichtum seiner Einwohner hatte so lange auf der Ausbeutung von Menschen basiert, dass sie sich erst hundert Jahre nach dem Bürgerkrieg dazu überreden ließen, ihre afroamerikanischen Nachbarn als Menschen anzusehen. Eine Einsicht, zu der sie vor allem der Oberste Gerichtshof der Vereinigten Staaten animieren musste.

Zu den Einzelstaaten, die sich dieser Erkenntnis besonders hartnäckig verweigerten, gehört Alabama, in dessen Hauptstadt Montgomery Zelda Sayre am 24. Juli 1900 geboren wird. Die 40 000-Einwohner-Stadt liegt im sogenannten *Black Belt*, einer Region in Mississippi und Alabama, die für ihren besonders fruchtbaren, dunklen Schwemmlandboden bekannt ist. In diesem Hauptanbaugebiet für Baumwolle lebten lange vor allem reiche Plantagenbesitzer. Die armen Bauern hatten sich in den Mittelgebirgen im Nordosten angesiedelt. Montgomery ist eine geschichtsträchtige Stadt mit großer Bedeutung für den alten

Süden. Am 4. Februar 1861 waren hier die Konföderierten Staaten von Amerika gegründet worden. Zwischen 4. Februar und 29. Mai 1861 war die Stadt die erste Hauptstadt des neuen Staatsgebildes, ehe sie von Richmond in Virginia abgelöst wurde. Der Staat Alabama hatte am 11. Januar 1861 seinen Austritt aus den Vereinigten Staaten von Amerika erklärt und war damit der vierte Staat, der die Union als Reaktion auf den Wahlsieg Abraham Lincolns bei den Präsidentschaftswahlen 1860 verließ. Obwohl Lincoln stets betont hatte, dass er die Rechte der Einzelstaaten bezüglich der Sklaverei nicht antasten würde, fürchteten die Südstaaten um ihren Einfluss und um ihre Sklaven. Am 4. Februar 1861 hissten die abtrünnigen Südstaatler in Montgomery zum ersten Mal ihr eigene Flagge, Jefferson Davis regierte vom Weißen Haus in Montgomery aus als ihr erster und einziger Präsident. Am 11. März 1861 gaben sich die Konföderierten Staaten hier eine eigene Verfassung, die derjenigen der USA zwar ähnlich war, jedoch ausdrücklich das Recht zur Sklavenhaltung enthielt. Ein Recht, das die Sklavenhalter aus der Präambel der US-Verfassung ableiteten, in der der Schutz des Eigentums festgelegt ist. Für die Befürworter der Sklaverei waren Sklaven Besitz ohne Rechtsansprüche. Ihnen als Sklavenbesitzern standen hingegen dieselben Rechte zu wie jedem anderen Eigentümer auch: Die Menschenrechte der Sklaven standen gegen die Eigentumsrechte der Sklavenhalter. Mit dem Überfall auf das Unionsfort Sumter in South Carolina begann am 12. April 1861 der amerikanische Bürgerkrieg. Er endete am 23. Juni 1865, nach vier Jahren blutigem Bruderkampf mit mehr als einer halben Million Toten. Noch während des Krieges, am 1. Januar 1863, hatte Abraham Lincoln mit der Emanzipations-Proklamation die Sklaverei in den Vereinigten Staaten – auch in den Südstaaten –, für beendet erklärt. Der Sezessionskrieg hinterließ ein zutiefst gespaltenes Land. Die stolzen Südstaaten, ein Hort von Tapferkeit und Heldenmut, konnten die schmähliche Niederlage nur schwer verwinden. Die Phase der Rekonstruktion, während der die aufständischen Staaten wieder in die Union eingegliedert werden sollten, wurde als Demütigung durch die Sieger verstanden. Bereits während des Krieges in Angriff genommen, dauerte sie bis 1877 und hinterließ bei den Besiegten große Ressentiments gegen die Yankees aus dem Norden. Sie wurden unter Militärverwaltung gestellt und mussten einen Eid auf die Union leisten. Zudem wurde mit dem 13. Zusatzartikel zur amerikanischen Verfassung die Sklaverei endgültig abgeschafft, was den Süden und seine Plantagenwirtschaft ökonomisch in die Knie zwang. Obwohl sich die Südstaaten den Forderungen schließlich beugten, da sie als Einzelstaaten bestehen bleiben wollten, brauchte es mehrere Generationen, bis der Hass auf die Yankees verschwand.

Bei Zeldas Geburt liegt der Bürgerkrieg 35 Jahre zurück. Obwohl die Wunden inzwischen verheilt sind, lebt der Mythos vom tapferen Süden, der sich nicht wegen der Sklavenhaltung in den Krieg stürzte, sondern vor allem um den unverschämten Zollforderungen des Nordens und dem Missbrauch von Steuergeldern Einhalt zu gebieten, noch immer. Es wird an Traditionen festgehalten, und zu diesen gehört auch die strikte Rassentrennung. Dass mit dem 14. Zusatzartikel zur Verfassung der Gleichbehandlungsgrundsatz für alle Bürger der Vereinigten Staaten (außer Frauen) eingeführt wurde, lässt die Menschen hier kalt. Hier gehört die Diskriminierung von Afroamerikanern zum guten Ton. Schwarze hat man nicht als Nachbarn, sondern als Dienstboten. Längst haben die Verfechter der Rassentrennung einen Weg gefunden, das verhasste *Amendment* zu umgehen. 1896 führten die Südstaaten eine besondere Form der Segregation ein: den juristischen Grundsatz »Seperate but equal«. Da man aufgrund der Verfassungswirklichkeit nicht darum herum kam, auch Afroamerikanern gewisse Rechte zuzugestehen, stellte man diesen ähnliche Einrichtungen zur Verfügung wie ihren weißen Nachbarn, verbot ihnen aber gleichzeitig, dieselben Einrichtungen zu benutzen. 1896 erlaubte der Oberste Gerichtshof von Louisiana die Einführung getrennter Abteile in Eisenbahnwaggons für schwarze und weiße Reisende. Kurze Zeit später wurde in den Schulen die Rassentrennung eingeführt. Dies war erst der Anfang. In den nächsten Jahren wurden die Menschen in nahezu allen Bereichen des öffentlichen Lebens, in Krankenhäusern wie in Schwimmbädern, in Universitäten, Bussen und öffentlichen Toiletten separiert. Dass die Einrichtungen und Leistungen für Afroamerikaner qualitativ minderwertiger waren, verstieß eindeutig gegen das Gesetz. Es sollte mehr als 50 Jahre dauern, bis diese Ungerechtigkeit gekippt wurde, und wieder stand Montgomery, Alabama, dabei im Mittelpunkt des Geschehens. Genau hier weigerte sich am 1. Dezember 1955 die Näherin Rosa Parks, ihren für Weiße reservierten Platz im Bus zu räumen. Als sie verhaftet wurde, begann die schwarze Bevölkerung von Montgomery den öffentlichen Nahverkehr zu boykottieren. An die Spitze des 381 Tage dauernden »Montgomery Bus Boykotts« setzte sich der bis dato völlig unbekannte 26-jährige Pastor der Dexter Avenue Baptist Church von Montgomery, Dr. Martin Luther King jun. Es war der Beginn einer Bürgerrechtsbewegung, die das Land verändern sollte. Die 1965 stattfindenden Märsche für das Wahlrecht von Afroamerikanern von Selma nach Montgomery markierten einen der Höhepunkte dieser Bewegung. Obwohl brutale Übergriffe seitens der Polizei die ersten beiden Märsche zum Halt brachten, gelang es den Aktivisten am 25. März 1965, Montgomery zu erreichen. Auf dem State Capitol Building, auf dem dereinst die Befürworter der Sklaverei ihre Flagge gehisst hatten, hielt Martin Luther King seine berühmte Rede «Our God is marching on», die mit den Worten: »Wie lange wird es dauern? Nicht lange!« endet. Heute gehört die 54 Meilen lange Route, die die Bürgerrechtler marschierten, als »Selma To Montgomery National Historic Trail« zu den nationalen Gedenkstätten der USA.

Aber noch verteidigt die Stadt ihre Traditionen, ihre schönen Frauen und ihre Vorurteile mit Vehemenz. Dies ist die Welt, in die Zelda als Mitglied einer angesehenen Südstaatenfamilie hineingeboren wird. Sie ist das sechste Kind von Minnie und Anthony Sayre und wird nach einer Zigeunerkönigin benannt, über die ihre Mutter einen Roman gelesen hat: »Zelda's Fortune« von Robert Edward Francillon. Ihre Großeltern waren allesamt führende Sezessionisten, die sich nach dem Bürgerkrieg allerdings rasch wieder eingegliedert hatten. So war ihr Großvater mütterlicherseits Senator der Vereinigten Staaten für Kentucky, ehe er sich als reicher Tabakpflanzer aus der Politik zurückzog. Zeldas Mutter Minerva »Minnie« Buckner Machen, geboren 1860 in Eddyville, Kentucky, war als Tochter aus gutem Hause mit allen Privilegien einer höheren Tochter aufgewachsen und hatte in Montgomery das Montgomery Female College besucht. Sie war künstlerisch und musikalisch begabt und wäre nach ihrem Schulabschluss 1878 gerne zur Bühne gegangen, doch ihr Vater hatte sich diesem Wunsch strikt verweigert. Als man ihr einen Auftritt angeboten hatte, holte er sie nach Hause zurück. Er war bei den Demokraten im Gespräch für eine Präsidentschaftskandidatur, eine schauspielernde Tochter konnte er sich nicht leisten. Das Leben sah für ein Mädchen aus dem Süden ohnehin anderes vor. Eine Lektion, die Zeldas Mutter nie vergaß und die sie dazu brachte, den Wünschen ihrer Tochter gegenüber sehr nachsichtig zu sein. So war aus Minnie Machen statt einer berühmten Schauspielerin am 17. Juni 1884 die Frau des Juristen Anthony Dickinson Sayre geworden. 1858 in Tuskegee, Alabama, geboren, konnte er auf die im

Süden so wichtige Ahnenreihe zu den ersten Siedlern zurückblicken. Auch seine Familie hatte im Bürgerkrieg eine wichtige Rolle gespielt. Seinem Onkel hatte sogar das Weiße Haus gehört, welches Jefferson Davis für 5000 Dollar im Jahr als seinen Amtssitz anmietete. Der Bruder seiner Mutter, Senator John Tyler Morgan, war einer der angesehensten Männer Alabamas. Anthony selbst hatte nach einem Mathematikstudium in Salem, Virginia, beschlossen, in Montgomery Jura zu studieren. Anfang 1882 lernt er Minnie Machen kennen, die er kurze Zeit später heiratet. Er ist zwar nicht vermögend, doch seine Aussichten auf eine glänzende Karriere sind gut. Zudem gelten im Süden Manieren und Stammbaum mehr als schnöder Mammon.

Das Paar bekommt insgesamt sechs Kinder. Daniel, das zweite, stirbt mit 18 Monaten an einer Rückenmarksentzündung. Die Eltern erholen sich nur schwer von diesem Verlust, und Zelda ist der festen Ansicht, dass ihr Vater sich emotional mehr in die Familie eingebracht hätte, wäre ihm dieser Schicksalsschlag erspart geblieben. Zum Haushalt gehören außer den Kindern Marjorie, Rosalind, Clothilde, Anthony und Zelda auch Minnies unverheirateter Bruder und ihre Mutter, eine sehr eigenwillige alte Dame, die Kinder und Nachbarn gleichermaßen das Fürchten lehrt. Die Ehe ist nicht sehr innig, ein Leben als Paar gibt es ebenso wenig wie ein Familienleben. Während sich Minnie um ihre wachsende Familie kümmert, macht Anthony politische Karriere. Zunächst wird er ins Repräsentantenhaus, dann in den Senat von Alabama gewählt. 1897 wird er Richter in Montgomery. Als solcher wird er zum Verfasser des »Sayre Election Law«, das dazu beiträgt, Afroamerikanern bis Mitte der 1960er Jahre das Wahlrecht zu verweigern.[59] Auch im Hause Sayre beschränkt sich der Umgang mit schwarzen Mitbürgern auf das Hauspersonal. Alle Bediensteten der Familie sind schwarz: der Koch, die Waschfrau, der Gärtner und das Kindermädchen. Nach der Geburt seiner Kinder wird sich Richter Sayre vollständig aus der Familie zurückziehen und seinen Beitrag darauf beschränken, das Geld heranzuschaffen, das die Familie für ihren Lebensunterhalt benötigt. Minnie ist bereits 40 Jahre alt, als Nesthäkchen Zelda die Familie komplettiert. Der Nachzügler wird über alles geliebt, verwöhnt und immer nur »Baby« gerufen. Minnie stillt sie, bis sie drei Jahre alt ist. Schon als Kind ist Zelda außergewöhnlich hübsch und macht es ihrem Vater, der vergeblich versucht, Strenge walten zu lassen, nicht leicht. Ebenso wie Scotts Jugend ist auch Zeldas Kindheit geprägt von diversen Umzügen, die jedoch allesamt innerhalb Montgomery stattfinden und zuletzt in der Pleasent Avenue 6 enden. Das Haus liegt im berühmten Gebiet »The Hill«, wo die alteingesessene Elite der Stadt lebt. Nicht die Superreichen, sondern die mit den alten Traditionen, zu denen man sich nicht durch Geld, sondern nur durch den richtigen Stallgeruch Zugang verschaffen kann. Und damit haben die Sayres keinerlei Probleme. Eher schon mit dem Geld. Zwar verdient Richter Sayre nicht schlecht, doch Geld im Überfluss wird nie vorhanden sein. Er ist sehr sparsam und mietet die Häuser, in denen die Familie wohnt. Zum Kauf kann er sich nicht entschließen. Doch die Familie ist anerkannt und Zeldas gesamter Freundeskreis gehört zum alten Geldadel, Neureiche sind nicht willkommen. Trotzdem fühlt Minnie sich als Außenseiterin. Sie wird in Montgomery niemals ganz heimisch, hält ihre Nachbarn für einfältig und langweilig. Die hingegen beäugen ihre künstlerischen Ambitionen misstrauisch. Die Tatsache, dass sie Texte schreibt, die hin und wieder auch veröffentlicht werden, ist eher ungewöhnlich für eine gute Südstaatenehefrau. Und wie sie ihre Töchter erzieht, wird ebenfalls nicht gut geheißen.

1906 kommt Zelda in die Chilton Grammar School. Genau wie Scott weigert sie sich schon nach dem ersten Tag, noch einmal hinzugehen. Obwohl der Richter dagegen ist, erlaubt die Mutter ihr, noch ein Jahr zu Hause zu bleiben. Außer, dass er seine Tochter, wenn sie über die Stränge schlägt, ganz wie es dem Erziehungsideal der Zeit entspricht, züchtigt, lebt der Richter in seiner eigenen Welt, nach seinem ganz eigenen Rhythmus. Er ist weder im gesellschaftlichen Leben der Stadt noch im Familienleben präsent. Auf Zelda wirkt der Vater wie eine lebende Festung, ein Bollwerk aus Integrität, Disziplin und Gesetzestreue. Ihr Verhältnis zu ihm ist von Respekt, aber auch Distanz geprägt. Sie kennt den Vater ebenso wenig wie er seine Tochter: »Soweit seine engsten Angehörigen wussten, ließ er zu seiner Burg keine Schleichwege offen – für den liebenswürdigen Ziegenhirten nicht und auch nicht für die drohende Obrigkeit. Diese Unzugänglichkeit war ein Makel an seiner sonstigen Brillanz und vielleicht verhinderte sie seinen Aufstieg in die Politik«, wird sie später schreiben.[60] 1909 wird Anthony Sayre zum Richter am Obersten Gerichtshof von Alabama ernannt. Damit rückt die Familie in den Mittelpunkt des öffentlichen Interesses. Im März 1911 berichtet der *Montgomery Advertiser* zum ersten Mal über die bezaubernde jüngste Tochter der Familie Sayre. Zelda ist ein Freigeist, der sich an keinerlei Regeln hält und sich keinen Normen unterwirft. Am liebsten ist sie in Bewegung, sie tanzt, sie läuft, und sie ist eine begeisterte Schwimmerin. Ihr Kopf ist voller verrückter Ideen, die sie sofort in die Tat umsetzt. Langeweile ist das Allerschlimmste für den Wildfang der Familie Sayre. Wenn diese sie überkommt, ist Vorsicht geboten. Einmal ruft sie die Feuerwehr, weil auf dem Hausdach angeblich ein Kind sitzt. Um die anrückenden Männer nicht zu enttäuschen, klettert sie mit einer Leiter aufs Dach, stößt die Leiter um und wartet auf ihre Retter. Zelda hat unendlich viel Fantasie, ist sprachbegabt und witzig und gehört, wie sie selbst sagt, zu den Mädchen, die »glauben, sie können sich alles erlauben, und kommen damit durch«.[61] Weil sie am liebsten rennt und tobt, sind viele ihrer Spielkameraden Jungen. Ist sie doch selbst ein halber Junge. Im Kreise ihrer Freundinnen ist sie der unbestrittene Mittelpunkt. Zu Zeldas engstem Kreis gehören Sara Haardt, Sara Mayfield und Tallulah Bankhead. Vor allem Tallulah, die bei ihrer Tante in Montgomery lebt, nachdem ihre Mutter drei Wochen nach ihrer Geburt an einer Blutvergiftung gestorben war, steht Zelda, was Wildheit und Schönheit anbelangt, in nichts nach und sorgt bei ihrem Vater, dem späteren Sprecher des US-Repräsentantenhauses William Bankhead, schon früh für manch graues Haar. Die beiden übertrumpfen sich mit verrückten Einfällen. Tallulah träumt davon, eine große Schauspielerin zu werden, und nutzt Montgomery als erste große Bühne. Mit 15 geht sie nach New York und bezieht Quartier im Hotel Algonquin in Manhattan. Hier wird sie Mitglied der berühmten Round-Table-Runde um Dorothy Parker und macht eine steile Karriere als Schauspielerin und Enfant terrible. Auch als erwachsene Frau wird sie sich nicht benehmen, wie man es von einer Südstaatenschönheit erwartet, sondern Drogen nehmen, Kette rauchen und sich vorwiegend von Gin und Bourbon ernähren. Ihre Reaktion auf den Rat eines Arztes, doch lieber jedesmal einen Apfel zu essen, wenn sie an einen Drink denkt, ist legendär: »Also wirklich, Darling, 60 Äpfel am Tag?« Man sagt ihr Hunderte von Affären mit Frauen und Männern nach, und am Ende ihre Lebens wird sie feststellen: »Niemand kann genau so sein wie ich. Manchmal hab ich ja selbst Schwierigkeiten damit.«[62]

Zeldas Freundin Sara Haardt wird Schriftstellerin und später die Frau von Literaturkritiker H. L. Mencken, einem Freund F. Scott Fitzgeralds. Lange Zeit arbeitet sie als Englischlehrerin am Goucher College in Baltimore. Sie ist sehr engagiert, setzt sich für das Frauenwahlrecht ein und sorgt für einen Skandal, weil sie mit Mencken, der als entschiedener Gegner der Ehe gilt, zunächst sieben Jahre ohne Trauschein zusammenlebt. Unterstützt von ihrem Mann verfasst sie zahlreiche Kurzgeschichten, die auf sein Betreiben hin veröffentlicht werden. Bereits 1935 stirbt sie an Tuberkulose.

Die fünf Jahre jüngere Sara Mayfield ist Zeldas größte Bewunderin und wird in späteren Jahren eine sehr persönliche Biografie über ihre Freundin schreiben. Sie alle mögen Zelda, weil man mit ihr Pferde stehlen kann: »Ich war ein sehr aktives Kind, das nie müde wurde. Ständig rannte ich ohne Mantel und Kopfbedeckung draußen herum, sogar im Negerviertel … Ich hatte eine Vorliebe für halbfertige Häuser und kletterte oft auf den Dachbalken herum. Ich sprang gern von hoch oben hinunter … Ich wanderte oft weit aus der Stadt hinaus, manchmal sogar bis zu einem Dorffriedhof – ganz allein … Als kleines Mädchen hatte ich so viel Selbstvertrauen, dass ich es sogar wagte, alles anders zu machen, als es damals üblich war. Unsicherheit oder Scheu waren mir fremd, und moralische Grundsätze hatte ich nicht.«[63] Ihre Freundin Elcanor Addison erinnert sich an ein ganz und gar unerschrockenes junges Mädchen: »Als wir jung waren, sprang Zelda immer von ganz oben herunter. Sie raste in halsbrecherischem Tempo auf Rollschuhen den Hügel der Perry Street hinunter und überholte dabei sogar Autos, was die Talfahrt doppelt gefährlich machte. Sie nötigte ihre Verehrer Gas zu geben, wenn sie zu einer Party unterwegs waren, während wir anderen uns mit einer gemäßigten Geschwindigkeit zufrieden gaben. Tagsüber war sie kraftvoll und ungestüm, eine äußerst energiegeladene Person, nachts jedoch war sie eine wunderschöne und bezaubernde junge Frau.«[64]

Jegliche Versuche des Vaters, sie zu bremsen, laufen ins Leere. Wenn er ihr Hausarrest erteilt, klettert sie einfach aus dem Fenster: »Ich habe überhaupt keine Angst. Um Angst zu haben, muss man entweder ein Feigling sein oder sehr groß und bedeutend. Ich bin weder das eine noch das andere.«[65] Obwohl sich immer alles um sie dreht, ist Zelda nicht hochmütig, sondern stets um das Wohl ihrer Freunde besorgt. Sie hat einen ausgeprägten Gerechtigkeitssinn und ist voller Bewunderung für mutige Menschen. Besonders die Indianer haben es ihr angetan, ist sie doch der Ansicht, man verweigere den Ureinwohnern Amerikas den nötigen Respekt.[66]

Dass sie sich so frei fühlen kann, hat sie ihrer Mutter zu verdanken. Minnie Sayre erlaubt ihren Töchtern manches, worüber die Nachbarn die Nase rümpfen. Zwar gibt es auch bei den Sayres Regeln, doch insgesamt wachsen die Kinder ungezwungener auf als ihre Spielkameraden. Dass die Schwestern auf der Veranda im Garten nackt ein Bad nehmen, erregt die Gemüter der anständigen Bürger von Montgomery so sehr, dass sie sich genötigt sehen einzuschreiten. Doch Minnie ist das egal. Sie macht sich wenig aus Konventionen, ihre Töchter tun es noch viel weniger. Marjorie arbeitet vor ihrer Heirat als Lehrerin. Rosalind ist die erste Frau in Montgomery, die als Angestellte in der First National City Bank beschäftigt ist. An ihrem ersten Arbeitstag drücken sich die jungen Männer am Schaufenster der Bank die Nasen platt, um einen Blick auf dieses absonderliche Phänomen zu werfen. Zwar geben die Schwestern ihre Berufstätigkeit nach der Heirat auf, doch davor sorgen sie für etliches Aufsehen.

Zelda ist dennoch die wildeste unter den Geschwistern, auch wenn man ihr einen gewissen Stil nicht absprechen kann: »Das soll heißen, dass ich sie nie im Stich lasse, wenn es darum geht, eine Szene zu dramatisieren – ich liefere eben eine verdammt gute Vorstellung«, beschreibt sie sich selbst in ihrem autobiografischen Roman »Schenk mir den Walzer«.[67] Und sie ist der Liebling der Mutter. Wenn ihr das Essen, das auf dem Tisch steht, nicht schmeckt, dann bekommt sie eben etwas anderes. Da sie schon in jungen Jahren auf ihr Gewicht achtet, ernährt sie sich ohnehin fast ausschließlich von Tomatensandwiches. Zu diesem kargen Speiseplan kommen in den 1920er Jahren noch frischer Spinat und Champagner hinzu – fertig ist ihr berühmtes Mitternachtsdinner.

1914 wechselt Zelda an die Sidney Lanier High School, eine staatliche Schule, was angesichts der Stellung von Zeldas Vater überrascht. All ihre Freundinnen besuchen teure Privatschulen, wie Miss Gussie Woodruffs Schule für Mädchen. Doch da Richter Sayre in der obersten Schulaufsichtsbehörde von Alabama sitzt, sieht er es als seine Verpflichtung an, seine Töchter in staatliche Schulen zu schicken.

In der High School glänzt sie vor allem in Englisch und Mathematik. Doch Zelda ist auch hier nur schwer zu bändigen. Sie ist nicht frech, aber den Mund lässt sie sich auch nicht verbieten. Dank ihrer raschen Auffassungsgabe muss sie nicht allzu viel Zeit aufs Lernen verwenden, holt mit geringem Aufwand das bestmögliche Ergebnis heraus. Würde sie sich konzentrieren, könnte sie eine der besten Schülerinnen ihrer Klasse sein. Doch dazu hat sie gar keine Lust. Sie findet Schule eher langweilig. Viel lieber durchforstet sie die Bibliothek ihres Vaters: Shakespeare, Thackerey, Dickens, Wilde, aber auch Plutarch, Aristoteles und Aischylos liest sie. Am allerliebsten aber steckt sie ihre Nase in Märchenbücher.

Mit den Jahren wächst der kleine Wildfang zu einem außergewöhnlich hübschen und klugen Mädchen heran. Sie hat die Kreativität der Mutter geerbt, malt, singt und tanzt leidenschaftlich gerne Ballett. Nicht zu Unrecht gilt sie bald als das schönste Mädchen von Alabama. Zelda ist eine Naturschönheit, die sich nicht zurechtmachen muss. Egal, was sie trägt, sie sieht immer wunderschön aus. Mit ihrem honigblonden Haar und den dunklen blauen Augen, dem feinen Teint und ihrem überbordenden Charme nimmt sie alle für sich ein. Sie besitzt alles, was für eine Frau hier im tiefen Süden wichtig ist, im Übermaß. Scott beschreibt Zelda in seiner Kurzgeschichte »Die letzte Schöne des Südens« als »Südstaatlerin in Reinkultur«: »Sie besaß jene mit anmutiger, redseliger Naivität versüßte Gewandtheit, die eine tief in den heroischen Süden zurückreichende Vergangenheit fürsorglicher Väter, Brüder und Verehrer ahnen ließ, jene makellose, im ewigen Ringen mit der Hitze erworbene Kühle. Es gab Töne in ihrer Stimme, die Sklaven herumkommandierten und Yankee-Offiziere erblassen ließen, aber auch leise, schmeichelnde Töne, die sich in ungewohnter Lieblichkeit mit der Nacht vermischten.«[68]

Zelda ist ein auffälliges junges Mädchen, nicht allein durch ihr Verhalten, sondern auch durch ihre Erscheinung. Die Kleider, die sie trägt, entsprechen zwar nicht unbedingt der neuesten Mode, sind jedoch sehr individuell, da die Mutter sie ihr näht. Dass sich die 15-jährige Zelda schminkt, findet keineswegs die Zustimmung ihrer Lehrer. Eine Dame sollte tunlichst darauf verzichten, sich wie eine Schauspielerin oder gar wie eine Prostituierte zu benehmen. Doch die Gefahr besteht wohl nicht, denn auch bei den Sayres werden die Regeln, denen junge Frauen im Süden allgemein unterworfen sind, eingehalten. Sara Mayfield nennt sie in ihrem Buch spöttisch die »No-Lady-Rules«: »Eine Dame sitzt nicht mit gekreuzten Gliedmaßen da (ja, man sagte tatsächlich Gliedmaßen, Beine war ein unflätiges Wort), eine Dame berührt niemals mit ihrem Rücken den Stuhl, auf dem sie sitzt, eine Dame geht niemals ohne sauberes Taschentuch aus dem

Haus, eine Dame verlässt das Haus erst, wenn auch der letzte Knopf ihrer Handschuhe geschlossen ist, eine Dame geht niemals barfuß und so weiter.«[69] Auf die Einhaltung dieser Anstandsregeln legt auch Mrs. Sayre größten Wert.

Als Zelda 15 Jahre alt ist, ereignet sich etwas, worüber sie nur selten spricht und über das es nur wenige Informationen gibt. Außer Scott und ihrer Freundin Sara Mayfield scheint kaum jemand zu erfahren, was an jenem Nachmittag geschehen ist. Sie selbst beschreibt es in ihrem Roman »Caesar's Things«, der nie veröffentlicht wird. Darin gibt es eine Szene, in der Janno, Zeldas junges Alter Ego, von zwei Freunden derart unter Druck gesetzt wird, bis sie ihnen ins Gebüsch folgt, wo einer der beiden sie missbraucht: »Sie fühlte sich so elend und glaubte, ihr Herz müsse auseinanderbrechen, und noch viele Jahre später wollte sie nicht mehr leben; aber es war besser, einfach so weiterzumachen.«[70] John Sellers und Peyton Mathis sind zwei der beliebtesten Jungen der Stadt, gutaussehend und aus reichem Elternhaus. Sara Mayfield wird John Sellers Jahre später, nach einer kurzen Ehehölle voller Gewalt, verlassen. Nach außen hin scheint in diesem Sommer niemand eine Veränderung an Zelda festgestellt zu haben. Einzig Tallulah Bankhead erinnert sich Jahre später, dass sie ihr irgendwie abwesend vorkam. Allen anderen erscheint sie lebenshungriger und wilder als je zuvor.

In zwei Briefen Scotts finden sich ebenfalls Hinweise auf das Geschehen. So schreibt er 1930 an Zelda: »Du hast selbst Jahre später zugegeben (und ich hab dich dafür niemals verurteilt), dass du verführt worden bist.«[71] Und 1938 wird er an Zeldas Schwester Marjorie in einem Brief schreiben: »Deine Mutter hat so verdammt schlecht auf Zelda aufgepasst, dass John Sellers sie verführen konnte, als sie 15 Jahre alt war.«[72] Was Scott hier Verführung nennt, geschieht offensichtlich gegen Zeldas Willen, auch wenn sie Jahre später erneut mit Sellers ausgeht. Fraglos stehen für die beiden Jungen in ihrem Roman John Sellers und Peyton Mathis Pate, doch da sie diesen in ihren letzten Lebensjahren verfasst hat, in der ihr die Vergangenheit in sehr düsterem Licht erschien, fehlen letzte Beweise für das Geschehen. Dass sie, als sie Scott trifft, keine Jungfrau mehr ist, gilt als gesichert. Das wird ihm in der ersten gemeinsamen Nacht klar, in der sie ihm noch die Unschuld vom Lande vorspielt.

1916 absolviert Zelda als Tänzerin bei einer Ballettaufführung in der Stadthalle von Montgomery ihren ersten Soloauftritt und reißt das Publikum förmlich von den Stühlen. Der *Montgomery Advertiser,* der ein Porträt der jungen Tänzerin bringt, schreibt gar, aus ihr könne eine zweite Pawlowa werden. Ein Gedanke, der sich bei Zelda festsetzt. Spätestens jetzt ist sie das begehrteste Mädchen der Stadt. Die Veranda der Sayres ist von Verehrern bevölkert. Bei ihrem ersten großen Ball hat sie keine Minute Verschnaufpause, tanzt die ganze Nacht hindurch. Zum Entsetzen der Eltern schwingt sie die Beine vor allem zu neumodischen Tänzen wie Shimmy, Bunny Hug und Charleston. Im Süden ist Jazz keineswegs gesellschaftsfähig. »Negermusik« aus der Gosse, aus dem Rotlichtmilieu – das ist nichts für anständige junge Damen. Zelda kümmert das nicht. Sie ist Stargast bei den Tanzabenden der Collegestudenten, raucht und trinkt. Beides ist bei Frauen nicht gern gesehen, doch das ist Zelda egal. Sie liebt es, zu provozieren und zu schockieren. Und sie weiß genau, wie sie das anstellen muss. So tanzt sie nie im angemessenen Abstand, sondern immer eng umschlungen. Ohne sich um ihren Ruf zu kümmern, lässt sie sich von ihren Verehrern nachts ohne Begleitung mit dem Auto nach Hause fahren. Erscheint ihr eine Veranstaltung zu steif, dann kann es durchaus vorkommen, dass sie ein Rad schlägt oder zu singen anfängt. Sie ist für jeden Spaß zu haben. Abend für Abend ist sie unterwegs, von einer Party zur nächsten. Und sie leiht sich schon mal ein parkendes Auto aus, um alleine herumzufahren. Dass sie als Sozia auf dem Motorrad ihre Arme um die Hüften des Fahrers schlingt, verursacht ebenso Kopfschütteln wie die Tatsache, dass sie sich küssen lässt. Man stelle sich vor, einfach so, ohne sich zu verloben. Daran denkt Zelda keine Sekunde. Sie genießt die bewundernden Blicke der Männer, denen sie reihenweise den Kopf verdreht; ernst meint sie es mit keinem. Interessanterweise schadet ihr Verhalten ihrem Ruf nur bedingt. Obwohl die wenigsten Eltern mit den Sayres tauschen möchten, schützt der untadelige Leumund ihres Vaters Zelda davor, selbst einen allzu schlechten zu bekommen. Eine Familie, die so sehr zum Establishment des alten Südens gehört, nach der in der Stadt Straßen benannt sind, kann sich ein schwarzes Schaf leisten. Der Richter ist über jeden Verdacht erhaben und gilt als moralisch derart unantastbare Instanz, dass seiner Tochter einiges nachgesehen wird. Zudem überschreitet auch Zelda bestimmte Grenzen nicht: Über das Verteilen von Küssen geht ihr Einsatz nicht hinaus.

Da die vielen Partys sie so in Anspruch nehmen, gibt sie die Tanzstunden auf. Ihre liebste sportliche Betätigung ist und bleibt ohnehin das

Schwimmen. Als sie sich einen hautfarbenen Annette-Kellermann-Einteiler kauft, macht das Gerücht die Runde, sie würde nackt schwimmen. Noch 1907 war die berühmte australische Schwimmerin Kellermann für das Tragen eines Badeanzuges wegen Erregung öffentlichen Ärgernisses verhaftet worden. Obwohl Zelda angesichts ihrer exzessiven Freizeitgestaltung kaum Zeit bleibt, sehnt sie sich insgeheim doch manchmal nach ein wenig Abwechslung. Dann scheint ihr, als würde die Zeit hier im Süden stehen bleiben: »Nichts scheint jemals zu passieren (…), die Tage vergehen mit trägem Schwatzen in der warmen Sonne. Ein Lynchmord, eine Wahl, eine Hochzeit, Katastrophen und wirtschaftliche Aufschwünge, alles dasselbe (…), durchdrungen von der satten Milde der Luft in einem Klima, das zu heiß ist, um sich allzu oft anzustrengen, zu angenehm für alles außer einem halbherzigen Wettbewerb.«[73]

Erst der Erste Weltkrieg bringt die lang ersehnte Abwechslung, als Soldaten aus dem Norden im nahe gelegenen Camp Sheridan ankommen. Innerhalb kürzester Zeit verändert die Stadt ihr Gesicht. Überall schießen neue Lokale aus dem Boden, es wimmelt nur so von jungen Leuten. Zelda ist begeistert, die alteingesessenen Bewohner Montgomerys weniger: Yankees. Noch dazu in großer Zahl. So viele hat man seit den Tagen des Sezessionskrieges nicht mehr gesehen. Den wenigen Nordstaatlern, die sich bislang hierher verirrten, war man mit Vorsicht begegnet. Der neue Krieg weicht die alten Fronten auf. Die Yankees, die nun in die Stadt drängen, sind schneidige Offiziere und vor allem bei der Damenwelt höchst willkommen.

Zelda, nun in ihrem letzten Schuljahr, läuft von den Collegestudenten zu den Offizieren über. Richter Sayre sieht mit Bauchschmerzen die vielen Uniformierten auf seiner Veranda herumlungern. Es sind so viele, dass man meinen könnte, bei dem Wohnhaus der Sayres handle es sich um ein Rekrutierungsbüro. Der Wirbel, den seine jüngste Tochter verursacht, ist ihm zu viel. Dem kann ihre Lehrerin nur beipflichten. Seit Zelda sich nur noch ihren Vergnügungen hingibt, sind ihre Zensuren kontinuierlich schlechter geworden. Zudem lässt ihr Betragen eindeutig zu wünschen übrig: »Ungenügend« steht im Zeugnis. Doch Zelda hat einfach keine Zeit mehr für die Schule, noch dazu jetzt, wo sie ihr Talent in den Dienst der Sache stellt. Im März 1918 wirkt sie zugunsten der amerikanischen Truppen in Frankreich an einer Ballettaufführung mit. Die Kritiken sind hymnisch: »Alice Smith' Darstellung der Jungfrau von Orléans war wirklich sehr gut, aber Zelda Sayre als

Krieg war einfach exzellent.«[74] Sie veröffentlicht ein Gedicht, das sie mit Hilfe der Mutter verfasst hat. Wenngleich sie für die Schule wenig Zeit hat, für Dummheiten ist sie immer zu haben. Am 1. April 1918 macht sie sich zur Wortführerin ihrer Klasse und schwänzt gemeinsam mit allen Mädchen die Schule für einen Kinobesuch. Dass die gesamte Klasse daraufhin von der Schule verwiesen wird, beunruhigt sie nicht. Und tatsächlich wird die Entscheidung tags darauf rückgängig gemacht. Am 31. Mai 1918 wird den Mädchen endlich ihr Abschlusszeugnis überreicht. Beim Abschlussball tanzt Zelda noch einmal aus der Reihe. Da viele Mädchen ihrer Klasse aus finanziell schlechter gestellten Familien kommen, wird vereinbart, dass keine Schülerin ein Kleid tragen soll, das mehr als fünf Dollar kostet. Alle halten sich daran – bis auf Zelda. Die erscheint im eleganten weißen Seidenkleid samt passendem Mantel und modischem Hut. Zu allem Übel nimmt sie nicht bei ihren Klassenkameradinnen auf der Bühne Platz, sondern im Publikum. Wie froh sie doch ist, dass die Schulzeit endlich ein Ende hat: »Wir wussten wirklich alles voneinander (…), wie jede einzelne schwimmen konnte und wie sie tanzte und um welche Zeit sie nachts zu Hause sein musste. Was jede von uns am liebsten aß und trank und worüber sie am liebsten redete. Wir waren eine Einheit gegenüber den größeren und älteren Jugendlichen, die aus lauter Langeweile die Eissalons und die Tänze im Country Club stürmten und die drauf und dran waren, die Bequemlichkeit einer überschaubaren Welt zu verlassen, die sich darauf gründete, dass die Menschen Spaß daran hatten, ihre Zeit mit den immer gleichen Aktivitäten zu verbringen.«[75]

Tag für Tag dasselbe tun, das ist nichts für Zelda. Es muss etwas passieren, und zwar rasch. Was sie sich konkret darunter vorstellt, ist für einen Freigeist wie Zelda eher verblüffend: Sie will den richtigen Mann finden. Während ihre Schwestern arbeiten und sogar ihre Mutter eine eigenständige Karriere als Schauspielerin einer Heirat vorgezogen hätte, verharrt Zelda in Wartestellung. Keinerlei Zukunftspläne jenseits einer Heirat sind bekannt. Dabei wäre vieles möglich. Viele ihrer Freundinnen verlassen die Stadt, um ihre Träume zu verwirklichen. Gerade in der oberen Mittelschicht gibt es allen Traditionen zum Trotz immer mehr Frauen, die einen Collegeabschluss anstreben und jenseits ihrer Rolle als Ehefrau und Mutter Pläne für ihr Leben machen. Tallulah zum Beispiel ist längst in New York, doch Zelda bleibt in Montgomery und wartet auf ihren Prinzen. Sie wartet darauf, dass das Leben interessant wird, ohne selbst das Geringste dafür zu tun. Ihre eigene Tochter wird dieses Leben Jahre später kritisch bewerten: »Zu Mutters Zeiten hatten die Mädchen aus dem Süden alle einen ›Belle‹-Komplex und waren nur unzureichend für ein Leben in der realen Welt ausgebildet. Als sie meinen Vater heiratete, war meine Mutter kaum vorbereitet für ein Leben ohne ihre geliebte Familie im Rücken, ohne ihre alten Freunde, ohne irgendwelche Unterstützung, abgesehen von ihrem Ehemann. Das Leben im Süden war so behaglich und so voller Liebe. Es war ein Kokon.«[76]

Während Zelda auf ihr Abenteuer wartet, ist Scott dem seinen noch kein Stück näher gekommen. Er ist noch immer in den USA und Europa weit weg, wenngleich er stündlich mit seiner Verschiffung rechnet. Es ist keineswegs Patriotismus, der ihn in den Krieg ziehen lässt: »Ich bin völlig abgebrüht in das alles hineingegangen, und ich hege keinerlei Sympathien für das Gefasel von ›seinen Sohn für sein Land hingeben‹ usw. usw. usw. oder diesen ganzen Heldenquatsch. Ich habe mich einzig und allein aus gesellschaftlichen Motiven gemeldet. (...) Für jemanden, der das Leben so pessimistisch betrachtet wie ich, ist es nicht deprimierend in Gefahr zu geraten. Ich bin nie zuvor heiterer gewesen. Sei so lieb und respektiere meine Wünsche«, schreibt er an seine Mutter.[77] Er rechnet fest damit, dass der Krieg sein Leben verändern wird. An seine Cousine Ceci schreibt er: »Wenn wir jemals wieder nach Hause kommen, worauf ich keinen gesteigerten Wert lege, werden wir ziemlich gealtert sein. Im Grunde hat das Leben außer Jugend nicht viel zu bieten, und ich schätze mal, für ältere Leute bleibt nur die Liebe zur Jugend der anderen.«[78]

Das Leben im Militärlager Fort Leavenworth in Kansas stellt den verwöhnten Scott auf eine harte Probe. In Kansas sind die Winter rau, und mit 15 Kameraden in einem Raum ohne Komfort und ohne Privatsphäre zu leben, ist neu für ihn. Sein Zug steht unter dem Befehl eines Mannes namens Dwight D. Eisenhower, während des Zweiten Weltkrieges Oberbefehlshaber der Alliierten in Europa und von 1953 bis 1961 Präsident der Vereinigten Staaten von Amerika. Bei den Soldaten im Wartestand herrscht pure Langeweile. Scott selbst richtet nur wenig Aufmerksamkeit auf seine Ausbildung. Der schlechte Schüler ist auch ein schlechter Soldat. Er drückt sich, wo er nur kann, während des Unterrichts schreibt er an seinen Geschichten. Um bei einem Gepäckmarsch nicht zu viel schleppen zu müssen, packt er ein Stück Ofenrohr in seinen Rucksack: Raum einnehmend, aber verschwindend leicht. Anstrengung ist seine Sache nicht. Dass man ihn bestraft, als der Schwindel entdeckt wird, kümmert ihn herzlich wenig: »Mit meinen dreiundzwanzig Jahren hatte ich nicht die geringste feste Überzeugung, außer der, dass manche Menschen stark und attraktiv waren und tun konnten, was sie wollten, während andere erwischt wurden und in Ungnade fielen. Ich hoffte, ich gehörte zu den Ersteren.«[79] Sein Beliebtheitsgrad ähnelt bald demjenigen, den er als Schüler und Student innehatte. Als die Verantwortung für die Truppe im Wochenturnus einem aus den eigenen Reihen übertragen wird, wird Scott nach einstimmigem Beschluss übergangen.

Den kümmert das nicht weiter, denn eigentlich hat er gar keine Zeit für derartige Spielchen. Er schreibt an seinem ersten Roman und ist davon überzeugt, ein Meisterwerk zu verfassen. Beseelt von dem Gedanken, auf dem Schlachtfeld den Heldentod zu sterben und nichts als dieses Werk der Nachwelt zu hinterlassen, sitzt er in jeder freien Minute über seinem Manuskript: »Mein ganzes Herz gehörte dem Buch.«[80] Es soll »The Romantic Egoist« heißen; noch in Princeton hatte er die ersten Zeilen geschrieben. Seine Kameraden, erstaunt über seinen Eifer, gewöhnen sich daran, Scott mit Bleistift und Papier in der Ecke des Offiziersclubs sitzen zu sehen: »Ich hatte nur noch drei Monate zu leben – zu dieser Zeit dachten alle Infanterieoffiziere, dass sie nur noch drei Monate zu leben hatten –, und ich hatte noch keine Markierung auf der Welt hinterlassen. Doch ein so verzehrender Ehrgeiz konnte nicht durch einen bloßen Krieg zunichte gemacht werden.«[81] Die fertigen Kapitel schickt er nach Princeton, wo sie fein säuberlich abgetippt werden. Einzig sein alter Freund John Peale Bishop, der sich bei der Infanterie in Kentucky langweilt, darf einen Blick darauf werfen. Bishop hat vor Kurzem seinen ersten Gedichtband veröffentlicht und spart nicht an Ratschlägen: »Schön und gut, vermutlich willst du weltweiten Erfolg. Aber um den zu erlangen, müsste das Alltägliche auf individuelle Weise dargestellt werden.«[82] Nach drei Monaten ist es geschafft. Im Februar 1918 liegt ein 120 000 Worte umfassendes Manuskript vor ihm. Er wendet sich an Shane Leslie mit der Bitte um Korrektur und Vermittlung an den Charles Scribner Verlag. Leslie schickt das Manuskript tatsächlich an Scribner, allerdings mit den Worten: »Obwohl Scott Fitzgerald noch lebt, hat das Buch literarischen Wert. Wenn er getötet wird, bekommt es natürlich auch noch kommerziellen Wert.«[83]

Die Wartezeit auf die Antwort von Scribner wird Scott lang und verstärkt sein Verlangen, endlich aktiv in den Krieg eingreifen zu können. Wie groß ist seine Enttäuschung, als er statt nach Europa zum 45. Infanterieregiment nach Camp Zachary Taylor in die Nähe von Louisville/Kentucky verlegt wird. Seine Zeit dort bleibt ihm in dauerhafter Erinnerung: In Camp Taylor wird Jay Gatsby dereinst Daisy kennenlernen. Scott selbst übernimmt hier den Befehl über seinen ersten Zug, eine Leuchte allerdings ist er auch als Kommandierender nicht. Im April wird seine Einheit nach Camp Gordon in Georgia verlegt, um im Juni 1918 schließlich weiter nach Camp Sheridan/Alabama, in die Nähe von Montgomery zu ziehen. Hier wird Scott zum Oberleutnant ernannt. Die größte Freude an seinem neuen Posten ist für ihn die Erlaubnis, Stiefel und Sporen zu tragen – was außer ihm niemand tut, nur er stolziert wie ein Pfau durchs Militärlager. Generell ist Scott wenig begeistert von seiner Verlegung in die Nähe dieses verschlafenen Städtchens im rückschrittlichen Süden: »Ich glaube, hier unten bin ich zum ersten Mal in meinem Leben wirklich einsam – mir fehlen nicht Familie und Freunde, oder irgendjemand im Speziellen, mir fehlt meine vertraute Umgebung – eine Gruppe in Princeton, die sich bis drei Uhr morgens die Köpfe über Pragmatismus oder die Unsterblichkeit der Seele heiß redet – das Glitzern von New York mit einem Tanztee im Plaza oder einem Lunch bei Sherries – und sogar die respektable Langeweile von St. Paul.«[84]

Einzige Abwechslung im tristen Soldatenalltag sind die Tanzveranstaltungen im Country Club von Montgomery, an denen die Offiziere gerne teilnehmen – auch Oberleutnant F. Scott Fitzgerald. In seiner schicken Uniform sieht er blendend aus und macht großen Eindruck auf die Damenwelt von Montgomery. Im Juli 1918 lernt er bei einem dieser Tanzabende eine junge Frau kennen, die sein Leben vollkommen auf den Kopf stellen wird: Zelda Sayre, die auf den Ritter auf dem weißen Ross wartet und der es zu dieser Zeit noch voll und ganz genügt, einfach nur Zelda zu sein: »Ich werde nie irgendetwas zustande bringen, weil ich viel zu faul bin, mir etwas daraus zu machen, ob es zustande kommt oder nicht – und ich will auch nicht berühmt und gefeiert werden – ich will nur immer ganz jung sein und völlig unzurechnungsfähig und fühlen, dass mein Leben mein eigenes ist – auf meine eigene Weise leben und glücklich sein und sterben – wie es mir gefällt.«[85]

> »Ich bin verliebt in ihren Mut, ihre Aufrichtigkeit
> und ihre glühende Selbstachtung.«
>
> F. SCOTT FITZGERALD[86]

III.
»Ich habe in der Tat die Heldin meiner Romane geheiratet«
Ein Offizier und ein Wirbelwind

Als Scott die 18-jährige Zelda zum ersten Mal sieht, ist er fasziniert. Er hat soeben seinen Lebensmenschen getroffen, die Frau, die ihm mehr als jede andere entspricht. Eine Seelenverwandte, die versteht, dass »es so schwer ist, zwei Menschen gleichzeitig sein zu wollen, einer, der nach seinen eigenen Gesetzen lebt, und ein anderer, der all die schönen alten Dinge behalten möchte und sicher und geliebt und beschützt sein will«.[87] Die Ähnlichkeit der beiden zeigt sich sogar äußerlich, wie Fotos zeigen. Manchmal werden sie für Geschwister gehalten. Zeldas Lebenshunger gleicht dem seinen, auch wenn sie fröhlicher und weniger unzufrieden ist. Beide wollen alles vom Leben. Allerdings will Scott vor allem berühmt werden und sie ein aufregendes Leben führen. Der gravierende Unterschied zwischen beiden liegt darin, dass Scott alles tut, um dazuzugehören und die Aufmerksamkeit bestimmter Menschen zu erregen. Zelda hingegen ist es piepschnurzegal, was die anderen von ihr denken. Ihr Verhalten entspringt dem völligen Unabhängigsein von der Meinung anderer. Sie ist ein Freigeist, der die Konsequenzen seines Handelns nicht fürchtet und sich, anders als Scott, niemals schämt, wenn sie über die Stränge schlägt. In keiner Sekunde fühlt sie sich unzulänglich, sein Bestreben, anderen zu gefallen, versteht sie nicht. Zelda ist freier, als Scott dies jemals sein wird. So unsicher Scott ist, so selbstbewusst ist Zelda. Resultiert sein exzentrisches Verhalten oftmals aus dem Gefühl der Unsicherheit, so ist das ihre stets Ausdruck des festen Willens, einen eigenen Weg beschreiten zu wollen.

Für Scott ist Zelda die Symbiose zweier Welten, der Tradition des Südens und der Moderne eines neuen Amerikas. In Zeldas Namen lässt er Sally Carol Harper in seiner Kurzgeschichte »Der Eispalast« sagen: »Verstehst du, ich hab zwei Seiten in mir. Das eine ist die alte verschlafene Seite, die du liebst, und dann ist da so eine Kraft – so ein Gefühl, das mich dazu treibt, irgendwelche verrückten Sachen zu machen. Und das ist genau der Teil von mir, der mir eines Tages noch mal nützlich sein könnte, der mir auch dann noch bleibt, wenn's mit der Schönheit mal vorbei ist.«[88]

Dass Zelda das umschwärmteste Mädchen der Stadt ist, macht sie, wie zuvor schon Ginevra King, zur idealen Gefährtin für Scott. Die Fliegeroffiziere sind so begeistert von ihr, dass sie mit ihren Flugzeugen Kunststücke über ihrem Elternhaus vollführen. Als ein Flieger dabei abstürzt, verbietet der Kommandeur alle weiteren Schauflüge. Dass Zelda sich trotz ihrer Reize an die gesellschaftlichen Grenzen der Freizügigkeit hält, kommt dem eher prüden Scott sehr entgegen. Ihm reicht schon, dass der Platz hinter der altehrwürdigen Baptistenkirche, auf dem sie sich küssen lässt, hinter vorgehaltener Hand Zeldas Schlachtfeld genannt wird. Doch im Großen und Ganzen weiß Zelda sehr genau, was sie tut: »Es ist komisch, aber es gefällt mir ›rosa und hilflos‹ zu sein. Wenn ich weiß, dass ich diesen Eindruck mache, fühle ich mich schrecklich erfahren – und überlegen. Dann denke ich immer: ›Jetzt glauben diese Männer, ich sei bloß dekorativ. Wie dumm von ihnen‹ – und es macht mir Spaß, unergründlich zu sein. (…) Manche Männer lieben mich, weil ich hübsch bin – aber sie fürchten sich immer vor meinen schlechten Charakterzügen – und manche Männer lieben mich, weil ich intelligent bin, aber sie fürchten sich immer vor meinem hübschen Äußeren – einer oder zwei haben mich allerdings geliebt, weil ich liebenswert bin, aber denen habe ich natürlich was vorgemacht.«[89] Die Orden und Anstecknadeln von Offizieren und Studenten sammelt sie in einem Kästchen auf ihrem Nachttisch. Es quillt fast über.

Unter all den Männern, die ihr in diesem Sommer begegnen, nimmt Scott eine herausragende Stellung ein. Zelda spürt, dass etwas mit ihr vorgeht. In »Schenk mir den Walzer« schildert sie ihren ersten Eindruck: »Unter seinen Schulterblättern verspürte er so etwas wie himmlische Unterstützung, die seine Füße mit ekstatischem Schwung vom Boden hob und ihm scheinbar die Fähigkeit zu fliegen verlieh, auch wenn er noch ging – als Kompromiss an das Herkömmliche. Im

Mondlicht grüngolden glänzend, lag sein Haar wie auf einem Fresko von Cellini, doch modisch gescheitelt über seiner etwas welligen Stirn. Seine Augenhöhlen bargen – wie von geheimnisvollen Phantasiepfeilspitzen – jene elektrische Bläue, die die Inspiration seines Gesichts ausmachte. Die Bürde seiner maskulinen Schönheit, die sich im Lauf von zweiundzwanzig Jahren gefestigt hatte, verlieh seinen Bewegungen etwas Bewusstes und Gemessenes, einem Eingeborenen gleich, der eine schwere Steinlast auf dem Kopf transportiert.«[90] Sie gibt Scott in ihrem Roman den Namen David Knight. Es sieht so aus, als habe sie ihren strahlenden Ritter gefunden.

Dem ersten Treffen folgen in den nächsten Wochen unzählige weitere. In der Hollywoodschaukel auf der großen Veranda des weißen Holzhauses plaudern die beiden über Gott und die Welt. Scott liest aus seinem Roman vor und vergisst nicht zu erwähnen, dass er schon bald weltberühmt sein wird. Nach drei Monaten, in denen er zunächst noch andere Mädchen trifft, ist für ihn die Sache klar. Im September 1918 wird er in sein Kontobuch schreiben: »Hab mich am 7. verliebt.«[91] Richtig entlieben wird er sich nie wieder. Im selben Monat wird ihn die Nachricht von Ginevras Vermählung erreichen.

Die Abende mit Zelda machen den grauen Soldatenalltag fast vergessen. Aber eben nur fast. Längst steht fest, dass er als Soldat nicht weltberühmt werden wird. Sein autoritäres Auftreten macht ihn zu einem äußerst unbeliebten Zugführer. Unter seinen Soldaten genießt er bald den Ruf eines üblen Leuteschinders, als er seinen Zug in der glühenden Mittagshitze strafexerzieren lässt, weil sich die Soldaten über das Essen beschwert haben. Eine Meuterei kann nur abgewendet werden, indem man ihm das Kommando entzieht. Doch sein neues Kommando über eine Truppe, die den Umgang mit Granatwerfern übt, meistert er nur wenig besser. Aus Übermut wirft er während eines Manövers Granaten auf die Gruppe, die den Gegner darstellt. Zum Glück sind es Blindgänger – ganz so wie Scott auch: »Die überwiegende Einschätzung von Fitzgerald lief darauf hinaus, dass wir – wenn uns ein wichtiger Auftrag erteilt wurde, bei dem er helfen sollte – es vorzogen, die Sache allein zu erledigen«, erinnert sich einer seiner Offizierskollegen.[92]

Am 19. August 1918 erhält Scott vom Charles Scribner Verlag sein Manuskript zurück, mit gezielten Überarbeitungsvorschlägen. Vor allem am Schluss soll er feilen, zudem rät man ihm, von der Form der Ich-

Erzählung Abstand zu nehmen. Lektor Maxwell Perkins, der das Manuskript gerne genommen hätte, ist von dessen Qualitäten überzeugt und macht dem Autor Mut. Scott, der in all dem nur eine kleine Verzögerung bei der Veröffentlichung sieht, macht sich mit Feuereifer daran, Perkins' Vorschläge umzusetzen. Umso größer ist seine Enttäuschung, als der Verlag im Oktober, gegen Perkins' ausdrückliche Empfehlung, auch das überarbeitete Manuskript ablehnt.

Auch an anderer Stelle scheint Scott keine Lorbeeren mehr einheimsen zu können. Täglich zeichnet sich mehr und mehr ab, dass der Krieg in Europa wohl ohne ihn gewonnen werden wird. Das Ende der Kampfhandlungen naht, ohne dass Scott auch nur seinen Fuß aufs Schlachtfeld gesetzt hat. Während sein alter Freund John Peale Bishop ihm aus Europa von den Auseinandersetzungen mit dem Feind berichtet, sitzt er ohne Aufgabe und ohne Hoffnung im tiefsten Süden der USA fest. Seine Idealvorstellung, dem englischen Dichter Rupert Brooke gleich, der am 23. April 1915 auf dem Weg zur griechischen Insel Skyros an einer Sepsis starb und zum Idol einer ganzen Generation wurde, als schöner tragischer Dichter durch den Heldentod auf dem Schlachtfeld unsterblich zu werden, rückt in weite Ferne.

Er hadert schwer mit seinem Schicksal, als er im Oktober 1918 endlich die ersehnte Nachricht erhält: Seine Einheit wird nach Europa verlegt. Am 26. Oktober reist er als Versorgungsoffizier nach New Jersey. Da er die Reise jedoch für einen kurzen Abstecher nach Princeton unterbricht, fehlt er beim Beladen des Schiffes, wodurch Ausrüstung im Wert von mehreren Tausend Dollar verlorengeht. Eine verheerende Grippewelle verzögert seine Abreise um weitere Tage. Als Scott schließlich das Schiff nach Übersee besteigt, erfährt die Welt vom Waffenstillstand im französischen Compiègne. Der Krieg ist aus. Unverrichteter Dinge verlässt Scott das Schiff wieder. Er kann es kaum fassen: »Ich hatte den Krieg verpasst.«[93] Die Tatsache, dass er nicht im Krieg war, das große, prägende Ereignis seiner Generation nicht miterlebt hat, ist für ihn, nach dem fehlenden Princeton-Abschluss, das zweite große Versagen in seinem Leben. Der Krieg wird für viele Künstler der Nachkriegszeit beherrschendes Thema ihrer Werke und F. Scott Fitzgerald wird zeitlebens bedauern, nicht aus der unmittelbaren Grenzerfahrung des Krieges heraus schreiben zu können. Eine Enttäuschung, die durch die Freundschaft mit dem Kriegshelden Ernest Hemingway ungleich größer wird. Frustriert fährt er nach New York und vergnügt sich im Zimmer eines Freundes im Hotel Astoria mit einer Frau. Der Hoteldetektiv erwischt ihn mit der nackten Frau, eine pikante Situation, die er sogleich in seinen Roman einbaut. Auch Zelda verarbeitet den Betrug später in ihrem autobiografischen Roman und erweist sich dabei als vorausschauend, als sie notiert, »man solle einander nur dann treu sein, wenn man wirklich das Bedürfnis habe«.[94]

In seinem Unmut benimmt sich Scott so schlecht, dass er Ausgangssperre erhält. Dennoch ist er spurlos verschwunden, als seine Einheit nach Camp Sheridan zurückreist. Erst am Bahnhof von Washington taucht er wieder auf, mit zwei Blondinen im Arm, einer Flasche Champagner in Händen und der unglaublichen Geschichte, im Geheimeinsatz für den Präsidenten der Vereinigten Staaten unterwegs gewesen zu sein.

In Camp Sheridan bleibt er sich trotz seiner Beförderung zum Adjutanten von General J. A. Ryan treu. Während einer Parade fällt er zur Schande des ganzen Regiments vom Pferd, worauf ihn der General zu Reitstunden verdonnert. Illusionslos blickt er später auf seine »stolze Karriere als schlechtester Flügeladjutant der Armee« zurück.[95]

Am 10. Januar 1919 trifft Scott ein schwerer Schlag. Father Fay, inzwischen Monsignore, stirbt an einer Lungenentzündung. Scott ist völlig verstört: »Ich kann nicht begreifen, dass er nicht mehr da sein soll – dass wir alle, die ihn geliebt haben, ihn für immer verloren haben und diese Seite des Lebens dahin ist, die große Wärme (…), dieses absolute Verständnis. Wenn ich an ihn denke und an das, was er mir bedeutet hat, kann ich das Blatt Papier vor mir kaum noch sehen.«[96]

Anfang Februar 1919 wird Scott im Rahmen der Demobilisierung nach Hause geschickt. Er geht nach New York. Sein sehnlichster Wunsch, berühmt zu werden, hat eine neue Bedeutung bekommen. Er will Zelda heiraten. Doch die will erst seine Frau werden, wenn er für ihren Lebensunterhalt aufkommen kann. Seine Karrierechancen erscheinen nicht nur ihr äußerst zweifelhaft. Scott ist ein Studienabbrecher ohne Job, dafür aber mit der festen Überzeugung, einer der größten Schriftsteller aller Zeiten zu werden. Wann genau das sein wird, weiß allerdings niemand. Das Geld seiner Eltern reicht nicht aus, um eine weitere Familie zu ernähren, und Zeldas Eltern sind weit weniger wohlhabend als die Fitzgeralds. Sie raten Zelda dringend davon ab, sich Hals über Kopf in die Ehe mit einem Mann zu stürzen, dessen beruflicher Erfolg in den Sternen steht. Doch da brauchen sie sich keine Sorgen zu machen. Zelda ist eine kluge Frau. Ihr ist klar, dass ein Leben in finanzieller Unsicherheit sie beide auf Dauer unglücklich machen würde: »Scott – ich will nichts auf der ganzen Welt außer Dir – und Deine kostbare Liebe. Alle materiellen Dinge sind nichts. Ich würde es einfach nur verabscheuen, ein knauseriges, farbloses Leben zu führen – denn dann würdest Du mich bald weniger und weniger lieben – und ich würde alles tun – alles –, um Dein Herz in meinem Besitz zu behalten – ich möchte nicht leben – ich möchte vor allem lieben und nebenbei leben.«[97] Die romantische Vorstellung von einem Leben aus Luft und Liebe hält der Wirklichkeit nicht stand, das weiß bereits die junge Zelda.

Scott ist enttäuscht, allerdings macht die Tatsache, dass Zelda sich weigert, ihn zu heiraten, sie in seinen Augen noch begehrenswerter. Er setzt alles daran, sie für sich zu gewinnen. Nachdem sein Glaube spätestens mit dem Tod von Father Fay immer weiter in den Hintergrund rückt, wendet er sich jetzt völlig vom Katholizismus ab. Er hat einen neuen Gott gefunden: »Zelda ist der einzige Gott, den ich jetzt noch habe.«[98] In New York angekommen, schreibt er ihr voller Zuversicht: »Liebstes Herz! Ehrgeiz, Enthusiasmus und Zuversicht, alles ist so wunderbar. Die Welt ist ein Spielfeld, und solange ich mir deiner Liebe sicher sein kann, ist alles möglich. Ich bin in dem Land von Ehrgeiz und Erfolg und meine ganze Hoffnung und mein Glaube ist es, dass mein Liebling bald bei mir sein wird.«[99] Die Liebenden haben sich geschworen, einander täglich zu schreiben. Ihre Briefe sind das einzigartige Zeugnis einer großen Liebe und erzählen von einer klugen und humorvollen jungen Frau. Während Scotts Briefe in Zeldas Lebenschaos im Laufe der Jahre verloren gehen, bewahrt der akribische Scott ihre Briefe ein Leben lang auf.

F. Scott Fitzgerald ist begeistert von New York, doch die Stadt am Hudson hat nicht unbedingt auf den Jungen aus der Provinz gewartet. Seine Versuche, sich bis zum endgültigen Durchbruch als Schriftsteller als rasender Reporter im Großstadtdschungel zu verdingen, scheitern kläglich: »Ich (…) hinterließ meine Visitenkarte bei den Büroboten von sieben verschiedenen Zeitungsredaktionen, bei denen ich als Reporter anfangen wollte. Ich war gerade 22 geworden, der Krieg war aus, und ich wollte tagsüber Mörder fangen und nachts Kurzgeschichten schreiben. Aber die Zeitungen konnten mich nicht brauchen. Sie ließen mir durch ihre Büroboten ausrichten, dass sie keine Verwendung für mich hatten. Der Klang meines Namens auf einer Visitenkarte genügte und sie entschieden ein für alle Mal, dass ich als Reporter völlig ungeeignet war.«[100]

Es bleibt ihm schließlich nichts anderes übrig, als für 90 Dollar im Monat bei der Agentur Barron Collier als Werbetexter anzufangen. Bedeutendstes Zeugnis seiner Tätigkeit ist der Werbetext für eine Dampfwäscherei in Iowa. Ein Fehlstart, genau wie sein Apartment in der Claremont Avenue 200 an der Upper West Side in Manhattan, nahe der Columbia Universität. Selbst seinen abgetragenen Brooks-Brothers-Anzügen merkt man an, dass sie bessere Zeiten gesehen haben. Das Geld, mit dem ihn seine Eltern unterstützen, reicht samt seinem Verdienst für eine Weltstadt wie New York nicht aus. Das Leben, das Scott vorschwebt, ist ein teures Leben, und das wollen und können die Eltern nicht finanzieren. Abgesehen davon will Scott so rasch wie möglich der Abhängigkeit von seinem Elternhaus entfliehen. Er fühlt sich in der glitzernden Metropole als armer Außenseiter, und er hasst dieses Gefühl. Die Angst vor dem Abstieg, die er verspürt, seit sein Vater arbeitslos wurde, lässt ihn nicht los. Sie wird eine seiner Hauptantriebsfedern für das Schreiben vor allem von qualitativ weniger guten, aber gut bezahlten Texten.

Sein momentaner finanzieller Engpass hält ihn nicht davon ab, Zelda teure Geschenke zu machen. Im März 1919 schickt er ihr einen hocheleganten Pyjama, in dem sie sich wie ein Mannequin fühlt. Glücklich schreibt sie ihm: »Ich weiß genau, dass ich ihn eines Tages auf der Straße tragen werde.«[101] Seine Sehnsucht nach Zelda ist so groß, dass er sie anruft, so oft er es sich leisten kann. Die Telefonnummer der Sayres wird er für den Rest seines Lebens im Kopf behalten. Am 24. März 1919 übersendet er Zelda im Überschwang der Gefühle den Verlobungsring seiner Mutter. Obwohl er sich damit über ihre Wünsche hinwegsetzt, freut sie sich: »Darling, Darling. (…) Du kannst dir nicht vorstellen, was dein Ring hier für eine Aufregung verursacht hat. Eine ganze Tanzgesellschaft war gestern Abend völlig aus dem Häuschen. Alle finden ihn wunderschön und ich bin so stolz, dein Mädchen zu sein, so stolz darauf, dass nun alle wissen, dass wir uns lieben.«[102] Sie trägt den Ring als Zeichen einer Verlobung, doch Scotts Drängen, einen Hochzeitstermin festzulegen, entzieht sie sich charmant: »Ich habe so oft versucht, mir eine neue Art und Weise auszudenken, um es zu sagen – und es ist immer noch Ich liebe Dich – liebe Dich – liebe

Dich – mein Liebster.«[103] In Montgomery glaubt ohnehin niemand daran, dass Zelda Sayre tatsächlich einen Yankee heiraten wird.

Selbst als er sie besuchen kommt, lässt sie sich nicht festlegen. Wie nahe sie sich dennoch stehen, zeigt die Tatsache, dass Zelda Scott ihr Tagebuch überlässt. Sie kann ja nicht ahnen, dass er ganze Passagen daraus für seine Texte verwenden wird. Die Sayres sind von der Verbindung nicht begeistert. Zwar mögen sie den charmanten und zuvorkommenden Scott, doch der erfolglose Autor ist nicht gerade das, was sie sich für ihre jüngste Tochter erträumt haben.

Das Leben in New York wird Scott unterdessen immer mehr zur Qual. Seine Arbeit befriedigt ihn nicht, die Sehnsucht nach Zelda quält ihn: »Ich war jeden Augenblick wie verfolgt von meinem anderen Leben (...), von meiner ständigen Erwartung des täglichen Briefes aus Alabama – würde er kommen und was würde darin stehen? – von meinen schäbigen Anzügen, meiner Armut, meiner Liebe (...). Ich war ein Versager – mittelmäßig in der Werbebranche und unfähig, mir als Schriftsteller Anerkennung zu verschaffen.«[104] Ganze Nächte hindurch sitzt er jetzt am Schreibtisch. Allein im Frühjahr 1919 entstehen 19 neue Kurzgeschichten. Drucken will sie keiner. Insgesamt kassiert er 122 Absagen, die er fein säuberlich an die Wand seines schäbigen Apartments pinnt. Langsam, aber sicher beginnt er daran zu zweifeln, dass aus ihm einer der größten Schriftsteller aller Zeiten werden wird. Zelda versucht, ihm Mut zu machen: »Warum spürst Du nicht, dass ich warte – Liebster, ich werde zu Dir kommen, wenn Du bereit bist – Du darfst nie – nie an die Dinge denken, die Du mir nicht geben kannst. Du hast mich mit dem teuersten Herzen, das es gibt, beschenkt – und das ist so verdammt viel mehr als alles, was sonst jemand auf der ganzen Welt je besessen hat.«[105] Doch Scott ist voller Selbstzweifel, sodass es selbst Zelda schwerfällt, an ihn zu glauben. Ausdruck dieser Verunsicherung sind ihre Verabredungen mit anderen Männern, von denen Scott verständlicherweise nicht begeistert ist. Doch das gemeinsame Leben mit Scott liegt in mehr oder weniger ferner Zukunft, und bis dahin will sie ihr Leben als begehrte Südstaatenschönheit in vollen Zügen genießen. Und dazu gehört, die Männer zappeln zu lassen. So lässt sie sich einmal gleich von vier jungen Männern am Bahnhof von Atlanta abholen, von denen jeder glaubt, er sei der einzige Kavalier. Ganz Montgomery zerreißt sich den Mund über eine betrunkene Zelda, die im Streit einem ebenfalls betrunkenen Verehrer Schallplatten an den

Kopf wirft. Einer ihrer Favoriten in diesem Sommer ist Golfspieler Perry Adair. In einem schwachen Moment nimmt sie die Anstecknadel seines Studentenclubs, als Zeichen einer mehr als freundschaftlichen Verbindung, an. Doch bereits am nächsten Tag schickt sie die Nadel mit einem Entschuldigungsbrief an Adair zurück. Ihr schlechtes Gewissen lässt sie zur selben Stunde einen Liebesbrief an Scott verfassen. Beim Eintüten der Briefe unterläuft ihr ein folgenschweres Missgeschick: Sie verwechselt die Umschläge. Der Brief an Adair landet bei Scott, der an Scott bei Adair. Während Scott das Ganze nur mäßig komisch findet, leitet Adair den Liebesbrief gentlemanlike an Scott weiter. Der erboste Scott aber schreibt an Zelda, dass er nun verstünde, warum in früheren Jahrhunderten Prinzessinnen in Türme eingesperrt worden seien. Dass er dies in all seinen darauffolgenden Briefen anspricht, verärgert Zelda so, dass er einlenkt und ihr einen Fächer aus Straußenfedern, den sie sich seit Langem wünscht, schickt: »Diese herrlichen, herrlichen Federn (...). Ich fühle mich so reich und imposant, wenn ich damit wedle und mich darin einhülle (...). Ich liebe dich mehr als alles auf der Welt.«[106]

Zeldas schlechtes Gewissen ist im Übrigen völlig unnötig. Denn auch Scott ist kein Kind von Traurigkeit. Mit May Steiner, einer Südstaatenschönheit, die er 1918 in Montgomery kennengelernt hat, trifft er sich auch noch, als er sein Herz längst an Zelda verloren hat. Sie findet als Dorothy Raycroft, die Geliebte von Anthony Patch in »Die Schönen und Verdammten«, sogar Eingang in einen seiner Romane. Dann gibt es eine gewisse Helen Dent, von der außer dem Namen nichts bekannt ist. Die Namen der beiden Frauen notiert er im Herbst 1918 in sein Kontobuch, einen Monat, nachdem er sich an selber Stelle eingestanden hat, Zelda zu lieben. Die Affäre mit der 27-jährigen englischen Schauspielerin Rosalinde Fuller, die er bei einer Party im Plaza Hotel kennenlernt, wird erst Jahrzehnte später publik, als Fullers unveröffentlichte Autobiografie entdeckt wird: »Wir hatten überall Sex, in Theaterlogen, im Gras, unter der Sonne, unter dem Mond, unter den Sternen. Unsere Lust, den Körper des anderen zu entdecken, kannte keine Grenzen.«[107] Ihr erstes intimes Zusammensein unmittelbar nach dem Kennenlernen im Taxi vom Plaza zu seiner Wohnung wird eine von Scotts Lieblingsvorlagen für künftige Texte, in denen sich die Protagonisten abwechselnd in Taxis oder bei romantischen Kutschfahrten auf der Fifth Avenue näherkommen. Der Kontakt mit Fuller, die 1922 als Ophelia in der legendären Hamlet-Inszenierung von John Barrymore am Broadway ihren Durchbruch hat, bricht bald ab, doch auch sie findet Eingang in seine Texte, worüber sie sich Jahre später noch freut: »Unsere Affäre dauerte nicht lange. Aber manchmal bilde ich mir ein, in seinen Geschichten ein wenig von mir zu entdecken.«[108]

Trotz all der Ablenkung ist Scott unzufrieden – mit sich und mit Zelda. Daran ändert auch der Verkauf seiner ersten Kurzgeschichte nichts. Die Zeitschrift *The Smart Set* zahlt 30 Dollar für »Babes in the Woods«, eine alte Geschichte, die er bereits 1917 als Student im *Nassau Lit* veröffentlicht hat. Sie wird im September 1919 erscheinen. Das Geld investiert er in eine neue weiße Flanellhose.

Im Yale Club, der sich mit dem Princeton Club ein Haus in der Vanderbilt Avenue gegenüber der Grand Central Station teilt, fällt er vor allem durch seine schlechte Laune auf. Als er einmal droht, sich gleich hier und jetzt aus dem Fenster zu stürzen, ermutigen ihn die entnervten Anwesenden, die seine Jammertiraden nicht mehr ertragen, dazu. Er solle sich bloß nicht abhalten lassen. Sein Benehmen ist wieder einmal unmöglich. Im Childs Restaurant in der 59. Straße, der ersten Restaurantkette der USA, marschiert er von Tisch zu Tisch und isst vom Teller seiner jeweiligen Gesprächspartner. Als man ihn hinauswirft, versucht er auf allen Vieren zurück ins Lokal zu krabbeln. Nach einer wilden Party im Yale Club montieren Scott und sein Kumpel Porter Gillespie die Schilder »In« und »Out« von den Türen ab und befestigen sie an ihren Hemden. Mit vollem Ernst bezeichnen sie sich als Mr. In und Mr. Out. In seiner Kurzgeschichte »Erster Mai«, die zu seinen besten zählt, erinnert Scott an diesen denkwürdigen Abend: »Mr. In und Mr. Out sind bei der Volkszählung nicht mit erfasst worden. Vergebens sucht man sie in den amtlichen Geburts-, Heirats- und Sterberegistern oder gar im Anschreibeheft des Krämers. Sie sind der Vergessenheit anheimgefallen, und die Zeugnisse dafür, dass sie überhaupt je existierten, sind vage und liegen im Dunkeln und würden von keinem Gericht als Beweise anerkannt werden. Und doch weiß ich aus zuverlässiger Quelle, dass Mr. In und Mr. Out für eine kurze Frist lebten (…). Sie waren sich in allem einig (…), bis hin zur Absurdität des Lebens an sich.«[109] Während Mr. In und Mr. Out ihr oberflächliches Leben feiern, jagt sich die gescheiterte Hauptperson der Geschichte, an deren Unglück sie nicht unschuldig sind, eine Kugel in den Kopf. Scott und Porter hingegen kugeln leere Champagnerflaschen die Fifth Avenue hinunter.

Doch alle Eskapaden können nicht darüber hinwegtäuschen, wie unglücklich Scott ist: »Ich wandelte wie ein Geist am Samstagnachmittag durch den Roten Salon im Plaza oder ging zu luxuriösen und feucht-fröhlichen Gartenpartys (...) oder trabte mit einigen Leuten aus Princeton in die Biltmore Bar. (...) Die amüsanteste Mittagsrunde oder das beste Bühnenstück – es war alles dasselbe.«[110] Seine schlechte Laune lässt er auch an Zelda aus. Vor allem seine Eifersucht geht ihr auf die Nerven. All das Flirten und Kokettieren gehört für sie dazu. Indem sie ihn eifersüchtig macht, sichert sie sich sein Interesse. Wirklich ernst meint sie es tatsächlich nur mit Scott. Doch als er sie in diesem Sommer besucht, finden sie keinen gemeinsamen Nenner mehr. Als er nach New York zurückfährt, hat er den Verlobungsring seiner Mutter in der Tasche. Die Trennung von Zelda ist eine Katastrophe für ihn: »Ich hab mein Bestes getan und ich hab verloren – es ist eine große Tragödie für mich und ich hab das Gefühl, als gäbe es nur noch wenig, wofür es sich zu leben lohnt. Bis alles wieder so ist, wie es sein soll, werde ich dieses Gefühl der Leere in mir tragen. (...) Bis zu dem Tag, an dem sie meine Frau wird, werde ich nicht heiraten«, schreibt er an eine alte Freundin.[111]

Er schmeißt seinen Job hin und ertränkt seinen Kummer in Alkohol. In den nächsten Wochen ist er nur selten nüchtern anzutreffen. Seine wüsten Saufgelage finden erst ein Ende, als am 1. Juli 1919 diverse Bundesstaaten, unter anderem auch New York, im Rahmen der kurz vor Ende des Krieges verabschiedeten Kriegsprohibition trockengelegt werden. Nahezu ganz Amerika sitzt längst auf dem Trockenen, ehe am 16. Januar 1920 mit dem 18. Zusatzartikel zur Verfassung Verkauf, Herstellung und Transport von Alkohol verboten werden. Präsident Woodrow Wilson hatte sich bis zuletzt gegen das Gesetz gesträubt. Statt des erhofften Rückgangs von Alkoholmissbrauch beginnt jetzt auf Hochtouren die illegale Produktion und Verbreitung von Alkohol. Allein in New York City entstehen mehr als 30 000 *Speakeasies*, sogenannte Flüsterkneipen, in denen illegal Alkohol ausgeschenkt wird. Sie werden zum Zentrum des sozialen Lebens der Stadt, man findet dort auch Männer und Frauen, die nie zuvor in Bars gegangen sind, sich aber in ihrer Freiheit nicht einschränken lassen wollen. Die Prohibition führt zu einem rasanten Anstieg der organisierten Kriminalität. Amerikanische Gangsterbosse erlangen internationale Berühmtheit. Wer den Alkoholhandel kontrolliert, kontrolliert die Stadt, und Chicago gehört in diesen Jahren Al Capone. Es kommt zu brutalen Auseinandersetzungen zwischen rivalisierenden Banden. Das Massaker am Valentinstag 1929 bildet dabei einen traurigen Höhepunkt, den Billy Wilder in seiner Filmkomödie »Manche mögen's heiß« mit Marilyn Monroe, Tony Curtis und Jack Lemmon zum Ausgangspunkt irrwitziger Verwicklungen macht. Um der organisierten Kriminalität den Nährboden zu entziehen, wird die Prohibition 1933 abgeschafft. Bis dahin aber wird in den USA doppelt so viel destillierter Alkohol getrunken wie zuvor und danach, denn im Gegensatz zu Wein oder Bier kann dieser relativ einfach hergestellt werden. Die Not macht erfinderisch: Schlechter Alkohol wird mit einem hohen Anteil an Fuselölen gestreckt und guter Alkohol auf Eis serviert. Es ist die Geburtsstunde des *Whiskey on the Rocks*.

Doch ehe sich die Amerikaner mit allerlei Einfallsreichtum daranmachen, das Alkoholverbot zu umgehen, wird F. Scott Fitzgerald mangels Nachschub zwangsläufig wieder nüchtern. Er verlässt New York und kehrt nach St. Paul zurück, um ohne Ablenkung seinen Roman zu überarbeiten. An seinen alten Freund Edmund Wilson schreibt er: »Seit ich dich das letzte Mal sah, habe ich versucht zu heiraten und mich zu Tode zu saufen, aber da ich, wie so viele gute Männer, vom anderen Geschlecht und vom Staat daran gehindert worden bin, bin ich zur Literatur zurückgekehrt.«[112] Im Hause seiner Eltern, Summit Avenue 599, zieht er sich in sein Zimmer zurück und arbeitet wie ein Besessener. Seine Notizen heftet er an die Vorhänge. Er ändert das vorhandene Manuskript noch einmal grundlegend, baut ganze Texte ein, die er in den vergangenen Monaten geschrieben hat, und bedient sich großzügig aus Zeldas Briefen und ihrem Tagebuch. Er gerät in einen wahren Schreibrausch, nimmt sogar das Essen auf seinem Zimmer ein, um nicht unterbrechen zu müssen. Die Eltern unterstützen ihn, obwohl ihnen nicht ganz geheuer ist, was ihr Sohn so treibt. Dass er das Angebot eines örtlichen Großhändlers, für ihn als Werbefachmann zu arbeiten, ausschlägt, finden sie bedenklich. Scott geht nicht aus, empfängt keinen Besuch, arbeitet Tag und Nacht. Die einzigen Menschen, mit denen er sich austauscht, sind Studentenpfarrer Joseph Barron sowie Donald Ogden Stewart, ein Yale-Absolvent, der hier in St. Paul für die amerikanische Telefongesellschaft arbeitet und später selbst als Autor große Erfolge feiern wird. Mitte August ist es so weit. Aus einem zusammenhanglosen Durcheinander hat Scott seiner Ansicht nach einen großen Roman gemacht. Anfang September schickt er das Manuskript mit dem Titel »Diesseits vom Paradies« an den Scribner Verlag. Den Titel entnimmt er dem Gedicht »Tiare Tahiti« des von ihm so bewunderten Rupert Brooke.

Auch seinen alten Freunden John Peale Bishop und Edmund Wilson, denen er das Manuskript zukommen lässt, gefällt, was sie lesen. Bishop findet das Buch »verdammt gut, teilweise sogar brillant«.[113] Wilson hingegen mahnt Scott: »Als Intellektueller ist dein Held ein Schaumschläger ersten Ranges. (…) Das Ganze wäre besser, wenn du dein künstlerisches Gewissen schärfen und der Form etwas mehr Aufmerksamkeit geben würdest. (…) Ich fühle mich verpflichtet, dir diesen Rat zu geben, weil ich glaube, dass du ohne Mühe ein sehr populärer Schundroman-Verfasser werden könntest.«[114] Dessen ist sich Scott durchaus bewusst, doch er will durch Qualität reich werden. Qualität ohne Geld erscheint ihm nicht erstrebenswert, doch allein der Kunst will er sich auch nicht verpflichten. In diesem Sommer werden drei seiner Gedichte in einen Sammelband aufgenommen. Das Buch heißt »Princeton Verse II« und unter den Gedichten steht als Autorenvermerk »T. [sic] Scott Fitzgerald«.

Weil ihm das Warten lang wird, arbeitet er vorübergehend bei der Northern Pacific Railroad und nagelt Dächer auf Güterwaggons: »In ein paar Tagen werde ich 20 und drei Jahre in diesem Jammertal gelebt haben. Ich schleppe mich weiter – immer gelangweilt, oft betrunken, ohne Buße für meine Sünden zu tun, stattdessen werde ich jeden Tag mir selbst gegenüber toleranter, härte mein zerbrechliches Herz mit frevelhaftem Humor und meide nur Zahnstocher, Pathos und Armut als die drei unverzeihlichen Dinge im Leben.«[115] Am 16. September 1920 erfährt er, dass Scribner das Buch drucken wird: »Dann klingelte der Briefträger an meiner Tür, und ich kündigte noch am selben Tag, lief durch die Straßen und hielt Autos an, um es meinen Freunden und Bekannten zu erzählen: Mein Roman *Diesseits vom Paradies* war zur Veröffentlichung angenommen worden. In jener Woche klingelte der Briefträger wieder und wieder an meiner Tür und ich zahlte meine entsetzlichen kleinen Schulden ab, kaufte mir einen Anzug und erwachte jeden Morgen mit einem Gefühl unbeschreiblicher Erhabenheit und Verheißung.«[116] Die Monate der Enttäuschungen und Erwartungen wird er nie vergessen, in vielen seiner Geschichten ist das Warten auf den Erfolg Thema. Ob in »Erster Mai« und »Winterträume« oder in seinen autobiografischen Geschichten »Früher Erfolg«, »My Lost City« und »Echos of the Jazz Age«. Jetzt aber, da der Erfolg greifbar nahe ist, schreibt er an seine alte Freundin Alida Bigelow: »Bin ich nicht klasse! (...) Ich bin total unglücklich, schau wie der Teufel aus, werde innerhalb von zwölf Monaten berühmt sein und hoffentlich innerhalb von zwei tot.«[117]

Die Veröffentlichung eines völlig unbekannten Schriftstellers wie Fitzgerald ist für den Scribner Verlag eher ungewöhnlich. Bisher hat man auf bewährte Autoren wie Henry James und Edith Wharton gesetzt und ist jungen Autoren eher mit Skepsis begegnet. Die Veröffentlichung von »Diesseits vom Paradies« ist vor allem der Hartnäckigkeit Maxwell Perkins' zu verdanken, der mit Kündigung gedroht hatte, falls der Verlag sich diesen Autor entgehen ließe. Perkins verwendet viel Energie auf die Entdeckung neuer Talente. Noch ist der 36-Jährige als Lektor ein unbeschriebenes Blatt, doch sein Gespür für große Talente wird ihn nicht nur zum Entdecker von Fitzgerald, Hemingway und Thomas Wolfe machen, sondern zum berühmtesten Lektor der USA. Äußerlich ein immer korrekter und höflicher Harvard-Absolvent, boxt er gegen alle Widerstände nicht nur »Diesseits vom Paradies«, sondern 1926 auch Hemingways ersten großen Roman »Fiesta« und 1929 Thomas Wolfes »Schau heimwärts, Engel« durch. Perkins ist seinen Autoren Freund, Berater und Lektor in einem. Auch Scott wird immer auf ihn zählen können, als Freund, Beichtvater und Geldverleiher. Mit einem untrüglichen Gespür schafft es Perkins, seine Autoren dahingehend zu beeinflussen, dass aus guten Manuskripten große Bücher werden. Bis zu seinem Tod werden ihm 68 Bücher gewidmet, mehr als jedem anderen Lektor in den USA. Bis heute ist er eine Kultfigur der amerikanischen Literaturszene. Für die geplante Hollywoodverfilmung seines Lebens als Lektor der Genies gilt Oscarpreisträger Sean Penn als heißester Anwärter auf die Titelrolle.

Scott fasst sofort Vertrauen zu Max Perkins. Er hat Zelda nicht vergessen, und so richtet er an den Lektor die Bitte, ob die Veröffentlichung des Buches nicht beschleunigt werden könne, die Liebe seines Lebens hinge davon ab. Doch Perkins muss ihn enttäuschen. Gleichwohl fasst er sich im Oktober ein Herz und kündigt Zelda seinen Besuch an. Sie antwortet mit großer Freude: »Ich wollte dich immer wiedersehen (...), aber ich *konnte* dich nicht darum bitten. (...) Es ist komisch, Scott, ich fühle mich kein bisschen unsicher oder hin- und hergerissen, so wie früher, wenn du gekommen bist – ich möchte dich wirklich sehen – das ist alles. Zelda«[118]

Das Wiedersehen mündet in die erhoffte Versöhnung, Zelda willigt ein, seine Frau zu werden. Zwar ist er noch immer kein erfolgreicher Schriftsteller, doch Zelda lässt sich von seiner Euphorie anstecken. Ihre Zustimmung ist ein immenser Vertrauensvorschuss und bedeutet schlicht und einfach, dass sie an ihn glaubt. Scott ist überglücklich: »Ich war in einen Wirbelwind verliebt und musste ein Netz spinnen, das groß genug war, um ihn mit dem Kopf allein zu fangen, einem Kopf voll klimpernder Nickel und kleckernder Dimes, jener ewigen Spieldose der Armen.«[119]

Er kehrt im Triumph nach New York zurück, aber nicht in sein armseliges Apartment, sondern in das vornehme Knickerbocker Hotel am Times Square. Hier feiert er zum Ärger des Managements rauschende Feste in Erwartung des großen Erfolges. Aus den Jackentaschen seiner Sakkos hängen jetzt 20- und 40-Dollarscheine heraus. New York hat sich vom Schock der Prohibition erholt. Flüsterkneipen schießen nur so aus dem Boden, Schwarzbrennereien haben Hochkonjunktur. Das Fest geht weiter, und Scott ist mittendrin. Als er einmal nach einem Besuch beim Schwarzbrenner seines Vertrauens ins Hotel zurückkommt, wird er schon in der Lobby von einem erbosten Hotelmanager empfangen. Er hat vergessen, den Wasserhahn seiner Badewanne abzudrehen, und das halbe Hotel unter Wasser gesetzt.

So froh Scott über die Versöhnung mit Zelda ist, so ernüchtert ist er andererseits darüber, dass er das Feuer der ersten Leidenschaft und die Unbeschwertheit der Vergangenheit nicht wiederfinden kann. Er trauert dieser ersten Phase ihrer Liebe hinterher, und wieder einmal zeigt sich die Klugheit seiner zukünftigen Frau: »Scott, Liebling, versuche doch nicht dauernd Dir einzureden, wir wären ganz alte Menschen, die ihren köstlichen Besitz verloren haben. Wir haben ihn nämlich noch gar nicht gefunden – nur Schwächlinge (…), denen es an Mut und Kraft fehlt, zu fühlen, dass sie recht haben, wenn alle Welt sagt, sie hätten Unrecht, können überhaupt verlieren – das ganze Feuer und die Zärtlichkeit – die Stärke unserer Gefühle, die wir besitzen, wächst – und wächst, und gerade, weil auch Gesundheit und Weisheit wachsen und wir unser Liebesschloss auf einem festen Fundament aufbauen, ist nichts verloren – Diese erste Hingabe *konnte* nicht dauern, aber alles, was sie verursacht hat, ist immer noch ungeheuer lebendig – es ist wie bei Seifenblasen – sie platzen, aber man kann genauso schöne neue machen – die wieder platzen – bis das Seifenwasser zu Ende ist.«[120]

Scott kehrt an seinen Schreibtisch zurück. Neben ersten Entwürfen für einen neuen Roman schreibt er vor allem Kurzgeschichten. Er hält diese Gattung zwar für literarisch nicht besonders wertvoll, hofft jedoch mit ihrer Hilfe genügend Geld zu verdienen, um sich wieder ganz auf einen Roman konzentrieren zu können. Er schreibt viel, und was er nun schreibt, wird auch veröffentlicht. *The Smart Set* druckt in den nächsten Monaten »The Débutante«, »Porcelain and Pink«, »Benediction« und »Dalyrimple Goes Wrong«. Mit 40 Dollar pro Story ist die Bezahlung allerdings nicht gerade üppig. Das *Scribner's Magazine* bietet immerhin 150 Dollar für einen Text. Doch außer »Die Kristallschüssel« und »The Four Firsts« lehnt *Scribner's Magazine* alle Geschichten ab. Seine angespannte finanzielle Situation ändert sich erst, als Literaturagent Harold Ober von der renommierten Agentur Paul Revere Reynold, der ältesten Literaturagentur der USA, ihn unter Vertrag nimmt. Ober verkauft die im November 1919 entstandene Kurzgeschichte »Kopf und Schultern« für 400 Dollar an die *Saturday Evening Post*. Sie erscheint am 21. Februar 1920. Unmittelbar danach kauft die Filmfirma MGM für 2500 Dollar die Filmrechte an der Geschichte. Es ist der Beginn einer langen und erfolgreichen Zusammenarbeit zwischen F. Scott Fitzgerald und der *Saturday Evening Post*, die in späteren Jahren bis zu 4000 Dollar für eine Geschichte zahlen wird. Dies würde heute in etwa einer Summe zwischen 25 000 und 30 000 Dollar entsprechen. Scotts Fazit für 1919 lautet: »Das wichtigste Jahr meines Lebens. Für meine Gefühle und für mein Lebenswerk ist alles entschieden. Unglücklich und überschwänglich, aber ein großer Erfolg.«[121]

Im Januar 1920 zieht er nach New Orleans, um konzentriert zu arbeiten, was ihm in der pulsierenden Metropole New York oft schwerfällt. Zudem liegt New Orleans so nahe bei Montgomery, dass er Zelda besuchen kann. Für die 600 Dollar, die der Verkauf der Geschichte »Eher geht ein Kamel ...« eingebracht hat, kauft er Zelda zum Geburtstag eine Armbanduhr aus Platin. Auch diese Geschichte wird von MGM gekauft. Dass er sie in nur einer Nacht zu Papier gebracht hat, bestätigt seine Auffassung vom Schreiben: »Geschichten schreibt man am besten in einem Aufwasch oder in drei Etappen, kommt auf die Länge an. Die Geschichten, für die man drei Etappen braucht, sollte man an drei aufeinanderfolgenden Tagen schreiben, dann noch ungefähr einen Tag für die Überarbeitung einplanen, und weg damit.«[122] Seine häufigen Besuche in Montgomery lassen das Verhältnis zwischen den Liebenden enger werden. Sie schlafen miteinander. Im Februar 1920 befürchtet Zelda schwanger zu sein. Obwohl sie darüber nicht erfreut ist, verweigert sie sich den Abtreibungspillen, die Scott schickt: »Ich wollte es tun, deinetwegen, weil ich weiß, was für ein Chaos ich anrichte und wie unangenehm das alles werden wird – aber ich *kann* und *will* diese schrecklichen Pillen einfach nicht nehmen – deshalb hab ich sie weggeworfen, lieber würde ich Salzsäure trinken. Siehst du, solange ich das Gefühl habe, das Richtige zu tun, ist es mir egal, was passiert, und abgesehen davon würde ich lieber eine *ganze Familie* kriegen, als meine Selbstachtung zu opfern. (...) Ich würde mir wie eine verdammte Hure vorkommen, wenn ich auch nur eine davon nehmen würde.«[123] Ein paar Tage später ist klar, dass sie nicht schwanger ist.

Scott hat bald genug von New Orleans. Er kehrt an die Ostküste zurück und quartiert sich im Cottage Club in Princeton ein, um hier auf die Veröffentlichung seines Romans zu warten. Am 26. März 1920 ist es so weit: »Diesseits vom Paradies«, beworben als »ein Roman über Flapper geschrieben für Philosophen«,[124] kommt in die Buchhandlungen. Die erste Auflage beträgt 3000 Stück, zum Preis von je 1,75 Dollar. Vier Tage später telegraphiert Scott an Zelda: »WIR HALTEN ES FÜR DAS BESTE DASS WIR SAMSTAG NACHMITTAG HEIRATEN WIR WERDEN SCHRECKLICH NERVÖS SEIN BIS ES VORÜBER IST UND HÄTTEN KEINE RUHE WENN WIR BIS MONTAG WARTEN ERSTE AUFLAGE DES BUCHES IST AUSVERKAUFT.«[125] Bis Ende des Jahres erlebt das Buch neun Auflagen. Nach einem Jahr sind fast 50 000 Stück verkauft. »Diesseits vom Paradies« wird das zu seinen Lebzeiten meistverkaufte Buch F. Scott Fitzgeralds sein.

Die Kritiken sind durchwachsen. Zwar nennt Burton Rascoe in der *Chicago Tribune* Fitzgerald ein Genie[126], und H. L. Mencken, einer der einflussreichsten Literaturkritiker der USA, bezeichnet den Roman in *The Smart Set* »als den besten amerikanischen Roman, den ich seit Langem gelesen habe (...), originell im Aufbau, sehr sophisticated, von einer Brillanz, die in der amerikanischen Literatur genauso selten ist wie Ehrlichkeit in der amerikanischen Politik. (...) Der amerikanische Nachwuchsautor gibt sich ja gern naiv, sentimental und irgendwie als widerlicher Ignorant – er glaubt an die Große Sache, seufzt und rollt mit den Augen und ist eine Quelle für Schmalspurphilosophie frisch aus den Salons von Kensington, den billigen Kneipen französischer Taxifahrer und dem Untergeschoss des Münchner Hofbräuhauses. In neun von zehn Fällen ist er schockiert, wenn er herausfindet, dass Frauen nicht die Engel sind, für die er sie hält. (...) Fitzgerald ist nichts von alledem.«[127]

Doch es gibt auch andere Stimmen, Stimmen, die sein Konglomerat aus alten Texten, autobiografischen Notizen, Gedichten aus Studententagen, Briefen und Romanentwürfen spöttisch »Die Gesammelten Werke von F. Scott Fitzgerald« nennen. Scott ist ein Meister der Collage, doch das Verwenden von mehreren, teils in sich abgeschlossenen Texten führt zu zahlreichen Fehlern und Verständnisproblemen. Dazu kommt, dass das Buch vor Rechtschreib-, Grammatik- und Orthografiefehlern nur so wimmelt, all den Dingen, auf die Scott keinen Wert legt. Bis ans Ende seines Lebens wird er den Namen seines Freundes Ernest Hemingway mit zwei »m« schreiben. Franklin Pierce Adams, der wichtigste Literaturkritiker New Yorks, veröffentlicht in der *New York Tribune* eine Fehlerliste. Einer Schülerin, die ihm mitteilt, wie viele Fehler ihr Lehrer in seinem Roman gefunden hätte, antwortet Scott: »Ihr Lehrer ist höchstwahrscheinlich ein Arschloch – so wie die meisten.«[128] Scotts Nachlässigkeit wäre nur halb so schlimm, wenn dies nicht auch für seinen Lektor Max Perkins gelten würde. Dieser ist zwar einer der besten amerikanischen Lektoren, aber ganz sicher nicht der gründlichste. Trotzdem weigert er sich hartnäckig, die Manuskripte seiner Autoren von einem Korrektor gegenlesen zu lassen. Die von ihm lektorierten Bücher weisen stets eine große Menge Fehler auf.

Bald werden auch erste Stimmen laut, die eine zu große Ähnlichkeit mit Compton Mackenzies 1914 veröffentlichtem Roman »Sinister Street« ausmachen, einem der größten Bucherfolge der letzten Jahre. Sein Amory Blaine würde Comptons Held Michael Fane doch sehr gleichen. Scott weist dies empört zurück: »Das ist so, als würde ich Floyd Dell als Plagiator beschuldigen, nur weil unsere ›Helden‹ beide Gedichte schreiben und zum Schluss durch eine dunkle Stadt gehen, und über ihre verlorene Liebe sinnieren.«[129] Wer allerdings wirklich Grund hätte, sich zu beschweren, ist Zelda, die ganze Passagen aus ihren Briefen und ihrem Tagebuch in Scotts Roman wiederfindet. Noch schweigt sie, aber beim nächsten Buch wird sie in der *New York Tribune* schreiben: »Mir scheint, dass ich auf einer Seite einen Eintrag aus einem alten Tagebuch von mir entdeckt habe, das nach meiner Heirat auf geheimnisvolle Weise verschwunden ist. Und dann auch noch Auszüge aus Briefen, die, wenn auch erheblich bearbeitet, mir doch ziemlich bekannt vorkommen. Tatsache ist – Mr. Fitzgerald – ich glaube, so nennt er sich – scheint zu glauben, mit einem Plagiat beginne man am besten zu Hause.«[130] Scott nimmt die ganze Sache nicht so tragisch. Was er wirklich will, ist, sich von allen Autoren, die er bewundert, das Beste anzueignen, von ihnen zu lernen: »Tatsächlich bin ich ein professioneller Dieb, immer auf der Suche nach den besten Methoden der besten Schriftsteller meiner Generation.«[131] Er streift durch die Buchhandlungen New Yorks, um zu sehen, wie die Leute sein Buch kaufen. Und das tun sie in Scharen. »Diesseits vom Paradies« ist ein Bildungsroman, der den Ton einer neuen Zeit trifft, die mit dem Ende des Ersten Weltkrieges angebrochen ist. Ein Roman über das Erwachsenwerden in einer Umbruchzeit. Mit seinem speziellen Blick, der ihn zum Beobachter und Akteur zugleich macht, versteht Scott es meisterhaft, die Empfindungen seiner Zeitgenossen einzufangen. Bereits mit seinem ersten Roman wird er zum Sprachrohr einer neuen Generation, die, wie er schreibt, »sich mehr noch als die letzte der Furcht vor Armut und der Heiligung des Erfolgs hingab; die aufgewachsen war, um herauszufinden, dass alle Götter tot waren, alle Kriege ausgefochten, alle Überzeugungen im Menschen erschüttert«.[132] Der Text ist eine Hommage an die Jugend und trifft in einer Zeit, in der der Jugendkult in den USA bedeutungsvoller ist als je zuvor, ins Schwarze. Für eine Jugend, die sich zum ersten Mal ernstgenommen fühlt, wird sein Buch zum Kultbuch, ähnlich wie »Der Fänger im Roggen« von J. D. Salinger viele Jahre später. Scott selbst betrachtet den Roman zudem als Lektürehilfe, hat er doch 64 Bücher und die Namen von 98 Autoren darin genannt. Er hat mit sicherem Gespür den richtigen Roman für die richtige Zeit verfasst. Bereits vor dem Ersten Weltkrieg hatte sich Amerika verändert, und diese Veränderungen spiegeln sich in seinem Roman wider. 1920 wird das Frauenstimmrecht eingeführt und damit die Rolle der Frau neu definiert. Das sich mehr und mehr verändernde Verhältnis der Geschlechter zueinander findet sich auch in »Diesseits vom Paradies« wieder. Junge Frauen und Männer gehen hier lockere Verhältnisse miteinander ein, ohne sich für immer festzulegen. Scott nimmt die neue Frau der 1920er Jahre in seinem Buch bereits vorweg. Waren Frauen vor dem Krieg noch in langen Kleidern gewandet, gingen die Röcke jetzt plötzlich nur noch bis über das Knie. Dass es noch ein paar Jahre zuvor als unschicklich für eine Frau galt, die Knöchel zu zeigen, ist vergessen. Vieles, worüber Scott schreibt, wäre noch wenige Jahre zuvor inakzeptabel gewesen. Und obwohl Fitzgerald als Autor Sexszenen niemals in aller Deutlichkeit beschreibt und der Held sich im Zusammenhang mit Sex stets in der Nähe des Teufels wähnt, gilt »Diesseits vom Paradies« in jener Zeit als frivoles Buch. Aus heutiger Sicht nehmen sich die Schilderungen von Zärtlichkeiten harmlos aus, doch sie sind gewagt, für ihre Zeit, selbst wenn es in dem mit »Petting« überschriebenen Kapitel letztlich um nicht viel mehr als um ein Vorspiel im Sinne des Zueinanderfindens geht.

»Diesseits vom Paradies« ist wie die meisten von Fitzgeralds Texten stark autobiografisch gefärbt. So wie er sich selbst in der Figur des Amory Blaine darstellt, tauchen auch seine Freunde und Weggefährten im Buch auf. Scott schildert eigene Niederlagen und Fehler mit schonungsloser Offenheit. Der aus dem Mittleren Westen stammende Amory Blaine, ein gutaussehender und eitler Junge, will, obwohl aus wohlhabendem Hause, ganz nach oben und besucht deshalb ein Internat an der Ostküste. Hier übertreibt er es in seinem Wunsch dazuzugehören und wird zum unbeliebtesten Jungen der Schule. Auch in Princeton hat er es nicht leicht, kommt seinem Ziel, auf dem Campus eine große Nummer zu werden, nur bedingt näher. Hilfe findet er bei einem Kirchenmann, der ihn davon überzeugen will, dass es wichtiger ist, »Charakter« als »Persönlichkeit« zu besitzen: »Persönlichkeit beruht fast ausschließlich auf körperlicher Ausstrahlung; sie erniedrigt die Menschen, auf die sie einwirkt. (...) Ein Charakter dagegen erwirbt und sammelt. Er ist nicht denkbar ohne seine Taten.«[133] Doch erst nach einigen Niederlagen, zu denen auch die Erfahrung kommt, dass die Mädchen, in die er sich verliebt, ihn aufgrund seines finanziellen Backgrounds nie als ernsthaften Kandidaten in Betracht ziehen, findet Amory am Ende des Buches zu sich selbst. Sein weiterer Weg bleibt offen, und so heißt es am Schluss: »Und er konnte nicht in Worte fassen, warum es den Kampf lohnte, warum er beschlossen hatte, das Äußerste aus sich und dem Erbe herauszuholen, das ihm von all jenen Persönlichkeiten geblieben war, die je seinen Weg gekreuzt hatten ... Er reckte die Arme zum kristallklaren, strahlenden Himmel. ›Ich kenne mich‹, rief er. ›Aber das ist alles —‹«[134]

In einer Zeit, in der sich die Studentenzahlen in den USA an den großen Universitäten verdoppeln, in der eine eigene Collegekultur entsteht, mit eigener Sprache und eigenem Kleidungsstil, der auch außerhalb der Universitäten imitiert wird, erfährt sein Buch ein großes Echo. Seine alte Universität ist jedoch alles andere als amüsiert über den Roman, der von vielen Lesern als eine Art Handbuch für Princeton verstanden wird. Auch die Studenten dort finden, dass Scott zu viel aus dem Nähkästchen geplaudert hat, zum Verräter seiner Alma Mater geworden ist. Universitätspräsident John Grier Hibben schreibt Scott einen langen Brief, in dem er ihm zwar zum Erfolg des Buches gratuliert, jedoch auch seiner Besorgnis Ausdruck verleiht, dass durch den Roman ein falscher Eindruck von Princeton entstehen könnte: »[Ich] erlaube mir, Ihnen frei heraus zu sagen, dass Ihre Charakterisierung Princetons mich betrübt hat. Ich kann den Gedanken nicht ertragen, dass unsere jungen Männer vier Jahre lang lediglich in einem Country Club leben und ihre Zeit gänzlich in einem Klima von Berechnung und Snobismus verbringen.«[135] Scotts Antwort ist höflich, aber deutlich: »Ich behaupte gar nicht, dass die Zeit in Princeton nicht für die meisten Jungen die glücklichste Zeit ihres Lebens ist. Das ist sie sicher – ich sage nur, es war nicht meine glücklichste Zeit. Ich liebe Princeton jetzt mehr als jeden anderen Ort auf dieser Welt. (…) Ich schrieb einfach nur aus meinen eigenen Eindrücken heraus, schuf so ehrlich wie möglich ein Bild seiner Schönheit. Dass das Bild zynisch geworden ist, liegt an meinem Temperament.«[136] Noch Jahre später wird ein Offizieller der Universität sagen: »Keiner ahnt, wie viel Schaden Scott Fitzgerald Princeton zugefügt hat, als er diesen Ort einen Country Club nannte.«[137]

Von diesen Auseinandersetzungen unberührt nähert sich Zeldas und Scotts Liebe ihrem vorläufigen Happy End. Anfang April verlässt Zelda Montgomery und reist in Begleitung ihrer Schwester Marjorie nach New York. Dort angekommen, wird sie von Scott erst einmal in Begleitung seiner alten Freundin Marie Hersey zum Einkaufen geschickt. Die schöne Zelda ist dem berühmten Autor zu provinziell gekleidet. Zelda fügt sich, doch sie vergisst diese Demütigung niemals.

Am 3. April 1920, einem kühlen Ostersamstag, heiraten Zelda und Scott in der Sakristei der St. Patrick's Cathedral in Manhattan. Tage zuvor hatte Scott an eine Freundin geschrieben: »Wie du dir vorstellen kannst, ist sie wunderschön und sehr klug und mutig, aber sie ist ein Baby. Man kann sich kaum ein verantwortungsloseres Paar als uns vorstellen.«[138]

Bei der Trauung anwesend sind Scotts Trauzeuge Ludlow Fowler, ein Studienfreund aus Princeton, sowie Zeldas Schwestern Marjorie, Rosalind und Clothilde samt Ehemännern. Scott hat es so eilig, Zelda zu heiraten, dass die Zeremonie beginnt, ehe Clothilde und John Palmer da sind. Clothilde ist alles andere als erbaut darüber. Es ist eine bescheidene Hochzeit, vor allem für ein Mädchen aus den Südstaaten, wo ein romantisches Brautkleid, üppige Blumengebinde, Kapelle und Tanz einfach dazugehören. Hier fehlen beide Elternpaare, Braut und Bräutigam tragen Blau. Zeldas ganzer Schmuck ist ein Hut und ein Anstecksträußchen aus weißen Orchideen, das Scott ihr geschickt hat. Obwohl das kaum die Hochzeit ist, von der Zelda als junges Mädchen geträumt hat, tut dies in ihren Augen ihrem Glück keinen Abbruch: »Wir sind ja beide ziemlich sensationelle, leuchtend bunte Bilder, solche, bei denen die Details weggelassen sind, aber ich weiß, dass unsere Farben zusammenpassen, und ich glaube, wir werden sehr gut aussehen, wenn wir in der Galerie des Lebens nebeneinanderhängen.«[139] Jahre später gestehen beide unabhängig voneinander ein, dass sie die Heirat schon kurze Zeit später für einen großen Fehler gehalten hätten. Nach der Trauung lassen sie ihre Gäste einfach stehen und starten ohne Umtrunk, Lunch und Feier in die Flitterwochen. Zurück bleibt eine verärgerte Hochzeitsgesellschaft mit knurrenden Mägen. Freunde wie Scotts alter Studienfreund Alexander McKaig, der erst später von der Blitzhochzeit erfährt, setzen übrigens keinen Pfifferling darauf, dass diese Ehe hält: »Glaube nicht, dass die Ehe gelingen kann. Beide trinken heftig. Denke, dass sie in drei Jahren geschieden sein werden, Scott noch etwas Großes schreiben und dann mit zweiunddreißig in einer Dachkammer sterben wird.«[140]

> »Die Jugend ist immer ein Traum,
> eine Form chemischen Wahnsinns.«
>
> F. SCOTT FITZGERALD [141]

IV.
»Kein Boden unter den Füßen«
Ein Alb-Traum-Paar erobert New York

»Die Melodien lagen über den Straßen wie weiße Nebelschwaden aus einem Sumpf. Durch dieses Schummerlicht ging alle Welt zum Tee. Mädchen in kurzen, fassonlosen Capes und langen Schlabberröcken und Hüten so wie Badewannen aus Stroh warteten vor dem Plaza Grill auf Taxis. Mädchen in langen Satinkleidern und eingefärbten Schuhen und Hüten wie Kanaldeckel aus Stroh steppten eine Platzregenmelodie auf die Tanzböden des Lorraine und des St. Regis. Unter den düsteren, ironischen Papageien des Biltmore verschlossen die bleichen Stunden zwischen Tee und Dinner die prächtigen Fenster – ein Glorienschein goldener Bubiköpfe löste sich auf in schwarzer Spitze und Schulterstraußen. Im Ritz ging das Geklirr der Teetassen im Geplapper schlanker, zeitgemäßer Silouhetten unter.«[142] New York City 1920, gesehen mit den Augen der frischgebackenen Mrs. F. Scott Fitzgerald. Eine Stadt im Rausch, eine, die alle Erwartungen übertrifft. Zu Tausenden fallen die potenziellen Aufsteiger aus der Provinz über die Stadt herein. Alle sind sie jung und im Aufbruch. Jetzt, nach dem Krieg, erscheint das Leben wie ein großes Fest. Obwohl die USA als einzige Nation gestärkt aus dem Ersten Weltkrieg hervorgehen, wendet sich die Jugend der 1920er Jahre desillusioniert von der Politik ab. Ideale, die mit vielen Millionen Toten erkauft werden, haben ihre Gültigkeit verloren. Der Glaube an die »große Sache« ist dem bewussten Erleben des Augenblicks gewichen. Geblieben ist die Sucht nach Leben, nach dem Moment, nach dem Hier und Jetzt. Die Goldenen Zwanziger sehen die erste Jugendrevolte der Moderne. Junge Leute brechen mit allem, was für ihre Eltern selbstverständlich war: Traditionen, Werte, Glaube. Hand in Hand mit dieser Bewusstseinsänderung geht die Modernisierung ihrer Lebenswerte. Alles wird schneller, höher, weiter. Während die Elterngeneration noch mit Kutsche oder Eisenbahn unterwegs war, ist das Auto nun zum Symbol für Freiheit und Schnelligkeit geworden. Mit der Tin Lizzy, dem Model T von Ford, hatte in den USA die Massenmotorisierung begonnen. Mit einem Verkaufspreis von 370 Dollar war dieser erste am Fließband produzierte Wagen für viele Amerikaner erschwinglich. Zwischen 1908 und 1927 produzierte Ford 15 Millionen Stück dieses Autos, das bis 1972 der meistverkaufte Wagen der Welt blieb. Das Auto verändert das Gesicht des Landes. Große Straßen werden gebaut, die hohe Nachfrage nach Benzin lässt die Tankstelle mit ihren bis heute existierenden Zapfsäulen entstehen. Der Tankwart wird zum Symbol des Fortschritts. Auch die Städte verändern ihr Gesicht. War bis 1908 das Park Row Building in New York mit seinen 118 Metern das höchste Gebäude der Welt, so entstehen nun in rascher Folge die berühmten Wolkenkratzer, die den amerikanischen Großstädten, allen voran New York, ihre typische Skyline geben. Nichts zeigt die neue Maxime »Anything goes« deutlicher als der Wettbewerb um das höchste Gebäude. 1909 ist es das Metropolitan Life Building mit 213 Metern, 1913 das Woolworth Building mit 241 Metern, 1929 das Chrysler Building mit 318 Metern, und schließlich wird das Empire State Building errichtet, das mit 381 Metern bis 1971 das höchste Gebäude der Welt sein wird. Während die Menschen ein paar Jahre zuvor noch bei Gaslicht lasen, wird der New Yorker Times Square, der erst seit 1904 so heißt, nachdem die *New York Times* hier ihr Hauptquartier aufgeschlagen hat, jetzt durch die bunten Lichter der Leuchtreklamen erhellt. Am Broadway hat das goldene Zeitalter begonnen. 1903 hatte New York noch 20 Theater, 1927 werden es 80 sein. Nie mehr wieder werden so viele Stücke in einer Saison Premiere feiern wie in den 1920er Jahren. Neue Zeitschriften wie *Reader's Digest* und *The New Yorker* werden gegründet und prägen den Geschmack eines ganzen Landes. Verlage wie Viking Press (1926) und Random House (1927) entstehen, um den Schriftstellern einer neuen Generation eine Plattform zu bieten. Alles ist in Bewegung. Und über all dieser Energie swingen die Melodien von George Gershwin und Cole Porter. Dass sich in Harlem zeitgleich eine eigene schwarze Kultur entwickelt, wird von der weißen Mittelstandsjugend, der auch die Fitzgeralds angehören, nur am Rande wahrgenommen. New York City feiert sich und das Leben und gibt die perfekte Bühne für ein Paar wie die Fitzgeralds: jung, attraktiv, intelligent und voller Lebenshunger. Ein Paar auf dem Sprung ins große Abenteuer.

Das Leben als Ehepaar beginnt für die Fitzgeralds in Zimmer 2109 in der 21. Etage des Biltmore Hotels in der 43. Straße, einem der jüngsten Luxushotels der Stadt. Mit dem Fahrstuhl fahren die Gäste des Hotels direkt von der Grand Central Station in die Lobby. Erstes Hochzeitsgeschenk ist ein Service für Trinkschokolade von Tiffany, das sie auf einer Anrichte aufstellen. Schon nach wenigen Tagen müssen sie das Hotel verlassen, weil sich die anderen Gäste massiv über sie beschweren. Auch einen Block weiter, im Commodore Hotel, hat man nicht lange Freude an den prominenten Gästen, die eine geschlagene Stunde in der Drehtür am Eingang Karussell fahren. Dabei ist man hier wirklich einiges gewöhnt. Als Gäste einmal geäußert hatten, dass ganz New York ein Zirkus sei, hatte der Eigentümer höchstpersönlich einen kompletten Zirkus samt Elefanten in den Ballsaal schaffen lassen. Doch die Fitzgeralds toppen alles bisher Dagewesene. Am 1. Mai fahren sie im offenen Wagen die für die Maiparade gesperrte Fifth Avenue hinauf und schwenken dabei Plakate mit dem Schriftzug: »Wir sind die Roten vom Parnass«. Die beiden anerkennen keine Regeln und keine Grenzen. Überraschenderweise kommen sie damit durch. Sie sind so schön, klug und kultiviert, dass man ihnen sogar ihr verrücktes Benehmen nachsieht. Sie werden ja nie ausfallend und verletzen nie die Grenzen des guten Geschmacks. Mit ihrem besonderen Genius und ihren alles verschlingenden Egos sind sie die Personifizierung des neuen Amerikas. Erfolgreich, reich – zumindest geben sie vor, dies zu sein –, jung und schön, verkörpern sie all das, wovon ihre Generation träumt und was Tausende in der Hauptstadt der Neuen Welt suchen. Der Herausgeber des Magazins *The Dial*, Gilbert Seldes, erinnert sich an die erste Begegnung mit den Fitzgeralds: »Plötzlich kam, wie in einem Traum, diese Erscheinung, diese Doppelerscheinung auf mich zu. Die beiden schönsten Menschen, die ich je gesehen hatte, schwebten lächelnd heran, sie kamen mir wie zwei Engel vor.«[143] Auch die New Yorker Kolumnistin Dorothy Parker, die sich gerade anschickt, zur geistreichsten Frau der Vereinigten Staaten erklärt zu werden, begegnet den beiden staunend: »Sie sahen aus, als wären sie gerade aus der

Sonne hervorgetreten; ihre Jugend war überwältigend. Alle Welt wollte Scott kennenlernen.«[144] Das Paar findet rasch Anschluss an die hiesige Künstlerszene, die reich an Skandalen und extrovertiertem Benehmen ist. Die Fitzgeralds, die täglich für neue Schlagzeilen sorgen, passen hervorragend dazu. Egal, ob er im Smoking in den Pulitzer-Brunnen vor dem Plaza oder sie im Abendkleid in den Brunnen am Union Square springt, der ironischerweise der Mäßigung, als einer der vier platonischen Kardinaltugenden, geweiht ist, die Aufmerksamkeit der Stadt ist ihnen sicher. Sie wissen, was sie ihrem Publikum schuldig sind, wenn sie bei Taxifahrten nicht auf der Rückbank, sondern auf der Motorhaube oder dem Dach Platz nehmen. Wenn sie in der Morgendämmerung Sektflaschen die Fifth Avenue hinabkullern oder zu Partys, zu denen sie nicht geladen sind, bellend und auf allen Vieren Einlass verlangen. Scott selbst sagt später über diese Monate: »Ich erinnere mich, dass ich eines Nachmittags, zwischen den Hochhäusern unter einem malven- und rosafarbenen Himmel im Taxi fuhr; ich begann zu heulen, weil ich alles hatte, was ich wollte, und ich wusste, ich würde nie wieder so glücklich sein.«[145]

Die beiden zieren bald jede Titelseite, jedes Magazincover. Staunende Theaterbesucher erleben während der Aufführung von George Whites alljährlicher Musikrevue »Scandals« am Broadway einen Bestsellerautor, der sich während der Vorstellung die Kleider vom Leib reißt und von einem aufgebrachten Platzanweiser des Saals verwiesen wird. Das Küchenpersonal des altehrwürdigen Waldorf-Astoria Hotels muss fassungslos mitansehen, wie das Paar die Küche entert und mit Kochmützen auf dem Kopf auf den Tischen tanzt, ehe der Hoteldetektiv sie hinauswirft. Sie suchen das Licht der Öffentlichkeit, in der Zelda mit ihrem Sarkasmus als weitaus witziger gilt als Scott. Als dieser einmal eine Woche lang nicht in der Zeitung steht, läuft er auf Händen durch die Lobby des Biltmore, um dies zu ändern. F. Scott Fitzgerald ist der Superstar der Stadt, umlagert von Fans und Verehrerinnen. Zu seinen Lesungen kommen Hunderte Zuhörer. Wo immer er auftaucht, wird er um Autogramme gebeten. Er ist der neue Liebling der Götter, und doch ist ihm sein Glück selbst nicht geheuer: »Innerhalb weniger Monate nach unserer Landung in diesem Weltstadtabenteuer wussten wir kaum mehr, wer wir waren, geschweige denn, was wir waren.«[146] Zelda streift durch die teuersten Boutiquen der Stadt, um sich einzukleiden. Aus der Provinzschönheit wird über

Nacht eine Stilikone. Dies ist ganz in Scotts Sinne, der gern mit seiner eleganten Frau angibt. Sie sind ein Traumpaar, und all die Frauen, die Scott kennenlernen wollen, müssen sich sagen lassen: »Was nützt dir das? Sie lieben sich w-a-h-n-s-i-n-n-i-g.«[147]

Sie machen einen Abstecher nach Princeton, wo Scott seine wunderbare Frau vorstellen will. Dass er sie hier als seine Geliebte einführt, schockiert die konservative Umgebung. Als er seinem verehrten Professor Christian Gaus an der Haustür feierlich einen Lorbeerkranz überreicht und ihm erklärt, er, Scott, werde der Literatur zum größten Triumph aller Zeiten verhelfen, kann dieser nicht umhin zu antworten: »Wer weiß, vielleicht versetzen Sie ihr auch den Todesstoß.«[148] Sie quartieren sich im Cottage Club ein, doch auch hier fallen sie unangenehm auf. Bei einer dreitägigen Party verwüsten Zelda und Scott zusammen mit einigen New Yorker Freunden das Clubhaus. Dass Zelda während der Prohibition zum Frühstück mit einer Flasche Schnaps erscheint und damit ihre Pancakes flambiert, kommt nicht gut an. Höhepunkt ihres Aufenthalts ist allerdings Scotts Auftritt bei einem Bankett zu Ehren der ehemaligen Redakteure des *Nassau Lit*. Während alle anderen artig im Dinnerjacket erscheinen, taucht Scott im Nachthemd auf. Auf seinem Kopf hat er einen Heiligenschein befestigt und auf seinem Rücken Flügel. In den Händen hält er eine Leier. Jetzt ist das Maß voll. Seine Clubkameraden werfen ihn in hohem Bogen aus dem rückwärtigen Fenster und aus dem Club.

Nachdem Zelda und Scott ihre Flitterwochen in der Stadt, die niemals schläft, ausgiebig genossen haben, beschließen sie, es den New Yorkern gleichzutun und den Sommer auf dem Land zu verbringen. Sie erstehen ein gebrauchtes, gleichwohl sehr schickes Marmon Coupé, dem Zelda gleich in den ersten Tagen, als sie über einen Hydranten fährt, die Eingeweide herausreißt. Es zeigt sich, dass sie genauso schlecht fährt wie Scott. Ende Mai 1920 mieten sie ein Haus im idyllischen Westport, Connecticut. Das Wakeman Cottage aus dem 18. Jahrhundert wird für die nächsten Monate ihr Zuhause. Sie stellen sich das Landleben irrsinnig romantisch vor. Zelda will endlich wieder schwimmen und Scott endlich wieder schreiben. In den letzten Wochen ist die Arbeit eindeutig zu kurz gekommen. Ihm spukt ein neuer Roman im Kopf herum. Inhaltlich soll es um einen jungen Mann namens Anthony Patch gehen, gesegnet mit künstlerischen Ambitionen und Talenten, dem es jedoch an kreativer Inspiration mangelt, weshalb er lieber mit seiner schönen Frau ein ausschweifendes Leben führt, das tragisch endet. An seinen Verleger schreibt Scott: »Das klingt verkommen, aber es ist wirklich ein sehr beeindruckendes Buch, und ich hoffe, dass es die Kritiker, die mein erstes Buch mochten, nicht enttäuschen wird. Ich hoffe, Sie werden es am 1. November in Händen halten.«[149] Da Zelda wenig Ahnung und noch weniger Lust hat, sich ums Haus zu kümmern, leisten sich die Fitzgeralds einen japanischen Butler namens Tana: »[Er] war teuer, und zwar deshalb, weil er mit den Gurkenpflanzen botanische Gärten anlegte, mit der Butter Blumenornamente formte und seine Flötenstunden aus dem Geld für den Gemischtwarenhändler abzweigte.«[150] Die New Yorker Freunde machen sich einen Spaß daraus, den armen Mann als deutschen Spion zu verdächtigen, der in Wahrheit Tannenbaum heißt und sich hier in Westport versteckt. Sie schicken ihm Postkarten mit Phantasieschriftzeichen, die Scott, ohne eine Miene zu verziehen, an seinen Butler weiterreicht. Alle haben einen Mordsspaß daran, den armen Mann zur Verzweiflung zu bringen. Besonders H. L. Mencken tut sich hervor: »Ich habe Tannenbaum fünf Ausgaben des ›Berliner Tagblatts‹ geschickt, alle mit deutschen Briefmarken gepflastert. Lass es mich wissen, wenn Fitzgerald getötet wird, falls die ›Westport American Legion‹ eine Razzia in seinem Haus veranstaltet.«[151]

Wie jedermann voraussehen konnte, sind Zelda und Scott von der Ruhe des Landlebens bald ebenso wenig begeistert wie ihre New Yorker Freunde von ihrer langen Abwesenheit. Das Telefon läutet ununterbrochen und die Ausflüge nach New York werden schon nach kurzer Zeit immer häufiger. Erträglich ist Westport nur am Wochenende, wenn die Freunde zu rauschenden Partys eintrudeln. Dass dabei der Alkohol in Strömen fließt, versteht sich von selbst, und ebenso, dass die Jungvermählten manch denkwürdige Szene liefern, wie sich Alexander McKaig erinnert: »Am Abend erschien Zelda – betrunken. Hatte beschlossen, Fitz zu verlassen, und wäre beinahe getötet worden, als sie ein Eisenbahngleis entlanglief. Fitz kam kurz danach. War ohne Geld und Fahrkarte in denselben Zug gestiegen. Man wollte ihn zunächst nicht mitfahren lassen – Zelda weigerte sich, ihm Geld zu geben. Bei mir stritten sie weiter.«[152] Scott ist rasend eifersüchtig und Zelda, ganz *Southern Belle*, flirtet, was das Zeug hält. Sie bittet den Drehbuchautor Townsend Martin, ihr bei einem Bad behilflich zu sein, und will mit einem völlig verblüfften John Peale Bishop das Bett teilen. Sie verteilt Küsse und eindeutige Aufforderungen an Scotts Freunde, was vermutlich auch damit zusammenhängt, dass Scott in diesem Sommer eine kurze Affäre mit Eugenia Bankhead, der Schwester von Tallulah, hat. Die Vermutung, dass eine so selbstbewusste Frau wie Zelda sich dafür revanchiert, liegt nahe. Theaterkritiker George Jan Nathan, ein berüchtigter Frauenheld, scheint der Auserwählte gewesen zu sein. Nathan lebt in einem Apartment im Royalton Hotel in der 44. Straße, nahe dem Broadway. Da das Royalton gleich gegenüber dem Algonquin Hotel liegt, wo sich jeden Mittag New Yorks intellektuelle Elite zum Lunch am *Round Table* trifft, bleiben Zeldas häufige Besuche dort nicht unbemerkt. Nathan ist bekannt dafür, dass er kluge Frauen verabscheut. Sein Test für die Klugheit einer Frau ist die Frage nach dem Weg zur Grand Central Station. Kann sie den halbwegs erklären, lässt er die Finger von ihr. Kurioserweise hat er jedoch eine Langzeitaffäre mit einer sehr klugen Frau, der Drehbuchautorin Anita Loos, die den Marilyn-Monroe-Klassiker »Blondinen bevorzugt« schreibt. In der von Monroe verkörperten Lorelei Lee nimmt sie ihr eigenes Image als dummes Blondchen gehörig auf die Schippe. Loos lebt mit ihrem Mann, dem Stummfilmregisseur John Emerson, im Algonquin in verschiedenen Zimmern auf verschiedenen Etagen. Immer dienstags treffen sie sich mit anderen. Sie bleiben verheiratet bis zu Emersons Tod 1956.

Das Verhältnis zwischen Zelda und Nathan wurde oft als reiner Flirt abgetan, wozu Briefe wie der folgende beitrugen: »Liebe irregeleitete Frau: Wie so viele ungewöhnlich schöne Wesen, so haben auch Sie etwas Gefühlloses. Die Aufmerksamkeit seines Ehemannes auf einen an seine Frau gerichteten Liebesbrief zu richten, ist nichts weiter als ein äußerst geschickter Schachzug. (...) Er zerstreut jeglichen Verdacht.«[153] Wie nahe sich die beiden stehen, zeigt jedoch, dass Zelda Nathan ihre Tagebücher zu lesen gibt, die diesen so beeindrucken, dass er ihr die Veröffentlichung anbietet. Als Scott davon erfährt, widersetzt er sich vehement, schließlich braucht er sie für seine eigenen Texte. Zudem hat er Nathan längst im Verdacht. Spätestens, seit Zelda sich eines Nachts in Nathans Badezimmer an einer Champagnerflasche am Po verletzt hat und mit drei Stichen genäht werden musste. Die Freunde irritiert das wenig. Sie sind es gewohnt, dass Zelda sich mitten unter ihnen entkleidet und ein Bad nimmt. Das ist eine der Freiheiten, die sie sich nimmt, und hat nicht viel zu bedeuten. Etwas mehr Hinweis auf eine Affäre liefert erst Nathan selbst, als er Scotts Biografen Arthur Mizener im Januar 1950 ausdrücklich untersagt, aus folgendem Brief an Zelda zu zitieren: »Ich schlage vor, du mietest ein Postfach an für meine zukünftigen vertraulichen Botschaften. Das ist wahrlich eine eindeutige Geste, aber was sollen wir sonst machen? Dein für immer – George«.[154] Mizener war der festen Überzeugung: »Er hatte auch Sex mit Zelda.«[155]

Schon in diesem Sommer ist kaum zu übersehen, dass Scott ein ernstes Alkoholproblem hat. Während Zelda aus Vergnügen trinkt, wird Scotts Verlangen nach Alkohol immer größer: »Um die Zeit, als ich zu etwas Geld kam, stellte ich fest, dass ich nach ein paar Drinks lustig und für andere Leute unterhaltsam wurde, und das ist mir zu Kopf gestiegen. Dann wurden es viele Drinks, mit denen man mich bei Laune hielt und die bewirkten, dass alle Leute mich amüsant fanden. Schließlich war ich dauernd blau und verkrachte mich mit fast allen Freunden, die ich hatte.«[156] Scott verträgt noch immer nichts und ist schon nach wenigen Gläsern sturzbetrunken. Dabei überschreitet er immer öfter die Grenze des Amüsanten. Einmal wird er vom Türsteher des Jungle Clubs vermöbelt, weil er ihm einen Faustschlag versetzt hat, als ihm der Mann aufgrund seines Zustands den Zutritt verweigert. Schon halb auf dem Weg zum Taxi besinnt sich ein von Zelda angestachelter Scott darauf, wer er ist, und kehrt an den Schauplatz der Auseinandersetzung zurück. Ein blaues Auge und eine Gehirnerschütterung sind allerdings das Einzige, was er an diesem Abend noch bekommt.

Alkohol ist in, vor allem in den Kreisen, in denen Scott sich bewegt. Einen *bootlegger* unter seinen Bekannten zu haben, der illegal Alkohol herstellt und vertreibt, ist in dieser Gesellschaft wichtiger als alles andere. Und wie immer will er nicht nur dazugehören, sondern alle anderen noch übertrumpfen. Wenn er trinkt, verfliegt seine Unsicherheit, dann ist er mutig – und leider oft unerträglich. Die Ursache für den übermäßigen Alkoholkonsum seiner Generation liegt für Scott eindeutig in der Prohibition begründet: »Ganz New York ist verrückt geworden! (...) Alle trinken jetzt mehr als zuvor – das steht fest. Alkohol zu besitzen, ist jetzt ein Beweis für Seriosität, für eine gewisse gesellschaftliche Stellung. Du kannst nirgends mehr hingehen, ohne dass der Gastgeber eine Flasche Alkohol hervorzaubert und dir einen Drink anbietet. Er gibt mit einer Flasche Alkohol genauso an, wie er zuvor mit seinem Auto oder mit dem Schmuck seiner Frau angegeben hat. Mir scheint, dass die Prohibition ruinöse Auswirkungen auf unsere jungen Leute hat.«[157] In den Augen ihrer Gegner ist die Prohibition Symbol für einen noch immer starken amerikanischen Puritanismus, den sie aufs Schärfste ablehnen und dem sie durch den vermehrten Konsum von Alkohol begegnen.

Im Juli 1920 reisen Zelda und Scott nach Montgomery, um Zeldas Eltern zu besuchen. Der Marmon bleibt unterwegs so oft stehen, dass die beiden Angst haben, er könnte den Geist aufgeben: »Alle fünf Jahre werfen manche Hersteller einen rollenden Blechhaufen auf den Markt und ihre Verkäufer wenden sich dann sofort an uns, denn sie wissen, dass wir die Art von Menschen sind, denen man solche rollenden Blechhaufen verkaufen sollte.«[158] Dass sie sich mehrmals verfahren, weil Zelda angeblich die Karte nicht richtig liest, verlängert die Anreise unmerklich. Zeldas legendärer Auftritt in einem weißen Knickerbockerhosenanzug, passend zu Scotts weißen Knickerbockern, führt in einem Hotel in North Carolina dazu, dass der geschockte Rezeptionist ihnen ein Zimmer verweigert, was Zelda allerdings mit Humor nimmt: »Im O. Henry Hotel in Greensboro war man der Ansicht, dass ein Ehepaar 1920 nicht in weißen Knickerbockern herumlaufen sollte, und wir waren der Ansicht, dass aus dem Wasserhahn kein Rost kommen sollte.«[159]

Scott wird über ihre Reise eine Artikelserie verfassen, die mit Bildern des Paares im *Motor Magazine* erscheint. In den zwei Wochen in Montgomery feiern sie zum Entsetzen des Richters ebenfalls wüste Partys. Der Gegenbesuch der Schwiegereltern, die in Westport mit einigen sichtlich betrunkenen Freunden ihrer Tochter konfrontiert werden, verläuft keinen Deut besser.

Am 10. September 1920 erscheint im Scribner Verlag eine Sammlung von acht Kurzgeschichten unter dem Titel »Flappers and Philosophers«, in der deutschen Übersetzung völlig unzutreffend »Backfische und Philosophen« genannt. Der Band enthält die Meistererzählungen »Bernices Bubikopf«, »Der Riffpirat« und »Der Eispalast«. Allein in den ersten zwei Monaten verkauft sich der Band mehr als 15 000 Mal. Obwohl die meisten Kritiker keinen Hehl daraus machen, dass für ihren Geschmack zu viele schöne Menschen in den Geschichten vorkommen, können auch sie nicht verkennen, dass Scott mit wenigen Federstrichen das Bild einer ganzen Generation gezeichnet hat. Der Typus des *Flapper Girls* ist in aller Munde. Ähnlich der »Neuen Frau« in Deutschland setzen sich die Flapper Girls über viele bisher geltende Konventionen hinweg. Sie stopfen das Korsett in die

Mülltonne, tragen Seidenstrümpfe, Büstenhalter und Kleider, die oft einen Blick auf das Knie freigeben. Die langen Haare fallen der Schere zum Opfer, der Bubikopf wird zur In-Frisur schlechthin. Dazu fahren die Flapper Girls Auto, rauchen und trinken in aller Öffentlichkeit Alkohol. Für alle Konservativen ist die Dreieinigkeit von Zigaretten, Alkohol und Bubikopf der Untergang des Abendlandes. Zu derselben Zeit, als Scotts Buch erscheint, werden Margaret Anderson und Jane Heap wegen Verbreitung obszöner Schriften verhaftet, weil sie in ihrer Zeitschrift *The Little Review* Auszüge aus James Joyces »Ulysses« abgedruckt hatten. Den Flapper Girls ist so etwas egal, sie schminken sich grell, was bis dato nur Schauspielerinnen oder Damen aus dem horizontalen Gewerbe getan haben. Ohne männliche Begleitung besuchen sie Bars, hören Jazz und tanzen Charleston. Sie treffen sich mit Männern und sie bestimmen selbst, wie weit sie dabei gehen. Ihre Art sich zu kleiden wird zum Modetrend, der auf alle westlichen Metropolen überschwappt. Auch wenn die Flapper Girls aufgrund ihres hedonistischen Verhaltens viel Kritik ernten, sind sie doch die erste Erscheinung der modernen Frau des 20. Jahrhunderts. Ihr Bruch mit dem traditionellen Frauenbild ist offenkundig. Bisher sollten Frauen vor allem charmant und dekorativ sein, nun geben sie sich ebenso eigenwillig wie selbstbewusst. Neben der Mutter aller *It Girls* Clara Bow, die den Begriff »It Girl« 1927 durch ihre Rolle im Film »It« prägt, und Stummfilmstar Louise Brooks ist es vor allem Zelda selbst, die zum Prototyp des Flapper Girls wird. Wenige Wochen nach Erscheinen des Buches erklärt sie im *Metropolitan Magazine*, was es mit diesem Phänomen auf sich hat: »Das Flapper Girl erwachte aus seiner Lethargie des Debütantinnentums und ließ sich einen Bubikopf schneiden. Sie legte ihre schicksten Ohrringe an und eine ganze Menge Dreistigkeit und Rouge auf und zog in die Schlacht. Sie flirtete, weil es Spaß machte zu flirten, und trug einen einteiligen Badeanzug, weil sie eine gute Figur hatte. Sie legte Puder auf und Make-up, weil sie es nicht nötig hatte, und sie weigerte sich, sich hauptsächlich zu langweilen, weil sie eben nicht langweilig war. Sie war sich dessen bewusst, dass die Dinge, die sie tat, die Dinge waren, die sie immer schon tun wollte.«[160] Das neue Selbstbewusstsein der Frauen hat unmittelbar mit ihrer verbesserten Stellung als Staatsbürgerin zu tun. Im August 1920 wurde nach jahrzehntelangem erbitterten Kampf mit dem 19. Amendment zur amerikanischen Verfassung den Frauen das Wahlrecht gewährt.

Im Spätherbst kehren Scott und Zelda aus Westport nach New York zurück. Unweit des von Scott so geliebten Plaza Hotels mieten sie in der 59. Straße ein kleines Apartment. Es ist gerade nahe genug, dass sie sich ihre Mahlzeiten aus dem Plaza liefern lassen können, denn weder Scott noch Zelda können kochen. Die Wohnung ist der reinste Saustall. Scott wird langsam klar, dass er keine kleine Hausfrau geheiratet hat, sondern eine Frau, die ihm im Guten wie im Schlechten ebenbürtig ist. Beide haben nicht die geringste Ahnung von Haushaltsführung, sondern sind es gewöhnt, dass dienstbare Geister sich um alles kümmern. Volle Aschenbecher und leere Champagnerflaschen stapeln sich und leisten einer zunehmenden Vermüllung Vorschub. Dies stört Scott nicht so sehr wie die Tatsache, dass sich seine süße Frau nicht um seine Wäsche kümmert. Eitel wie er ist, wechselt er mehrmals täglich seine Garderobe, und frische Hemden sind bald Mangelware. Zelda pflegt die getragenen in irgendeinen Schrank zu stopfen, und öffnet man im Hause Fitzgerald eine Schranktür, läuft man Gefahr, unter einem Berg Schmutzwäsche begraben zu werden. Obwohl Scotts Schreiberei einträglich ist, schafft sie keine Reichtümer, wie man angesichts des Lebensstandards der beiden vermuten könnte. Sie haben keinerlei Verhältnis zu Geld, werfen es mit vollen Händen freudig zum Fenster hinaus. Scotts heimlicher Wunschtraum von der traditionellen Ehe hält der Realität ihres Zusammenlebens in keiner Weise stand: »Zu lieben, ich meine, wirklich zu lieben (…), ist genug Arbeit für eine Frau. Wenn sie das Haus in Schuss hält und dafür sorgt, dass sie hübsch aussieht, wenn ihr Mann am Abend nach Hause kommt, und sie ihn liebt und ihn bei seiner Tätigkeit unterstützt und ermutigt, dann ist das meiner Meinung nach die Arbeit, die sie rettet.«[161] Dass er neben so einer Frau vor Langeweile eingehen würde, ist ihm bewusst, auch wenn er Zelda das eine oder andere Mal mit ihren hausfraulichen Fähigkeiten aufzieht: »Ich finde, du bist perfekt. Du bist immer bereit, dir meine Texte anzuhören, zu jeder Tages- und Nachtzeit. Du bist so charmant – und wunderschön. Und ich glaube, einmal in der Woche putzt du den Kühlschrank.«[162]

Scott will sich wieder verstärkt seiner Arbeit widmen. Nicht nur der zweite Roman soll bald fertig werden; das luxuriöse Leben der beiden will bezahlt werden. Er verfasst zahlreiche Kurzgeschichten, die er mit Erfolg an verschiedene Zeitschriften veräußert. Doch wenn Scott schreibt, dann langweilt sich Zelda. Gäste erleben, dass sie ihn stört, sobald er sich an den Schreibtisch setzt. Sie will nun doch nicht nur die Frau des großen Schriftstellers sein, ist auf der Suche nach etwas Eigenem. Die Bekanntschaft mit selbstständigen Frauen wie Anita Loos und Dorothy Parker mag dazu beigetragen haben, dass auch Zelda nach mehr strebt. Solange sie ausgehen, ist sie zufrieden, doch wenn Scott schreibt, dann stoppt die Party, und Zelda ist allein. Sie fühlt sich ausgeschlossen, wenn Scott sinnierend an seinem Schreibtisch sitzt. Das gefällt ihr nicht, und so tut sie alles, um ihn vom Schreiben abzuhalten. Er soll sich um sie kümmern. Alexander McKaig notiert in sein Tagebuch: »Habe den Abend bei den Fitzgeralds verbracht. Fitz hat acht Tage lang nichts getrunken – tut so, als wäre das eine Ewigkeit. Zelda immer rastloser – sagt frei heraus, dass sie sich einfach nur amüsieren will und nur für nutzlose Dinge zu gebrauchen ist, die Vergnügen bereiten; Riesenproblem – was soll sie tun? Fitz hat natürlich seine Schreiberei – Gott weiß, welches Ende es mit den beiden nehmen wird.«[163] Ist Zelda im Apartment, kann Scott nicht schreiben, weil sie ihn ablenkt. Geht sie aus, kann er nicht schreiben, weil er sie so vermisst und zudem nie weiß, was sie als Nächstes anstellt: »Ich hab mir oft gewünscht, ich hätte meine Frau nie kennengelernt, aber ich halte es nicht aus, wenn sie länger als fünf Stunden nicht in meiner Nähe ist.«[164] Zeldas Unruhe resultiert auch daher, dass sie, so sehr sie New York und seine Ablenkungen schätzt, längst hinter die Kulissen der Riesenmetropole geblickt hat: »In New York wurde mehr reflektiert, als in Wahrheit passierte: Das Abstrakte war das einzig Konkrete in dieser Stadt. Jeder wollte die Rechnungen im Cabaret bezahlen. ›Wir haben ein paar Leute eingeladen‹, sagte jeder zu jedem, ›möchten Sie nicht auch kommen?‹ Und dann sagten sie: ›Wir telefonieren noch.‹ In New York wurde ständig telefoniert. Man telefonierte von einem Hotel ins andere, rief sich auf anderen Partys an und sagte, man könne nicht kommen, man sei schon verabredet. Immer war es Teezeit oder spät in der Nacht.«[165] Allen Beziehungen haftet etwas Oberflächliches an. Im Grunde bleibt man sich fremd. Inmitten der Glitzerwelt von Manhattan fühlen sich Zelda und Scott manchmal einsam, was sie umso enger aneinander bindet. Auf der Suche nach Geistesverwandten erhalten sie über Edmund Wilson und John Peale Bishop, die als Redakteure bei *Vanity Fair* arbeiten, Zugang zum *Round Table* im Hotel Algonquin. Hier treffen sich andere Begabte aus der Provinz, die genau wie Scott und Zelda in all dem Trubel manchmal allein sind und sich wie Ertrinkende aneinanderklammern. Denen die neuen Freunde zum Familienersatz werden, über den sie bei der einen oder anderen Gelegenheit auch kräftig lästern. Hier trifft Scott auf kluge Köpfe wie den Theaterkritiker Robert Benchley und Dorothy Parker, die ihm nach einigen Drinks bestätigt, dass er der perfekte Begleiter für die Henkersmahlzeit sei. Von Zelda ist die scharfzüngige Kolumnistin weniger begeistert: »Ich habe sie nie für schön gehalten. Sie war sehr blond, hatte ein Pralinenschachtelgesicht mit einem kleinen, herzförmigen Mund, war ziemlich klein und hatte etwas Mürrisches an sich. Wenn ihr etwas nicht gefiel, schmollte sie. Nicht gerade ein sympathischer Zug.«[166] Dorothy Parker kann *Flapper Girls* nicht ausstehen. Doch unter den Exzentrikern vom Round Table, die eine eigene Destillieranlage besitzen und mit ihren Eskapaden ganz New York unterhalten, fühlen sich Scott und Zelda wohl. Man verbringt so manch ausgelassenen Tag miteinander, der mit viel Gelächter und klugen Spötteleien oft erst in den frühen Morgenstunden endet. Zu den Menschen, die in diesen ersten Jahren in New York in ihr Leben treten, gehört auch der Literaturkritiker Henry Louis Mencken, der gemeinsam mit George Nathan die Zeitschrift *The Smart Set* herausgibt, in der Scotts erste Kurzgeschichte veröffentlicht worden ist. Mencken ist der Sohn deutscher Einwanderer und neben Dorothy Parker und F. P. Adams in den 1920er Jahren der wichtigste Literaturkritiker der USA. Er hat sich dem Kampf gegen den Amerika beherrschenden kleingeistigen und genussfeindlichen Puritanismus verschrieben und tritt für Bürger- und Freiheitsrechte ein. Mencken, in den USA einer der meistgelesenen Autoren dieser Jahre, setzt sich vor allem kritisch mit den Institutionen Staat und Kirche sowie der amerikanischen Gesellschaft an sich auseinander: »Ein typischer Demokrat ist immer bereit, die theoretischen Segnungen der Freiheit gegen etwas einzutauschen, was er besser brauchen kann. In den meisten Fällen ist er vielleicht nicht dafür zu haben, seine Stimme für Bargeld zu verkaufen, aber meist nur darum, weil das Angebot zu niedrig ist«, pflegt er zu sagen.[167] Zusammen mit seinem Partner Nathan ist er so einflussreich, dass im Kulturbetrieb der Satz »Nathan, Mencken und Gott« die Runde macht.

Obwohl Scott im Jahr 1920 18 850 Dollar verdient, ist er aufgrund seines flotten Lebensstils Ende des Jahres völlig pleite. In einem Anflug von Verzweiflung schreibt er an Max Perkins: »Heute Nachmittag hat sich die Bank geweigert, mir für die Sicherheiten, die ich bieten kann, noch was auszuzahlen. Ich bin jetzt eine Stunde lang rumgelaufen, um zu überlegen, wie es weitergehen soll. (...) Ich bin mit meinem Latein am Ende. Gibt es irgendeine Möglichkeit, dass Sie das als Anzahlung auf den neuen Roman betrachten können? (...) Oder könnten Sie daraus ein Darlehen von Scribner & Co machen, mit meinen nächsten zehn Büchern als Sicherheit? Ich brauche 1600,00 Dollar.«[168] Verlag und Lektor helfen und lassen Scott mit der Erkenntnis zurück: »Ich lernte also aus der Krise nichts weiter, als dass Geld sich immer irgendwie auftreiben lässt, wenn man es braucht, und dass man sich schlimmstenfalls welches leihen kann – eine Erkenntnis, bei der Benjamin Franklin sich im Grab umdrehen würde.«[169]

Das neue Jahr startet für die Jungvermählten mit einer freudigen Überraschung. Zelda ist schwanger. Nach ausführlichen Beratungen beschließen sie, die Zeit bis zur Geburt für eine Reise nach Europa zu nutzen. An Bord des Ozeandampfers »Aquitania« reisen sie am 3. Mai 1921 erster Klasse nach Southampton ab. Kurz vor der Abreise übergibt Scott seinem Agenten Harold Ober den ersten Entwurf seines neuen Romans mit der Bitte, diesen als Fortsetzungsroman bei einer Zeitschrift unterzubringen. Zwischen September 1921 und März 1922 wird »Die Schönen und Verdammten«, sein Roman über das Scheitern einer Ehe, in sieben Folgen im *Metropolitan Magazine* erscheinen.

Erste Station ihrer Reise ist ein Besuch bei Shane Leslie in London, der irritiert ist von Scotts leicht derangiertem Aussehen. Max Perkins hat ein Abendessen im Haus von John Galsworthy, dem ersten Präsidenten des Internationalen P.E.N.-Clubs und Autor der »Forsyte Saga« arrangiert. Dabei lernt Scott auch die irischen Dramatiker St. John Ervine und Lennox Robinson kennen. Weil er sich einschmeicheln will, bezeichnet Scott Galsworthy als einen seiner Helden, gleich neben Joseph Conrad und Anatole France, der in diesem Jahr den Literaturnobelpreis erhält. Eine glatte Lüge, die der Hausherr peinlich berührt zur Kenntnis nimmt. Tatsächlich hält Scott Galsworthy bei Weitem nicht für so gut wie die beiden anderen, daran ändert auch die Verleihung des Literaturnobelpreises an Galsworthy 1932 nichts. In London kleidet sich Scott bei einem vornehmen Herrenschneider neu ein, während Zelda beim Abendessen im Hause von Lady Randolph Churchill in deren Sohn Winston einen neuen Verehrer findet. Von allen Orten, die sie in England besuchen, gefällt Scott Oxford am besten. Der sich daran anschließende Paris-Aufenthalt wird ein Reinfall. Ihre nicht vorhandenen Französischkenntnisse erschweren die Kontaktaufnahme. Dass sie eine Stunde lang vor dem Haus von Anatole France kampieren, ohne auch nur einen Blick auf den Schriftsteller zu erhaschen, bessert ihre Laune keineswegs. Da sie nicht zu läuten wagen, müssen sie unverrichteter Dinge wieder abziehen. Auch in der französischen Hauptstadt fallen die Fitzgeralds unangenehm auf. Aus dem Hotel wirft man sie hinaus, nachdem Zelda den Lift mit ihrem Gürtel blockiert, weil sie keine Lust hat, auf ihn zu warten, wenn sie nach unten fahren will. Sie reisen nach Italien weiter – es ist der Beginn einer lebenslangen Abneigung Scotts gegen das Land in Europas Süden. Beide finden es dort schrecklich langweilig, nichts als Steinhaufen und Langsamkeit. Ende Juni kehren sie deshalb nach London zurück. »Diesseits vom Paradies« ist nun auch hier erschienen. Doch es ist keine Rückkehr im Triumph. Die Kritiken sind, freundlich ausgedrückt, verhalten. Von den insgesamt 20 Rezensenten beurteilt die Hälfte das Buch mit »so lala«, ein Viertel ist der Ansicht, Scott habe Comptons »Sinister Street« etwas zu genau gelesen, und die restlichen fünf finden das Buch irgendwie gekünstelt. Die *London Times* schreibt, es sei eine wirklich sehr ermüdende Geschichte.[170]

Scott ist so beleidigt, dass er alle Pläne, in Oxford, das er noch vor Kurzem für den schönsten Platz der Welt gehalten hat, ein neues Domizil aufzuschlagen, verwirft und umgehend nach Amerika zurückkehrt. Europa kann ihn gernhaben: »Verdammt sei der Kontinent Europa. Er ist höchstens noch von antiquarischem Interesse. Rom liegt nur ein paar Jahre hinter Tyros und Babylon. (…) Frankreich hat mich ganz krank gemacht. (…) In 25 Jahren wird [New York] so sein, wie London heute ist. Die Kultur läuft dem Geld nach. (…) So wie die Engländer jetzt, werden wir die Römer der nächsten Generation sein.«[171]

Im Hafen von New York angekommen, reisen sie weiter nach Montgomery, wo Zelda in einer Zeit, da schwangere Frauen ihren Bauch im Haus verstecken, einen Skandal auslöst, als sie schwimmen geht. Und weiter geht's nach St. Paul, wo Zelda zum allerersten Mal ihre Schwiegereltern trifft. Sie hält sie für reichlich provinziell, und auch Scott erscheint die Mutter jetzt, da er in den teuersten Hotels verkehrt und Europa gesehen hat, noch lächerlicher als zuvor. Seit seinem großen Romanerfolg ist er nicht mehr in seiner Heimatstadt gewesen. Die Aufmerksamkeit, die ihm von allen Seiten entgegenschlägt, genießt er in vollen Zügen. Aus dem kleinen Scott vom falschen Ende der

Summit Avenue ist ein berühmter Mann geworden, der es all diesen Kleingeistern gezeigt hat. Um etwas Distanz zwischen sich und die Eltern Fitzgerald zu bringen, mieten sie mit Hilfe von Xandra und Oscar Kalman, alten Freunden, ein Haus in Dellwood am White Bear Lake, zehn Meilen außerhalb von St. Paul, an. Hier hält Scott Audienz. Als ihm die Lokalzeitung einen Reporter ins Haus schickt, empfängt Scott ihn im Schlafanzug. Einen sympathischen Eindruck hinterlässt er nicht, dafür aber einen ungeheuer geschäftigen. Dabei hat er in den letzten Monaten keine Zeile geschrieben. Stattdessen schreibt er an Max Perkins: »Mir geht's beschissen, weil ich fünf Monate lang gefaulenzt habe und jetzt wieder arbeiten will. Diese Bummelei macht mich unausstehlich und versetzt mich in ganz miese Stimmung. Mein dritter Roman, falls ich jemals noch einen weiteren schreibe, wird ganz sicher furchtbar düster und deprimierend sein. Am liebsten würde ich mich mit einem halben Dutzend ausgewählter Kumpels hinsetzen und mich zu Tode saufen, aber der Alkohol hängt mir ebenso zum Hals raus wie das Leben und die Literatur.«[172]

Nachdem es im Haus am See einen Wasserschaden gibt, für den ein erboster Besitzer die beiden verantwortlich macht, ziehen Zelda und Scott ins Hotel Commodore nach St. Paul. Die Kalmans stehen ihnen auch hier als Freunde zur Seite. Xandra wird eine enge Freundin Zeldas. Sie ist es auch, die für die völlig überforderten Eltern in spe alles für die Geburt arrangiert. Am 26. Oktober 1921 kommt im Miller Hospital von St. Paul Frances Scott Fitzgerald, genannt Scottie, zur Welt. Die ersten Worte der von der anstrengenden Niederkunft völlig erschöpften Zelda lauten: »Ich hoffe, sie ist schön und eine Närrin – eine schöne kleine Närrin.«[173] Scott, der sie notiert, baut sie Jahre später nahezu wortgleich in »Der große Gatsby« ein. Die Sayres erhalten nach dem freudigen Ereignis folgendes Telegramm: »Lilian Gish ist in Trauer; Constance Talmadge ein alter Hut, eine zweite Mary Pickford ist da.«[174] Scott ist stolzer Vater, kann es aber dennoch nicht unterlassen, an Edmund Wilson zu schreiben: »Ich bin froh, dass diese verdammte Sache endlich vorbei ist. Zelda hat nicht mal einen Kratzer abbekommen, und ich wurde für das Croix de Guerre mit Palmenzweig vorgeschlagen.«[175]

Die kleine Familie lässt sich in der Goodrich Avenue 646, unweit der Summit Avenue, nieder. Scott mietet zusätzlich ein kleines Zimmer in der Innenstadt, in das er sich zum Schreiben zurückzieht. Hier entstehen nun drei neue Kurzgeschichten, darunter auch eines seiner Meisterwerke, »Ein Diamant – so groß wie das Ritz«. Zu seiner großen Enttäuschung kann er die Geschichte erst nach langem Hin und Her an *The Smart Set* verkaufen. Mag sein, dass es am Tenor seiner Geschichten liegt, die für die fröhliche Zeit wohl einen etwas zu zynischen Unterton haben: »Alle Geschichten, die mir in den Sinn kamen, hatten einen Stich ins Katastrophale – die entzückenden jungen Geschöpfe in meinen Romanen gingen zugrunde, die Diamantenberge meiner Kurzgeschichten explodierten, meine Millionäre waren so schön und verdammt wie Thomas Hardys Bauern. Im Leben waren diese Dinge noch nicht passiert, aber ich war mir ziemlich sicher, dass das Leben kein so gefährliches, sorgloses Unterfangen war, wie die Leute meinten.«[176]

Bei der Überarbeitung seines neuen Romans steht ihm Zelda hilfreich zur Seite. Auf ihr Drängen hin wendet er sich noch einmal dem Schluss zu, den sie zu moralisierend findet. Der erhobene Zeigefinger passe nicht zum Rest des Romans. Als ein verunsicherter Scott das seinem Lektor schreibt, schließt sich dieser Zeldas Meinung vollumfänglich an. Zelda wird für Scotts Arbeit immer wichtiger. Nicht nur, dass sie ihm Inspiration und Vorlage ist, auch ihre klugen Einwände sind von größter Bedeutung. Als Edmund Wilson für das Frühjahr 1922 ein Porträt über Scott im *Bookman* ankündigt, wird dies mehr als deutlich. Wilson übersendet Scott seinen Artikel vorab. Der ist höchst angetan, bittet jedoch um eine kleine, aber wesentliche Änderung: »Nun, ich gebe zu, dass die drei Einflüsse, die du nennst, St. Paul, das Irische (…) und der Alkohol allesamt wichtig sind. Aber ich zögere nicht allzu sehr, dich darum zu bitten, den Alkohol wegzulassen, weil deine Liste ohnehin nicht vollständig ist – den größten Einfluss auf mich hatte in den viereinhalb Jahren, die ich sie nun kenne, Zelda mit ihrer absolut wunderbaren und kompromisslosen Selbstsucht und ihrer Kaltherzigkeit.«[177] Wilson wird sich an Scotts Bitte halten. In seinem durchaus kritischen Artikel erwähnt er dessen Alkoholsucht mit keinem Wort, dafür aber benennt er Scotts anderes Problem: »Ihm fehlt einfach jegliche Disziplin.«[178]

Im Dezember wird Scottie getauft. Zelda bleibt der Zeremonie auf Wunsch ihrer Schwiegereltern fern. Sie wollen unbedingt verhindern, dass die Schwiegertochter aus der Reihe tanzt. Der pausenlos angetrunkene Scott dagegen feiert mit. Taufpatin wird Scotts Schwester, obwohl Zelda Xandra Kalman bevorzugt hätte. So sehr Zelda ihr Baby liebt, sie braucht einige Zeit, um sich in ihrer neuen Rolle als Mutter zurecht zu finden. Einmal finden die Kalmans die kleine Scottie mit schwerem Schluckauf in ihrem Bettchen. Eine erboste Nanny erklärt ihnen, dies läge daran, dass die stillende Zelda am Vorabend zu viel Gin erwischt hätte. Zelda hasst Montgomery, wo sie sich als Außenseiterin fühlt und wo es in diesem Winter minus 18 Grad hat. Sie sehnt sich zurück nach New York.

Am 4. März 1922 erscheint Scotts neuer Roman »Die Schönen und Verdammten«. Zuvor hatte es heftige Diskussionen um das Titelbild gegeben. Der erste Entwurf hatte Scott überhaupt nicht gefallen, seiner Ansicht nach hatte der Zeichner all seine Personenbeschreibungen missachtet und zwei völlig andere Charaktere auf den Einband gebracht. Die Kritiken sind äußerst ambivalent. Den Lesern gefällt die drastische Wendung, die das Buch nimmt, nicht, die Kritiker sind irritiert von dem abrupten Wechsel zwischen Erzählung und Drama. Die amüsanteste Kritik zum Buch verfasst Zelda im Auftrag der *New York Tribune*: »Jeder muss dieses Buch kaufen, schon allein aus ästhetischen Gründen: Zum einen, weil ich weiß, in welchem Laden auf der 42. Straße es das schönste Goldbrokatkleid für nur 300 Dollar gibt. Und wenn es genug Leute kaufen, dann wüsste ich auch noch, wo es einen Platinring samt dazu passendem Diadem gibt. Und wenn es sehr viele Leute kaufen, nun, mein Mann bräuchte einen neuen Wintermantel, auch wenn sein alter es in den letzten drei Jahren ohne Weiteres getan hat.«[179] Es ist ihre erste Veröffentlichung, der in den nächsten Monaten zwei weitere Artikel sowie zwei Kurzgeschichten folgen werden. 815 Dollar wird sie damit verdienen.

Mit seinem Buch hat Scott sich auf neues Terrain vorgewagt und der Versuchung widerstanden, einen weiteren College- oder Flapperroman abzuliefern, obwohl ihm bewusst ist, dass ein solcher von seinen Lesern am meisten honoriert und schließlich gekauft würde. Doch anders als bei seinen Kurzgeschichten geht es ihm bei seinen Romanen nie allein um den kommerziellen Erfolg. Sie sollen zeigen, dass er der beste Schriftsteller seiner Generation ist, und dazu müssen sie innovativ sein. »Die Schönen und Verdammten« wirken wie eine Fortsetzung von »Diesseits vom Paradies«. Scotts »erschütternde Chronik eines Niedergangs«[180] beschreibt das Leben, Lieben und Scheitern von Gloria Gilbert, einer Provinzschönheit, und Anthony Patch, einem antriebsschwachen, künstlerisch begabten jungen Mann, der auf den Tod seines reichen Großvaters wartet, um diesen beerben zu können. Das schöne junge Paar lebt, ohne wirkliche Aufgabe, getrieben von Langeweile, weit über seine Verhältnisse. Ganz so, als gäbe es kein Morgen. Ihr hedonistischer Lebensstil, geprägt von Alkoholexzessen, endet in der Tragödie. Fitzgeralds Roman zeigt, was passiert, wenn *Flapper Girls* und Princeton-Studenten erwachsen werden. Anthony Patch ist eine Art erwachsener Amory Blaine und Gloria Gilbert die erwachsen werdende Rosalind. Scotts Leser erfahren nun, was geschieht, wenn die Jugend zu Ende und die Party vorbei ist: »Gloria und Anthony sind durchaus repräsentativ. Es sind zwei Menschen aus der großen Masse der Heimatlosen, die ziellos durch New York streifen. Es muss Tausende davon geben«, schreibt Scott an Wilson.[181] Und tatsächlich lesen viele seinen Roman, der den menschlichen Ruin und den moralischen Niedergang zweier vom Glück Verwöhnter so realistisch schildert, als Sozialstudie über die jungen Erwachsenen New Yorks: »Er wird sicher noch bessere Romane schreiben, aber er wird uns wahrscheinlich nie wieder bessere Einsichten über die verzweifelte und verlassene, aber dennoch so intensiv lebende Jugend liefern«, schreibt der Kritiker der *New York Post*.[182]

Einmal mehr zeigt Scott sein herausragendes Talent, sich von seinem Alter Ego weit genug distanzieren zu können, um dessen Leben kritisch zu beleuchten. Den Drang der gegenwärtigen Gesellschaft nach immer mehr Geld, Ablenkung und Vergnügen schildert er ebenso drastisch wie das komplizierte Gefüge der Beziehungen der beiden Hauptpersonen zueinander und zu ihrer Umwelt. Niemand weiß besser als F. Scott Fitzgerald, wie sich ein Mann wie Anthony Patch fühlt. Auch er gehört zu den Menschen, die sich nichts Schlimmeres vorstellen können, als alt zu werden: »Wenn sie dreißig sind, dann wissen Ehemann und Ehefrau tief in ihrem Inneren, dass das Spiel vorbei ist. Ohne ein paar Cocktails ist der eheliche Geschlechtsverkehr eine Tortur. Er ist nicht länger spontan, er ist jetzt eine Abmachung, der sie zustimmen, indem sie ihre Augen schließen, durchaus passend zu der Tatsache, dass alle Männer und Frauen, die sie kennen, müde und langweilig und fett sind.«[183] Auch Zelda hat Angst vor dem Altwerden: »Ich will nicht, dass du mich alt und hässlich siehst. (…) Wir *müssen* ganz einfach mit dreißig sterben«, hatte sie einst an ihn geschrieben.[184] Scott und Zelda sind die Verkörperung des ausgebrochenen Jugendwahns, und sie werden sich niemals davon lösen. Nur so ist ein Satz zu verstehen wie dieser:

»Sie war eine welke, aber immer noch schöne Frau von siebenundzwanzig Jahren.«[185] Ernest Hemingway wird Scott 13 Jahre später schreiben: »Du hast so verdammt viel Wert auf die Jugend gelegt, mir scheint, du hast Erwachsenwerden mit Altwerden verwechselt.«[186]

In seinem Roman schildert Scott den Absturz eines Glamourpaares so eindringlich, dass bei vielen Lesern der Verdacht aufkommt, sie würden einen Schlüsselroman in Händen halten, in dem der Autor sein eigenes Leben abbildet. Anthony und Gloria wirken wie die fiktionalisierten Fitzgeralds. Die Parallelen sind verblüffend, und das nicht nur, weil auch Gloria und Anthony von New York nach Connecticut ziehen und dort einen japanischen Butler beschäftigen, sondern auch, weil Alkohol eine entscheidende Rolle in diesem Niedergang spielt. Scott weist dies jedoch weit von sich, noch Jahre später wird er an Tochter Scottie schreiben: »Gloria war eine viel trivialere und vulgärere Person als deine Mutter. Ich kann eigentlich nicht sagen, dass es eine Ähnlichkeit zwischen den beiden gegeben hätte, abgesehen von ihrer Schönheit und bestimmten Wendungen, die sie benutzte, und natürlich machte ich auch Gebrauch von vielen Ereignissen in unseren ersten Ehejahren. Doch die Akzente lagen ganz anders. Wir hatten es viel besser miteinander als Anthony und Gloria.«[187]

Verarbeitet hat er neben ihrer beiden Privatleben einmal mehr Ideen und ganze Schriftstücke von Zelda. Noch vor Erscheinen des Buches notiert Alexander McKaig in sein Tagebuch: »Fitz gestand heute beim Abendessen, dass ›Jelly-Bean‹ und ›Der Eispalast‹ ausschließlich auf Zeldas Ideen beruhen. Auch in seinem neuen Roman hauptsächlich ihre Ideen. (…) Sie ist zweifellos die klügste und schönste junge Frau, die ich je gekannt habe.«[188] Und dass Gloria sich von Tomatensandwiches ernährt, mit dem Auto über einen Hydranten fährt und mit Anthony Seifenblasen aufsteigen lassen will, »bis alle Seife und alles Wasser aufgebraucht sind«,[189] ganz so wie Zelda das wörtlich einst an Scott geschrieben hat, kommt ihr ebenfalls sehr bekannt vor.

Liest man heute »Die Schönen und Verdammten«, wirken sie wie eine böse Vorahnung auf das weitere Leben der Fitzgeralds, die im wahrsten Sinne des Wortes schön und verdammt waren: »Die herrliche Einstellung, ihr könne alles gestohlen bleiben, änderte sich über Nacht; was ein bloßer Glaubenssatz (…) gewesen war, wurde zum einzigen Trost und zur einzigen Rechtfertigung für das, was sie zu tun beliebten, und für die daraus erwachsenden Folgen. Nichts bereuen, nicht einen Ausruf des Bedauerns ausstoßen, im Einklang mit einem klaren Ehrenkodex leben und so inbrünstig und beharrlich wie möglich das Glück des Augenblicks zu suchen.«[190] Das Ende des Buches, in dem eine früh gealterte Gloria einem wahnsinnigen Anthony gegenübersteht, nimmt in wahrer Prophetie das Ende von Scott und Zelda, wenngleich spiegelverkehrt, vorweg. Dass ein Leben auf der Überholspur tragisch enden kann, ist Scott zu dieser Zeit längst bewusst. Doch ein Ausstieg ist ihm bereits jetzt unmöglich.

Zur Veröffentlichung des Buches, das es sofort auf die Bestsellerliste schafft, reisen Zelda und Scott im März 1922 nach längerer Zeit wieder einmal nach New York. Sie tun das auch, weil Zelda festgestellt hat, dass sie erneut schwanger ist und beide im Augenblick nicht noch ein Kind wollen. Es ist die erste von mehreren Abtreibungen während ihrer Ehe mit Scott. Obwohl sie nach außen scheinbar rasch zur Tagesordnung übergehen, ist es für beide ein traumatisches Erlebnis. Scott schreibt in sein Notizbuch: »Mit Hilfe der Tabletten von Dr. X wurde sein Sohn im Hotel XXXX die Toilette hinuntergespült.«[191]

New York empfängt die beiden mit offenen Armen: »Alle waren da. Man traf sich in Hotelhallen, die nach Orchideen, Plüsch und Kriminalromanen rochen, und fragte einander, wo man überall gewesen war seit dem letzten mal. Charlie Chaplin trug eine gelbe Polojacke. Man hatte die Proletarier satt – hier war jeder berühmt. Wer nicht so berühmt war, mußte wohl im Krieg gefallen sein: es gab wenig Interesse am privaten Schicksal der kleinen Leute.«[192] Vor lauter Partys bleibt kaum Zeit für alte Freunde, und nach seiner Abreise schreibt Scott an Edmund Wilson: »Es tut mir leid, dass wir uns in New York so selten getroffen haben. Eigentlich wollte ich ganz lange Gespräche mit dir führen, aber dann fing diese endlose Party an und ich schien einfach nicht mehr nüchtern genug zu werden, um das Nüchternsein ertragen zu können.«[193]

Der Vorschuss vom Verlag ist zu diesem Zeitpunkt längst aufgebraucht. Das Geld hat nicht einmal gereicht, um die Schulden zu bezahlen. »Die Schönen und Verdammten« ist zwar ein Erfolg, doch die Verkaufszahl von 50 000 Exemplaren im ersten Jahr bleibt weit hinter Scotts Erwartungen zurück. Der Verkauf der Filmrechte bringt gerade einmal 2500 Dollar ein. Nicht vorhandenes Geld ist bei den Fitzgeralds ein so großes Thema, dass sie sich eine durchaus eigenwillige Erziehungsmethode für Scottie überlegen: »Wir wedeln mit Goldstücken vor ihren wunderbaren Augen herum, in der Hoffnung, dass sie später einmal einen Millionär heiraten wird.«[194] Von einem Reporter gefragt, was sie sich für ihre Tochter am meisten wünscht, antwortet Zelda: »Sie soll nicht berühmt und seriös und melancholisch werden, sondern reich und glücklich und eine Künstlerin. Ich will damit nicht sagen, dass Geld automatisch glücklich macht. Aber etwas zu besitzen, irgendwelche Dinge, macht eine Frau glücklich. (…) Es wäre mir lieber, sie würde eine Marilyn Miller als eine Pawlowa. Und ich möchte, dass sie reich wird.«[195] Die Wehklagen der beiden um nicht vorhandenes Geld ist Jammern auf höchstem Niveau. Während die Fitzgeralds in den nächsten Jahren im Schnitt mit 25 000 bis 30 000 Dollar nicht zurecht kommen, hat mehr als die Hälfte der amerikanischen Familien nicht mehr als 1500 Dollar jährlich zum Leben.

Sie kehren nach St. Paul zurück, wo sich die frischgebackenen Eltern samt Tochter im White Bear Yacht Club in Dellwood niederlassen. Endlich kann Zelda wieder schwimmen. Doch weil sie erneut fürchterlich laut sind, sehen sie sich gezwungen, sich ein kleines Haus außerhalb des Clubs zu mieten. In diesen Wochen verfasst Scott die Geschichte »Der seltsame Fall des Benjamin Button«. Die Geschichte über einen Mann, der sein Leben rückwärts lebt und vom Greis zum Baby wird, ist spätestens seit der Verfilmung mit Brad Pitt und Cate Blanchett 2008 auch einem großen Publikum bekannt.

Im Juli erwirbt Hollywood für 10 000 Dollar die Filmrechte an »Diesseits vom Paradies«. Das Angebot, selbst die Hauptrollen zu übernehmen, lehnen die Fitzgeralds ab. Der Film wird ohnehin nicht verwirklicht. Scott hat augenblicklich Größeres vor: Er sitzt an einem Theaterstück, »The Vegetable« (»Der Präsident oder Das Würstchen«), das eine Sensation werden soll: »Ich denke, es ist bis heute die beste amerikanische Komödie und ohne jeden Zweifel das Beste, was ich je geschrieben habe«,[196] vermeldet er Perkins. Er rechnet mit dem ganz großen Wurf, auch finanziell. Und den hat er bitter nötig. Die 10 000 Dollar für die Filmrechte zerschmelzen in der Sonne, und er muss Max Perkins bald erneut um einen Vorschuss bitten: »Könnten Sie 1000 Dollar für mich anweisen, wenn Sie meinen Brief erhalten? (…) Wenn mein Stück erst mal produziert ist, dann bin ich für immer alle Geldsorgen los und werde Sie nie wieder belästigen müssen.«[197] Das Stück ist eine politische Satire auf den amerikanischen Traum in drei Akten. Eisenbahnarbeiter Jerry Frost wird von seiner stets unzufriedenen Frau

Charlotte zu Höherem gedrängt und flüchtet sich in den Alkohol. In einem alkoholgeschwängerten Traum sieht er sich als Präsident der USA. Zwar sind er und die Seinen völlig fehl am Platze, doch angesichts der Verderbtheit der echten Politiker sind ihre Fehler harmlos. Im letzten Akt wendet sich alles zum Guten, Jerry Frost wird Briefträger, was er sich immer gewünscht hat, und seine Frau verliebt sich neu in ihn. Das Ende ist so übertrieben schwülstig, dass ganz deutlich wird, wie lächerlich Scott diese Zufriedenheit mit dem kleinen Glück findet.

Im September kehren sie nach New York zurück. Diesmal ziehen sie tatsächlich ins Plaza, von dem Ernest Hemingway später sagen wird, dass F. Scott Fitzgerald seine Leber zwar an Princeton verloren hätte, sein Herz jedoch ans Plaza. Eigentlich sind sie auf der Suche nach einem Haus. Jetzt, da sie eine richtige Familie sind, wollen sie sich und Scottie ein Heim schaffen. Im Plaza machen sie die Bekanntschaft von John Dos Passos, der soeben den ersten großen Kriegsroman seiner Generation, »Drei Soldaten«, veröffentlicht hat. Zu dritt machen sie sich auf die Suche nach einem Haus auf Long Island. Bei der Rückfahrt kommen sie an einem Rummelplatz vorbei. Zelda überredet John Dos Passos zu einer Fahrt mit dem Riesenrad, die ihm lange in Erinnerung bleiben wird: »Die Kluft, die sich zwischen Zelda und mir auftat, als wir dort oben auf dem wackligen Riesenrad saßen, konnte ich mir nicht erklären. Erst als ich Jahre später noch einmal darüber nachdachte, fiel mir ein, dass ich vielleicht schon am ersten Tage unserer Bekanntschaft auf jenen fundamentalen Bruch in ihrem Denken gestoßen war, der so tragische Folgen haben sollte. Obwohl sie entzückend aussah, hatte ich etwas gespürt, das mich erschreckte und das mir geradezu physisch zuwider war.«[198]

Am 22. September 1922 veröffentlicht der Scribner Verlag den zweiten Band mit Scotts Kurzgeschichten. Geplant ist, einen solchen im Wechsel mit einem Roman erscheinen zu lassen. Der Band enthält elf Geschichten und trägt den vom Autor selbst vorgeschlagenen Titel »Tales of the Jazz Age«. Das Cover ist von keinem Geringeren als John Held jun. gestaltet, einem der berühmtesten Illustratoren der 1920er Jahre, der mit seinen Zeichnungen das bis heute geltende Bild der Flapper-Zeit prägt. Erneut war es Zelda, die Scott ermutigt hatte, auf diesem Titel zu beharren. Er wird damit zum Namensgeber einer Epoche, deren herausragender Chronist er ohnehin schon ist: »Es wird *von meinem ureigensten Publikum* gekauft werden, das aus einem Haufen

Flapper Girls und Collegestudenten besteht, die mich für sowas wie ein Orakel halten.«[199] Noch ist er vor allem Sprecher seiner Generation, doch er schickt sich an, zum Symbol für ein Zeitalter zu werden, das, von ihm so benannt, als Jazz-Ära in die Geschichte eingehen wird: »Für einen kurzen Augenblick, bevor mir demonstriert wurde, dass ich völlig ungeeignet war, diese Rolle auszufüllen, wurde ich, der ich weit weniger über New York wusste als jeder Reporter mit sechsmonatiger Erfahrung und weniger über die New Yorker Gesellschaft als jeder Zimmerkellner vom Ritz, nicht nur in die Rolle des Sprechers dieser Zeit gedrängt, sondern auch noch als ihr typisches Produkt hingestellt.«[200] Knapp 13 000 Exemplare der »Tales of the Jazz Age« gehen im ersten Jahr über den Ladentisch.

Anfang Oktober 1922 haben die Fitzgeralds endlich das passende Haus gefunden. Sie übersiedeln nach Great Neck Estate, einem der neun Orte, die das berühmte »Great Neck« auf der Insel Long Island, 15 Meilen vor den Toren New York Citys, bilden. Hier, eine halbe Zugstunde vom Broadway entfernt, wohnen die, die es geschafft haben. Prächtige weiße Villen reihen sich wie Perlen auf einer Schnur aneinander. Die Partys, die hier stattfinden, sind legendär. Absoluter Partykönig ist Herbert Bayard Swope, Herausgeber der *New York World* und einer der berühmtesten Journalisten seiner Zeit. Für seine Reportagen wird er dreimal mit dem Pulitzer-Preis ausgezeichnet. Der Kampf seiner Zeitung gegen den Ku-Klux-Klan 1921 gilt bis heute als herausragendes Beispiel für investigativen Journalismus. Sein großes Anwesen »Land's End« wird zum Vorbild des Hauses von Tom und Daisy Buchanan in »Der große Gatsby«. Schon allein dessen Ausmaße sind gigantisch. Die 1900 Quadratmeter große Villa im Kolonialstil besitzt 15 Schlafzimmer und 14 Bäder, eine Garage mit Platz für sieben Wagen, einen eigenen Tennisplatz, einen Rosengarten sowie ein Gästehaus. Dies alles befindet sich auf einem 54 000 Quadratmeter großen Grundstück direkt am Wasser. An den Wochenenden findet hier die intellektuelle Elite New Yorks zusammen. In »Der große Gatsby« liefert Scott eine detailgetreue Beschreibung dieser Partys: »Aus meines Nachbars Hause hörte man an Sommerabenden Musik bis tief in die Nacht. Im blauen Dämmer der Gärten war von Männern und Mädchen ein Kommen und Gehen, wie Mottengeschwirr, und Flüstern und Sekt unter Sternen. Auch nachmittags konnte ich seine Gäste schon beobachten, wie sie bei Flut vom Turm des großen Floßes ihre Kopfsprünge machten oder sich im heißen Sand seines Privatstrandes sonnten, während seine zwei Motorboote die Wasserfläche des Sunds durchschnitten und Wellenreiter hinter sich her durch schaumige Katarakte zogen. Am Wochenende wurde sein Rolls-Royce jedes mal zu einem wahren Omnibus, der von neun Uhr früh bis lange nach Mitternacht Gäste aus der Stadt und wieder dorthin beförderte (...). Am Montag hatte dann ein achtköpfiges Dienstpersonal, nebst Extragärtner, den ganzen Tag zu tun, um mit Besen und Schrubber, mit Hammer und Gartenschere die Verwüstungen der Nacht zu beseitigen.«[201] Auf der Terrasse der wunderschönen Villa lässt sich das Wochenende wunderbar im Liegestuhl mit einem eisgekühlten Drink in der Hand beginnen. Hier gehen die Uhren anders. Teestunde ist gegen 18 Uhr, das Abendessen nimmt man nicht vor Mitternacht ein, und vor dem Morgengrauen geht niemand auf sein Zimmer. Dienstbare Geister lesen den Gästen jeden Wunsch von den Augen ab und bringen Tabletts, vollbeladen mit feinen Speisen, auch direkt ans Bett.

Bei den Fitzgeralds im Gateway Drive 6 geht es nicht ganz so luxuriös zu, doch an die Zeiteinteilung der Superreichen gewöhnen sie sich schnell. Mehr als einmal kommt es vor, dass das Personal sie morgens schlafend auf dem Rasen findet, inmitten der Hinterlassenschaften der Party der letzten Nacht. Das Haus, das sie anmieten, kostet 300 Dollar im Monat. Dazu kommen ein Ehepaar, das für 160 Dollar als Butler, Fahrer, Köchin und Hausmädchen fungiert, sowie ein Kindermädchen für 90 Dollar und eine Waschfrau für 36 Dollar im Monat. Als neues Auto erstehen sie einen gebrauchten Rolls Royce, ganz so, wie es sich für Neureiche gebührt, wie Scott lachend erklärt: »Wenn man von Neureichen spricht, denkt man an einen korpulenten Mann mittleren Alters, der dazu neigt, bei förmlichen Einladungen den Kragen abzuknöpfen, und dem seine ehrgeizige Ehefrau und deren adelige Freunde das Leben zur Hölle machen. Als Mitglied dieser Gesellschaftsschicht kann ich Ihnen versichern, dass dieses Bild eine böswillige Karikatur ist. Ich zum Beispiel bin ein sanftmütiger, leicht überarbeiteter junger Mann von siebenundzwanzig Jahren, und eine eventuelle Korpulenz geht bisher nur meinen Schneider und mich etwas an.«[202]

In Great Neck findet Scott in Ring Lardner, der hier mit Frau und vier Söhnen lebt, einen Freund fürs Leben. Der ehemalige Sportjournalist der *Chicago Tribune*, wie Scott aus dem Mittleren Westen, schreibt Kurzgeschichten, die sich vor allem mit dem Thema Sport beschäftigen. Vielen gilt er als der begabteste unter den amerikanischen Erzählern. Scott, seinen Freunden gegenüber stets aufrichtig und solidarisch, sorgt dafür, dass 1924 ein Band mit Lardners Kurzgeschichten mit dem Titel »How to Write Short Storys (With Samples)« im Scribner Verlag veröffentlicht wird. Das Buch wird ein sensationeller Erfolg sowohl bei den Kritikern als auch bei den Lesern. Neben der Genialität eint Fitzgerald und Lardner vor allem der Alkohol. Auch Lardner ist ein schwerer Trinker, dessen Verfall sich bereits abzeichnet. Scott wird ihn als Figur zweimal in seine Romane einbauen. So ist er Vorbild für den namenlosen eulengesichtigen Hornbrillenmann in »Der große Gatsby« und für Abe North in »Zärtlich ist die Nacht«. Ganze Nächte hindurch sitzen die beiden Männer im Garten, trinken und philosophieren. Ihre Freundschaft und ihr Alkoholkonsum führen schließlich zu einer denkwürdigen Anekdote der amerikanischen Literaturgeschichte. Im Mai 1923 besucht Joseph Conrad zum ersten und einzigen Mal die USA und wohnt während dieser Zeit im Landhaus seines Verlegers Frank Doubleday auf Long Island. Fitzgerald und Lardner wollen den berühmten Schriftsteller unbedingt kennenlernen, werden aber nicht eingeladen. Schließlich verfallen sie auf eine etwas ungewöhnliche Maßnahme, um Conrad zu treffen. Reichlich betrunken hüpfen sie laut rufend auf dem Rasen vor Doubledays Haus herum, um auf sich aufmerksam zu machen. Doubleday beeindruckt das wenig, er lässt die Störenfriede hinauswerfen.[203]

Ring Lardner, der neben Herbert Swopes großem Anwesen wohnt, hat unter den rauschenden Festen seines Nachbarn erheblich zu leiden, da es immer wieder vorkommt, dass betrunkene Gäste die Häuser verwechseln und sich ihre Erfrischungen in der Küche der Lardners holen. Zelda und Scott fühlen sich pudelwohl unter all den Verrückten hier. Sie lassen ein Schild anbringen: »Autos und Kinder bitte in der Garage abstellen«.[204] Mit Stummfilmstar Gloria Swanson und den Marx Brothers tanzen sie die Nächte durch. Hier stört es niemanden, wenn Scott betrunken unter dem Tisch herumkriecht oder versucht, seine Krawatte mit dem Küchenmesser abzuschneiden. Einzig, dass er vor lauter Übermut seinen Lektor samt Ehefrau mit dem Wagen in den Teich kutschiert, ist 24 Stunden lang Tagesgespräch. Zelda und Scott feiern so exzessiv, dass sie manchmal bei ihren eigenen Partys vor Erschöpfung einschlafen. Eng umschlungen schlafen sie dann mitten unter ihren Gästen, bis sie sich genügend erholt haben, um sich wieder ins Getümmel stürzen zu können. Da ihre Gäste sich während dieser Ruhepausen allerdings so schlecht benehmen, dass sie Angst um ihr Haus haben müssen, sehen die Fitzgeralds sich genötigt, einige Regeln aufzustellen: »Die Gäste werden gebeten, auf der Suche nach Alkohol keine Türen einzuschlagen, auch wenn Gastgeber und Gastgeberin ihnen zuvor die Erlaubnis dazu erteilt haben.«[205]

Die Nähe zu New York macht das Leben auf Long Island geradezu perfekt. Im Juni 1923 treffen sie bei einem Abstecher ins Plaza Anita Loos. Weil sich der Oberkellner weigert, einen offensichtlich betrunkenen Scott, der gerade vom Zahnarzt kommt, zu bedienen, fährt die ganze Gesellschaft mit einem Mietwagen nach Great Neck zurück. Auf der Fahrt leeren sie flaschenweise lauwarmen Champagner. Mit Cocktails auf der Terrasse geht es weiter. Beim Abendessen allerdings kippt die ausgelassene Stimmung und es kommt zu einem heftigen Wortwechsel zwischen dem inzwischen völlig betrunkenen Ehepaar Fitzgerald. Irgendwann reißt Scott wutentbrannt das Tischtuch samt Geschirr vom Tisch und droht, Zelda und Anita zu ermorden. Als er beginnt, mit Kerzenleuchtern zu werfen, flüchten die Frauen. Da Scott alle Türen verriegelt hat, braucht es die Hilfe des Butlers, der eine Scheibe einschlägt und die Frauen befreit. Sie flüchten sich zu Ring Lardner, der sich nach einer Weile erbarmt und hinübergeht, um nach Scott zu sehen. Er findet ihn, den Mund voller Staub, auf der Straße kriechend: »Ich bin ein Monster«, jammert er. »Ich habe versucht, diese beiden wunderbaren Mädchen zu töten, und jetzt muss ich Dreck fressen.«[206]

Scott überhäuft seine Frau mit Schmuck und teuren Geschenken, die Zelda wutentbrannt wegwirft, sobald sie sich streiten. Sie sind einander so ähnlich, wie zwei Menschen es nur sein können. Gesünder wäre für beide eine Beziehung mit einem stabilen Lebenspartner, mit jemandem, der weniger labil, weniger exzentrisch und weniger lebenshungrig ist. Zelda und Scott aber stacheln sich gegenseitig an. Was ihm nicht einfällt, kommt ihr in den Sinn. Ganz so, als ob sie sich gegenseitig an verrückten Einfällen übertreffen müssten, oder wie Zelda über ihre Romanfiguren sagt: »Alabama und David waren stolz auf sich und ihr Baby; bewusst stellten sie eine gespielt nonchalante Gleichgültigkeit zur Schau, was die fünfzigtausend Dollar anbetraf, mit der sie die zwei Jahre Hochglanzpolitur ihrer barocken Lebensfassade bezahlten. Aber in Wirklichkeit ist der Künstler der größte Materialist; er verlangt vom Leben das Doppelte und Dreifache zurück für das, was er zu emotionalen Wucherzinsen liefert – und eine Aufwandsentschädigung noch dazu.«[207]

Und inmitten all dieses Chaos blüht weiter die schier wahnsinnige Liebe zwischen Zelda und F. Scott Fitzgerald, der seine Frau nicht nur für das charmanteste Geschöpf der Welt hält, sondern schlichtweg für vollkommen. Und auch Zelda steht zu dem, was sie Scott 1920 geschrieben hat: »Ohne Dich, Liebster Liebster, könnte ich weder sehen noch hören, noch fühlen, noch denken – noch leben. (...) Du *musst* einfach versuchen zu fühlen, wie sehr ich Dich liebe – wie leblos ich bin, wenn Du nicht da bist. (...) Niemand hat ein Recht zu leben außer uns – (...) Ich könnte nicht ohne Dich leben, auch wenn Du mich hassen würdest und mit Wunden bedeckt wärst wie ein Leprakranker – wenn Du mit einer anderen Frau durchbrennen und mich verhungern lassen und schlagen würdest – ich würde Dich immer noch brauchen, das *weiß ich*.«[208] Sie küssen und sie schlagen sich. Neben dem innigen Wunsch, den anderen glücklich zu sehen, gibt es immer auch die Tendenz, dem anderen weh zu tun. Die Abhängigkeit voneinander führt zu ersten Fluchtversuchen und zu stets dramatischen Versöhnungsgesten. Die Fitzgeralds wissen, was sie ihrem Publikum schuldig sind.

Am 19. November 1923 findet die lang ersehnte Premiere von Scotts Theaterstück »Der Präsident oder Das Würstchen« statt. Erst der vierte Produzent hatte schließlich zugegriffen. Die Buchveröffentlichung bei Scribner im April 1923 hatte ebenfalls nicht den gewünschten Erfolg gezeigt. Dennoch hält Scott an seinen Berechnungen fest, dass ihm das Stück ca. 100 000 Dollar pro Jahr einbringen wird. Eine Tatsache, die ihn dazu verleitet, die Sache mit dem Geldausgeben nicht ganz so eng zu sehen: »Was konnte es schon ausmachen, wenn wir ab und zu ein paar hundert Dollar zu viel ausgaben? (...) Beim gegenwärtigen Stand der Dinge wäre es bloße Pfenningfuchserei gewesen, die monatlichen Ausgaben unter eintausendfünfhundert Dollar drücken zu wollen. Wir würden bald in einem Maßstab Geld sparen, dass solche albernen Sparversuche sich daneben geradezu schäbig ausnehmen mussten.«[209] Bei den Proben ist er von seinem eigenen Stück so angetan, dass er seine Kalkulation mit 100 000 Dollar Gewinn fast für zu bescheiden hält.

Als das Stück in Nixon's Apollo Theater in Atlantic City, New Jersey, zum ersten Mal über die Bühne geht, sieht Scott rosigen Zeiten entgegen, doch leider muss Zelda hinterher an ihre Freundin Xandra Kalman schreiben: »Kurz gesagt, die Show war ein Flop. (…) Scott [war – M.K.] schrecklich enttäuscht. Und ich erst. Ich hatte ja schon die Einnahmen der ersten Woche in mein Kleid für die Premiere investiert, und das kann man nun nicht mehr zurückgeben.«[210]

Nach einer Woche wird das Stück vom Spielplan genommen. Scotts Träume von einer Karriere als großer Dramatiker sind ausgeträumt. Noch schlimmer als die künstlerische Niederlage ist das finanzielle Desaster. Obwohl er im Jahr 1923 genau 28 759,78 Dollar verdient hat, ist er völlig pleite. Das Geld scheint einfach nie zu reichen. Erneut geht ein Bettelbrief an Max Perkins: »Ich hab mich in große Schwierigkeiten gebracht. (…) Ich bin echt am Ende. (…) Meine Schulden beim Scribner Verlag belaufen sich auf mehr als 3500 Dollar, da ist das Geld, das ich für die Neuauflage von ›Die Schönen und Verdammten‹ bekommen habe, schon abgezogen. Ich schulde Ihnen jetzt mehr als vor der Veröffentlichung (…). Was ich brauche, um aus dem momentanen Tief herauszukommen, sind 650 Dollar. (…) Wenn ich nicht bis Mittwochmorgen 650 Dollar auf der Bank habe, muss ich die Möbel versetzen. (…) Ich komme auch gerne persönlich vorbei, aber um Himmels willen versuchen Sie es einzurichten.«[211]

Am Ende des Jahres hat Scott 5000 Dollar Schulden, was nicht nur daran liegt, dass er weit über seine Verhältnisse lebt, sondern dass er sein Geld manchmal auch einfach irgendwo liegen lässt, ohne es zu bemerken: »Wir sind zu arm, um zu sparen. Sparsamkeit ist Luxus. Letzten Sommer hätten wir sparen können, doch jetzt liegt unsere einzige Rettung im Geldausgeben.«[212] Zu dieser Zeit zahlt die *New York Evening Post* bereits 1750 Dollar für seine Geschichten. Innerhalb von vier Jahren, seit 1919, hat Scott seinen Jahresverdienst von 879 Dollar auf knapp 30 000 Dollar steigern können. Wo das ganze Geld geblieben ist, ist ihm ein Rätsel. Blättert man in seinem Kontobuch, ahnt man jedoch, wo: Kein Wort hat er in diesen Jahren so oft notiert wie das Wort »Party«, allenfalls auch »immer noch betrunken«.[213]

Derart abgebrannt bleibt ihm nur eines übrig: sich hinzusetzen und zu arbeiten. Bewaffnet mit Bleistift und Papier zieht er sich in einen kleinen Raum mit Ölofen über der Garage seines Hauses zurück und beginnt im Akkord Kurzgeschichten zu verfassen. Gleich in der ersten

Nacht gelingt ihm eine, deren Verkauf die nächste Monatsmiete garantiert und die Fixkosten decken kann. Die Fitzgeralds stellen einen harten Sparplan auf, der sie jedoch vor unvorhergesehene Probleme stellt: »Das Budget erlaubt uns nur drei Viertel eines Hausangestellten, und deshalb sind wir auf der Suche nach einem einbeinigen Koch, der sechsmal die Woche kommen kann.«[214]

Mit ungewohnter Disziplin arbeitet Scott in den folgenden Wochen zwölf Stunden täglich, um »aus abgrundtiefer Armut wieder in die Mittelschicht aufzusteigen«.[215] Spaß hat er dabei keinen, doch er will sich wieder in die Lage versetzen, den neuen Roman, der ihm im Kopf herumspukt, zu schreiben. Ergebnis dieses turbulenten Jahres in Great Neck ist die Kurzgeschichte »Wie man 36 000 Dollar im Jahr verprassen kann«. Sie enthält die Erkenntnis: »Zu meinem ungläubigen Erstaunen war das Jahr, das große Jahr fast vorbei. Ich hatte fünftausend Dollar Schulden und zog ernsthaft in Erwägung, in Kontakt zu einem anständigen Armenhaus zu treten, wo wir für so gut wie kein Geld ein Schlafzimmer und ein Badezimmer mieten konnten. Doch einen Triumph konnte uns keiner nehmen. Wir hatten sechsunddreißigtausend Dollar ausgegeben und für ein Jahr das Recht erkauft Mitglieder der Klasse der Neureichen zu sein. Was kann man für sein Geld mehr verlangen?«[216]

> »Ich werde einen Roman schreiben, der besser ist
> als alle je zuvor in Amerika geschriebenen Romane.«
> F. SCOTT FITZGERALD [217]

V.
»Wir suchten die Alte Welt auf (…) in der ernsthaften Überzeugung, dass wir unser altes Ich für alle Zeiten über Bord geworfen hatten«
Eine verlorene Generation in Europa

Im Mai 1924 übersiedeln die Fitzgeralds an die französische Riviera. Sie haben gehört, dort ließe es sich billig leben. Angesichts ihrer angespannten Haushaltslage stimmt sie allein der aktuelle Wechselkurs von 19 Franc für einen Dollar euphorisch. Die Freunde sind entsetzt, wie Zelda in ihrem Roman schildert: »Auf der Teeparty erzählte man ihnen, dass niemand im Sommer an die Riviera führe, und dass das Baby die Cholera bekäme, wenn sie es in die Hitze mitnähmen. Ihre Freunde waren fest davon überzeugt, dass sie von den französischen Moskitos zu Tode gestochen würden und es nichts anderes zu essen gäbe als Ziegenfleisch. Sie erzählten ihnen, dass im Sommer am Mittelmeer keine Wasserspülung funktioniere und dass Eiswürfel für einen Whiskey Soda ein Ding der Unmöglichkeit seien; jemand schlug vor, einen Koffer mit Konservendosen mitzunehmen.«[218]

Dabei sind die Freunde nicht ganz unschuldig an diesem Entschluss. Die Partys in Great Neck haben so überhandgenommen, dass an Schreiben nicht mehr zu denken ist. Alle Versuche, dem Einhalt zu gebieten, scheitern an der Feierfreude der Fitzgeralds selbst und der Tatsache, dass sich die Gäste ohne Skrupel auch selbst einladen. Nicht einmal eine neue Hausregel kann die ungebetenen Gäste vertreiben: »Wochenendgäste werden höflichst darauf hingewiesen, dass Einladungen, doch bis Montag zu bleiben, wenn sie vom Gastgeber und der Gastgeberin in den frühen Sonntagmorgenstunden ausgesprochen werden, nicht ernst gemeint sind.«[219]

Sichtlich genervt schreibt Scott nach einem Jahr in Great Neck: »Es war ein wundervoller Sommer und viele weltmüde New Yorker gewöhnten sich daran, das Wochenende auf dem Land bei den Fitzgeralds zu verbringen.«[220] Dabei kann er sich seine großzügige Gastfreundlichkeit längst nicht mehr leisten. Und so reisen die beiden samt Scottie, 17 Gepäckstücken, der kompletten »Encyclopaedia Britannica« und einem Barvermögen von 7000 Dollar auf der »S. S. Minnewaska« nach Europa ab: »Uns war, als wären wir noch mal davongekommen – vor der Verschwendungssucht und dem Getöse und allen ausschweifenden Überspanntheiten, die für fünf hektische Jahre den Rahmen unseres Lebens abgegeben hatten.«[221] Ring Lardner bringt es auf den Punkt: »Sie verließen die USA (...), weil New Yorker ihr Haus auf Long Island permanent mit einem Rasthaus verwechselten.«[222] Für ihn ist die Abreise der Fitzgeralds ein herber Verlust. New York ist nicht mehr dasselbe, und so schickt er ihnen bald ein Telegramm hinterher: »Wann kommt ihr zurück und warum? Bitte antwortet!«[223]

Die erste Station der Fitzgeralds ist *die* Anlaufstelle aller Exilamerikaner in Frankreich: Paris. Hier leben diejenigen, die den USA den Rücken gekehrt haben: Ernest Hemingway, Archibald MacLeish, John Dos Passos, Ezra Pound, T. S. Eliot und viele andere. Gertrude Stein, unbestrittene Autorität dieser Szene, wird sie Ernest Hemingway gegenüber als »verlorene Generation« bezeichnen: »Ihr seid eine verlorene Generation. Ihr habt keinen Respekt vor gar nichts. Ihr trinkt euch zu Tode.«[224] Die meisten sind ehemalige Kriegsteilnehmer, die nach dem Krieg Schwierigkeiten hatten, sich in der amerikanischen Gesellschaft wieder zurechtzufinden. Man hatte sie nach Europa geschickt, um Ideale zu verteidigen, die in den USA selbst nicht verwirklicht waren. Sie waren im Dreck gelegen und hatten sich verwunden lassen dafür, dass man ihnen bei ihrer Rückkehr einen Orden ansteckte und zur Tagesordnung überging. Jetzt sind sie auf der Suche nach einem neuen Sinn für ihr Leben. Sie empfinden die schnelle, oberflächliche Lebensweise, die in den USA überhandnimmt, als ebenso abstoßend wie den vehement verteidigten Puritanismus. Spätestens mit Einführung der Prohibition ist ihnen klar geworden, dass sie nicht in einem Staat leben wollen, der seinen Bürgern sogar das Trinken verbietet. Paris wird zum Sammelbecken all dieser Suchenden. Hier gibt es seit Jahren eine avantgardistische Künstlerszene, der auch viele Amerikaner angehören. Obwohl Hemingway keineswegs Gertrude Steins Ansicht ist, stellt er ihren Satz als Motto vor seinen ersten Roman »Fiesta« und macht den Begriff »Verlorene Generation« damit unsterblich.

Die meisten Exilamerikaner lassen sich im südlich der Seine gelegenen Rive Gauche, im Künstlerviertel Montparnasse nieder, weshalb die amerikanische Künstlerszene in Paris, zu der auch herausragende Frauen wie Djuna Barnes und Janet Flanner gehören, den Namen »Left Bank« erhält. Hier gibt's billige Wohnungen und Cafés wie La Rotonde, Le Dôme oder Le Sélect, in denen man, auch wenn das Geld knapp ist, stundenlang sitzen kann. Deren Besitzer schon mal ein Kunstwerk im Tausch gegen ein warmes Mittagessen akzeptieren und die durch die Romane der *Expatriates* wie Hemingways »Fiesta« schließlich Weltruhm erlangen: »Das Auto hielt genau vor der *Rotonde*. Ganz gleich, welches Café auf Montparnasse man dem Taxichauffeur auch immer nennt, er fährt einen zur *Rotonde*. Vielleicht wird es in zehn Jahren das *Café du Dôme* sein. Auf jeden Fall war es nah genug. Ich ging von den traurigen Tischen der *Rotonde* hinüber ins *Sélect*. Drinnen an der Bar waren ein paar Leute und draußen ganz allein saß Harvey Stone.«[225]

Die Fitzgeralds nehmen Quartier im Hôtel des Deux Mondes in der Avenue de l'Opéra im Herzen von Paris. Sie ziehen es vor, auf der rechten Seite der Seine zu wohnen, wo es luxuriöser ist als in Montparnasse. Die ersten Tage verbringen sie damit, ein geeignetes Kindermädchen für Scottie zu suchen. Dies ist dringend nötig, da die Kleine Gefahr läuft, durch die liebevolle Betreuung ihrer Eltern bleibende Schäden davonzutragen. Dass die beiden das Kind im Bidet baden, wäre zu vernachlässigen, wenn sie nicht in einem Restaurant viel zu spät bemerken würden, dass Scottie statt Limonade Gin Fizz trinkt. Nach mehreren Vorstellungsgesprächen entscheiden sie sich für eine englische Nanny, nicht zuletzt deshalb, weil diese mit 26 Dollar im Monat die niedrigste Gehaltsforderung stellt. Lillian Maddock bringt mit ihrer militärischen Strenge etwas Disziplin in den chaotischen Haushalt und sorgt dafür, dass Scottie das Leben an der Seite ihrer Eltern einigermaßen unbeschadet übersteht.

Unmittelbar nach ihrer Ankunft in Paris lernen sie Sara und Gerald Murphy kennen. Das amerikanische Societypaar, das mit seinen drei Kindern Honoria, Boath und Patrick in einer großen Wohnung in der Rue Gît-le-Cœur lebt, ist der strahlende Mittelpunkt des gesellschaftlichen Lebens der Exilamerikaner. Die Murphys sind großzügige Gastgeber, die es sich dank eines gesicherten finanziellen Backgrounds als begüterte Erben leisten können, ihren künstlerischen Neigungen nachzugehen, anstatt sich um Geschäfte zu kümmern. Gerald Murphy, Erbe des noblen New Yorker Lederwarengeschäfts Mark Cross, hat nach dem Studium in Yale beschlossen, Maler zu werden. Sara stammt aus einer wohlhabenden Familie in Cincinnati, spricht fließend Französisch, Deutsch und Italienisch und ist schon als Kind lange Zeit in Europa gewesen. 1915 hatten die beiden geheiratet, sechs Jahre später waren sie nach Paris gegangen, um dem repressiven Klima in den USA zu entfliehen. Zu ihren Freunden gehören Pablo Picasso, Joan Miro und Georges Braque, Cole Porter, Igor Strawinsky und Rudolph Valentino. Gerald nimmt Malunterricht bei der russischen Malerin Natalia Goncharova, deren Auftritte und Ausstellungen immer wieder für Polizeieinsätze sorgen. Für seine Bilder erntet Murphy sogar Lob von Picasso. 1964 zeigt das New Yorker Museum of Modern Art eine Retrospektive seines Schaffens. Die Tatsache, dass die Murphys ihr Geld vor allem dazu nutzen, gemeinsam mit ihren Freunden das Leben zu genießen, macht sie sehr beliebt. Ihr Lebensmotto lautet, frei nach einem spanischen Sprichwort: »Gut zu leben ist die beste Rache.« Die beiden gelten als Stilikonen ihrer Zeit und sind das *golden couple*, das auf den Titelblättern sämtlicher Gazetten abgebildet ist. Bei den Murphys treffen sich Dorothy Parker, Robert Benchley, Archibald MacLeish, Donald Ogden Stewart und Gilbert Seldes, die auch mit den Fitzgeralds befreundet sind. Rasch finden Zelda und Scott Zugang zu diesem Zirkel. Die beiden Paare mögen sich auf Anhieb. Der acht Jahre ältere Gerald und die 13 Jahre ältere Sara werden für die beiden Heimatlosen eine Art Ersatzeltern. Sie sind genau so, wie Zelda und Scott gerne wären: wohlhabend, gutaussehend, stilgebend, gebildet und kultiviert. Was die Murphys betrifft, sind sich alle einig: »Es war einmal vor langer Zeit, da lebten ein Prinz und eine Prinzessin; sie waren beide reich, er war gutaussehend, sie war wunderschön; sie hatten drei entzückende Kinder. (...) Sie liebten einander und sie beherrschten die große Kunst, das Leben für ihre Freunde unübertroffen vergnüglich zu machen«, schreibt Donald Ogden Stewart.[226] Kein Wunder, dass in Scott manchmal die Eifersucht hochkommt auf den strahlenden Gerald mit seiner wunderbaren Frau, denen das Glück nur so in den Schoß zu fallen scheint. Doch im Grunde bewundert Scott

Gerald sehr und in Sara, die er stets mit offenem Mund anstarrt, ist er zeitlebens bis über beide Ohren verliebt. Sara Murphy wird neben Xandra Kalman Zeldas engste Vertraute. Die Murphys gehören zu den wenigen, die in ihr niemals nur Scotts Frau sehen, sondern sie als eigenständige Persönlichkeit und Künstlerin wahrnehmen. In der Gunst der Murphys steht Zelda weit über Scott. Sie sind der Ansicht, dass Scott eigentlich nur durch seine Frau zu ertragen ist.

Die Murphys bestärken die Fitzgeralds in ihrem Entschluss, sich an der Riviera niederzulassen. Das tut damals im Sommer kein Mensch. Die traditionellen Rivieragäste, Russen und Engländer, kommen im angenehmen Winter und meiden den heißen Sommer. Die Murphys selbst waren durch Cole Porter auf diesen schönen Landflecken aufmerksam geworden. Er hatte 1921 ein Haus in Cap d'Antibes gemietet und sie eingeladen, ihn zu besuchen. Damals waren die Strände verwaist, niemand legte sich freiwillig in die brütende Sonne und ging die Gefahr ein, braun zu werden. Noble Blässe war in, doch den Murphys war das gleich. Sie räumten die Algen vom Strand und beschlossen hierzubleiben. Und sie erstanden eine alte Villa, die sie nun herrichten lassen.

Auch Scott verfällt sofort dem Zauber der französischen Riviera. In der Nähe von Hyères erblickt er sie zum ersten Mal: »Die Riviera! Die Namen ihrer Seebäder – Cannes, Nizza, Monte Carlo – wecken die Erinnerungen an zahllose Könige und Prinzen, die ihren Thron verloren hatten und herkamen, um zu sterben, an geheimnisumrankte Radschas und Beys, die englischen Tanzmädchen blaue Diamanten zuwarfen, an russische Millionäre, die in den unwiederbringlich vergangenen Kaviarzeiten vor dem Krieg ganze Vermögen beim Roulette verloren. Von Charles Dickens bis Katharina von Medici, von Prinz Edward von Wales auf dem Höhepunkt seiner Beliebtheit bis Oscar Wilde am Tiefpunkt seiner Erinnerungen ist alle Welt hierher gekommen, um zu vergessen oder zu genießen, sich zu verbergen oder sich zu verlustieren, um mit dem Profit aus der Unterdrückung weiße Paläste zu erbauen oder um Bücher zu schreiben, die diese Paläste manchmal niederreißen.«[227] Weniger Begeisterung löst ihr neues Zuhause, das Grimms Park Hotel in Hyères, aus. Nicht nur, dass es tatsächlich jeden Abend Ziegenfleisch gibt, was Zelda zu einer strengen Diät animiert; außer ein paar steinalten Engländern, die, wie Scott wenig charmant bemerkt, hier vor sich hinrotten, ist absolut niemand hier. Die Suche nach einer geeigneten Villa erweist sich als schwierig. Die Objekte, die sie besichtigen, sind klein, heiß und verschmutzt, und bei manchen befürchten sie ernsthaft, dass die Vorbesitzer noch durch die Gänge spuken. Das Leben hier, so billig es auch ist, verlangt den Neufranzosen einiges ab: »Hyères wurde heißer, und wir verharrten in hilfloser Betäubung dort. Wir wussten nun, warum Katharina von Medici es zu ihrem Lieblingskurort erkoren hatte: Ein Monat Sommer in Hyères, und sie kehrte zweifellos mit einem Dutzend in ihrem Kopf brodelnder Bartholomäusnachtverschwörungen nach Paris zurück.«[228]

Im Juni geben sie auf und reisen weiter nach Saint Raphaël, einer Kleinstadt mit roten Häusern in der Nähe von Antibes, wo die Murphys im Hôtel du Cap auf die Renovierung ihrer Villa warten. Damals das einzige Hotel, das im Sommer überhaupt geöffnet hat, ist das Hotel heute Anlaufstelle von Prominenten wie Madonna und Robbie Williams. Es ist auch Schauplatz von Scotts Roman »Zärtlich ist die Nacht«: »An dem freundlichen Gestade der französischen Riviera steht etwa auf halbem Wege zwischen Marseille und der italienischen Grenze ein großes stolzes rosenfarbenes Hotel. Ehrerbietige Palmen kühlen seine gerötete Stirn, und ein kurzes, strahlend weißes Stück Strand liegt ihm zu Füßen. Neuerdings kommen prominente und mondäne Gäste hierher zur Sommerfrische; noch vor einem Jahrzehnt stand es, wenn die englische Klientel im April gen Norden gezogen war, praktisch leer.«[229] Die Murphys hatten Antibes entdeckt in einer Zeit, da es nichts als ein verschlafenes Hafennest war, von dem man nichts wusste, als dass Napoleon nach seiner Flucht von Elba hier angelandet war. Erst Amerikaner wie die Murphys, die zu den Pionieren an der Riviera gehören, machen aus der Küste den Tummelplatz der Schönen und Reichen. Der Umbau der Villa America, wie die Murphys ihr neues Zuhause nennen, schreitet voran. Zwei Architekten sind damit beschäftigt, das Haus um ein Stockwerk aufzustocken und die Gästehäuser zu errichten. Um den wundervoll exotischen Garten mit seinen Dattelpalmen, den Oliven- und Feigenbäumen, den Oleander-, Jasmin- und Kamelienbüschen kümmert sich Sara, während Gerald eigenhändig den an das Grundstück grenzenden Strandabschnitt La Garoupe anlegt. In der quirligen Atmosphäre von Saint Raphaël fühlen sich die Fitzgeralds sofort wohl. Zweieinhalb Kilometer oberhalb der Stadt im Örtchen Valescure entdecken sie eine kühle Villa mit blauweißen Balkonen in einem Hain aus Zypressen, Pinien und Oliven.

Mit 79 Dollar Monatsmiete ist sie, verglichen mit der Miete in Great Neck, geradezu ein Schnäppchen: »Wenn eine Familie ins Ausland geht, um zu sparen, dann fährt sie nicht zur British Empire Exposition in Wembley oder zu den Olympischen Spielen – ehrlich gesagt fährt sie weder nach London noch nach Paris, sondern sie macht, dass sie zur Riviera kommt, der Südküste Frankreichs, die den Ruf genießt, der billigste und zudem schönste Aufenthaltsort der Welt zu sein. (…) Für zwei bekehrte Verschwender war die Riviera im Sommer genau das Richtige.«[230] Ein Gärtner, ein Koch und ein Hausmädchen komplettieren den Haushalt der Villa Marie. Mit einem alten Renault erkunden sie jetzt die Küste, fahren nach Cannes, Nizza und Monte Carlo. Bei ihrer Einkehr in einem der vielen Landgasthöfe sind sie jedes Mal bass erstaunt über die hohe Qualität des Essens und den niedrigen Preis. Das ist ein Land ganz nach ihrem Geschmack. Hier kann man auch ohne das nötige Kleingeld im Luxus leben. Scott und Zelda genießen das Land wie Touristen. Solange sie hier leben, werden sie keinerlei Interesse an Kultur und Sprache der Franzosen haben. Ihr Kontakt zu den Einheimischen bleibt auf das Personal beschränkt, alle ihre Bekannten sind ihrerseits Exilamerikaner. Über ein holpriges Touristenfranzösisch hinaus werden sie die Sprache nie beherrschen. Die Geschichte, dass Scott in einem noblen Pariser Restaurant darauf besteht, dass man ihm ein Clubsandwich serviert, spricht Bände. Dennoch halten sie sich für die besseren Franzosen. Scott lässt sich einen Schnurrbart wachsen und läuft in der typischen Rivierakluft, bestehend aus einem gestreiften Langarm-T-Shirt und weißer Leinenhose, durch die Gegend. Beide sind entgegen dem üblichen Trend bald tiefbraun, so viel Zeit verbringen sie mit einer glücklich im Sand buddelnden Scottie am Strand.

Nach einer ersten Phase der Eingewöhnung zieht Scott sich in sein Arbeitszimmer zurück, um den Roman zu vollenden, der ihn seit Great Neck beschäftigt. Tagelang bekommt ihn keiner zu Gesicht. Er ist glücklich. Zelda hingegen wird das Leben an der Riviera schon bald langweilig. Den lieben langen Tag am Strand zu faulenzen, ist auf Dauer nicht befriedigend. Ohne die Ablenkungen der Großstadt wird ihr einmal mehr bewusst, dass sie keine Aufgabe hat. Nanny Maddock hat Haushalt samt Scottie voll im Griff, Zeldas Mithilfe ist völlig überflüssig. Unruhig streift sie durch das Haus und beginnt damit, das Kindermädchen in einem Ausmaß zu kritisieren, dass Scott dessen Kündigung befürchtet und seine Frau um Zurückhaltung bitten muss. Der völlig in seinen Roman vertiefte Scott bemerkt die Unruhe seiner Frau nicht, die sich, abgeschnitten von ihren New Yorker Freunden, schrecklich einsam fühlt. Dort war sie immerhin die exaltierte Ehefrau des großen Schriftstellers gewesen. Sicher keine sehr befriedigende Rolle, aber eine, die sie perfekt beherrscht. In Frankreich hingegen ist sie ein Niemand. Sie ist 23 Jahre alt und hat keine Ahnung, was sie mit ihrem Leben anfangen soll. Selbst die vielen Bücher, die sie in diesem Sommer zur Hand nimmt, langweilen sie nach einer Weile.

Derart unzufrieden mit ihrer Situation, verliebt sie sich im Juli 1924 in einen jungen französischen Flieger. Edouard Jozan, hochgewachsen, gutaussehend und sportlich, gehört zu einem Kreis junger Offiziere aus dem nahe gelegenen Fliegerhorst Fréjus, den die Fitzgeralds kurz nach ihrer Ankunft kennenlernen. Immer wieder läuft man sich abends beim Tanz über den Weg, bald sitzen die jungen Männer mit Zelda am Strand. Wie immer verlieben sie sich alle in seine schöne Frau, was Scott schmunzelnd, aber ohne Sorge zur Kenntnis nimmt. Er ist es gewöhnt, dass die Männer ihrem Charme verfallen. Allenfalls, dass Jozan mit seinem Flugzeug waghalsige Kunststücke über der Villa Marie absolviert, ganz so wie damals die Soldaten in Montgomery, nervt Scott ein wenig: »Der verdammte Idiot bringt sich noch um! Und ich kriege einen Herzschlag!«[231] Zeldas Liebe ist er sich absolut sicher, nie zuvor hat sie ihm Grund gegeben zu zweifeln. Doch der 25-jährige Jozan erobert Zeldas Herz im Sturm. In »Schenk mir den Walzer« schildert sie später Alabamas erste Begegnung mit dem Flieger: »Die runden Schultern waren stark und muskulös und leicht vornüber gebeugt (...). Als sich ihre Augen trafen, kam sich Alabama wie eine Einbrecherin vor, die überraschend vom Hausherrn die Zahlenkombination des Safes verraten bekommt. Sie kam sich vor, als sei sie mit blutigen Händen auf frischer Tat ertappt worden.«[232] Scott ist ganz froh, seine Ruhe zu haben, und stört sich nicht weiter daran, dass der Offizier Zeldas ständiger Begleiter wird. Einzig den Murphys bleiben die Gefühle der beiden füreinander nicht verborgen. Als Scott die große Zuneigung seiner Frau zu Jozan entdeckt, ist er wie vor den Kopf gestoßen. Am 13. Juli 1924 schreibt er in sein Kontobuch: »Große Krise«.[233] Über das, was dann geschieht, gibt es bis heute viele Spekulationen, die vor allem Scott und Zelda selbst befeuern. So berichtet Scott, Zelda habe ihm ihre Liebe zu Jozan gestanden und um die

Scheidung gebeten. Außer sich vor Eifersucht habe er eine Aussprache mit dem Nebenbuhler gefordert und Zelda in ihr Zimmer gesperrt. Seiner späteren Lebensgefährtin Sheilah Graham erzählt Scott Jahre später, er habe sich mit Jozan duelliert, aber sie hätten beide danebengeschossen. Obwohl sich dieses ominöse Duell in »Zärtlich ist die Nacht« wiederfindet, entbehrt es doch jeglicher Grundlage. Tatsache ist, dass man Zelda und Jozan von heute auf morgen nicht mehr gemeinsam sieht. Jozan verlässt seinen Stützpunkt und begibt sich zu einem neuen Kommando. Ob dies jedoch damit zu tun hat, dass seine Affäre publik würde, ist zweifelhaft, gilt es doch inzwischen als sicher, dass Zelda ihrem Mann keineswegs untreu war. Schon damals scheiden sich die Geister, wie weit das Verhältnis der beiden tatsächlich gegangen sei. Gerald Murphy glaubt nicht, dass zwischen Zelda und Jozan etwas passiert ist, was über einen kleinen Flirt hinausging, und es ist ausgerechnet Edouard Jozan selbst, der ihn darin bestärkt. Gegenüber Zeldas Biografinnen Sara Mayfield und Nancy Milford beteuert er in den 1960er Jahren, dass zwischen ihm und Zelda niemals etwas vorgefallen sei.[234] Er habe die Riviera verlassen, weil er versetzt worden sei, von dem Ehedrama der Fitzgeralds habe er erst viele Jahre später erfahren. Es scheint, als habe das Paar, das das Drama so liebt, aus einem kleinen Sommerflirt eine Lebenskrise gemacht. Ein Eindruck, dem sich auch die Freunde nicht erwehren können, die von der Geschichte erfahren. Ernest Hemingway ist tief erschüttert, als Scott zum ersten Mal davon erzählt. Doch im Laufe der Jahre hört er von Scott so viele verschiedene Versionen der Affäre, dass ihm Zweifel an deren Wahrheitsgehalt kommen. Andere erleben mehrmals, wie Zelda mit tieftraurigem Blick in Scotts Beisein die Geschichte jenes Sommers zum Besten gibt und sie mit dem höchst dramatischen Ende von Jozans verzweifeltem Selbstmord versieht. Eine romantische Vorstellung, die keineswegs den Tatsachen entspricht. Edouard Jozan wird ein französischer Kriegsheld des Zweiten Weltkrieges und danach Oberbefehlshaber der französischen Fernostflotte. 1960 wird er sich als hoch dekorierter Admiral in Paris zur Ruhe setzen und voller Überraschung erfahren, was die Fitzgeralds aus einer harmlosen Liebelei gemacht haben.

Doch für die beiden ist die Geschichte eben nicht ganz so harmlos. Zelda, die sich, wie aus »Schenk mir den Walzer« deutlich herauszulesen ist, tatsächlich rettungslos in Jozan verliebt hatte, bleibt mit gebrochenem Herzen an der Riviera zurück. Im September 1924 versucht sie sich das Leben zu nehmen, obwohl Scott schon im August in sein Kontobuch schreibt, er und Zelda seien sich wieder nah.[235] Mit vereinten Kräften gelingt es Scott und den Murphys, Zelda nach der Einnahme einer Überdosis Schlaftabletten am Einschlafen zu hindern.

Auch für Scott ist die Liebe seiner Frau zu einem anderen Mann, die so stark ist, dass sie ihre Ehe bedroht, ein Drama. Er war stets davon ausgegangen, im Mittelpunkt ihrer Aufmerksamkeit zu stehen, und ist nun um eine Illusion ärmer. An seinen Trauzeugen Ludlow Fowler schreibt er hinsichtlich seines Romans: »Das ist das Bedrückende an diesem Roman – der Verlust jener Illusionen, die die Welt bunt machen, sodass es dir egal ist, ob die Dinge wahr oder falsch sind, solange sie etwas vom Zauber des Ruhms an sich haben.«[236] Der Verlust von Illusionen wird das große Thema in »Der große Gatsby« sein. Scotts unbedingter Glaube hat jetzt eine Narbe, genau wie Zeldas Herz. Nichts ist mehr, wie es war. Zelda und Scott waren wie Verschwörer gewesen, »Wir gegen den Rest der Welt«. Doch Zelda hatte einen Dritten in diesen Bund gelassen und damit die untrennbare Einheit der Fitzgeralds gefährdet. Dies ist für Scott der größte Betrug. In sein Notizbuch schreibt er: »Ich wusste, dass etwas geschehen war, das nicht wieder gutzumachen war.«[237]

Der Sommer 1924 verändert die Fitzgeralds. Als Gilbert Seldes mit seiner Braut an die französische Riviera kommt, nehmen sie eine unterschwellige Aggressivität zwischen den Gastgebern wahr, obwohl es nach außen hin keine sichtbaren Zeichen der Verstimmung gibt. Doch wenn die vier im Auto die Steilkurven nach Valescure hinauffahren, bittet Zelda Scott stets in der schärfsten Kurve um eine Zigarette. Für die Mitfahrer sind es Momente des Horrors, wenn Scott zeitgleich versucht, das Steuer festzuhalten und Zelda Feuer zu geben. Ihnen ist gar nicht wohl bei den kleinen Spielchen, die zwischen dem Paar stattfinden. Auch die Murphys machen seltsame Beobachtungen. Mehrmals werden sie Zeuge, wie Zelda und Scott eine Party verlassen, um nachts vom Eden Roc mehr als 10 Meter tief ins Meer zu springen. Die Wellen peitschen und in der Dunkelheit ist es völlig unmöglich, die zahlreichen Felsen knapp unter der Wasseroberfläche auszumachen. Während Zelda sich mit Todesmut und Begeisterung von den Klippen stürzt, sind Scotts Angst und Widerwillen physisch greifbar. Die Murphys sind geschockt, das Spiel mit dem Feuer wird sukzessive zu einem Spiel auf Leben und Tod.

Wie bei so vielen Künstlern setzt das Leid auch bei F. Scott Fitzgerald einen kreativen Prozess in Gang, an dessen Ende sein bestes Buch stehen wird. Ende Oktober schickt Scott seinem Lektor die erste Fassung von »Der große Gatsby«. Zehn Monate hat er intensiv daran gearbeitet: »Es war ein ganz ordentlicher Sommer. Ich war sehr unglücklich, aber meine Arbeit hat nicht darunter gelitten. Im Endeffekt bin ich daran gewachsen.«[238]

Im November 1924 übersiedeln die Fitzgeralds nach Rom. Zelda hatte Henry James' »Roderick Hudson« gelesen, und nun wollen sie Italien eine zweite Chance geben. Für 525 Dollar im Monat nehmen sie Quartier im Hôtel des Princes an der Piazza di Spagna. Bald treffen sie Landsleute. Fred Niblo dreht gerade »Ben Hur«, den bis dato teuersten Film aller Zeiten. Die Fitzgeralds sind gern gesehene Gäste bei den Partys der Filmcrew, auch wenn es zu Eifersuchtsszenen zwischen Zelda und Scott kommt, weil Scott ungehemmt mit Carmel Myers, einer der Hauptdarstellerinnen, flirtet. Zelda zahlt es ihm mit gleicher Münze heim. Der reichlich fließende Alkohol tut sein Übriges, um die Situation eskalieren zu lassen. Ein wüstes Saufgelage mündet in eine handfeste Auseinandersetzung mit einer Gruppe römischer Taxifahrer, die sich weigern, den betrunkenen Scott zu befördern. Als dieser schließlich einen herbeieilenden Polizisten, der schlichten will, niederschlägt, landet er im Gefängnis. Wie schon bei seinem ersten Besuch findet er Italien schrecklich und die Italiener unverschämt und arrogant. Nachdem er aufgefordert wird, seinen Platz im Restaurant für einen italienischen Aristokraten zu räumen, schreibt er wutentbrannt in sein Notizbuch: »Ich bin die ganze Nacht wachgelegen und hab Morde begangen. Nachdem mir diese Sache da in Rom passiert ist, hab ich mir oft vorgestellt, ich steh mit einem Maschinengewehr auf der Bühne hinter dem Vorhang, im Publikum lauter Italiener. Und dann geht's los. Vorhang auf. Tap-tap-tap-tap-tap.«[239]

Ende November erhält Scott von Perkins ein erstes Feedback auf seinen Roman. Obwohl der Lektor nicht wenige Verbesserungsvorschläge hat, bescheinigt er dem Text schon jetzt Ewigkeitscharakter. Jeder Satz, jedes Wort in diesem doch recht kurzen Roman sei von immenser Bedeutung. Es gelänge Scott auf beeindruckende Weise, mit einem einzigen Satz eine ganze Geschichte zu erzählen, die Schönheit seiner Sprache sei atemberaubend. Der Brief beginnt mit überschwänglichem Lob und endet mit dezidierten Korrekturvorschlägen, die vor allem die Hauptfigur betreffen. So sei Jay Gatsby noch zu nebulös, der Leser erfahre zu wenig darüber, woher dessen immenser Reichtum stamme. Die Briefe, die in den nächsten Wochen zwischen Autor und Lektor hin- und hergehen, weisen auf die große Bedeutung hin, die Perkins für Scotts Werke hat, und zeigen, welch großartige Literatur in einem derart perfekten Zusammenspiel entstehen kann. Scott ist selig über die positive Reaktion seines Lektors. Sofort packt ihn wieder der Übermut. 80 000 Exemplare werde der Verlag davon locker verkaufen, prophezeit er.

Während Scott sich an die Korrekturen setzt, durchlebt Zelda eine schwierige Zeit. Sie wünscht sich ein Kind. Doch, wohl auch infolge ihrer Abtreibungen, hat sie Probleme, erneut schwanger zu werden. Sie lässt sich in Rom operieren, um ihre Chancen auf ein zweites Kind zu erhöhen. Die Operation zieht zahlreiche Infektionen nach sich, an denen sie das gesamte folgende Jahr laborieren wird. Die 7000 Dollar, mit denen die Fitzgeralds einst nach Europa aufgebrochen waren, sind längst weg. Scott bleibt nichts anderes übrig, als ein paar neue Kurzgeschichten zu verfassen. Darunter ist auch »Liebe in der Nacht«, sein erster Text, der an der Riviera spielt.

Im Februar 1925 reist das Paar weiter nach Capri. Hier erkrankt Zelda an einer Darmentzündung. Sie hat heftigen Durchfall und starke Schmerzen. Dazu kommt eine schwere Eierstockentzündung als Folge der Operation. Während Zelda wochenlang das Bett hüten muss, trifft Scott den so bewunderten Schriftsteller Compton Mackenzie, dessen »Sinister Street« einst Vorbild für »Diesseits vom Paradies« gewesen war. Er schafft es spielend innerhalb von fünf Minuten, den großen Schriftsteller vor den Kopf zu stoßen, indem er ihn fragt, warum er eigentlich nie mehr wieder so etwas Gutes geschrieben habe wie »Sinister Street«.

Als Paar finden Zelda und Scott hier auf Capri wieder zueinander, wenngleich es eine explosive Verbindung bleibt, wie Scott an John Peale Bishop schreibt: »Die beiden Dinge, die mir in meinem Leben am meisten Freude bereiten, sind als Erstes Zelda und als Zweites die Hoffnung, dass mein Buch etwas Besonderes ist. Ich möchte so gerne wieder einmal über die Maßen bewundert werden. Zelda und ich hören manchmal vier Tage lang nicht auf zu streiten, jedes Mal haben wir vorher viel zu viel getrunken, aber wir sind noch immer schrecklich ineinander verliebt und wohl so ziemlich das einzig wirklich glückliche Ehepaar, das ich kenne.«[240]

In der Zwischenzeit tut Literaturagent Harold Ober sein Bestes, um »Der große Gatsby« als Fortsetzungsroman an eines der großen Magazine zu verkaufen. Für 25 000 Dollar wäre Scott bereit, mit sich reden zu lassen. Doch das Interesse ist mehr als gering. Diejenigen, die sich zumindest bereit erklären, das Material zu prüfen, winken nach der ersten Lektüre mit Rücksicht auf ihre zumeist weibliche Leserschaft ab – zu viel Ehebruch, zu viele Geliebte, einfach zu viel Sex für das Jahr 1925.

Dennoch meldet Scott Perkins im Februar voller Zufriedenheit, dass es ihm gelungen sei, der Figur des Gatsby mit Zeldas Hilfe mehr Leben einzuhauchen. Als er nicht mehr weiterwusste, hatte sie Jay Gatsby gezeichnet und so dazu beigetragen, ihn als Figur zu konkretisieren. Jetzt kommt es Scott so vor, als würde er Jay Gatsby besser kennen als seine eigene Tochter. Zwar bleibt nach wie vor im Dunkeln, woher die Hauptfigur ihren Reichtum hat, doch gezielte Andeutungen reichen aus, um Gatsby davor zu bewahren, als Krimineller zu gelten. Überhaupt wird es ein Roman der vagen Andeutungen sein. Was man über den Titelhelden erfahren wird, entstammt zumeist Gerüchten.

Als sie sich besser fühlt, nimmt Zelda hier auf Capri im März 1925 zum ersten Mal Zeichenunterricht. Wie begabt sie ist, zeigen bereits ihre Skizzen von Jay Gatsby und all die Umschlagzeichnungen, mit denen sie Scott Hilfestellungen für seine Romane gibt.

Ende April 1925 kehren sie nach Paris zurück und lassen sich in einer möblierten Wohnung in der Rue de Tilsit 14, nahe dem Triumphbogen, nieder. Trotz Kindermädchen und Hausangestellten herrscht das blanke Chaos. Zeldas Interesse an Heim und Herd bleibt marginal. Als sie von einem Verlag, der ein Kochbuch mit Rezepten berühmter Frauen herausbringen will, um ein Rezept gebeten wird, übermittelt sie folgenden Vorschlag für ein Frühstück: »Schauen Sie nach, ob irgendwo noch Speck ist, und wenn einer da ist, dann fragen Sie den Koch, welche Pfanne Sie nehmen sollen, um ihn darin zu braten. Dann fragen Sie, ob Eier da sind, und wenn dem so sein sollte, versuchen Sie den Koch zu überreden, zwei davon zu pochieren. Es ist besser, sich nicht am Toast zu versuchen, weil der sehr leicht verbrennt. Also, kümmern wir uns um den Speck. Braten Sie ihn nicht auf zu heißer Flamme, sonst können Sie das Haus ein Woche lang nicht betreten. Servieren Sie das Ganze bevorzugt auf Porzellan, wobei es natürlich auch Goldteller oder Holzplatten tun, wenn Sie gerade nichts anderes zur Hand haben.« Das Rezept wird unter der Überschrift: »Mrs. F. Scott Fitzgerald, Wife of the author of ›The Beautiful and Dammed‹, ›The Jazz Age‹, etc.« abgedruckt.[241]

Am 10. April 1925 erscheint Scotts Jahrhundertroman: »Der große Gatsby«. Das Buch wird zum Schlüsselroman der Jazz-Ära und führt dazu, dass nach seinem Tod auf Partys gestritten wird, wer der Größere sei: Fitzgerald oder Balzac. 1953 wird er zum ersten Mal auf Deutsch erscheinen, 20 Jahre später hat der Berliner Blanvalet Verlag noch eine ganze Menge der 8500 Exemplare. Es ist Scotts kürzester und zugleich bedeutendster Roman, über den die Literaturkritiker nach seinem Tod urteilen werden, er sei einfach vollendet und gehöre zu den besten Prosastücken des 20. Jahrhunderts. Zu seinen Lebzeiten sind die Kritiker nicht ganz so euphorisch, obwohl einige durchaus erkennen, was da vor ihnen liegt: »*Der große Gatsby* ist der erste wirklich überzeugende Beweis, dass Mr. Fitzgerald ein Künstler ist.«[242] Kollegen wie Alexander Woollcott, Van Wyck Brooks und Gilbert Seldes sind begeistert. Geistesgrößen seiner Zeit wie Edith Wharton und T. S. Eliot drücken ihre Begeisterung in persönlichen Zuschriften aus. Eliot schreibt, Fitzgeralds Roman sei der erste wirkliche Fortschritt in der amerikanischen Literatur seit Henry James.[243] Scott ist über dieses Lob so glücklich, dass er Eliots Brief mit sich herumträgt und bei jeder Gelegenheit vorzeigt. Und auch, was Heywood Broun in seiner legendären Kolumne »It seems to me« schreibt, dürfte ihm gefallen haben: »Um ehrlich zu sein, ich finde, dieses neue Buch hat nicht die ihm gebührende Aufregung verursacht. Bis jetzt hat mich noch niemand auf der Straße aufgehalten, um mir zu sagen: ›Sie müssen‹ oder ›Lassen Sie alles stehen und liegen‹ oder irgendetwas in dieser Art.«[244] Einhelliger Tenor der Kritiken ist, dass der jugendliche Sprecher der Jazz-Generation mit diesem Buch zum ernsthaften Künstler geworden sei und sein Roman von großem sozialhistorischen Einfühlungsvermögen zeuge. Auch Scott empfindet sein Buch als große künstlerische Leistung, als Zeichen seines Erwachsenwerdens als Mensch und als Künstler. Wie nie zuvor hatte er sich beim Schreiben bemüht, Joseph Conrads Diktum aus »Der Nigger von der ›Narcissus‹« zu erfüllen, sein künstlerisches Gewissen rein zu halten: »Meine Aufgabe, die ich zu bewältigen versuche, ist es, durch die Macht des geschriebenen Wortes euch hören zu lehren, euch fühlen zu lehren und vor allem *sehen* zu lehren.«[245]

Was war es doch für ein weiter Weg bis zur Veröffentlichung dieses Romans gewesen. Nicht nur, dass es eines Umzugs von Amerika nach Europa zu seiner Fertigstellung bedurfte, auch die Korrekturen haben Scott einiges abverlangt. Als größtes Problem erwies sich die Titelfindung. Scott schwankte lange zwischen »The Gold-Hatted Gatsby«, »Trimalchio in West-Egg«, »The High-Bouncing Lover«, »On the Road to West Egg« und »The Great Gatsby«. In den Monaten vor dem Erscheinungstermin hatte er beinahe wöchentlich einen neuen Favoriten. Noch am 19. März 1925 kabelt er eine Titeländerung an den Verlag. Doch da ist es schon zu spät. Der Roman trägt nun den Titel, den sowohl Perkins als auch Zelda von Anfang an favorisierten: »Der große Gatsby«. Immerhin kann Scott sich so weit durchsetzen, dass auf dem Buchrücken keine Kritiken über frühere Werke abgedruckt werden. »Der große Gatsby« steht in keiner Tradition, sondern ist etwas völlig Neues – das soll dieser Verzicht deutlich machen.

F. Scott Fitzgerald beschreibt in seinem Roman die Widersprüche des amerikanischen Traums und des Strebens nach Erfolg, Glück und Reichtum in der modernen Konsumgesellschaft. Jay Gatsby, ein Mann mit mysteriöser Vergangenheit, hatte sich in seiner Jugend in ein Mädchen verliebt, das ihn, so ist er überzeugt, abgewiesen hat, weil er arm war. Jahre später durch dubiose Geschäfte märchenhaft reich geworden, hat Gatsby eine protzige Villa auf Long Island in der Nähe seiner Angebeteten erworben. Hier gibt er rauschende Feste in der Hoffnung, irgendwann einmal würde auch seine große Liebe Daisy, die den schwerreichen Ostküstenamerikaner Tom Buchanan geheiratet hat, unter den Gästen sein. Doch erst auf Vermittlung seines Nachbarn Nick Carraway, Daisys Cousin und zugleich Ich-Erzähler des Romans, kommt es zum Wiedersehen. Als Daisy sich bereit erklärt, ihren untreuen Mann, der seit Langem ein Verhältnis mit Myrtle, der Frau eines Tankstellenbesitzers, hat, zu verlassen, wähnt Gatsby sich am Ziel seiner Träume. Doch als Tom Buchanan beim Showdown im Plaza Gatsbys mysteriösen gesellschaftlichen Hintergrund zur Sprache bringt, entscheidet sich die schwache Daisy für ihren Mann. Auf dem Rückweg von New York nach Long Island überfährt Daisy bei einem Autounfall Toms Geliebte Myrtle. Jay Gatsby nimmt alle Schuld auf sich, woraufhin Tom Buchanan Myrtles rachsüchtigen Ehemann zu dessen Villa schickt. Der betrogene Tankstellenbesitzer erschießt Jay Gatsby in seinem Swimmingpool.

Wieder einmal hat Scott seine Figuren um reale Vorbilder und Schauplätze herum entwickelt. Angesiedelt auf Long Island, entspricht der fiktive Ort West Egg, in dem Gatsby lebt, Great Neck, wo die Fitzgeralds wohnten, als Scott mit dem Roman begann. Ihm gegenüber liegt das mondäne East Egg. Hier liegt das Anwesen der Buchanans. Der Ort entspricht Sands Point, wo die alteingesessene Oberschicht der Ostküste, der alte Geldadel, lebt, während sich in Great Neck die Neureichen tummeln. Das Tal der Asche, das die Figuren des Romans auf ihrem Weg nach New York durchqueren, beschreibt das Sumpfgebiet von Flushing Meadows, das in den 1920er Jahren mit Müll und Asche aufgefüllt wurde. Hier leben Toms Geliebte Myrtle und ihr Mann. Viele seiner Freunde und Bekannten haben Eingang in den Roman gefunden. So zum Beispiel Ring Lardner als eulengesichtiger Hornbrillenmann ohne Namen, der als einer der wenigen zu Gatsbys Beerdigung kommt. Daisy Buchanan ist eine Mischung aus Ginevra und Zelda und Ergebnis dessen, was Scott mit Frauen erlebt hat. Seine Erlebnisse auf Great Neck, die Partys bei Swope und die New Yorker Skandale der vergangenen Jahre finden sich ebenso wieder wie die Häuser, die er in diesen Jahren betreten hat. Jay Gatsby selbst setzt sich aus verschiedenen Vorbildern zusammen. Für den halbseidenen Geschäftsmann, der sich die passende Legende erdichtet hat, stand ihm Edward M. Fuller, Präsident der Firma Fuller & Co., Pate. Der 39-Jährige, selbst von ominöser Herkunft, hatte 1922 in Great Neck gelebt und war im Privatflugzeug zum Pferderennen nach Atlantic City geflogen, ehe seine Firma bankrott ging und die Veruntreuung von Kundenvermögen in Millionenhöhe aufflog. Der spektakuläre Fall war während Scotts Zeit auf Great Neck Tagesgespräch gewesen.

Obwohl Scott nicht wie in seinen beiden ersten Romanen die Hauptfigur als sein Alter Ego geschaffen hat, sind doch viele Charakterzüge, Ansichten und Emotionen Gatsbys ein Spiegelbild seiner eigenen Seele. So ist auch Gatsby getrieben von dem Wunsch dazuzugehören, benutzt sein Vermögen, um es mit den Schönen und Reichen aufzunehmen. Genau wie Scott versucht Jay Gatsby, seine provinzielle Herkunft durch weltmännisches Auftreten zu verschleiern. Er geht sogar so weit, seinen Namen zu ändern und seine Herkunft zu verleugnen. Gatsby will nach oben, genau wie Fitzgerald es von Kindesbeinen an will.

Der Roman zeigt einmal mehr Fitzgeralds ambivalentes Verhältnis zu den Reichen. Zwar macht er in seinen Schilderungen der Partys unumwunden seine Bewunderung für deren Lebensstil deutlich, doch nicht zuletzt mit Hilfe des Ich-Erzählers Nick Carraway, der genau wie Scott drinnen und draußen zugleich ist, blickt er hinter die Fassade und erkennt, wie oberflächlich und korrupt diese Gesellschaft in Wahrheit ist. Aller Luxus ist nur dazu gedacht, die Leere, die in dieser orientierungslosen Gesellschaft herrscht, auszufüllen. Keiner der Gäste, die sich auf Gatsbys Partys tummeln, hat Interesse am anderen. Der schöne Schein hält nicht, was er verspricht. Alles Geld dieser Welt kann Jay Gatsby, dem traurigen Gastgeber, nicht das verschaffen, wonach sein Herz sich sehnt: die Liebe einer verwöhnten, unglücklichen Frau, die viel zu phlegmatisch ist, um ihr Leben zu ändern. Er jagt einem unerreichbaren Ideal hinterher. Obwohl ihn die Verwirklichung dieses Traums angespornt hat, reicher zu werden als alle anderen, so bleibt ihm doch nichts, als von seinem Märchenschloss aus das grüne Licht am Landungssteg der Geliebten am anderen Ufer zu betrachten. Die Macht der Liebe wird nicht reichen. Jay Gatsby begreift nicht, wie die Gesellschaft, zu der er unbedingt gehören möchte, im Inneren funktioniert. Dass es gesellschaftliche Schranken gibt, die ein Emporkömmling wie er niemals überwinden kann. Zum tragischen Helden wird Gatsby, weil er dem romantischen Traum von der großen Liebe hinterherjagt, wo doch in einer moralisch korrumpierten Gesellschaft längst kein Platz mehr ist für Ideale. Am Ende siegt nicht die Liebe, sondern es siegen Pragmatismus und Geld. Der berühmte Satz: »Ihre Stimme klingt nach Geld«, mit dem Gatsby Daisy beschreibt, ist die schlichte Wahrheit einer Gesellschaft, in der jeder nur auf seinen eigenen Vorteil bedacht ist. Am Ende des Romans, der eine herbe Kritik am Materialismus und der Konsumgesellschaft ist, ist alles verloren: die Liebe, die Illusion, der Traum vom Glück und Jay Gatsbys Leben.

Zu Scotts großer Enttäuschung bleiben die Verkaufszahlen weit hinter den Erwartungen zurück. Bis August verkauft sich zwar eine erste Auflage von 20 000 Stück, doch von den 3000 Exemplaren der zweiten Auflage hat der Scribner Verlag bei Scotts Tod 1940 noch immer welche im Lager. Scott ist frustriert und macht das geringe Interesse der Leser daran fest, dass der Roman keine zentrale Frauenfigur enthält, was Leserinnen davon abhält, das Buch zu kaufen. Zudem hält er den Titel für völlig verfehlt. Perkins hingegen sieht eine mögliche Ursache im geringen Umfang des Romans, der mit 218 Seiten einfach zu dünn für einen Roman sei. Zudem ginge er am Publikumsgeschmack vorbei. Die Leser würden augenblicklich weniger über die Partys der Reichen als vielmehr über den amerikanischen Farmer lesen wollen. Es ist die Hochzeit der Naturalisten, und das ist nicht Scotts Welt. Erbost schreibt er an Perkins: »Die Rezensionen, die ich gelesen habe, finde ich bis auf zwei total dämlich und blöd. Großer Gott, eines Tages werden sie noch Gras fressen. Dieses Buch, sowohl die Mühen als auch das Ergebnis haben mich gestärkt und ich weiß jetzt ganz sicher, dass ich viel besser bin als jeder andere junge amerikanische Autor – ohne Ausnahme.«[246]

Leider sieht man das in Europa nicht ganz so. Der Collins Verlag, der Fitzgeralds Romane in England verlegt und eine Option auf alle seinen Werke hält, verzichtet auf die Veröffentlichung und überlässt »Der große Gatsby« den Konkurrenten von Chatto & Windus, die das Buch 1926 auf den Markt bringen. Für einen europäischen Leser sei das Buch viel zu amerikanisch. Scott wird mit »Der große Gatsby« gerade genug verdienen, um seine Schulden beim Verlag zu bezahlen.

Erneut bleibt ihm nichts anderes übrig, als weitere Kurzgeschichten zu verfassen, so verhasst ihm dies auch ist. An Perkins aber schreibt er, dass er noch einen letzten Versuch mit einem neuen Roman wagen werde. Sollte auch dieser scheitern, dann »gebe ich auf, komme nach Hause zurück und gehe nach Hollywood, um für die Filmindustrie zu arbeiten. Ich kann unseren Lebensstandard nicht einschränken, und ich halte diese finanzielle Unsicherheit nicht länger aus.«[247] Der neue Roman trägt den Arbeitstitel »Our Type« und erzählt von einem jungen Mann, der seine Mutter tötet. Drei Jahre wird er sich damit abmühen, ehe er ihn endgültig ad acta legt. Seine Schulden wachsen in der Zwischenzeit weiter, daran ändert auch der Verkauf der Theater- und Filmrechte für »Der große Gatsby« im Sommer 1925 nichts. Scotts Einkünfte werden in diesem Jahr 18 333,61 Dollar betragen. Es wird nicht reichen.

Kurz nachdem die Fitzgeralds wieder in Paris sind, lernt Scott in der Dingo Bar in der Rue Delambre in Montparnasse einen jungen, noch unbekannten Schriftsteller namens Ernest Hemingway kennen. Das kantige Raubein lebt mit seiner ersten Frau Hadley und seinem kleinen Sohn in einer armseligen Wohnung in Montparnasse. Während des Krieges schwer verwundet, war Hemingway 1921 als Korrespondent des *Toronto Star* nach Paris gekommen. 1924 war seine Kurzgeschichtensammlung »In unserer Zeit« erschienen. Scott hatte sie gelesen und war davon so begeistert gewesen, dass er Max Perkins auf den jungen Mann, dem er eine brillante Zukunft prophezeite, aufmerksam gemacht hatte. Als sie sich zum ersten Mal begegnen, ist F. Scott Fitzgerald ein weltberühmter Schriftsteller und der drei Jahre jüngere Ernest Hemingway ein Niemand. Dass ausgerechnet Scott ihm eine große Karriere prophezeit, gefällt Hemingway: »Bis dahin hatte ich geglaubt, meine Großartigkeit als Schriftsteller sei ein sorgfältig gehütetes Geheimnis zwischen mir und meiner Frau und ausschließlich den Leuten, die wir gut genug kannten, um mit ihnen zu sprechen. Es freute mich, dass Scott zu demselben erfreulichen Schluss gekommen war, was diese mögliche Größe betraf.«[248] Hemingway schildert sein erstes Zusammentreffen mit Scott in seinem Erinnerungsbuch »Paris. Ein Fest fürs Leben«. Demnach hinterlässt Scott keinen guten Eindruck: Er redet zu viel, und auch wenn sein Brooks-Brothers-Anzug perfekt sitzt, sein Allgemeinzustand ist so besorgniserregend, dass Hemingway seinen neuen Freund in ein Taxi verfrachten muss, das den völlig Betrunkenen nach Hause bringt. Ein paar Tage nach ihrem ersten Kennenlernen treten die beiden eine legendäre Reise nach Lyon an, um den Renault der Fitzgeralds abzuholen, der auf der Rückreise von Italien nach Paris dort liegen geblieben ist. Hemingway freut sich auf eine Zeit intensiven Redens und Kennenlernens, noch dazu, da Scott die Reise bezahlen will. Zunächst aber verpasst der neue Freund den Zug und Hemingway bleibt allein auf den Kosten für Fahrkarte und Hotelzimmer sitzen. Erst am anderen Morgen taucht ein leicht angetrunkener Scott in Lyon auf. In der Werkstatt erfährt Hemingway, dass der Renault kein Dach mehr hat. Zelda, die Autodächer hasst, hat das Verdeck entfernen lassen. Bereits eine Stunde nach Fahrtantritt gießt es wie aus Kübeln. Dennoch ist die Stimmung bestens, was nicht zuletzt an dem Lunchpaket des Hotels und vier Flaschen Weißwein liegt. Irgendwann sind sie tropfnass und Scott ist der festen Überzeugung, in den nächsten Stunden von einer Lungenentzündung dahingerafft zu werden. Als sie ihr Hotel erreichen, macht er sich bereits Gedanken darüber, wer von nun an für Zelda und Scottie sorgen soll. Ein leicht genervter Ernest Hemingway tut sein Bestes, um den Freund zu beruhigen: »Hör zu Scott (…). Dir fehlt absolut nichts. (…) Du hast keine Temperatur. Wie zum Teufel willst du Lungenkongestion kriegen, wenn du keine Temperatur hast?«[249] Doch Scott ist untröstlich: »Du kannst da sitzen und dieses miese französische Käseblatt lesen, und es macht dir kein bisschen was aus, dass ich im Sterben liege.«²⁵⁰ Erst nachdem ein Kellner das einzige verfügbare Thermometer gebracht hat und die Messung Hemingways These bestätigt, beruhigt er sich. Es folgen eine Blitzgenesung und ein ausführliches Telefonat mit Zelda.

Kaum zu glauben, doch nach dieser Reise sind Hemingway und Fitzgerald für lange Zeit unzertrennlich. Daran ändert auch die Tatsache nichts, dass Hemingway und Zelda sich von Anfang an nicht ausstehen können, wie diese Schilderung Hemingways deutlich macht: »Zelda hatte Falkenaugen und einen schmalen Mund und das Gebaren und den Akzent einer Südstaatlerin. Wenn man ihr Gesicht beobachtete, sah man, wie ihre Gedanken die Tischrunde verließen und sich der Party der vergangenen Nacht zuwandten und wieder zurückkehrten, ihre Augen erst ausdruckslos wie die einer Katze waren und dann vergnügt, und das Vergnügen zeigte sich auf der dünnen Linie ihrer Lippen und verschwand dann wieder.«²⁵¹ Für Hemingway ist Zelda Scotts größtes Handicap. Seiner Ansicht nach ist es allein ihre Schuld, dass ein so begnadeter Schriftsteller, der ein Buch wie »Der große Gatsby« schreiben kann, sein Talent an mittelmäßige Kurzgeschichten verschwendet, statt einen weiteren Roman derartiger Qualität zu verfassen. Ihre Gier nach Luxus, Leben und Abenteuer sauge ihn aus und führe dazu, dass er sich unter Wert verkaufe. Laut Hemingway verführt Zelda Scott allein deshalb zum Trinken, weil sie weiß, dass er dann nicht arbeiten kann und sich stattdessen mit ihr beschäftigt: »Zelda war sehr eifersüchtig auf Scotts Arbeit, und als wir sie näher kennenlernten, entwickelte sich daraus ein regelmäßiges Muster. Scott nahm sich immer wieder vor, keine nächtelangen Trinkgelage mehr zu besuchen und stattdessen täglich etwas Sport zu treiben und regelmäßig zu arbeiten. Und kaum hatte er zu arbeiten begonnen und es lief ganz gut, beschwerte sich Zelda, sie langweile sich, und überredete ihn, mit ihr auf eine Säuferparty zu gehen. Dann kam es zum Streit, dann zur Versöhnung, und er schwitzte auf langen Spaziergängen mit mir den Alkohol aus und fasste den Entschluss, diesmal werde er wirklich arbeiten, und fing dann auch tatsächlich an. Und dann ging alles wieder von vorne los. Scott war sehr in Zelda verliebt.«²⁵²

Zelda ihrerseits reagiert eifersüchtig auf die enge Freundschaft der beiden Schriftsteller. Nie zuvor war Scott einem anderen Menschen so nahe gewesen. Es ist eine Freundschaft, die sie ausschließt, und das gefällt ihr ganz und gar nicht. Hemingway ist nicht der Mann, den sie gern an Scotts Seite sieht. Sie hält ihn für einen Blender, einen Parasiten, der Scott ausnutzt und ihn ihr entfremden wird. Hemingways Frauenbild und sein Umgang mit Hadley stoßen sie ab. Warum sollte sich die Frau eines Künstlers zurücknehmen und alles der Kunst ihres Mannes unterordnen? Zelda findet Hadleys Ergebenheit schrecklich. Sie will nicht in Scotts Schatten stehen und befürchtet, dass Hemingway den Freund negativ beeinflussen könnte. Tatsächlich ist es Hemingway, der bereits Mitte der 1920er Jahre Zeldas Geisteszustand infrage stellt und Scott später schreiben wird: »Von allen Leuten auf der Welt warst Du derjenige, der bei der Arbeit Disziplin gebraucht hätte, und statt dessen heiratest Du jemand, der auf Deine Arbeit eifersüchtig ist, sich mit Dir messen will und Dich kaputtmacht. (...) Ich habe Zelda, als ich sie kennenlernte, für verrückt gehalten, und Du hast alles nur noch mehr kompliziert, weil Du sie liebtest – und natürlich bist Du ein Säufer.«[253] Zeldas dezente Hinweise, dass sie es unmöglich findet, dass Hemingway sich von Scott Geld leiht und zugleich über sie lästert, überhört Scott geflissentlich. Kritik an Ernest Hemingway lässt er nicht zu, weder von Zelda noch von sonst jemandem.

Durch Hemingway lernt Scott im Mai 1925 Gertrude Stein kennen, die in ihrem Salon in der Rue de Fleurs 27 wie eine Königin inmitten ihrer schier unglaublichen Kunstsammlung Hof hält: »Es herrschte eine geradezu andächtige Stimmung. (...) Der Salon war groß und düster möbliert, aber an den Wänden hingen dicht nebeneinander die wunderbarsten Gemälde – Braques, Matisses, Picassos und Picabias. Kaum hatte ich mich von diesem eindrucksvollen Anblick erholt, bemerkte ich ebenso beeindruckt ihre Besitzerin, die wie ein Buddha den hinteren Teil des Salons dominierte. Gertrude Stein strahlte eine bemerkenswerte Energie aus, was möglicherweise an der Verehrung lag, die ihr allseits entgegengebracht wurde. In ihrem bodenlangen Gewand, das aus einer Art grobem Leinen war, vermittelte diese rhombenförmige Frau den Eindruck großer Unerschütterlichkeit. (...) Ihr feiner Kopf mit dem kurzgeschnittenen Haar hatte etwas Spätrömisches, ging aber bedauerlicherweise ohne die ästhetische Unterstützung eines Halses in bäuerlich breite Schultern über. Ihre Augen waren groß und viel zu durchdringend. Ich empfand eine eigentümliche Mischung aus Bewunderung und Abscheu«, erinnert sich der Schriftsteller John Glassco in »Die verrückten Jahre« an seinen ersten Besuch in ihrem

Atelier.²⁵⁴ Scott lernt hier unter anderem Janet Flanner, Ezra Pound, Djuna Barnes, Jean Cocteau, Man Ray und Sylvia Beach, Inhaberin des legendären Buchladens Shakespeare & Company und Verlegerin von James Joyces »Ulysses«, kennen. Dass Stein »Der große Gatsby« mit Thackereys »Jahrmarkt der Eitelkeiten« vergleicht, macht Scott sehr glücklich. Zelda teilt seine Begeisterung für Gertrude Stein nicht. Mit einer Frau, die der hübschen Hadley Hemingway allen Ernstes den Tipp gegeben hat, statt schöner Kleider doch lieber Kunst zu kaufen, und selbst nur in braunen Cordhosen durch die Gegend läuft, kann sie absolut nichts anfangen. Scott hingegen lässt sich gerne durch die gesellschaftlichen Ereignisse dieser Wochen ablenken, er leidet unter Schreibblockaden. Dennoch entsteht jetzt eine seiner besten Kurzgeschichten, »Junger Mann aus reichem Haus«. Sie enthält eine der berühmtesten Stellen des Fitzgerald'schen Gesamtwerks: »Lassen Sie mich von den wahrhaft reichen Leuten erzählen. Das sind keine Menschen wie Sie oder ich. (…) Sie mögen noch so tief in unsere Welt einsteigen oder gar unter uns hinabsinken, so glauben sie dennoch, etwas Besseres zu sein als wir. Sie sind eben anders.«²⁵⁵ Sein Trauzeuge Ludlow Fowler steht Pate für diese Geschichte, in der Scott sein Verhältnis zu den Reichen aufarbeitet. In seinen Augen würden die meisten Reichen den Vorteil, reich zu sein, viel zu wenig nutzen. Auch seine Freundschaft mit den Murphys, die ihm einen positiven Reichtum vor Augen führen, ändert nichts an seinem Sozialkomplex: »Ich machte immer dieselbe Erfahrung – ich war ein armer Junge in einer reichen Stadt; ein armer Junge in einer Schule für reiche Jungs und ein armer Junge in einem Studentenclub für Reiche in Princeton. (…) Ich habe es nie fertiggebracht, den Reichen zu verzeihen, dass sie reich sind«, wird er 1938 schreiben.²⁵⁶ Ludlow Fowler darf die Geschichte zwar vor der Veröffentlichung lesen, auf die Tilgung gewisser Stellen, um die Ludlow ihn bittet, verzichtet Scott jedoch. »Junger Mann aus reichem Hause« ist mit 17 000 Wörtern eine so umfangreiche Kurzgeschichte, dass viele bedauern, dass Scott sie nicht zu einem Roman in der Länge von »Der große Gatsby« ausbaut. Doch dafür fehlen ihm momentan sowohl der Antrieb als auch die Disziplin: »1000 Partys und keine Arbeit«²⁵⁷ wird Scott im Juni in sein Kontobuch schreiben.

Am 7. Juni 1925 veröffentlicht die *Chicago Sunday Tribune* die Kurzgeschichte »Our Own Movie Queen«. Als Autor wird F. Scott Fitzgerald genannt, doch in Wahrheit ist es Zelda, die die Geschichte bereits im November 1923 zu Papier gebracht hat. Doch für ihre Geschichten bezahlt niemand so viel wie für die von Scott. Das Honorar von 1000 Dollar teilen sie sich, doch spätestens als die Geschichte für den Henry-O'Brian-Preis für die beste Kurzgeschichte des Jahres nominiert wird, kommen Zelda Zweifel an diesem Deal.

Einen Monat später widerfährt den Fitzgeralds eine große Ehre. Die Schriftstellerin Edith Wharton bittet sie nach Pavillon Colombe, ihren Landsitz in Saint-Brice-sous-Forêt, zum Tee. Zelda, deren Interesse an berühmten älteren Frauen eher marginal ist, lässt Scott alleine fahren. Er ist so nervös, dass er sich Mut antrinkt und in einigermaßen derangiertem Zustand bei Wharton erscheint. Unsicher, wie er Gastgeberin und Gäste von sich überzeugen soll, erzählt er, wie er gemeinsam mit Zelda und Scottie nach ihrer Ankunft in Paris drei Tage lang in einem Bordell gelebt hat, das sie für ein Hotel gehalten haben. Edith Wharton nimmt es mit Humor. Sie ist schon froh, dass Scott sich nicht wie bei ihrer ersten Begegnung in aller Öffentlichkeit vor ihr auf die Knie wirft.

Im August 1925 kehren die Fitzgeralds an die Riviera zurück. Scott glaubt, Paris sei Schuld an seiner Schreibblockade und der verdammten Trinkerei. Vielleicht wäre es anderswo besser. Doch die Riviera hat sich verändert. Die Villa America ist endlich bezugsfertig und ganz New York ist hier, um die Gastfreundlichkeit der Murphys zu genießen: »Es war kein Mensch in Antibes, außer mir, Zelda, den Valentinos, den Murphys, Mistinguett, Rex Ingram, Dos Passos, Alice Terry, den MacLeishes, Charlie Brackett, Maude Kahn, Esther Murphy, Marguerite Namara, E. Phillips Oppenheim, Floyd Dell, May und Crystal Eastman, Expremier Orlando, Étienne de Beaumont – der perfekte Platz, um durchzuschnaufen, um vor der Welt einfach mal seine Ruhe zu haben«, schreibt Scott an John Peale Bishop[258]. Bei diesem Trubel in Ruhe zu schreiben, ist ein nahezu aussichtsloses Unterfangen. Es liegt eine große Heiterkeit in der Luft. Eine Heiterkeit, die alle ansteckt und die in diesem Sommer nur einmal für einen kurzen, unheimlichen Moment unterbrochen wird: bei einem gemeinsamen Abendessen mit den Murphys im La Colombe d'Or in Saint-Paul de Vence, einem kleinen Bergort im Hinterland von Antibes. Das kleine Lokal wird schon damals von allerlei Künstlern frequentiert, der Besitzer lässt sich auch in Bildern bezahlen, was der Goldenen Taube zu einer Kunstsammlung verhilft, auf die bis heute jedes Museum neidisch wäre. Noch ist das Lokal ein Geheimtipp, aber spätestens, nachdem Yves Montand und Simone Signoret 1951 dort ihre Hochzeit feiern, ist es so berühmt, dass man bis heute nur zahlende Gäste einlässt, um die vielen Schaulustigen fernzuhalten. Als Zelda und Scott dort speisen, beehrt gerade Isadora Duncan das Restaurant. Obwohl die Tänzerin ihre besten Jahre hinter sich hat, ist sie doch noch immer ein großer Star. Als Scott sie entdeckt, geht er an ihren Tisch, um ihr seine Aufwartung zu machen. Er lässt sich zu ihren Füßen nieder, und die alternde Diva beginnt mit ihm zu flirten. Sie streicht ihm mit den Fingern durchs Haar und nennt ihn zärtlich ihren Centurio. Zelda beobachtet die Szene von ihrem Tisch aus. Plötzlich springt sie auf und stürzt sich zum Entsetzen der Murphys über das Terrassengeländer kopfüber in die Nacht. Sara und Gerald sind wie erstarrt, die Terrasse des Colombe d'Or liegt über einem Steilhang, Zelda kann den Sprung unmöglich überlebt haben. Nach einigen Schrecksekunden tritt Zelda blutend aus der Dunkelheit hervor. Sie war auf den Steinstufen gelandet, die zur Terrasse hinaufführen, und hat außer ein paar Schrammen keine schwerwiegenden Verletzungen davongetragen.

Im September 1925 kehren sie nach Paris zurück. Doch mit Scott ist in diesem Sommer eine Veränderung vor sich gegangen, die Hemingway sofort bemerkt: »Er hatte sich an der Riviera keineswegs das Trinken abgewöhnt, vielmehr trank er jetzt nicht nur abends, sondern auch tagsüber. (…) Und er war jetzt sehr grob zu allen, die ihm unterlegen waren oder die er für unterlegen hielt.«[259] Mehr als einmal unterbricht das Sturmläuten eines sturzbetrunkenen F. Scott Fitzgerald Hemingway beim Schreiben. Das könnte er ihm noch verzeihen, aber dass Scott durch seine Besuche das Baby der Hemingways spät in der Nacht aus dem Schlaf reißt, geht vor allem Hadley zu weit. Wortreiche Entschuldigungsbriefe Scotts sind die Folge seiner nächtlichen Auftritte.

In diesem Herbst schreibt er nur zwei neue Geschichten, »Presumption« und »Die Jugendhochzeit«, für die die *Post* immerhin je 2500 Dollar auf den Tisch blättert. Im November machen die Fitzgeralds einen Abstecher nach London, um Zeldas Jugendfreundin Tallulah Bankhead am Theater zu bewundern. Die Weihnachtstage verbringen sie mit Freunden in ihrer Pariser Wohnung. Eines der berühmtesten Fotos der Familie zeigt Scott, Zelda und Scottie tanzend vor dem festlich geschmückten Weihnachtsbaum. Sie kicken die Beine in die Luft, noch sind sie wild entschlossen, dem Leben die Stirn zu bieten. Allerdings schreibt Scott Ende dieses Jahres, in das er so große Hoffnungen gesetzt hatte, an Max Perkins: »Ich wünschte, ich wäre noch mal 22. (…) Erinnerst du dich, dass ich immer gesagt habe, ich möchte mit 30 sterben? Nun, ich bin jetzt 29, und diese Zukunftsperspektive ist mir noch immer willkommen.«[260]

Im Januar 1926 geht es Zelda gesundheitlich so schlecht, dass die Fitzgeralds zur Kur nach Salies-de-Béarn in die Pyrenäen aufbrechen. Es wird immer deutlicher, dass der Wunsch nach einem zweiten Kind sich nicht mehr realisieren lässt. Nicht nur Zeldas Gesundheit, sondern auch das Verhältnis der beiden zueinander erschweren dies. Scotts Trinkerei wirkt sich längst auf seine Libido aus, und es ist ein offenes Geheimnis, wie unzufrieden Zelda mit ihrem Intimleben ist.

In der Abgeschiedenheit der Pyrenäen kommt Scott immerhin wieder zum Schreiben. Die Geschichten »Der Tanz« und »Your Way and Mine« entstehen. Am 2. Februar bringt das Ambassador Theater in New York eine erste Bühnenfassung von »Der große Gatsby« auf die Bühne. Das Stück wird ein großer Erfolg, der den Verkauf des Buches noch einmal ein wenig beflügelt. Auch die Dreharbeiten zum Film beginnen, und noch im selben Monat veröffentlicht Scribner einen neuen Band Kurzgeschichten. »All the Sad Young Men« beinhaltet neun Geschichten, darunter »Absolution« und »Winterträume«. Ursprünglich hatte Scott geplant, »Absolution« dem »Gatsby« als Prolog voranzustellen, sich dann jedoch entschlossen, die Geschichte vorab zu veröffentlichen. Wie alle seine Kurzgeschichtensammlungen verkauft sich auch »All the Sad Young Men« ganz ordentlich.

Anfang März 1926 geht es zurück an die Riviera, Scottie samt Kindermädchen immer im Schlepptau. Die Fitzgeralds mieten die Villa Paquita in Juan-les-Pins. Erneut werden sie zum Mittelpunkt der Gesellschaft: »Es war alles ruhig an der Riviera und dann kamen die Fitzgeralds. (…) Dass die Fitzgeralds das bestaussehende Paar des modernen Literaturbetriebs sind, wird ihnen nicht gerecht, wenn wir daran denken, was wir normalerweise von Schönheit und Klugheit halten. Dass sie das attraktivste Paar auf jeder Collegefete sein könnten und Ehemalige dazu animieren, eine Warnung über die Fallgruben auszusprechen, die der Jugend noch bevorstehen, trifft's wahrscheinlich besser«, schreibt der *New Yorker*.[261] Auch wenn man Scottie meist nur mit ihrem Kindermädchen sieht, sie selbst erinnert sich an hingebungsvolle Eltern: »Sie waren immer sehr besorgt um mich. Ich habe von der ganzen Trinkerei überhaupt nichts mitbekommen. (...) Ich wuchs sehr behütet auf und wurde niemals vernachlässigt. Nein, ich würde nicht sagen, dass ich eine schwierige Kindheit hatte. Im Gegenteil, ich hatte eine wirklich wunderschöne Kindheit.«[262] Für ihren kleinen Liebling lassen Zelda und Scott ganze Märchenwelten entstehen. Als Scottie einmal ankündigt, Gerald Murphy zu heiraten, wird eine Hochzeit arrangiert. Zelda näht Kleider für Braut und Brautjungfern, es gibt eine Hochzeitstorte und einen Ausflug in die Flitterwochen. Ein andermal geht es auf Kreuzzug und alle Kinder werden als Ritter und Burgfräulein verkleidet. Wochenlang arbeitet Zelda an den Kostümen und baut ein riesiges Schloss aus Pappe, während Scott stundenlang auf allen Vieren auf dem Boden herumkriecht und für die kleinen Gäste mit Zinnsoldaten ganze Schlachten nachstellt. Zumindest Scotties Leben soll ein Märchen sein. Das ihrer Eltern schwankt längst zwischen Traum und Albtraum.

Auch Hadley und Ernest Hemingway kommen jetzt nach Antibes und lassen sich im Gästehaus der Villa America nieder. Als Hemingways Sohn an Keuchhusten erkrankt und die Murphys fürchten, ihre Kinder könnten sich anstecken, überlassen die Fitzgeralds der Familie Hemingway ihre Villa Paquita und mieten die Villa Saint-Louis, wo Hemingway sich als täglicher Besucher einstellt. Die Villa Saint-Louis ist etwas größer und komfortabler, und wer sich heute auf F. Scott Fitzgeralds Spuren begibt, kann das genau hier tun, denn drei Jahre nach dem Weggang der Fitzgeralds wurde aus der Villa Saint-Louis das Hotel Belles Rives.

Scott schreibt selbst keine Zeile, steht dafür aber Ernest Hemingway bei seinem Roman »Fiesta« mit Rat und Tat zur Seite. Dieser übernimmt zwar Scotts Vorschläge, wie zum Beispiel den Tipp, die ersten beiden Kapitel zu streichen, behauptet später aber, das sei allein seine Idee gewesen. Ein langer Brief Scotts beweist das Gegenteil. Zelda, die Hemingway nicht traut, ist darüber kein bisschen überrascht. Das Verhältnis der beiden bleibt angespannt. Als Zelda ihn beim Abendessen einmal fragt, ob er nicht auch der Meinung sei, der Sänger Al Jolson sei bedeutender als Jesus Christus, hält Hemingway sie für endgültig übergeschnappt.

Im Juni 1926 reisen die Fitzgeralds für einige Tage nach Paris. Offiziell unterzieht sich Zelda im American Hospital in Neuilly einer Blinddarmoperation. Es gibt jedoch Hinweise, die für einen erneuten

Schwangerschaftsabbruch sprechen. Sowohl Scotts Kontobuch als auch ihre Freundin Sara Mayfield bestätigen den Eingriff, der umso erstaunlicher ist, als sie sich so lange ein zweites Kind gewünscht hat. Nach ihrer Rückkehr kommt Zelda den Freunden verändert vor. Sie ist in Gedanken versunken, abwesend und gibt sich verstärkt ihren Tagträumen hin. Um ihren Mund spielt ein seltsames Lächeln, das den Freunden Angst macht. Eines Abends kommt es im Casino von Juan-les-Pins zu einem merkwürdigen Zwischenfall. Während das Orchester spielt, rafft Zelda plötzlich ihren Rock bis zur Taille und fängt an zu tanzen. Sie ist der Welt völlig entrückt, wie Gerald Murphy später erzählt: »Ich erinnere mich, dass die Musik vollkommen ihrem Tanz entsprach. Sie tanzte ganz für sich allein, sah weder rechts noch links und nahm keinen der Blicke wahr. Sie sah niemanden an, nicht einmal Scott. Sie wirbelte in einer Masse von Spitzenrüschen umher – ich werde es nie vergessen. Wir waren wie gebannt. Sie hatte eine überwältigende natürliche Würde.«[263]

Trotz der Abgründe, die nun manchmal sichtbar werden, laufen die Fitzgeralds auch in diesen Monaten wieder zu Hochform auf. Als der New Yorker Theaterkritiker Alexander Woollcott mit seinen Freunden auf der Terrasse des Hôtel du Cap auf seine Rückreise in die USA anstößt, zieht Zelda kurzerhand ihren Slip aus und überreicht ihn dem verblüfften Woollcott als Abschiedsgeschenk. Einer seiner Mitreisenden stürzt sich daraufhin vor Begeisterung von den Klippen ins Meer. Woollcott selbst entkleidet sich und schreitet, bis auf einen Strohhut nackt, seine mächtige Körperfülle vor sich herschiebend, würdevoll durch die Hotellobby und bittet an der Rezeption um seinen Zimmerschlüssel. Dazu raucht er in aller Ruhe eine Zigarette.[264]

Ein andermal engagieren Scott und sein neuer Saufkumpan, der Journalist Charles MacArthur, große unglückliche Liebe der Schriftstellerin Dorothy Parker, das Orchester des Hôtel Provincial und sperren es mit einer Flasche Whiskey in ein Zimmer in der Villa Saint-Louis ein. Sie selbst setzen sich vor die Tür und zwingen die armen Musiker, die ganze Nacht lang ihre Lieblingslieder zu spielen. Als die beiden Trunkenbolde einmal die Frage klären wollen, ob man einen Mann in zwei Hälften zersägen kann, kidnappen sie einen Barkeeper und binden ihn auf ein paar Stühle. Das laute Gebrüll des Mannes führt schließlich zum beherzten Eingreifen der Polizei. So charmant und liebenswert Scott ist, wenn er nüchtern ist, betrunken ist er doch eine ziemliche Nervensäge. Nur Restaurantkellner und Taxifahrer haben ihre Freude an einem betrunkenen F. Scott Fitzgerald. Er ist ein großzügiger Trinkgeldgeber, und seine Freigebigkeit steigt mit dem Promillepegel.

Doch er ist unzufrieden mit sich. Seit Februar hat er nichts mehr geschrieben. Vor lauter Frust trinkt er mehr als je zuvor und benimmt sich schlichtweg unmöglich. Fremde reagieren durchaus konsterniert, wenn der berühmte Schriftsteller sich mit den Worten vorstellt: »Wissen Sie denn nicht, dass ich einer der größten Säufer meiner Generation bin?«[265] Die meisten tun so, als würden sie nicht merken, was mit ihm los ist, ignorieren sein Benehmen einfach oder vermeiden ein Zusammentreffen mit ihm, wenn er betrunken ist. Er ist auf dem besten Wege, erneut zum Außenseiter zu werden. Wieder gehört er nicht dazu, und je stärker ihm dies bewusst wird, umso mehr benimmt er sich daneben. Auch optisch geht eine Veränderung mit ihm vor. Seine Gesichtshaut wirkt fahl, sein vormals hübsches Gesicht ist aufgedunsen. Nikotin hat seine Finger gelb gefärbt, und seine Nervosität führt dazu, dass er ständig mit irgendetwas herumspielt. Seine Trinkerei kostet ihn in diesem Sommer viele Freundschaften. Selbst die Murphys bringt er gegen sich auf. Ein Schriftsteller, der im Suff mit ihren teuren venezianischen Gläsern um sich wirft, ist mehr, als Sara ertragen kann. Als die Murphys eine Party für Ernest Hemingway geben, ist Scott so eifersüchtig, dass er mit Aschenbechern schmeißt. Gerald Murphy verlässt daraufhin seine eigene Party. Als sie Scott nach einem seiner Auftritte des Hauses verweisen, stellt er sich an die Gartenmauer und bewirft die Gäste mit Abfall. Seine Eigenart, Freunde und Bekannte zu porträtieren, führt dazu, dass er in alkoholisiertem Zustand alle möglichen indiskreten Fragen stellt. Sara Murphy is not amused darüber, dass Scott ihre Gäste nach ihrem Intimleben befragt. Besonders interessiert ihn, wer wann mit wem schläft. Einmal kommt es gar zu einer Schlägerei zwischen Scott und dem Schriftsteller Archibald MacLeish, der ihn zur Vernunft bringen will. Als Scott vor lauter Übermut der Prinzessin de Caraman-Chimay eine Feige in den Ausschnitt wirft, verbannen ihn die Murphys für drei Wochen aus ihrem Haus und ihrem Leben.

Auch zwischen Zelda und Scott gibt es immer öfter Streit. Zwar finden ihre Auseinandersetzungen niemals in der Öffentlichkeit statt, doch mindestens einmal die Woche sieht man Zeldas Koffer auf der

Straße stehen: »Immer, wenn sie miteinander stritten, warf Zelda ihre Sachen in den Schrankkoffer und zerrte ihn auf die Straße. Dort wartete sie – niemand wusste worauf. Wenn sie müde wurde, ging sie wieder zu Bett, aber der Koffer blieb draußen stehen«, berichtet Sara Murphy.[266] Scott zieht nächtelang allein um die Häuser oder taucht mitten in der Nacht mit wildfremden Partygästen in der Villa auf. Ein chaotisches Familienleben, das die kleine Scottie wohl nur durch eine Nanny, die es schafft, den Überblick zu behalten, unbeschadet übersteht. Dass ihre Eltern diese Wochen überleben, ist da schon eher überraschend. Einmal parken sie ihr Auto, betrunken, wie sie sind, auf dem Bahngleis und schlafen dort ein. Nur in letzter Sekunde lassen sie sich von einem Bauern überreden, den Wagen zu verlassen, bevor ein herannahender Zug ihn zerquetscht. Die unterschwellige Animosität, die seit den Tagen der Jozan-Affäre spürbar ist, kocht erneut hoch. Unter ihrer zur Schau getragenen Leichtigkeit brodelt es heftig. Zumindest eine dieser Auseinandersetzungen endet handgreiflich. Und Scott stellt seinen Freunden ernsthaft die Frage, ob sie denn noch nie im Zorn ihre Frau geschlagen hätten. Nach einem heftigen Wortwechsel legt sich Zelda vor das Auto und fordert Scott auf, sie zu überfahren. Die Legende will es, dass sich dieser wutentbrannt hinter das Steuer setzt und nur die Tatsache, dass der Wagen nicht anspringt, Zelda das Leben rettet. Gleichwohl steht Zelda auch jetzt loyal zu Scott. Niemals beschwert sie sich über ihre Ehe. Selbst mit Sara Murphy, die ihr näher steht als irgendjemand sonst, tauscht sie sich nicht über Persönliches aus. Das liegt aber vielleicht auch an deren neuer Freundschaft mit Ernest Hemingway. Es ist kein Geheimnis, dass die Murphys Scott zwar sehr lieben, Hemingway aber für den größeren Schriftsteller halten.

Im Herbst kehren die Fitzgeralds nach Paris zurück, wo Scotts Aussetzer weitergehen. Bei einer Taxifahrt mit Sara Murphy stopft er sich 100-Dollar-Noten in den Mund und spuckt sie aus dem Fenster. Nicht besonders clever in Gegenwart einer Frau, die einen solchen Hygienetick hat, dass sie Münzen abwäscht, ehe sie sie in die Hand nimmt. Als der Taxifahrer anhält, um die Scheine einzusammeln, versucht Scott, den Wagen in die Seine zu lenken. Vor aller Öffentlichkeit steuern die Fitzgeralds auf die Katastrophe zu. Die meisten sehen die Ursache darin vor allem in Scotts unmäßiger Trinkerei. Der amerikanische Schriftsteller Louis Bromfield fasst zusammen, was viele denken: »Meiner Meinung nach war Zelda von beiden die stärkere Persönlichkeit und ich habe manchmal bei mir gedacht, dass sie auf ein tragisches Ende zusteuert, nur weil er nicht aufhören konnte zu trinken und sie ihm voller Verzweiflung folgte. Ich habe manchmal den Verdacht, Scott war sich dessen bewusst, und er hatte ein furchtbar schlechtes Gewissen deswegen, aber als seine Situation immer schlimmer wurde, half das auch nicht mehr.«[267]

Am 10. Dezember 1926 kehren die Fitzgeralds an Bord des Transatlantikdampfers »Conte Biancamano« von Genua aus in die USA zurück. Es ist wieder eine Flucht – diesmal in die umgekehrte Richtung. Von den 7000 Dollar ist nichts als ein Haufen Schulden geblieben, ihre Ehe ist genauso zerrüttet wie ihr Gemüt: »Wir sind nach Amerika zurück – weiter auseinander als je zuvor«, sagt Zelda.[268] Der angekündigte neue Roman ist nicht viel mehr als ein Hirngespinst, seit Monaten hat Scott keine Zeile geschrieben. Das Einzige, was ihm Europa wirklich gebracht hat, ist die Freundschaft mit Ernest Hemingway, dem Mann, der so ist, wie er selbst gerne wäre: stark, unbeirrbar und mutig. Am Ende dieses verrückten Jahres schreibt er an ihn: »Ich kann dir gar nicht sagen, was mir deine Freundschaft während der letzten eineinhalb Jahre bedeutet hat – für mich ist sie das Beste, was ich auf unserer Europareise erlebt habe.«[269]

> »Ich verlange das Recht auf meinen eigenen Weg.«
> ZELDA FITZGERALD [270]

VI.
»Wir haben uns jeder selbst ruiniert«
Ein Glamourpaar im Rosenkrieg

Der Freude über die Rückkehr in die Heimat folgt umgehend die Ernüchterung. Scott spürt, dass sich etwas zusammenbraut, etwas, das noch nicht greifbar ist, dafür aber nicht weniger beängstigend: »1927 hatte sich die Hektik von New York der Hysterie angenähert. Die Partys waren größer. (…) Das Tempo war schneller. (…) Die Shows waren frecher, die Gebäude höher, die Moral lockerer und der Alkohol billiger; aber all diese Vorzüge lösten keine allzu große Freude aus. (…) Die meisten meiner Freunde tranken zu viel. (…) Die Stadt war aufgebläht, übersättigt, verdummt durch Brot und Spiele, und die Begeisterung über die Ankündigung der neuesten Superwolkenkratzer beschränkte sich auf den neuen Modeausdruck ›Oh yeah‹?«[271] Nach wenigen Tagen reisen sie weiter Richtung Montgomery, wo sie geruhsame Weihnachtstage verbringen.

Anfang 1927 gehen die Fitzgeralds nach Hollywood. United Artists Film hat Scott ein Angebot gemacht, dem er nicht widerstehen kann. Es geht um ein Drehbuch für Constance Talmadge, das *Flapper Girl* schlechthin. Der Vorschuss beträgt 3500 Dollar; sollte »Lipstick« realisiert werden, gibt es noch einmal 12 500 Dollar. Angesichts ihrer finanziellen Misere müssen Zelda und Scott nicht lange überlegen. Sie parken die fünfjährige Scottie samt Kindermädchen bei den Großeltern Fitzgerald, die inzwischen in Washington leben, und machen sich mit dem Zug auf den Weg gen Osten. Ihr neues Domizil wird ein Bungalow im Garten des Ambassador Hotels am Wilshire Boulevard. In den 1920ern beliebt bei Stars und Sternchen, erlangt das Hotel 1968 traurige Berühmtheit, als in der Hotelküche Robert Kennedy ermordet wird. Zu ihren neuen Nachbarn gehören Prominente wie John Barrymore, Carmel Myers, Carl van Vechten und Pola Negri. Zelda und Scott sind zunächst hellauf begeistert vom tropischen Flair Los Angeles', doch bald schon kommt ihnen diese Schönheit auf erschreckende Weise künstlich vor: »Das ist eine tragische Stadt voller schöner Mädchen – die Mädchen, die den Boden aufwischen, sind schön, die Bedienungen und die Verkäuferinnen auch. Die Schönheit hängt dir bald zum Hals raus«,[272] schreibt Scott an seine Cousine Ceci. Zelda schickt Scottie in den folgenden zwei Monaten zahlreiche Briefe, versehen mit lustigen Zeichnungen, damit Scottie einen kleinen Eindruck von Hollywood gewinnt: »Gestern Abend gingen wir mit alten Freunden zum Tanzen. Der ganze Raum war mit Palmen dekoriert, und an der einen Seite war ein echter Wasserfall. An der Decke sah man ziehende Wolken und Sterne, die genau wie die echten glitzerten. Und auf jedem Baum saß ein riesiger ausgestopfter Affe mit großen Glühbirnen anstelle der Augen.«[273]

Obwohl die Stadt von Stars wimmelt, schaffen es die Fitzgeralds spielend, sich in Szene zu setzen. Einmal erscheinen sie zu einer Party in Nachthemd und Schlafanzug. Ein andermal kocht Scott Uhren und Schmuck der Gäste, die er für ein angebliches Zauberstück eingesammelt hatte, in Tomatensauce. Als sie zum Kostümfest von MGM-Boss Samuel Goldwyn keine Einladung erhalten, verlangen sie bellend auf allen Vieren Einlass. Als man sie hereinbittet, geht Zelda nach oben und nimmt in aller Ruhe ein Bad, ehe sie sich unter die Gäste mischt. Stummfilmstar Colleen Moore wird Zeugin dieser Szene: »Da ich am anderen Morgen früh am Set sein musste, ging ich nach oben, um meinen Mantel zu holen. Zelda folgte mir. Doch anstatt ihren Mantel abzulegen, zog sie sich aus und ging ins Badezimmer, wo ich Wasser in die Wanne rauschen hörte. Jetzt konnte ich nicht mehr nach Hause gehen. Ich musste bleiben, um zu sehen, was sie als Nächstes tat. Ein paar Minuten später kam sie wieder heraus, rubbelte ihr Haar trocken, zog ihre Kleider an und ging nach unten, ganz so, als ob es das Normalste der Welt wäre. Selbst für Hollywood waren die Fitzgeralds einzigartig.«[274] Bei einer der legendären Partys von Medien-Tycoon William Randolph Hearst in Hearst Castle schmückt Scott eine der nackten Gartenstatuen mit Zeldas Büstenhalter. Doch all diese Eskapaden können nicht darüber hinwegtäuschen, dass Zelda Hollywood als sehr oberflächlich empfindet. Sie hat rasch bemerkt, dass alles viel weniger lustig ist, als es auf den ersten Blick scheint. Sie fühlt sich unwohl, wozu vor allem Scotts Schwärmerei für die 17-jährige Schauspielerin Lois Moran beiträgt, die er bei einer Party in Pickfair, dem Domizil von Mary Pickford und Douglas Fairbanks sen., kennenlernt. Die beiden Stars gelten als die Königin und der König von Hollywood und werden 1927 als erste Schauspieler ihre Hand- und Fußabdrücke in Zement vor dem Grauman's Chinese Theater in Los Angeles verewigen. Gemeinsam mit Charlie Chaplin haben sie die Filmfirma United Artists gegründet und sind mitverantwortlich dafür, dass Scott nach Hollywood gekommen ist. Jetzt geben die beiden Superstars eine Einladung für die Fitzgeralds, die weitreichende Folgen haben wird. Scott ist so begeistert von Lois Moran, dass er sie in seiner ersten Kurzgeschichte in 15 Monaten, »Jakobsleiter«, porträtiert. In »Anziehung« beschreibt er sie in der Figur der Helen Avery und in »Zärtlich ist die Nacht« taucht Lois Moran als junge Schauspielerin Rosemary Hoyt zusammen mit ihrer Mutter an der französischen Riviera auf. »Die schöne hohe Stirn stieg leicht schräg zum Haar hin hoch, das sie wie ein Wappenschild umschloss und zu Locken und Wellen und Kringeln in Aschblond und Gold aufsprang. Die Augen waren hell, groß, klar, feucht und leuchtend, das Wangenrot von der starken jungen Pumpe ihres Herzens bis unmittelbar unter die Haut befördert, reine Natur. Der Körper verharrte noch zaudernd am letzten Rand der Kindheit – sie war beinahe achtzehn, fast fertig, aber noch taubedeckt.«[275]

Die meisten Biografen Fitzgeralds gehen davon aus, dass die junge Frau, die von ihrer Mutter streng behütet wird, zwar für den Schriftsteller schwärmte, darüber hinaus aber nichts passiert sei. Ganz so wie Zeldas Affäre mit Jozan habe sich auch diese Liebelei vor allem in Scotts Phantasie abgespielt. Lois Morans Sohn Tim Young ist jedoch, ebenso wie ihr Biograf Richard Buller, anderer Ansicht. Sowohl in Morans Tagebüchern als auch in den Aussagen von Zeitzeugen fänden sich genügend Hinweise darauf, dass Scott und Lois Moran miteinander geschlafen hätten: »Wenn man meine Mutter nach Fitzgerald fragte, dann hatte man immer das Gefühl, sie verschweigt etwas. Natürlich war es ihr peinlich zuzugeben, dass sie in den 1920er Jahren eine Affäre mit einem verheirateten Mann hatte, noch dazu, wo sie ihre Karriere darauf aufgebaut hatte, die Unschuld vom Lande zu geben, aber die Fakten sprechen für sich (…). Es wäre naiv zu glauben, die beiden wären nur

Freunde gewesen.«[276] Tatsächlich treffen sie sich auch noch nach Scotts Zeit in Hollywood, und am Tag ihrer Hochzeit wird Lois Moran unmittelbar nach der Zeremonie zum Hörer greifen und Scott informieren. Sie selbst hat allerdings eine Affäre mit ihm zeitlebens dementiert. Es lag ihr viel daran, als Schauspielerin wahrgenommen zu werden und nicht als Episode im chaotischen Leben von Zelda und Scott Fitzgerald.

Scott ist in jedem Fall sehr verliebt in die junge Frau. Er macht sogar Probeaufnahmen, um eventuell in einem Film neben Lois Moran zu spielen, stellt dabei jedoch fest, dass er ein besserer Schriftsteller als Schauspieler ist. Zelda bleiben Scotts Gefühlsregungen nicht verborgen, es kommt zu hässlichen Szenen, bei denen sie ihm vorwirft, sich auf eine »schamlos sentimentale Beziehung zu einem Kind«[277] einzulassen. Als besonders kränkend empfindet sie, dass Scott ihr das junge Mädchen als Vorbild hinstellt, als eine Frau, die es verstünde, ihre Talente zu nutzen, und die zielstrebig ihren eigenen Weg gehe. Zelda ist ungeheuer wütend auf Scott. Als er Lois Moran einmal zum Abendessen ausführt, verbrennt sie in einem Wutanfall all ihre extravaganten Kleider, die sie selbst entworfen und genäht hat, in der Badewanne. Ein selbstzerstörerischer Akt, der viel über ihre Gefühlslage aussagt. Dennoch redet sie sich ein: »Ich bin viel zu stolz, um mich betroffen zu fühlen – mein Stolz hält mich davon ab, auch nur die Hälfte von dem zu empfinden, was ich sollte.«[278]

Obwohl es bei all den Ablenkungen, die ihn umgeben, fast unglaublich scheint, arbeitet Scott hochkonzentriert an seinem Drehbuch. Sogar die Mahlzeiten lässt er sich auf das Zimmer bringen. Allerdings ist es nicht ganz so einfach, ein Drehbuch zu verfassen, wie er sich dies zu Beginn vorgestellt hat: »Ich habe damals gemeint, es fiele mir alles leicht – ich hatte vergessen, wie ich mir in einer Zeit des Elends den großen Gatsby aus den Rippen geschnitten hatte. In Hollywood bin ich aufgewacht«.[279] So artifiziell Scott die Filmindustrie auch findet, ihm ist längst klar, dass der Film dem Buch den Rang ablaufen wird. Hier werden die Träume geboren, die sich lange Zeit zwischen Buchdeckeln entwickelt haben. Während er mit dem Drehbuch kämpft, steckt er mit seinem vierten Roman irgendwie fest. Dennoch schreibt er an seinen Agenten: »Ich gehe davon aus, dass ich den Roman noch vor dem 1. April vollenden werde.«[280]

Als er nach zwei Monaten Arbeit United Artists das Drehbuch zu »Lipstick« voller Stolz präsentiert, erlebt er eine herbe Enttäuschung.

Die Filmfirma lehnt das Skript ab, die in Aussicht gestellten 12 500 Dollar werden nicht ausbezahlt. Ohne einen Cent in der Tasche kehren die Fitzgeralds nach Hause zurück. Zelda ist froh, Hollywood endlich hinter sich zu lassen. Schon vor Monaten hatte sie Scottie voller Sehnsucht geschrieben: »Ich persönlich finde es hier fürchterlich, es gibt *nichts* zu tun. (…) Wenn ich hier jemals wieder wegkomme, werde ich *immer* einen weiten Bogen um Kinos und Schauspieler machen.«[281] Sie wird die Erlebnisse in Hollywood und die Affäre Lois Moran 1929 in ihrer Kurzgeschichte »A Millionaire's Girl« verarbeiten, die zu ihren besten Arbeiten zählt.

Auch Scott ist, abgesehen von dem entgangenen Verdienst, nicht allzu traurig, Hollywood den Rücken zu kehren. Außer Lois Moran hat er nur einen einzigen Menschen getroffen, der ihn wirklich beeindruckt hat: Produzent Irving Thalberg. Ihn wird er nicht nur in seiner Kurzgeschichte »Verrückter Sonntag« als Miles Calman darstellen, sondern auch zur Hauptfigur seines letzten, unvollendeten Romans »Die Liebe des letzten Tycoon« machen. Nachdem die Fitzgeralds fort sind, macht das Gerücht die Runde, sie hätten vor ihrer Abreise alle Möbel in ihrem Bungalow in der Mitte eines Zimmers aufeinandergestapelt und ganz oben darauf ihre unbezahlte Hotelrechnung gelegt.

Sie sind unschlüssig, wohin sie nun gehen sollen. Max Perkins, der langsam um den versprochenen vierten Roman fürchtet, schlägt ein Domizil in der Provinz vor, wo Scott ohne Ablenkung arbeiten kann. Die Wahl fällt schließlich auf die Gegend um die historische Hafenstadt Wilmington in Delaware. Hier hat John Biggs, Scotts alter Zimmergenosse aus Princeton, eine Anwaltskanzlei. Mit Scottie im Gepäck machen sie sich auf den Weg. Schon auf der Zugfahrt kommt es erneut zum Streit, als Scott den Besuch von Lois Moran ankündigt. Voller Zorn wirft Zelda die Platinuhr, die Scott ihr zur Verlobung geschenkt hatte, aus dem Zugfenster.

Mit Hilfe von John Biggs finden sie das Landhaus Ellerslie, eine hochherrschaftliche Südstaatenvilla aus dem Jahr 1842, die etwas außerhalb von Wilmington in Edgemoor am Fluss Delaware steht. Das Haus mit den dorischen Säulen und dem eleganten Portikus wird ihr neues Zuhause. Die Zimmer des Herrenhauses sind so hoch und so groß, dass Zelda in Philadelphia Möbel in Übergröße anfertigen lassen muss. Doch die unglaublich niedrige Miete von nur 150 Dollar im Monat macht dies wett. Zwei schwarze Hausmädchen, Ella und Marie, sorgen für einen einigermaßen reibungslosen Tagesablauf, Scottie wird in die Obhut des neuen französischen Kindermädchens gegeben. Besonders Zelda, die der Rastlosigkeit längst überdrüssig ist, hofft, dass die Familie hier ein richtiges Zuhause findet. Sie will sesshaft werden, hat bereits des Öfteren vorgeschlagen, irgendwo ein Haus zu kaufen und sich auf Dauer dort niederzulassen. Doch Scott war immer skeptisch geblieben, ob sie mit einem derart bürgerlichen Leben zurechtkommen würden.

Zelda macht sich mit Feuereifer daran, Ellerslie einzurichten. Zum ersten Mal legt sie Wert darauf, einem Haus eine persönliche Note zu geben. Die Jahre in Ellerslie werden ihre kreativste Phase sein. Sie fertigt kunstvolle Lampenschirme und baut für Scottie ein riesiges Puppenhaus, eine Arbeit, die sie fast ein Jahr lang in Anspruch nimmt. Und sie bastelt ihr ganze Serien von Papierpuppen, an die sich Scottie ein Leben lang erinnert: »Diese Puppen hatten einen Kleiderschrank, auf den Rumpelstilzchen stolz gewesen wäre. Meine Mutter und ich machten Kleider aus gefalteten Tapeten, und eines meiner Partykleider hatte Rüschen aus echter Spitze, die wir von einem belgischen Taschentuch heruntergeschnitten hatten (…). Es war ganz typisch für meine Mutter, dass diese außergewöhnlichen Puppen, deren Fertigung Stunden dauerte, einzig zum Vergnügen für eine Sechsjährige hergestellt wurden.«[282] Über die Jahre wird Zelda mehrere Hundert dieser Puppen anfertigen, mit denen man ganze Szenen aus der Historie nachspielen kann.

Die Ankunft der Fitzgeralds bringt Glanz und Glamour in die Provinz. Am 21. Mai 1927 findet die erste von vielen großen Partys in Ellerslie statt. Diese wird zu Ehren von Lois Moran und ihrer Mutter gegeben. Nicht nur für Scott ist es ein wichtiges Wochenende, sondern für die ganze Nation: Es ist das Wochenende, an dem Charles A. Lindbergh mit seinem Flugzeug »Spirit of St. Louis« als erster Mensch alleine den Atlantik überquert. Zelda ist die Freundlichkeit in Person, obwohl ihr der Anlass der Party so missfällt, dass sie schließlich Zuflucht im Alkohol sucht. Ein langer Brief an Carl van Vechten nährt den Eindruck, dass es nicht friedlich blieb: »Es tut mir aus der Tiefe meiner dunklen Seele leid, dass das Wochenende so ein Chaos war. Bitte verzeih mir meine Freveltaten und meine grässliche Betrunkenheit. (…) Auf jeden Fall sollst du wissen, dass es mir leid tut und dass ich ganz zerknirscht bin und mich wirklich schlecht fühle, in dem

Wissen, dass ich mich wieder genauso aufführen würde, wenn ich wieder so betrunken wäre.«[283] Partys bei den Fitzgeralds dauern mindestens drei Tage und sind so anstrengend, dass manche, wie John Dos Passos, ihnen lieber fernbleiben würden: »Man nahm höchst ungern daran teil. Zum Beispiel bekam man dort nie ein Dinner serviert. Alles ging drunter und drüber! Ich erinnere mich, dass ich einmal nach Wilmington ging – sie wohnten ein paar Meilen von der Stadt entfernt –, um ein Sandwich oder sonst was zu essen. Es war wirklich verrückt!«[284] Doch viele würden auch ihren rechten Arm dafür geben, unter den Auserwählten zu sein, die im Garten von Ellerslie auf Ackergäulen mit Krocketschlägern Polo spielen. Zwei junge Hunde machen das Chaos dort perfekt. Einer heißt aufgrund einer angeblichen Ähnlichkeit mit dem Schriftsteller »Ezra Pound«, der andere wird abwechselnd Bouillabaisse, Muddy Water oder Jerry gerufen – egal, denn er hört ohnehin auf keinen dieser Namen.

Im April 1927 gibt Scott einem Reporter der *New York World* ein Interview, in dem er sich, was er höchst selten tut, zur politischen Lage äußert. Auch wenn er sich wie fast alle Intellektuellen als Sozialist oder zumindest Linksliberaler versteht, ist er doch viel zu sehr mit seinen eigenen Problemen beschäftigt, um sich ernsthaft für Politik zu interessieren. Dennoch erweist er sich als aufmerksamer Beobachter, der die Welt auf den Abgrund zusteuern sieht. Der herrschende Liberalismus könne keine Antworten auf die drängenden Probleme der Menschen geben, sondern würde sie in die Arme von Politikern wie Mussolini oder Ludendorff treiben. In Europa ist Scott auf Oswald Spenglers »Untergang des Abendlandes« gestoßen. Das zu jener Zeit sehr populäre Buch hat ihn so beeindruckt, dass er Hemingway gegenüber erwähnt, er kenne nichts Vergleichbares.[285] Im Interview bekennt er zudem, seit der Lektüre von »Also sprach Zarathustra« bekennender Nietzscheaner zu sein: »Spengler steht auf den Schultern von Nietzsche und Nietzsche auf denen von Goethe.«[286] Er hält Spengler gerade in Hinblick auf das konsumorientierte Amerika, das seiner Ansicht nach dem Untergang geweiht ist, von großer Bedeutung: »Der Gedanke, dass wir die Größten der Welt sind, nur weil wir das meiste Geld haben, ist einfach lächerlich. Warten Sie ab, bis der Aufschwung vorbei ist!«[287] Rettung könne nur ein neuer amerikanischer Held bringen, ein Alexander, Trajan oder Konstantin, und dieser sei augenblicklich weit und breit nicht in Sicht.

Im Juni 1927 erhält er Post aus Princeton. Seit seinem Rauswurf aus dem Cottage Club vor sechs Jahren hatte eisiges Schweigen zwischen ihm und seiner Alma Mater geherrscht. Jetzt bittet ihn die Zeitschrift *College Humor* um einen Beitrag über die Universität. Er nimmt von Herzen gern an und reist nach Princeton, um die Stätten seiner Jugend wiederzusehen. Nach langer Zeit besucht er wieder einmal ein Footballspiel. Die alte Leidenschaft erwacht neu. Er nimmt so regen Anteil, dass er sich dazu versteigt, Coach Asa Bushnell ungebetene Ratschläge zu erteilen, wenn es sein muss auch per Telefon um vier Uhr morgens. In seinem Artikel »Princeton« bekennt er schließlich die große Liebe, die er für seine Universität hegt.

In diesem Herbst erreicht Harold Ober alle paar Tage ein neues Betteltelegramm: »Kannst du heute Morgen 300 Dollar anweisen, es ist wirklich dringend.«[288] – »Kannst du 100 Dollar schicken, Notfall.«[289] Um sich Ober gewogen zu halten, stellt Scott dabei immer die unmittelbar bevorstehende Vollendung der nächsten Kurzgeschichte in Aussicht: »Geschichte ist fast fertig«[290], »Ich brauche nur noch einen weiteren Tag«[291], »Ich bringe dir die neue Geschichte am Montag.«[292] Harold Ober, der ähnlich wie Max Perkins ein ums andere Mal vertröstet wird, überweist Woche für Woche Geld in der Hoffnung, doch irgendwann einmal wieder einen Text zu bekommen. Und tatsächlich, fünf Kurzgeschichten schafft Scott in diesem Jahr für die *Post:* »Jakobsleiter«, »Das Liebesschiff«, »Kurzer Besuch daheim«, »Anziehung« und »Das Stadion«. Anders als seine Bettelbriefe vermuten lassen, ist das Jahr 1927, finanziell gesehen, ein höchst erfolgreiches Jahr, wenngleich ihm der Verdienst von 29 757,87 Dollar wie immer unter den Fingern zerrinnt. Die Partys in Ellerslie wollen ebenso bezahlt werden wie die Aufenthalte im New Yorker Plaza und die Reisen nach Long Island während der Polo-Saison. Wenn sie im Plaza Hotel, das sie offiziell zu ihrem New Yorker Hauptquartier ernennen, auftauchen, wird es, wie Zelda offen zugibt, meist exzessiv: »Wir kommen übers Wochenende, und wenn wir wieder aufwachen, ist es Donnerstag.«[293]

Nachdem sie das Haus eingerichtet hat, verspürt Zelda erneut jene Unzufriedenheit, die sie seit Jahren quält. All die tollen Partys und Ausflüge amüsieren sie nur mehr bedingt. Sie ist unglücklich, und das bekommt ihre Umwelt deutlich zu spüren. Ganz ohne Grund nörgelt sie an allem und jedem herum. Ihre Wünsche werden aberwitzig. Wenn es sie nach Erdbeeren gelüstet, müssen diese umgehend beschafft werden, sonst bekommt sie einen Wutanfall. Man kann ihr die Unzufriedenheit vom Gesicht ablesen. Nur noch selten fliegt jenes bezaubernde Lächeln darüber, meist ist ihre Miene versteinert. Sie hat es so satt, die Frau an Scotts Seite zu sein und als Vorlage für seine Geschichten herzuhalten. Dass er weiterhin ungeniert ihre Ideen und Texte verarbeitet, stört sie zunehmend. Ihre Ansprüche an das Leben und an sich selbst sind mit den Jahren gewachsen. Der hedonistische Lebensstil, mit dem sie früher ganz zufrieden war, genügt ihr längst nicht mehr. Ihre Rastlosigkeit steigert sich zu nervösen Zuständen. Wie schon in Frankreich muss auch jetzt ein Arzt geholt werden, der ihr eine Beruhigungsspritze gibt. Zeldas Nerven liegen blank. Ihre Versuche, mit eigenen Erzählungen an die Öffentlichkeit zu treten, gestalten sich schwierig. Scott betrachtet ihrer beider Leben als sein Material, das nur er alleine verwenden darf. Dass auch Zelda über dieses Leben schreibt, bringt sie in direkte Konkurrenz zu Scott, und sie hat berechtigte Zweifel, dass ihr Mann sie als Schriftstellerin neben sich bestehen lassen wird. Noch dazu, wo er selbst gerade mit Schreibblockaden und nervösen Zuständen, die er »Stoppies« nennt, kämpft. In einem Porträt über Scott hatte *The Smart Set* 1924 geschrieben: »Mrs. Fitzgerald schreibt auch. (…) Häufig baut Scott ganze Absätze, die seine Frau geschrieben hat, in seine Bücher ein. Er stiehlt all ihre Ideen für Kurzgeschichten und verkauft sie dann als seine eigenen.«[294] Konkurrenz im eigenen Haus ist das Letzte, was der angeschlagene Schriftsteller brauchen kann.

Zelda hingegen glaubt, dass es nicht nur ihr, sondern auch ihrer Ehe gut tun würde, wenn sie auf eigenen Beinen stünde. In einer ihrer Kurzgeschichten schreibt sie über eine Frau, die ihren Mann verlässt, um sich selbst zu verwirklichen: »Seit ich ihm begegnet bin, scheint alles, was ich getan habe oder was mir passiert ist, mit ihm zu tun zu haben. Jetzt werde ich selbst einen Erfolg erringen, damit ich ihn dann wieder erwählen kann.«[295] Bis zum Ende des Jahres gelingt es ihr tatsächlich, drei ihrer Geschichten zu verkaufen, doch der Preis ist hoch. Im Januar 1928 erscheint unter der Kennzeichnung »F. Scott und Zelda Fitzgerald« in *Harper's Bazaar* »The Changing Beauty of Park Avenue«. »Looking Back Eight Years« wird im Juni 1928 in *College Humor* ebenfalls unter beider Namen erscheinen. Und auch »Who Can Fall in Love After Thirty«, eine Geschichte, die im Oktober 1928 wiederum in *College Humor* erscheint, nennt beide Fitzgeralds als Verfasser. Nur durch Scotts Einträge in sein Kontobuch weiß man, dass es Zeldas Geschichten sind, woran schon ihr typisch deskriptiver Stil kaum Zweifel lässt. Die Zeitschriften indes bestehen auf der Namensnennung des berühmten Schriftstellers und drohen offen mit einer Verringerung des Honorars. Was diese Missachtung für eine Kreative wie Zelda bedeutet, kann man sich gut vorstellen. Doch es wird noch schlimmer kommen. Der vierte Beitrag, den sie in diesem Jahr verfasst, wird im Mai 1929 in *The Smart Set* erscheinen und allein Scott als Autor nennen.

Dabei geht es Zelda gar nicht darum, Scott Konkurrenz zu machen. Sie will ihre eigene Kreativität ausleben. Das Malen, mit dem sie 1925 auf Capri begonnen hat, ist eine dieser Ausdrucksformen. Die andere ist der Tanz. Tänzerin zu werden war schon als Mädchen ihr großer Traum, den sie jetzt mit 27 Jahren zu verwirklichen sucht. Sie nimmt Ballettstunden bei Catherine Littlefield, der Ballettmeisterin der Oper von Philadelphia. Sie will eine Pawlowa werden, ganz so, wie man es ihr in Montgomery einst prophezeit hatte. An Carl van Vechten schreibt sie: »Ich bin jetzt Mitglied im Opernballett von Philadelphia. In diesem Land sind seit einiger Zeit alle so betrunken, dass ich genügend Chaos vorfinde, um ungestört meine eigenen Ziele zu verfolgen. (…) Es kommt mir so vor, als sei das Leben ein einziger Scherbenhaufen.«[296] Sie lässt einen großen Spiegel montieren, vor dem sie eine Ballettstange anbringt, und stürzt sich mit Feuereifer ins Training. Weder der betrunkene Scott noch die vielen Gäste, die über Ellerslie hereinbrechen, können sie davon abhalten. Wie eine Besessene übt sie von nun an Tag und Nacht.

Im Januar 1928 soll Scott vor seinem alten Club in Princeton, dem Cottage Club, einen Vortrag halten. Selig über die Einladung, ist er fest entschlossen, diesmal einen guten Eindruck zu hinterlassen. Er bemüht sich redlich, nüchtern zu bleiben, doch ohne Alkohol ist er viel zu nervös, um vor Publikum zu sprechen. Nach mehreren Anläufen setzt er sich mit der gemurmelten Entschuldigung, ein lausiger Redner zu sein, verschämt auf seinen Platz. Um die Situation zu retten, beginnt schließlich jemand damit, schmutzige Witze zu erzählen. Beim anschließenden Empfang im Haus von Edgar Palmer, dem Präsidenten der New Jersey Zinc Company und einem der großen Wohltäter Princetons, betrinkt sich Scott und beleidigt daraufhin den Gastgeber. Völlig derangiert kehrt er nach Ellerslie zurück und zerstört bei einem sinnlosen Streit eine von Zeldas Lieblingsvasen. Zeldas Schwester Rosalind, die mit ihrem Mann zu Besuch ist, muss fassungslos mit ansehen, wie die Situation eskaliert und Scott Zelda ins Gesicht schlägt, nachdem sie seinen Vater beleidigt hat. Rosalinds Empfehlung, Scott so schnell wie möglich zu verlassen, verbittet sich Zelda kategorisch.

Am 25. Februar 1928 geben die Fitzgeralds eine legendäre Party, zu der neben alten Freunden wie dem Ehepaar Seldes und Edmund Wilson auch neue Freunde wie der Schriftsteller Thornton Wilder geladen sind. Scott fordert seine Freunde bei dieser Gelegenheit auf, seinen Charakter zu beschreiben, und Gilbert Seldes bringt Scott völlig aus dem Konzept, als er ihm mit todernster Miene vorwirft, sein größter Fehler sei, dass es mit ihm immer so langweilig ist. Zelda macht auf Edmund Wilson erneut einen sehr starken Eindruck: »Ich saß neben Zelda, die in absoluter Höchstform war. Einige von Scotts Freunden waren irritiert, andere hingerissen. Ich gehörte zu denen, die ganz bezaubert waren. (…) Ich kannte nur wenige Frauen, die sich so entzückend und so frisch auszudrücken vermochten.«[297] Es wird ein Wochenende, an das sich die Gäste lange erinnern. Der Tag vergeht mit viel Alkohol und aberwitzigen Spielen. Zelda und Scott sind so angeschlagen, dass sie nach dem Dinner zu Bett gehen und ihre Gäste sich selbst überlassen. Erst, als sie einigermaßen ausgeschlafen ist, mischt sich Zelda wieder unter die Feiernden, nur um nach kurzer Zeit einen der anwesenden Schauspieler mit der Feststellung, er sei doch ganz sicher schwul, zu kompromittieren. Die Hälfte der Gäste verlässt daraufhin die Party. Wilson schreibt später in einem Artikel über dieses Wochenende: »Noch einen Abend hätte ich nicht durchgestanden. Mir war klar, dass die Party aus dem Ruder läuft, und ich wusste, wenn Partys bei den Fitzgeralds aus dem Ruder liefen, endeten sie meist im totalen Desaster. Ich wusste, wenn ich noch einen Abend blieb, dann würde ich am Montag ein schlimmes Erwachen haben. Ich wurde langsam zu alt für so was.«[298]

Nachdem Scott mit dem Roman nicht weiterkommt, verlegt er sich erneut auf das Verfassen von Kurzgeschichten, um die Haushaltskasse aufzubessern. Zwischen März 1928 und Februar 1929 entstehen acht Basil-Duke-Lee-Geschichten, in denen er seine Jahre als Heranwachsender verarbeitet. Die *Post* zahlt die Rekordsumme von 3500 Dollar pro Geschichte. Es sind Geschichten über die Vergangenheit. Mit 31 Jahren hält Scott bereits Rückschau, ganz so, als zweifle er daran, eine

Zukunft zu haben. Perkins ist in großer Sorge um seinen Schützling, dessen nervöse Zustände nicht besser werden wollen. Die Ärzte erklären Scott, dass er abgesehen von latentem Bewegungsmangel völlig gesund sei, seinen Alkoholkonsum allerdings dringend einschränken müsse. Doch das ist nicht so einfach, längst trinkt Scott auch beim Schreiben. Konnte er früher nur schreiben, wenn er nüchtern war, braucht er jetzt einen gewissen Alkoholpegel, um überhaupt schreiben zu können: »Ellerslie, die Polo-Leute (…), die Party (…) waren alles Versuche, mich von außen für diesen Zustand des inneren Unterernährtseins zu entschädigen. Alles nur, um gemocht zu werden, damit man mir versicherte, ich sei nicht etwa ein Mann mit etwas Genie, sondern ich sei ein großer Mann von Welt. Gleichzeitig wusste ich, dass es Unsinn war.«[299]

Rettung aus diesem Dilemma sucht Scott im Frühjahr 1928 einmal mehr in Europa. Am 21. April 1928 reisen die Fitzgeralds auf der »Paris« aus New York ab. An Carl van Vechten hatte Zelda zuvor geschrieben: »Wir wollen abreisen, weil Wilmington sich als das Schwarze Loch von Calcutta erwiesen hat, und weil ich einfach Chablis und Curry und ›fraises du bois‹ mit Pfirsichen in Champagner als Nachtisch haben muss.«[300] Ihr Ziel ist erneut Paris. Nach ein paar Tagen im Hôtel de Palais überlassen ihnen Sara und Gerald Murphy ihre Wohnung in der Rue Guynemer 14, in der Nähe des Jardin du Luxembourg. Auch wenn die Einrichtung Zelda an Madame Tussauds Wachsfigurenkabinett erinnert, ist auch sie froh, so schnell eine passende Bleibe gefunden zu haben. Doch zu ihrer Enttäuschung hat sich Paris verändert. Der Massentourismus hat die Stadt voll im Griff: »Mit jeder neuen Schiffsladung Amerikaner sank das Niveau (…). Es war offensichtlich, dass Geld und Macht in die Hände von Leuten gefallen waren, gegen die der Vorsteher eines Dorfsowjets eine Goldgrube an Kultur und Urteilsvermögen war. 1928 und 1929 machten Menschen Luxusreisen, die angesichts der Verwirrung ihres Geistes allenfalls noch den menschlichen Wert von Pekinesen, Kretins oder Ziegen hatten.«[301]

Zelda nimmt ihren Ballettunterricht wieder auf und wird Schülerin der ehemaligen Primaballerina der Ballets Russes, Madame Lubov Egorova. Gerald Murphy hatte die beiden bereits 1925 miteinander bekannt gemacht. Die Tänzerin lebt seit 1923 in Paris und leitet hier eine Ballettschule der Ballets Russes, des weltberühmten Ensembles von Sergej Diaghilew. 1909 aus den besten Tänzern Russlands zusammengestellt, hatte das Ensemble 1910 in Paris Strawinskys »Der Feuervogel« auf die Bühne gebracht und internationale Beachtung geerntet. 1913 hatte Vaslav Nijinsky, der als einer der größten Tänzer seiner Zeit gilt, mit seiner Choreografie für Strawinskys »Le sacre du printemps« nicht nur für einen handfesten Skandal gesorgt, sondern zugleich die Tür zum modernen Ballett aufgestoßen. In der Folgezeit schufen Avantgardekünstler wie Picasso und Braque Bühnenbilder für die Aufführungen der Truppe, die nach der Oktoberrevolution in Europa geblieben ist. Nijinsky selbst erleidet 1919 einen Nervenzusammenbruch, bei dem eine schwere Schizophrenie festgestellt wird. Seitdem lebt »der Gott des Tanzes« in Kliniken und geschlossenen Anstalten.

Zeldas größter Traum ist es, einmal in einer der aufsehenerregenden Inszenierungen der Ballets Russes mitzuwirken. Dafür probt sie bis zu acht Stunden täglich. Bald sind ihre Muskeln eingerissen und ihre Kniekehlen mit blauen Flecken übersät. Mit Muskellotion von Elizabeth Arden versucht sie vergeblich, die Schmerzen zu lindern. Die Motivation für diese unglaubliche Schinderei macht sie in »Schenk mir den Walzer« anhand von Alabamas Tanzkarriere deutlich: »Sie glaubte, wenn sie ihr Ziel erreichte, könnte sie endlich die Teufel jagen, die sie selbst gejagt hatten. Sie wollte sich selbst beweisen, weil sie meinte, sie könne den Frieden erlangen, der in ihren Augen nur in der Sicherheit des Ichs zu finden war. Sie dachte, dass ihr das Tanzen helfen würde, ihre Gefühle zu beherrschen, um jederzeit über Liebe, Mitgefühl oder Glück verfügen zu können.«[302] Zelda verlangt ihrem Geist und ihrem Körper alles ab, doch das Ergebnis bleibt, nicht zuletzt aufgrund ihres Alters, unbefriedigend. Als die Murphys sie einmal bei einer ihrer Tanzstunden besuchen, sind sie entsetzt, wie Gerald Murphy später Zeldas Biografin Nancy Milford erzählt: »Ihre Angestrengtheit hatte etwas Groteskes. (…) Es war wirklich furchtbar. Man hielt den Atem an, bis es vorüber war. An jenem Nachmittag in Paris sagte ich mir, dass sie ständig krampfhaft versuchen würde, sich die Jugendlichkeit zu bewahren. Und das ist für eine Frau das Schlimmste; es ruiniert sie.«[303]

Während Zelda tanzt bis zum Umfallen, mischt sich Scott unter die Pariser Literatenszene. Am 27. Juni 1928 wird er von Sylvia Beach zu einem Dinner eingeladen, bei dem auch der von ihm so verehrte James Joyce anwesend ist. Scotts Angebot, sich als Zeichen seiner Bewunderung hier und jetzt aus dem Fenster zu stürzen, findet Joyce alles andere als amüsant. Nach dem Treffen kommen Joyce echte Zweifel am Geisteszustand seines Kollegen. Und Scott notiert in sein Kontobuch: »Alkohol und allgemeines Unbehagen.«[304] Durch Sylvia Beach lernt Scott auch den 28-jährigen französischen Schriftsteller André Chamson kennen, mit dem er sich anfreundet. Eine Freundschaft, die Chamson einige denkwürdige Abende beschert. Als Scott ihn mit einem Eiskübel voller Champagner in seinem Dachzimmer besuchen kommt, beginnt er noch auf der Treppe, sich zu entkleiden, um in dem Eiskübel zu baden. Nur mit Mühe kann ihn Chamson dazu überreden, die Hosen anzubehalten. Zu später Stunde wird sich Scott über die Balkonbrüstung schwingen und in den Pariser Nachthimmel hinausbrüllen: »Ich bin Voltaire! Ich bin Rousseau!«[305]

Am 7. Oktober 1928 reisen die Fitzgeralds auf der »Carmania« zurück in die USA. An Bord gesteht Zelda Scott, dass sie für ihre Tanzlehrerin Gefühle entwickelt hat, die ihr selbst nicht geheuer sind. Scott tut dies lachend als harmlose Schwärmerei ab. Auf den naheliegenden Gedanken, dass ihre Hinwendung an Madame Egorova mit Zeldas Einsamkeit zu tun hat, kommt er nicht. Er hat eigene Probleme. Scribner hat mittlerweile über 8000 Dollar Vorschuss auf einen Roman ausgezahlt, an dem er in Europa keine Zeile geschrieben hat. Max Perkins gegenüber, der die beiden vom Schiff abholt, behauptet er jedoch, das Buch sei so gut wie fertig. Einen Satz, den Perkins in den nächsten Jahren noch oft zu hören bekommt. Immerhin schickt Scott von Ellerslie aus Anfang November die ersten zwei Kapitel. Es werden für sehr lange Zeit die einzigen Kapitel bleiben, die Perkins erhält.

Denn auch die Rückkehr nach Delaware bringt Scott nicht an den Schreibtisch zurück. Stattdessen zieht er mit seinem neuen Freund, einem ehemaligen Boxer namens Philippe, den er in Paris kennengelernt hat, um die Häuser. Philippe ist sein Chauffeur und sein Saufkumpan. Mehrmals werden sie volltrunken in eine Schlägerei verwickelt. Anwalt John Biggs gewöhnt sich daran, Scott zu nachtschlafender Zeit aus dem Gefängnis zu holen.

Betrunken ist er eine echte Plage. Nachdem er auf einigen Partys die Gäste beleidigt hat, hat niemand mehr Lust, ihn einzuladen. In nüchternem Zustand jedoch blitzt noch immer der alte unwiderstehliche Charmeur auf, dem sein Verhalten vom Vortag schrecklich leidtut. Nur wenige können sich seinen wortreichen Entschuldigungsbriefen verschließen, und so verzeihen ihm die meisten sein schlechtes Betragen. Die Murphys bringen es auf den Punkt: »Was wir an Scott liebten, das war der Teil von ihm, aus dem er sein Talent schöpfte und der nie ganz verschüttet ging. Es gab Momente, da war er nicht lästig oder versuchte andere zu schockieren, Augenblicke, in denen er liebenswürdig und ruhig war und in denen er dir erzählte, was er wirklich über die Menschen dachte, und sich dann darin verlor, dir ganz genau zu erklären, was er fühlte. Das waren die Momente, in denen man die Schönheit seiner Gedanken und seiner Seele sehen konnte, und diese Momente brachten uns dazu, ihn zu lieben und zu schätzen.«[306]

Anders als Zelda müssen sie ihn ja auch nicht tagtäglich ertragen. Die hat es längst aufgegeben, Scott verstehen zu wollen, und zieht sich immer mehr in ihre eigene Welt zurück. Und in dieser Welt steht der Tanz im Mittelpunkt. Wenn sie tanzt, kann sie ihr Leben an der Seite eines unberechenbaren Alkoholikers vergessen. Dass sie sich dabei überanstrengt, ist nicht zu übersehen. Sie verliert zusehends an Gewicht. Das Paar geht sich, so gut es geht, aus dem Weg. Wenn sie einander in dem großen Haus zufällig begegnen, kommt es zum Streit. Scottie bleibt sich selbst und dem Kindermädchen überlassen. Immerhin schafft es Scott, im November eine seiner besten Kurzgeschichten zu verfassen, »Die letzte Schöne des Südens«.

Am 19. November 1928 besuchen die Fitzgeralds gemeinsam mit Ernest Hemingway und seiner zweiten Frau, der Journalistin Pauline Pfeiffer, das Footballspiel Princeton gegen Yale. Sie haben einander lange nicht gesehen, was Zelda im Gegensatz zu Scott nicht weiter bekümmert. Hemingway ist soeben wieder Vater geworden und präsentiert den Fitzgeralds stolz seinen Sohn Patrick. Für die Fitzgeralds, die den Traum von einem zweiten Kind schon vor langer Zeit begraben mussten, ist das wie ein Schlag ins Gesicht. Dennoch reisen sie alle gemeinsam nach Ellerslie, um dort ein Wochenende zu verbringen, an das sich Zelda später nur mit Grausen erinnert. Die beiden großen Schriftsteller benehmen sich wie Pennäler, reißen den ganzen Tag lang üble Zoten. Zuletzt landen sie im Gefängnis. Ein paar Wochen nach diesem Besuch erschießt sich Hemingways Vater. Hemingway sitzt im Zug von New York nach Florida, als er die Nachricht erhält. Weil er nicht genug Geld für die Fahrt nach Illinois bei sich hat, kabelt er an Perkins und Scott, ihm Geld zu überweisen. Scott fährt selbst zum Bahnhof nach Philadelphia, um das Geld zu übergeben und dem Freund in dieser schweren Stunde beizustehen. Dabei ist auch bei den Fitzgeralds wieder einmal Ebbe in der Kasse und Scott sieht sich genötigt, für eine größere Summe als Jurymitglied beim Schönheitswettbewerb von Woodbury-Seifen mitzumachen.

Als im März 1929 der Mietvertrag für Ellerslie ausläuft, gehen die Fitzgeralds erneut nach Europa. Sie sind, wie Zelda registriert, nicht die Einzigen, die es rastlos umhertreibt: »Die Nachkriegs-Verschwendungssucht, die David und Alabama und weitere sechzigtausend Amerikaner in einer Art Hetzjagd ohne Hunde quer durch Europas Lande hetzte, erreichte ihren Höhepunkt. Das Damoklesschwert, geschmiedet aus den überzogenen Erwartungen, etwas umsonst zu bekommen, und aus der demoralisierenden Ungewissheit, für sein Geld bald nichts mehr zu bekommen, fiel (…) auf sie herab.«[307] Max Perkins wartet vergeblich darauf, noch vor der Abreise, wie versprochen, den nächsten Teil des Romans zu bekommen. Stattdessen erhält er einen langen Abschiedsbrief von Scott: »Ich stehle mich davon wie ein Dieb, ohne die Kapitel zu hinterlassen (…). Ich habe es einfach nicht geschafft. (…) Tausend Dank für deine Geduld – hab noch ein paar Monate länger Vertrauen zu mir, Max – es war auch für mich eine entmutigende Zeit, aber ich werde deine Güte und die Tatsache, dass du mir nie Vorwürfe gemacht hast, niemals vergessen.«[308] Es ist ein Abschied für lange Zeit. So schnell werden die Fitzgeralds nicht zurückkommen. In einer der Kurzgeschichten, die in den nächsten Monaten in Europa entstehen, beschreibt Scott den Schmerz beim Abschied von einem Land, das er oft harsch kritisiert und dennoch liebt: »Als er vom Deck der *Majestic* die Stadt und das Ufer schwinden sah, überkam ihn ein Gefühl überwältigender Dankbarkeit und Freude, dass es Amerika gab, dass unter dem hässlichen Schutt der Industrie das fruchtbare Land noch immer nachwuchs, unverbesserlich üppig und freigebig, und dass sich in den Herzen der führerlosen Menschen die alte Großzügigkeit und Hingabe noch immer behaupteten, bisweilen in Fanatismus und Exzesse ausarteten und doch immer unbezwingbar und unbesiegbar blieben. (…) Frankreich war ein Land, England war ein Volk, doch Amerika (…) war eine Hingabe des Herzens.«[309] Obwohl ihm beim Abschied so feierlich zumute ist, sorgt er bei der Überfahrt für große Aufregung, als er eine unbekannte Mitreisende neugierig danach befragt, ob Frauen bei Männern große oder kleine Schwänze bevorzugen würden. Zeldas wütendes »Halt den Mund, Scott! Du Idiot!« lässt ihn dabei völlig kalt.

Nach ihrer Ankunft quartieren sie sich für ein paar Wochen im Hotel Beau Rivage in Nizza ein, wo Scott einmal mehr wegen ungebührlichen Benehmens verhaftet wird. Zelda drängt auf die Weiterreise nach Paris, um ihre Ballettstunden wieder aufnehmen zu können. Im April steht sie endlich wieder im Studio der verehrten Meisterin: »Ich arbeitete unablässig und war, was meine Arbeit betraf, schrecklich abergläubisch und niedergeschlagen; voller böser Vorahnungen (…). Ich lebte in meiner eigenen, stillen, gespenstischen, überempfindlichen Welt. Scott trank. Eines Nachts sagte er mir, er habe eine ganze Tasse Blut gespuckt.«[310] Die Familie bezieht ein Apartment in der Rue de Mézières und trifft zu ihrer Freude John Peale Bishop wieder. Leider können sie dessen neureiche Frau Margaret auf den Tod nicht ausstehen, was das Zusammensein sichtlich erschwert.

Auch Ernest Hemingway und Pauline Pfeiffer sind in Paris, haben allerdings Max Perkins gebeten, Scott unter keinen Umständen ihre Adresse zu verraten. Vor Jahren hatte man Hemingway wegen Scotts schlechten Benehmens aus der Wohnung geworfen. Seine jetzige Wohnung will er behalten, und das ist in dem Fall, dass Scott wieder auf die Terrasse uriniert, den Vermieter beleidigt und um vier Uhr morgens versucht, die Haustüre einzutreten, doch eher unwahrscheinlich. Obwohl Scott gekränkt ist, als er davon erfährt, weiß er doch, wie recht die beiden haben. Außerdem findet er die Adresse schließlich doch heraus. Im Mai 1929 verfasst er für den *New Yorker* eine kurze Autobiografie, die nichts anderes beinhaltet als die Aufzählung aller alkoholischen Getränke, die er in den letzten Jahren konsumiert hat. Sie endet im Jahr 1929 mit »dem Gefühl, dass aller Alkohol getrunken ist und alles, was der Alkohol aus einem machen kann, erlebt worden ist – und dennoch, Garçon, un Chablis Mouton, 1902, et pour commencer une petite carafe de vin rosé. C'est ça. Merci.«[311]

Im Juni 1929 erhält Perkins den letzten Brief, in dem Scott seinen Roman überhaupt thematisiert. Ihm sei eine ganz neue Idee gekommen, eine neue Betrachtungsweise, die alle bisherigen Probleme lösen werde. Welche Idee das sein soll, bleibt Scotts Geheimnis. In den nächsten Briefen steht davon kein Wort mehr, stattdessen die Namen von jungen Schriftstellern, die er seinem Lektor ans Herz legt. Darauf, dass Perkins ihm immer deutlicher zu verstehen gibt, er müsse jetzt langsam mal etwas abliefern, geht er nicht ein. Den Vorschlag von Harold Ober, doch zumindest die Basil-Duke-Lee-Geschichten als Buch zu veröffentlichen, lehnt er ab: »Ich weiß, du verlierst langsam das Vertrauen in mich, genau wie Max, aber Gott weiß, am Ende muss man sich doch auf sein eigenes Urteilsvermögen verlassen. Ich hätte in den letzten fünf Jahren vier lausige, unausgegorene Bücher veröffentlichen können, und die Leute hätten gedacht, ich sei zumindest ein ehrenwerter junger Mann, der sich nicht in der Südsee zu Tode säuft – aber ich wäre tot wie (...) die anderen, die denken, sie können die Welt mit Hingeschmiertem und Zweitklassigem austricksen.«[312] Stattdessen verfasst er sieben neue Kurzgeschichten für die *Post*.

Auch Zelda schreibt wieder, diesmal über junge Frauen mit Talent und Tatkraft: »The Original Follies Girl«, »Southern Girl«, »The Girl with Talent«, »The Girl the Prince Liked«, »Poor Working Girl« und »A Millionaire's Girl«. Fünf davon werden 1929 in *College Humor* unter dem gemeinsamen Verfassernamen »F. Scott und Zelda Fitzgerald« veröffentlicht. »A Millionaire's Girl« erscheint 1930 in der *Saturday Evening Post* allein unter Scotts Namen. Man hatte 4000 Dollar Honorar geboten, wenn Zeldas Name gestrichen wird. In Briefen an Zelda räumt Scott später ein, dass es allein ihre Geschichten sind und er nur letzte Korrekturen vorgenommen hat, die teilweise von den Zeitschriftenredakteuren wieder rückgängig gemacht wurden. Er unterstützt sie beim Schreiben, solange er nicht ihre unmittelbare Konkurrenz fürchten muss. Dass Zelda die Missachtung ihrer Leistung nicht so ohne Weiteres wegsteckt, zeigt ein Blick auf die Originalmanuskripte. Hier hat sie Scotts Namen durchgestrichen und immer wieder die Worte »Nein!« und »Ich!« in den Text eingefügt.[313] Das Schreiben bedeutet ihr augenblicklich viel mehr als einen weiteren Baustein in ihrer Selbstverwirklichung. Mit den Erlösen will sie ihre Ballettstunden bezahlen, die mit 300 Dollar pro Monat nicht gerade billig sind. Da Scott das Tanzen nicht ernst nimmt, will sie nicht, dass er dafür aufkommt: »Es war mir schrecklich, von ihm Geld für meine Stunden zu nehmen: Ich wollte, dass mein Tanz mir gehörte.«[314] Es kränkt sie sehr, dass Scott nicht an ihren Erfolg glaubt und dies auch unmissverständlich zum Ausdruck bringt.

Der Schriftsteller, der es einfach nicht schafft, seinen Roman zu vollenden, leidet unter der Produktivität seiner Frau. Ihm kommt es vor, als ob alle anderen produktiver seien als er. Er hat Angst, seine beste Zeit könnte womöglich schon hinter ihm liegen, wie er an Hemingway schreibt: »Immerhin ist es durch Gottes Fügung möglich, dass die fünf Jahre vom Zeitpunkt meiner Entlassung aus der Army bis zur Fertigstellung des ›Gatsby‹, also von 1919–1924, in denen drei Romane, rund fünfzig gut gehende Stories + ein Theaterstück + zahlreiche Artikel + Filme entstanden sind, zu früh alles aus mir herausgeholt haben: wobei noch dazukommt, dass wir uns die ganze Zeit im Höchsttempo in der muntersten aller Welten, die sich finden ließ, bewegt haben (...). Das ist's *au fond*, was mich wirklich wurmt.«[315]

Neidvoll blickt er auf Ernest Hemingway. Als er in diesem Sommer das Typoskript von dessen neuem Roman »In einem anderen Land« liest, weiß er instinktiv, dass er einen Bestseller vor sich hat. Obwohl der Roman bereits als Vorabdruck in einer Zeitschrift erscheint, kann er es sich nicht verkneifen, dem Freund einen mehrere Seiten langen Brief mit Korrekturvorschlägen zu schicken. Hemingway kommentiert das mit wenigen Worten: »Leck mich am Arsch«, die er auf dem Umschlag notiert.[316] Hemingways Roman verkauft sich allein im ersten Jahr 93 000 Mal, Verkaufszahlen, von denen Scott nur träumen kann. Die Wege der beiden Freunde laufen nun in unterschiedliche Richtungen. Sie werden immer mehr zu Rivalen um die Gunst der Leserschaft. Dabei sind ihre Themen und ihr Stil so unterschiedlich wie ihre Persönlichkeit. Als Schriftsteller sind sie so verschieden, dass sie sich kaum in die Quere kommen können. Doch Scott, dem der Erfolg unter den Fingern zerrinnt, sieht sich im Wettbewerb mit Hemingway, der sich anschickt, der berühmteste Autor seiner Generation zu werden. Als Gertrude Stein die beiden einmal als Flammen ganz unterschiedlicher Art bezeichnet, ist Scott schwer beleidigt, glaubt er doch, sie halte Hemingways Flamme für strahlender. Nicht einmal ein langer Brief Hemingways kann ihn davon überzeugen, dass ihre Unterschiedlichkeit jeglichen Vergleich verbietet: »Ich bekreuzige mich und schwöre bei Gott, dass Gertrude Stein weder gestern Abend noch sonst wann mir gegenüber irgend etwas anderes als höchstes Lob über Dich geäußert hat. Das ist die reine Wahrheit. Die Tatsache, dass Du dem keinen Wert beimisst oder es nicht akzeptierst, macht es nicht weniger wahr. (...) Wozu also Vergleiche anstellen und von Überlegenheit sprechen. (...) So was kann es unter ernsthaften Schriftstellern gar nicht geben – sie sitzen alle im selben Boot. Ein Konkurrenzkampf innerhalb dieses Bootes – das auf den Tod zufährt – ist etwas genauso Albernes wie Sport an Deck treiben.«[317] Doch das gegenseitige Misstrauen ist längst da, wie eine andere Episode dieses Sommers zeigt. Ernest Hemingway ist ein leidenschaftlicher Boxer und hat hier in Paris in dem jungen kanadischen Schriftsteller Morley Callaghan einen neuen Sparringpartner gefunden. Als Scott den beiden einmal beim Boxen zuschaut, stellt er mit Überraschung fest, dass es der schlaksige Callaghan dank seiner ausgefeilten Technik mit dem durchtrainierten Hemingway durchaus aufnehmen kann. Er ist davon so fasziniert, dass er seine Pflichten als Ringrichter vernachlässigt und die Runde eine Minute zu lange laufen lässt. Genau in dieser Minute schlägt Callaghan Hemingway nieder. Als Scott seinen Irrtum erkennt, entschuldigt er sich wortreich, doch Hemingway unterstellt ihm Absicht. Er ist davon überzeugt, dass Scott ihn am Boden liegen sehen wollte. Er ist entsetzlich wütend auf Fitzgerald. Noch wütender wird er allerdings, als im November 1929 die *New York Herald Tribune* berichtet, Callaghan habe Hemingway bei dem Kampf in der ersten Runde k.o. geschlagen. Für den eitlen Macho eine tiefe Kränkung seiner Männlichkeit, die er Scott niemals verzeihen wird. Und auch Scotts Begeisterung für Hemingway flaut in den nächsten Jahren deutlich ab: »Ernest würde einem Mann, der um eine Stufe über ihm ist, immer eine hilfreiche Hand reichen.«[318]

Das Leben in Paris hat seine Leichtigkeit verloren. Zwar gibt es immer noch viele Partys, doch der Spaß ist vorbei: »Keiner wusste, wessen Party es war. Sie war schon seit Wochen im Gange. Wer meinte, er würde es nicht noch eine Nacht durchstehen, ging nach Hause, schlief, und wenn er zurückkam, waren neue Leute da, die die Party am Leben hielten«, schreibt Zelda, die längst keine Lust mehr hat, ihre Zeit mit derartigen Vergnügungen zu verschwenden.[319] Das Balletttraining kostet Kraft. Neben dem normalen Vormittagsunterricht nimmt sie nachmittags noch Privatstunden. Am Abend ist sie viel zu erschöpft, um auszugehen. Dann sitzt sie apathisch am Tisch, ist so müde, dass sie dem Gespräch kaum folgen kann. Dinnereinladungen schlägt sie nun grundsätzlich aus, um ihr Gewicht zu halten. Scott geht meist alleine aus. Doch wenn Zelda nicht bei ihm ist, um ihn zu bremsen und sicher nach Hause zu bringen, sind seine Abstürze noch schlimmer. Ist sie dabei, gibt es jedesmal Streit. Zelda wird immer mehr bewusst, dass sie als Paar mit den Veränderungen, die ihr Leben erfahren hat, nicht umgehen können. In ihrem Roman macht sie das anhand der Ehe von David und Alabama ganz deutlich: »Die gemeinsamen Erfahrungen hatten sie zu einem gemeinsamen, unglücklichen Kompromiss zusammengeschmiedet. Das war das Problem: Sie hatten nicht gedacht, dass sie sich anpassen müssten, je mehr das Verstehen ihren Horizont erweiterte. Deshalb zwangen sie sich nur zum Allernö-

[1] ZELDA SAYRE als 18-jährige Südstaatenschönheit, 1918 in Montgomery, Alabama

[2] F. SCOTT FITZGERALD im Alter von 15 Jahren als Schüler der katholischen Privatschule Newman in Hackensack, New Jersey

[3] ZELDA und F. SCOTT FITZGERALD im Garten der Familie Sayre in Montgomery, März 1921

[4] F. SCOTT FITZGERALD als Juror beim Schönheitswettbewerb von Woodbury-Seifen, 1928

[5] Das Traumpaar der *Roaring Twenties*:
ZELDA und F. SCOTT FITZGERALD in der
Zeitschrift *Hearst's International*, Mai 1923

[6] Vater und Tochter in Rom, 1924

[7] Familien-Weihnachten in der Rue de Tilsit 14, Paris, 1925

[8] ZELDA UND F. SCOTT FITZGERALD in der Villa St. Louis in Juan-les-Pins an der französischen Riviera, Sommer 1926

[9] Sommerfreuden in Südfrankreich: SCOTT, SCOTTIE und ZELDA FITZGERALD in Cannes, 1929

[10] Die FITZGERALDs auf der Überfahrt nach Frankreich, April 1928

[11] ZELDA und SCOTT mit versteinerten Mienen bei einem Theaterbesuch in Baltimore, 1932

[12] In die US-Schauspielerin LOIS MORAN verliebte sich F. Scott Fitzgerald bei seinem Hollywoodaufenthalt 1927.

[13] F. Scott Fitzgeralds letzte Liebe: die Kolumnistin SHEILAH GRAHAM, hier in den 1950er Jahren

12

13

[14] ZELDA FITZGERALD bei den Fotoaufnahmen für den Umschlag ihres Romans »Schenk mir den Walzer«, Herbst 1932

[15] F. SCOTT FITZGERALD vor dem Algonquin Hotel in New York kurz vor seinem Weggang nach Hollywood, fotografiert von Carl van Vechten am 4. Juni 1937

tigsten, und das war eher ein Kompromiss als eine Veränderung. Sie hatten gedacht, sie seien vollkommen, und hatten ihre Herzen für die Verschwendung geöffnet, nicht für die Veränderung.«[320] Auch drei der Kurzgeschichten, die Scott 1929 schreibt, »Stürmische Überfahrt«, »Die Schwimmer« und »Wie du mir«, handeln von den Problemen verheirateter Paare. 4000 Dollar zahlt die *Post* für jede einzelne. Es ist die höchste Summe, die er je für seine Geschichten erhalten wird.

Dabei ist die Fiktion weitaus harmloser als die Wirklichkeit. Was sich bei den Fitzgeralds abspielt, sprengt jede Vorstellungskraft. Ein gemeinsames Leben gibt es schon lange nicht mehr. Zelda tanzt, Scott trinkt und ein besorgtes Kindermädchen kümmert sich um Scottie. Zeldas fanatischem Engagement für das Tanzen haftet etwas ähnlich Selbstzerstörerisches an wie Scotts Trinkerei. Sie sind sich fremd geworden. Scott erinnert sich voller Traurigkeit an ihre ersten Jahre: »Ich war immer der Meinung, dass die langen Gespräche, die wir nachts führten, die um Mitternacht begannen und bis zum Morgengrauen dauerten (…), etwas ganz Zentrales in unserer Beziehung waren, eine Nähe schufen, die wir im Ehealltag nie erreichen konnten. (…) Ungefähr vor fünf Jahren haben wir irgendwo in Europa damit aufgehört.«[321]

Er reagiert zunehmend eifersüchtig auf Zeldas Ballettstunden. Längst ist ihm nicht mehr nach Lachen zumute, was ihre Verehrung für Madame Egorova anbelangt. Zelda betet ihre Lehrerin an und schenkt ihr täglich einen großen Strauß weiße Gardenien. Als die verehrte Meisterin einmal zum Tee zu den Fitzgeralds kommt, wirft sie sich ihr vor die Füße. Zelda entgleitet Scott, der dieser Entwicklung hilflos begegnet, mehr und mehr. Ihre seit Langem bestehenden sexuellen Probleme erschweren die Situation. Das Intimleben der beiden leidet unter Scotts Alkoholsucht und Zeldas Hochleistungssport. Es kommt zu einigen enttäuschenden Erlebnissen, nach denen Zelda sich als Frau missachtet und Scott sich als Mann überfordert fühlt. Er ist zutiefst getroffen, als Zelda ihm vorwirft, sein Penis sei zu klein, um eine Frau zu befriedigen. In seiner Not wendet er sich ausgerechnet an Supermacho Hemingway, der dies in seinen Erinnerungen genüsslich ausbreitet. Es folgen eine legendäre Penisvermessung auf der Toilette des Restaurants Michaud in Paris und Hemingways Rat, sich nicht aufzuregen, sondern stattdessen zum Vergleich die Statuen im Louvre heranzuziehen. Für Hemingway ist das nur eine weitere von Zeldas Aktionen, um Scott zu demütigen.

Die gegenseitigen Vorwürfe steigern sich, bis Zelda Scott zuletzt ein homoerotisches Verhältnis mit Ernest Hemingway unterstellt. Schon immer hatte sie dessen so offen zur Schau getragener Männlichkeit misstraut. Sie ist fest davon überzeugt, dass der Schriftsteller hinter seinem Machogehabe eine latente Homosexualität verbirgt, und sie äußert das auch in aller Öffentlichkeit. Nichts könnte Ernest Hemingway, der von seiner Mutter als Kind gezwungen worden war, Mädchenkleidung zu tragen, stärker treffen, als der Verdacht, er sei homosexuell. Dabei ist Zelda bei Weitem nicht die Einzige, die sich dahingehend zu Wort meldet. Auch der amerikanische Autor Robert McAlmon, selbst bekennender Homosexueller, behauptet, dass sowohl Hemingway als auch Fitzgerald schwul seien. Allerdings spricht er niemals von einer Affäre der beiden. Ganz anders Zelda. Ausschlaggebend für diesen Verdacht wird eine Nacht im Juni 1929, als Scott von einem Abend mit Hemingway betrunken nach Hause kommt, sich ins Bett wirft und stöhnt: »No more, baby«. Für eine geschockte Zelda der endgültige Beweis für die langgehegte Befürchtung, die beiden Autoren hätten ein Verhältnis. Scott ist völlig verstört, als sie ihn mit ihrem Verdacht konfrontiert. Monate später wird er ihr in einem Brief schreiben: »Am nächsten bin ich je drauf und dran gewesen, Dich zu verlassen, als Du mir in der Rue Palatine gesagt hast, ich sei ein Schwuler.«[322] Er verwahrt sich gegen Zeldas Verdächtigungen, indem er den Spieß umdreht und ihr nun ihrerseits eine lesbische Neigung unterstellt. Nicht nur ihre Besessenheit für Madame Egorova, sondern auch ihre enge Freundschaft mit bekennenden Lesben der Pariser Szene wie der Malerin Romaine Brooks, der Schriftstellerin Natalie Barney und Dolly Wilde, der exzentrischen Nichte Oscar Wildes, würden davon zeugen. Vor allem, dass Zelda in Natalie Barneys berühmtem Salon in der Rue Jacob aus- und eingeht, beunruhigt Scott. Als Dolly Wilde Zelda auf einer Party offen Avancen macht, dreht er vor Eifersucht fast durch und schreibt in sein Kontobuch: »Zelda + Dolly Wilde«.[323]

Als die Situation in Paris unerträglich wird, reisen sie im Juli 1929 nach Cannes. Hier mieten sie für den Sommer die Villa Fleur des Bois am Boulevard Eugène Gazagnaire. Die Murphys sind auch in Antibes, und die Fitzgeralds hoffen auf deren guten Einfluss und ihre Fähigkeit, das Leben zu einem einzigen Fest zu machen. Mit Robert Benchley und Dorothy Parker haben sich in diesem Sommer in der Villa America weitere Freunde aus New York eingefunden. Sie alle haben die

Fitzgeralds lange nicht gesehen und zeigen sich erschreckt über die Veränderung, die mit dem einstigen Glamourpaar vor sich gegangen ist. Gerald Murphy erinnert sich mit Grauen an Zeldas Lachen in jenem Sommer: »Es klang nicht wie eine menschliche Stimme (…). Es war ekstatisch, aber zugleich wirkte es irgendwie unterdrückt.«[324] Als sie alle gemeinsam im Kino einen Film anschauen, in dem ein riesiger Oktopus vorkommt, reagiert Zelda völlig hysterisch. Auf die Bewohner der Villa America wirken sie wie zwei Ertrinkende auf der verzweifelten Suche nach einem Rettungsanker. Und tatsächlich hoffen Zelda und Scott, dass die Erinnerung an bessere Zeiten die Realität erträglicher macht. Doch auch an der Riviera hat sich einiges verändert. Die Strände sind nicht länger einsam und versteckt, ganze Busladungen amerikanischer Touristen ergießen sich über vormals verwunschene Fischerdörfer. Dazu gesellen sich amerikanische Celebrities, Polospieler, Playboys und verkrachte Aristokraten. Scotts Hoffung, zur Ruhe zu kommen, erfüllt sich nicht: »Neuerdings neige ich dazu, gegen 11.00 Uhr zu kollabieren, wobei mir Tränen aus den Augen strömen oder mir der Gin bis zu den Lidern hochsteigt und überläuft, + sage interessierten Freunden oder Bekannten, dass ich keinen einzigen Freund auf der ganzen Welt habe und dementsprechend auch niemanden besonders mag, im allgemeinen Zelda eingeschlossen.«[325] Immerhin gelingen ihm zwei neue Kapitel seines Romans.

Im September 1929 erhält Zelda die Chance ihres Lebens. Julia Sedova lädt sie ein, im Opernballett des Teatro di San Carlo in Neapel in einer Aufführung von »Aida« ihr Debüt zu geben, und stellt ihr für die kommende Saison weitere Soloauftritte in Aussicht. Das ist die Chance, auf die sie so lange gewartet hat, noch dazu in einem der angesehensten Opernhäuser Europas. Doch Zelda ergreift sie nicht. Dass Scott dagegen ist, hätte sie in früheren Jahren kaum davon abgehalten, doch sie hat nicht mehr die Kraft und die Stärke des Dickkopfs aus dem Süden, den er einst geheiratet hat. Obwohl sie so hart dafür gearbeitet hat, fehlt ihr nun der Mut. Eine der wenigen Chancen, aus der Achterbahn mit Scott auszusteigen und ein eigenes Leben zu beginnen, verstreicht ungenutzt.

Im Herbst 1929 kollabiert die Welt. Auch die kleine private an der Riviera. Am 19. Oktober erhalten Sara und Gerald die Diagnose, dass ihr Sohn Patrick an Tuberkulose erkrankt ist. Hals über Kopf verlassen sie die Villa America und übersiedeln mit Sack und Pack in die

Schweiz. Dorothy Parker begleitet sie und versucht den Murphys, die so viel Freude in ihrer aller Leben gebracht haben, in dieser schweren Stunde beizustehen. Leicht fällt es ihr nicht, von nun an bestimmt Patricks Krankheit den Alltag der Familie. Die Fitzgeralds kehren nach Paris zurück. Bei der Fahrt entlang der Grande Corniche, die sich in engen Haarnadelkurven rund 500 Meter über dem Meer an hohen Klippen entlangwindet, greift Zelda Scott ins Steuer und versucht, den Wagen über die Steilklippen zu lenken. In letzter Sekunde gelingt es ihm, das Steuer herumzureißen und sie sicher in ihr neues Zuhause in die Rue Pergolèse 10, nahe des Bois de Boulogne, zu chauffieren.

Als sie in Paris eintreffen, ist die Weltwirtschaft völlig aus den Fugen geraten. Vom Schwarzen Freitag und den Menschen, die sich aus den Hochhäusern in den Tod stürzen, haben sie bei einem Zwischenstopp in Saint-Raphaël erfahren. Scotts Warnungen vor dem Ende der »teuersten Orgie in der Geschichte«[326] haben sich bewahrheitet: »Zu der Zeit fingen Altersgenossen von mir an, im dunklen Rachen des Todes zu verschwinden. Ein Klassenkamerad tötete auf Long Island seine Frau und sich selbst, ein anderer stürzte ›versehentlich‹ von einem Wolkenkratzer in Philadelphia, ein weiterer absichtlich von einem Wolkenkratzer in New York. Einer wurde in einem Speakeasy in Chicago umgebracht, ein anderer wurde in einem Speakeasy in New York zu Tode geprügelt und kroch heim in den Princeton Club, um zu sterben; einem weiteren, den man in ein Irrenhaus gesperrt hatte, spaltete ein Verrückter mit seiner Axt den Schädel. Das waren keine Katastrophen, nach denen ich erst außerhalb meiner Welt suchen musste – das waren meine Freunde. Und all diese Dinge passierten nicht während der Depression, sondern während des Booms.«[327]

Mit dem Schwarzen Freitag geht der Goldrausch der 1920er Jahre unwiderruflich zu Ende. Von nun an hält die Große Depression Amerika im Würgegriff. Der Schwarze Freitag im Oktober 1929 markiert den Beginn einer unaufhaltsamen Talfahrt des Dow-Jones-Index. Noch am 3. September 1929 war er auf dem Rekordstand von 381,17 Punkten gewesen. Im Juli 1932 werden es nur noch 41,22 Punkte sein. Der Boom ist vorbei, die Seifenblase zerplatzt. Tausende Groß- und Kleinanleger verlieren ihr Hab und Gut, mehr als 4000 Bankhäuser schließen, die Produktion in den Fabriken geht um die Hälfte zurück. Tausende Arbeiter und Angestellte werden entlassen oder müssen drastische Lohnkürzungen hinnehmen. Die Zahl der Arbeitslosen steigt auf knapp 13 Millionen. Viele ernähren sich in Zukunft von dem, was sie im Müll der anderen finden. Die Fitzgeralds sind von der Wirtschaftskrise nicht direkt betroffen. Sie besitzen weder Aktien noch Grundbesitz. Scotts Einnahmen belaufen sich ungeachtet der Ereignisse 1929 auf 32 448,18 Dollar, wovon ganze 31,77 Dollar Erlöse aus seinen Büchern sind. Doch das Ende der Jazz-Ära leitet auch das Ende ihres Chronisten ein, der zugleich das Symbol einer Zeit ist, die man angesichts ihrer Folgen nun verstärkt negativ bewertet. Sein Ansehen und auch sein Wert als Schriftsteller werden in den nächsten Jahren, in denen niemand mehr von den Problemen reicher junger Menschen lesen will, rapide zurückgehen.

Als die Kalmans in diesem Herbst nach Paris kommen, erleben sie einen völlig neben sich stehenden Scott, dessen Gesellschaft kaum noch zu ertragen ist. Auf einer ihrer Cocktailpartys blamiert er sie vor allen Gästen, worauf Oscar Kalman Scott einen weiteren Drink verweigert. Wutentbrannt stürmt der Schriftsteller unter der Drohung, niemals wieder zu kommen, aus dem Haus. Am anderen Morgen steht er frisch geduscht und putzmunter vor der Haustür. Die meiste Zeit ist er nun in seiner Lieblingsbar im Ritz anzutreffen. Doch weil er ständig Gäste belästigt und anpöbelt, hat man auch hier seine liebe Not mit dem berühmten Gast. Als er aus Jux und Tollerei den Hut eines Gastes zerstört, droht ihm das Management mit Lokalverbot. Doch Scott erweist sich als beratungsresistent: »Meine Moral sank nie unter den Punkt des Selbstekels, wenn ich etwa eine widerwärtige Schau abgezogen hatte.«[328] Trotz seiner hohen Einkünfte kommt er nur über die Runden, weil Max Perkins in der Hoffnung, dass Scott doch irgendwann einmal seinen Roman vollenden wird, Monat für Monat gewaltige Summen überweist.

Die Stimmung zwischen Scott und Zelda ist gespenstisch. Freunde erleben eine völlig apathische Zelda, die ohne Widerspruch zu Bett geht, wenn Scott sie schlafen schickt. Die sich in ein Taxi verfrachten lässt, wenn es Scott zu viel wird: »Wenn ich meine Frau jemals am Handgelenk gepackt hätte, um sie in ein Taxi zu setzen, hätten aus ihren Augen Funken gesprüht; es hätte richtig Ärger gegeben«, berichtet Morley Callaghan, der Zeuge einer solchen Szene wird: »Zeldas Gesicht war regungslos, doch ihr ganzes Verhalten hatte sich verändert; es schien, als wüsste sie genau, dass er über sie bestimmen konnte, und sie nahm es widerspruchslos hin. Ich wusste damals nicht, dass es bereits

Anzeichen für einen Zusammenbruch gegeben und Scott wahrscheinlich schon ziemliche Probleme mit ihr hatte.«[329]

Zeldas Begeisterung für das Tanzen hat sich längst zu einer Manie ausgewachsen. Die Familie ist ihr egal, es zählt nur noch der Tanz. Als sie einmal Gefahr läuft, zu spät zum Unterricht zu kommen, zieht sie sich noch im Taxi um. Gerald Murphy, der sie begleitet, muss mit ansehen, wie Zelda verzweifelt aus dem Wagen springt, um zum Studio zu laufen, als das Taxi in einen Stau gerät. Monate später wird Scott ihr schreiben: »Ich erinnere mich an trostlose Ausflüge nach Versailles, nach Reims, nach La Baule, die wir bloß unternommen haben, weil wir es zu Hause nicht mehr aushielten. Ich weiß noch, dass ich mich fragte, warum ich eigentlich weiter arbeitete, um die Rechnungen für diesen trostlosen Haushalt zu bezahlen.«[330]

Im Februar 1930 versuchen die Fitzgeralds mit einer Reise nach Algerien ihr zerbrochenes Glück zu retten. Das Geld für die Reise liefern einige Kurzgeschichten und nicht zuletzt Max Perkins, den Scott zum hundertsten Mal um Hilfe gebeten hat: »Ich bin so dankbar für das Geld – es wird auch nicht wieder vorkommen, aber ich habe es geschafft, mich schon wieder furchtbar zu verschulden. Ich wollte Ober (…) nicht schon wieder um Geld bitten.«[331] Scott verarbeitet den Kurztrip nach Nordafrika später in seiner Geschichte »Eine Reise ins Ausland«, in der ein Paar nach einigen Jahren feststellen muss, dass es nacheinander Frieden, Liebe und Gesundheit verloren hat. Für Zelda ist die Reise vergeudete Zeit: »Algerien wird für mich immer gefärbt sein von meiner Ungeduld und meinem Drang, wieder heimzukommen, von meinem Neid auf Scotts Fähigkeit, sich zu amüsieren, und von einem unerbittlichen Gefühl der Verzweiflung, von dem ich ständig heimgesucht wurde, wie jemand, der einen gefährlichen Fluss überquert und nicht wagt, weiter als bis zum nächsten Stein zu blicken.«[332]

Sofort nach ihrer Rückkehr nimmt Zelda den Tanzunterricht wieder auf. Psychisch und physisch steht sie am Rand der totalen Erschöpfung. Ihre Fixierung auf Madame Egorova hat krankhafte Züge angenommen. Die Murphys, die in diesem Frühjahr einen kurzen Abstecher nach Paris machen, sind voller Sorge. Gerald Murphy trifft die Fitzgeralds auf der Straße, als sie gerade vom Lunch mit John Peale Bishop kommen. Zelda beschuldigt Scott und Bishop lautstark, beim Lunch hinter ihrem Rücken über sie geredet zu haben. Dabei saß sie die ganze Zeit am Tisch. Gerald Murphy schwant in Bezug auf Zeldas

Geisteszustand Schlimmes. Allen tut es in der Seele weh zu sehen, was aus dem strahlenden Paar von einst geworden ist. John Dos Passos drückt aus, was alle denken: »Wenn man die Fitzgeralds mochte, war das Zusammensein mit ihnen herzzerreißend.«[333]

Zelda und Scott stehen am Abgrund. Das Fest ist zu Ende. Wie eine Kerze, die an beiden Enden brennt, haben sie ihre Kräfte überschätzt und bis zuletzt versucht, Reserven anzuzapfen, über die keiner von beiden verfügt. Resümierend schreibt Scott an Zelda: »Du warst dabei, verrückt zu werden, und hast es Genie genannt – ich bin in den Ruin gesunken und habe es genannt, wie es mir gerade passte. Und ich denke, jeder, der genug Abstand hatte, um uns außerhalb unserer schlagfertigen Selbstdarstellung zu sehen, konnte Deine fast größenwahnsinnige Selbstsucht und meine ungesunde Trinkerei bemerken. Gegen Ende war eigentlich so ziemlich alles egal. (…) Wir haben uns jeder selbst ruiniert.«[334]

«Für eine Party ist es tödlich,
wenn man bleibt,
bis die Verdauung einsetzt.«
ZELDA FITZGERALD [335]

VII.
»Du wurdest verrückt und nanntest es Genie«
Ein verdammtes Schlamassel

Fast genau zehn Jahre nach ihrer Heirat, am 23. April 1930, wird Zelda in die Malmaison Klink bei Paris eingeliefert. Scott schreibt in sein Kontobuch: »Zusammenbruch! Zelda und Amerika!«[336] Bei ihrer Einlieferung wirkt sie apathisch, sie hat eine leichte Fahne. Daran, dass sie nicht bleiben kann, lässt sie keinen Zweifel: »Das ist schrecklich, das ist grausam, was passiert mit mir, ich muss arbeiten, ich kann nicht länger arbeiten, ich muss sterben und muss doch arbeiten. Ich werde nie mehr gesund, lassen Sie mich gehen.«[337] Die Ärzte vermerken in ihrer Krankenakte, dass die Patientin unter Panikattacken leidet und zu Gewaltausbrüchen neigt. Da sie bereits mehrere Selbstmordversuche hinter sich hat, wäre eine stationäre Behandlung angezeigt. Doch bereits am 2. Mai 1930 verlässt Zelda die Klinik auf eigenen Wunsch und kehrt an ihre Ballettstange zurück. Ein Fehler, wie sich bald zeigt. Beängstigende Wahnvorstellungen führen nach kurzer Zeit zu einem weiteren Selbstmordversuch. Dass ihre großartige Kurzgeschichte »A Millionaire's Girl« zwischenzeitlich bei der *Post* unter Scotts Namen veröffentlicht wird, befördert ihren Gesundheitszustand nicht im Mindesten. Gegen ihren Willen bringt Scott sie schließlich am 22. Mai 1930 in die Valmont Klinik in Glion nahe Montreux. Der behandelnde Arzt notiert, dass Mrs. Fitzgerald darauf bestehe, nach Paris zurückzukehren, da man sie gegen ihren Willen hierhergebracht habe. Sie wolle zurück zu ihren Ballettstunden, der einzigen Sache, die ihr wirklich etwas bedeute. Sie erwähnt auch, wie sehr ihr die tiefen Gefühle für ihre Tanzlehrerin zu schaffen machen, und dass sie große Angst davor habe, lesbisch zu sein.[338]

Der Fall ist kompliziert und Valmont keine psychiatrische Spezialklinik, und so wird am 3. Juni Dr. Oscar Forel, Psychotherapeut und Leiter der Klink Les Rives de Prangins in Nyon am Genfer See, zu Rate gezogen. Dieser kommt zu dem Ergebnis, dass mehr als reine Erschöpfung hinter Zeldas Leiden steckt. Er diagnostiziert Schizophrenie und überweist die Patientin zur Weiterbehandlung in seine Klink. Die Einrichtung, die nach außen hin den Eindruck eines Country Clubs vermittelt, gilt in jenen Jahren als eine der besten Nervenkliniken Europas. Hier werden Prominente aus aller Welt behandelt. Die Patienten sind in mehreren über einen großen Park verteilten Villen untergebracht. Es gibt Tennisplätze, ein Schwimmbad sowie Werkstätten und Ateliers für Beschäftigungstherapie. Eine Umgebung, für die ein satter Preis zu bezahlen ist. 1000 Dollar ist das Minimum dessen, was Aufenthalt und Behandlung im Monat kosten. Zelda, die kaum weiß, wie ihr geschieht, begibt sich zwar freiwillig dorthin, doch wird starker Druck auf sie ausgeübt. Begleitet wird sie von Scott und ihrem Schwager Newman Smith, dem Mann ihrer in Brüssel lebenden Schwester Rosalind. Es ist der Beginn einer schier endlosen Leidenszeit für das ehemalige *Flapper Girl*: »Ich habe solche Angst (...). Ich scheine nichts zu können, was einer Dreißigjährigen gemäß wäre: Ich nehme an, das kommt davon, dass ich mich so durch und durch ausgegeben, so völlig jede Faser überanstrengt habe in diesem nichtigen Versuch etwas zu erreichen, bei dem jeder Faktor gegen mich war.«[339]

Wie Scott an seine Mutter schreibt, wird Zeldas Genesung lange dauern. Er informiert auch ihre Eltern, verschweigt allerdings, wie ernst es um Zelda steht. Doch nachdem Zeldas wöchentliche Briefe ausgeblieben sind, sind die Sayres verständlicherweise in großer Sorge. Ihrem Schwiegersohn, den sie von jeher für leichtsinnig und verantwortungslos hielten, glauben sie kein Wort. Zu Recht, denn Zelda geht es sehr schlecht. Sie leidet unter Panikattacken, hysterischen Anfällen, Wahrnehmungsstörungen, Überempfindlichkeit, Tagträumen und Schlaflosigkeit. Die Ärzte attestieren ihr eine schwere Persönlichkeitsstörung und behandeln sie dementsprechend. So friedlich und elegant die Atmosphäre in Prangins auch scheint, die Theraphiemethoden sind hier nicht weniger grausam als in anderen Nervenkliniken. Die Psychiatrie ist in dieser Zeit noch eine junge Wissenschaft und die Behandlung, die man Zelda, die jede Art von Therapie verweigert und den Kontakt mit den anderen Patienten meidet, angedeihen lässt, ist aus heutiger Sicht mehr als zweifelhaft. Sie wird mit Chloralhydrat, dem ersten synthetisch hergestellten Schlafmittel, das neben Suchtgefahr schwere Nebenwirkungen hat, ruhiggestellt. Bei mehr als einer Gelegenheit wird die Patientin am Bett fixiert, manchmal »nur« mit einem Hüftgurt, manchmal aber werden zusätzlich auch ihre Handgelenke am Bettgestell angebunden.[340]

Um Zelda nahe zu sein, bleibt Scott in der Schweiz. Verschiedene Hotels zwischen Lausanne und Genf werden in den nächsten Monaten sein Zuhause. Scottie bleibt mit dem Kindermädchen in Paris, sie soll nicht schon wieder die Schule wechseln. Vier bis fünf Tage im Monat fährt Scott zu ihr. Ein unmöglicher Zustand für das Kind, wie Zeldas Schwester Rosalind findet. Sie bietet Scott an, sich um Scottie zu kümmern, während ihre Mutter in der Klinik ist. Da sie Scott für den Hauptverantwortlichen an Zeldas Zusammenbruch hält, will sie zumindest die Tochter vor ihm in Sicherheit bringen. Scott reagiert empört und weist ihr Angebot brüsk zurück. In seiner Kurzgeschichte »Wiedersehen mit Babylon«, in der ein alkoholabhängiger Vater nach dem Tod der Mutter mit seiner Schwägerin um das Sorgerecht für seine Tochter kämpft, wird er später die Auseinandersetzung mit Rosalind verarbeiten.

Dr. Forel setzt bei seiner Behandlung auch auf die Mitarbeit der Familie. Sowohl von den Eltern als auch vom Ehemann lässt er sich Zeldas Leben und ihr Wesen schildern. Beide Seiten geben bereitwillig Auskunft, verheimlichen jedoch zentrale Punkte. So verschweigen die Eltern Sayre die Fälle von Depressionen und Nervenleiden, die es in der Familie gab und gibt, ebenso wie Scott seinen Alkoholmissbrauch. Dafür geben sie dem jeweils anderen Schuld an Zeldas Zusammenbruch. Die Sayres verweisen auf Scotts unstetes Leben und seine Trinkerei, während Scott die psychischen Probleme von Zeldas Schwestern und ihrem Vater erwähnt und ganz nebenbei bemerkt, dass sich bereits ihre Tante und ihre Großmutter mütterlicherseits das Leben genommen hätten. Seiner Ansicht nach ist vor allem die falsche Erziehung der Mutter schuld an Zeldas Verwirrung. Diese hätte aus Zelda ein verwöhntes, egozentrisches Geschöpf gemacht, das mit der Realität nicht zurande kommt. Schuld an dem ganzen Schlamassel sei einzig und allein diese verdammte Südstaatenattitüde, Frauen zu kapriziösen Wesen heranzuziehen anstatt zu Persönlichkeiten, die ihr Leben selbst in die Hand nehmen. Dr. Forel geht davon aus, dass vor allem Zeldas übertriebener Ehrgeiz den Erschöpfungszustand, in dem sie sich akut befindet, ausgelöst hat und letztlich ursächlich für ihre Psychose ist. Scotts Alkoholismus und die Eheprobleme der beiden hätten zudem zu einer Depression mit starken Selbstmordtendenzen geführt. Sein Ziel ist es, Zelda von ihrem, wie er es nennt, krankhaften Ehrgeiz zu heilen und sie wieder zu einer guten Ehefrau und Mutter zu machen. Dann würde auch die Psychose verschwinden. Dass die jahrelange Unterdrückung ihrer Fähigkeiten, Wünsche und Bedürfnisse Zelda in seine Klinik gebracht haben, zieht er nicht in Erwägung. Da Dr. Forel das ungeklärte Verhältnis der beiden als einen der Gründe für Zeldas Zusammenbruch deutet, erhält Scott auf unbestimmte Zeit Besuchsverbot. Damit sind Zelda und F. Scott Fitzgerald zum ersten Mal seit zehn Jahren getrennt.

Ein Umstand, mit dem Scott nur schwer zurechtkommt. In seiner Hilflosigkeit bittet er Dr. Forel, Zelda zumindest Blumen schicken zu dürfen. Auch die Erlaubnis, ihr zu schreiben, wird erteilt. Scott versichert, nichts zu schreiben, was Zelda aufregen könnte. In den nächsten Monaten bringen die beiden in über hundert Briefen alles zur Sprache, was ihnen auf der Seele brennt. Da beide ihre Briefe nicht datieren, ist eine chronologische Einordnung nur aufgrund des Briefinhalts möglich. Der interessanteste Brief, den Scott schreibt, ist einer, den er nicht abschickt, in dem er jedoch auf sieben Seiten seine Sicht der Dinge darstellt. Er beschreibt, wie vernachlässigt er sich fühlte, wie sehr ihre ständigen Auseinandersetzungen mit dem Personal an seinen Nerven zerrten und wie belastend er ihre Abneigung gegenüber seinen Freunden empfand – und noch einmal, wie sehr ihn die Affäre Jozan getroffen hat.[341] Auch Zelda rekapituliert die gemeinsame Zeit. Sie braucht 42 Seiten, um dieses Leben, das ihr vor allem in den letzten Jahren gehetzt, oberflächlich und sehr anstrengend erschien, zu schildern: »Du warst ständig betrunken. Du hast nicht gearbeitet und wurdest nachts von Taxifahrern heimgeschleppt, wenn Du überhaupt nach Hause gekommen bist. Du hast gesagt, daran sei ich schuld, weil ich den ganzen Tag tanzte. Was sollte ich tun? Du bist erst zum Mittagessen aufgestanden. Du bist nie auf mich zugekommen und hast Dich beklagt, ich sei kalt.«[342] Obwohl Scott Dr. Forel versichert hat, Zelda nicht aufzuregen, bleiben Verletzungen bei dieser Art von Aufarbeitung nicht aus. Scotts Sichtweise ist nicht diejenige Zeldas, und das gegenseitige Verständnis hält sich in Grenzen, wie dieser Brief Zeldas zeigt: »Immerhin ist Deine Darstellung der Situation poetisch, auch wenn sie nichts mit der Wahrheit zu tun hat: Deine Arbeit, um die Familie zu erhalten, und meine Arbeit, um ihr zu entkommen. Wenn Du das absolute Minimum an Anstrengung, das Du sowohl für Deine Arbeit wie für unser gemeinsames Wohl aufgebracht hast, ohne Hoffnung oder Pläne für die Zukunft, außer den dunklen Capricen, die Dich von einem Ort zum anderen treiben, so nennen kannst, dann beneide ich Dich um Deine mentalen Prozesse, die Verhältnisse zu Gunsten der Rechtschaffenheit Deiner Haltung so entstellen zu können.«[343] Sie empfindet seine Erklärungsversuche als schamlose Ausreden, die sie so wütend machen, dass sie ihm die Trennung vorschlägt: »Unsere Divergenzen sind, das wirst Du einsehen, zu groß, als dass je noch etwas anderes aus uns werden könnte als ein permanentes Hickhack, und da wir nie weder Hilfe noch Befriedigung ineinander gefunden haben, ist es das beste, dies getrennt zu suchen. Du kannst also unverzüglich tun, was man eben tut, um die Scheidung einzureichen.«[344] Nie zuvor hatte sie so gesprochen. Niemals hatte sie ernsthaft in Erwägung gezogen, Scott zu verlassen. Erst jetzt, da sie, eingesperrt in eine Klinik, nichts mehr zu verlieren hat, reicht es ihr: »Es hat nicht den geringsten Zweck mit uns, selbst wenn wir es versuchen wollten, was ich, das versichere ich Dir, nicht will – nicht einmal ein bisschen. Wenn ich Deine guten Eigenschaften auflisten, finde ich auch nicht eine einzige, auf die man eine mögliche Beziehung gründen könnte, außer Deinem guten Aussehen, und das haben Dutzende von Leuten: der Oberkellner im Plaza del Funti und mein Coiffeur in Paris.«[345]

Obwohl Zelda Scott mit Vorwürfen überzieht, reflektiert sie im Gegensatz zu ihrem Mann auch ihr eigenes Verhalten. Ihr ist längst klar, dass ihre Besessenheit für das Ballett krankhafte Züge angenommen hatte: »Ich (…) bin von der Egorova abhängig geworden. Ich konnte nicht mehr auf die Straße gehen, wenn ich nicht in meiner Stunde gewesen war. Ich habe es mit der Wohnung nicht mehr geschafft, wie ich nicht mehr mit den Dienstboten sprechen konnte. Ich konnte nicht mehr in die Geschäfte gehen und Kleider kaufen, und meine Gefühle wurden ganz verwirrt und blind.«[346] Die Abhängigkeit von Madame Egorova hat sie in tiefe Verzweiflung gestürzt, denn, wie sie an Scott schreibt, glaubt sie, »dass es falsch war, meine Lehrerin zu lieben, wenn ich Dich hätte lieben sollen«.[347] Auch ihre sexuellen Probleme kommen nun auf den Tisch. Während Scott die Ursache in Zeldas Neigung zu Frauen sieht, wirft diese ihm anhaltendes Desinteresse vor: »Viele Nächte bist Du nicht nach Hause gekommen. Du bist nur einmal in diesem ganzen Sommer in mein Zimmer gekommen, aber das war mir gleich. (...) Du hast mich immer mehr alleingelassen und obwohl Du Dich beklagt hast, es liege an der Wohnung oder an den Dienstboten oder an mir, weißt Du, das der wahre Grund, warum Du nicht arbeiten konntest, war, dass Du immer die halbe Nacht aus warst und krank warst und ständig getrunken hast.«[348]

Dass sie ihn als Alkoholiker bezeichnet, kann Scott gerade noch akzeptieren. Ganz anders sieht es mit dem wiederholt geäußerten Verdacht seiner Homosexualität aus, die sie für die sexuellen Probleme in ihrer Ehe mitverantwortlich macht. Nichts kann ihn mehr verletzen. Bereits in der Valmont Klinik war es deswegen zu einer hässlichen Szene zwischen beiden gekommen, die Scott in seinen Briefen noch einmal zur Sprache bringt: »Es treibt mich eigentlich, einen öffentlichen Brief an den Paris Herald zu schreiben, um zu sehen, ob irgendein menschliches Wesen außer Dir und Robert McAlmon je gedacht hat, dass ich ein Homosexueller bin. Die drei Wochen nach dem Horror von Valmont, als ich auf der Straße nach Deinen widerlichen, gemeinen Behauptungen und Andeutungen keinem Mann mehr in die Augen sehen konnte, werden sich nicht wiederholen. Falls Du Dich entschieden hast, Deinen Ringkampf mit einem Luftkissen fortzusetzen, möchte ich nicht einmal Zuschauer sein.«[349] Aus heutiger Sicht scheint Fitzgeralds Homophobie irritierend. Doch er lebt in einer Welt, in der Homosexualität als Krankheit betrachtet wird, die man behandeln muss, und in der nur wenige es wagen, offen zu ihrer sexuellen Orientierung zu stehen. In »Zärtlich ist die Nacht« wird Scott einen verzweifelten Vater schildern, der seinen schwulen Sohn in die Psychiatrie bringt, um ihn »heilen« zu lassen: »Mein Sohn ist verderbt. (...) Ich habe alles versucht. Ich habe mich mit einem befreundeten Arzt beraten und die beiden auf eine Spanienreise geschickt. Jeden Abend hat Francisco eine Canthadirin-Spritze bekommen, und dann sind sie losgezogen in ein anständiges Bordell. Eine Woche schien das gut zu gehen, aber letztlich war das Unternehmen dann doch ein Schlag ins Wasser. Vergangene Woche habe ich dann zu Francisco in diesem Zimmer, das heißt, dort im Bad gesagt (...), er solle den Oberkörper freimachen, und dann habe ich mit einer Peitsche auf ihn eingeschlagen.«[350] Die Angst vor der Homosexualität wird im 20. Jahrhundert zu schrecklichen Exzessen führen. Erst 1992 wird die Weltgesundheitsorganisation Homosexualität aus der »Internationalen statistischen Klassifikation der Krankheiten und verwandter Gesundheitsprobleme« (ICD) herausnehmen. Dennoch gibt es bis heute eine, allerdings immer kleiner werdende, Gruppe von Medizinern, die an der Klassifizierung von Homosexualität als psychischer Störung festhalten. Zu Zelda und Scotts Zeiten ist dies die gängige Interpretation. Das grauenvolle Schicksal Oscar Wildes ist allen in Erinnerung.

Kein Wunder, dass Zelda vor ihren Gefühlen zu Madame Egorova zurückschreckt und es zu Dr. Forels Therapiezielen gehört, Zelda ihre lesbischen Neigungen »auszutreiben«. Zu dem von Dr. Forel gestarteten Erziehungsprogramm gehört auch, die gestörte sexuelle Beziehung der Fitzgeralds wieder herzustellen. Dies wäre ein deutliches Zeichen für Zeldas Heilung. Um Zelda wieder zu einer guten Ehefrau und Mutter zu machen, ist jedes Mittel recht: Morphium, das aus der Tollkirsche gewonnene Belladonna und das Barbiturat Luminal. Auch eine Hydrotherapie samt Trinkkur mit Heilwasser, Waschungen und feuchten Wickeln soll helfen. Zelda lässt alles über sich ergehen, im Gesicht immer jenes unheimliche Lächeln, das schon vor Jahren den Murphys das Blut in den Adern gefrieren ließ.

Im Juni 1930 darf Scottie ihre Mutter zum ersten Mal besuchen. Der Besuch beschäftigt Zelda so sehr, dass sie ein schmerzhaftes Ekzem bekommt, das sich über Gesicht, Schultern und Hals ausbreitet. Auch früher hatte sie bei nervlicher Anspannung unter Ausschlag gelitten, doch nie zuvor ist es so schlimm gewesen. Sie ist völlig entstellt und hat schreckliche Schmerzen. Noch schlimmer allerdings ist die Behandlung, mit der man versucht, sie davon zu befreien. Völlig verzweifelt schreibt sie an Scott: »Bitte schreibe, aus Barmherzigkeit, an Dr. Forel, er soll mit dieser Behandlung aufhören. (…) Einen Monat und eine Woche habe ich jetzt schon mit diesen Verbänden in meinem Zimmer verbringen müssen, mein Gesicht und mein Hals brennen wie Feuer. (…) Ich begreife nicht, warum ausgerechnet ich dies alles ertragen muss – wozu?«[351] Sie ist zutiefst unglücklich, will raus aus der Klinik. Bei einem begleiteten Spaziergang versucht sie zu fliehen, doch man fängt sie ein und sperrt sie in die Villa Eglantine, die geschlossene Abteilung der Klinik. Hier wird sie mit Tabletten ruhiggestellt und dämmert tagelang vor sich hin. Ihre Verzweiflung wächst: »Wenn ich meine Lage wenigstens einmal richtig verstehen könnte, gelänge es mir auch besser, damit fertig zu werden. (…) Ich will nicht den Verstand verlieren.«[352]

Scott tut in der Zwischenzeit sein Bestes, um für Scottie Vater und Mutter zugleich zu sein. Im Juni 1930 fährt er nach Paris. Hier lernt er einen neuen Scribner-Autor kennen: Thomas Wolfe, dessen Meisterwerk »Schau heimwärts, Engel« ein Jahr zuvor erschienen ist. Sie verstehen sich auf Anhieb. Scott verschlingt Wolfes Buch in einem Lesemarathon von 20 Stunden und bestätigt Maxwell Perkins umgehend, wieder einmal ein untrügliches Gespür für gute Literatur bewiesen zu haben. Als er Wolfe jedoch einen Monat später in der Schweiz wieder trifft, fühlt dieser sich von dem ständig betrunkenen Fitzgerald gestört. So sehr Wolfe ihn auch mag, diesmal geht er auf Abstand.

Scott schafft es einfach nicht, seinen Alkoholkonsum einzudämmen. Nicht einmal, als Dr. Forel ihm unmissverständlich klarmacht, dass seine Trunksucht einer der Hauptgründe für Zeldas Zusammenbruch ist. Alle Ärzte, mit denen er in den nächsten Jahren zu tun hat, empfehlen ihm dringend zu seinem und Zeldas Wohl dem Alkohol zu entsagen. Doch Scott ist unbelehrbar: »Nun gut, wenn also jetzt die alte Frage wieder aufs Tablett kommt, welcher von zwei Menschen es wert ist, gerettet zu werden, dann muss ich im Hinblick auf meine einst schon fast verwirklichten Ambitionen, in die englischsprachige Literatur einzugehen, im Hinblick auf mein Kind und auch auf Zelda, was ihren Unterhalt anbelangt – notgedrungen zuallerst an mich selbst denken.«[353] Er kann sich allenfalls vorstellen, das Trinken einzuschränken; aufhören kann und will er nicht: »Ich habe intensiv gelebt und die entscheidende Unschuld, die dies möglich machen würde, in mir kaputt gemacht. Für meinen Alkoholmissbrauch muss ich mit Leid, vielleicht auch mit dem Tod bezahlen, aber ganz sicher nicht mit Verzicht.«[354] Er bleibt dabei: Zeldas Absturz ist die Schuld seiner Schwiegermutter und deren verkorkster Erziehung: »Die Notwendigkeit einer willkürlichen und unmotivierten, *oft sogar einer unerwünschten Selbstbehauptung* – und der Widerspruch zwischen diesem Charakterzug und einer vom Vater geerbten vernünftigen Denkweise waren es, die sie später in den Wahnsinn trieben.«[355]

In der Abgeschiedenheit der Klinik versucht Zelda, ihr Leben zu sortieren und herauszufinden, wie es weitergehen soll. Sie bittet Scott, sich bei Madame Egorova zu erkundigen, wie es um ihre Chancen auf eine Karriere als Tänzerin wirklich bestellt sei. Da ihr Traum, Primaballerina zu werden, als eine Ursache ihrer Psychose gilt, unterstützt Dr. Forel diesen Wunsch. Er geht sogar noch weiter und schlägt Scott vor, Madame Egorova zu bitten, in jedem Fall eine Negativeinschätzung abzugeben. Dies könne Zelda von ihrem Wahn heilen. Doch Scott lässt sich nicht darauf ein, Zelda derart zu manipulieren. Am 22. Juni 1930 schreibt er der großen Tänzerin einen Brief mit der Bitte um eine ehrliche Antwort: »Zelda ist noch immer sehr krank. Manchmal scheint eine leichte Besserung einzutreten, doch dann macht sie plötzlich wieder etwas völlig Verrücktes. Eine vollkommene Genesung liegt leider noch in weiter Ferne.[356]

Die Antwort der Tanzlehrerin ist überraschend. Zwar bestätigt sie Scotts Vermutung, dass Zelda zu spät mit dem Tanzen begonnen hat, um noch eine große Solotänzerin zu werden. Dennoch bescheinigt sie ihr so viel Talent, dass sie aufgrund ihres Fleißes und ihrer Begabung durchaus in Nebenrollen, auch auf großen Bühnen, bestehen könnte. Eine Antwort, die keine der beiden Parteien befriedigt. Zelda empfindet sie gar als so niederschmetternd, dass sie umgehend aufhört zu tanzen. Nichts Geringeres als eine Pawlowa hatte sie werden wollen. An der zweiten Reihe hat sie kein Interesse. Mit Madame Egorovas Antwort erlischt Zeldas Leidenschaft für das Ballett und für die Lehrerin.

Stattdessen stürzt sie sich jetzt mit Feuereifer auf das Schreiben. Bis Mitte Juli entstehen drei neue Kurzgeschichten: »A Workman«, »The Drought and the Flood« und »The House«. Scott schickt alle drei an Max Perkins zur Veröffentlichung im *Scribner's Magazine*: »Abgesehen von der Schönheit und dem Reichtum der Sprache haben sie etwas seltsam Quälendes und Beschwörendes an sich, das völlig neuartig ist. (…) Meiner Ansicht nach ist das Literatur.«[357] Doch dem Magazin erscheinen sie ungeeignet für ein breites Publikum. Auch Harold Obers Versuche, sie zur Veröffentlichung zu bringen, scheitern. Sie werden nicht publiziert und gehen im Laufe der Zeit verloren.

Scott selbst geht langsam das Geld aus. Zu seiner Überraschung lassen sich die bisher so freigebig sprudelnden Geldquellen nicht unendlich anzapfen. Im Juli schreibt er sichtlich kleinlaut an Perkins: »Zelda ist noch immer sterbenskrank und der Psychiater, der sie rund um die Uhr betreut, ist eine teure Angelegenheit. Als im Juni die Hoffnungen auf Heilung einen Dämpfer erlitten, habe ich mich so aufgeregt, dass ich fast nicht arbeiten konnte, und jetzt hinke ich hinterher. Und dann kam auch noch ein Telegramm von Ober, dass er mir zum allerersten Mal nicht den üblichen Vorschuss für eine Geschichte auszahlen kann.«[358] Max Perkins hilft ihm mit 3000 Dollar aus der Klemme, obwohl sein Lieblingsautor seit sechs Jahren keinen Roman geschrieben hat. Und das wird zunächst auch so bleiben. Um wieder flüssig zu werden, verfasst Scott neue Kurzgeschichten und beginnt mit einer neuen Serie für die *Post*. Für seine Storys rund um Josephine Perry steht Jugendliebe Ginevra King Pate. Seine Kurzgeschichten bringen ihm in diesem Jahr 25 200 Dollar ein, doch allein die Kosten für Zeldas Klinikaufenthalt belaufen sich auf mehr als 13 000 Dollar. Dazu kommen die Kosten für Scottie, die Gouvernante, die Wohnung in Paris, seine eigenen Hotelrechnungen, Reisekosten etc.

Im August darf Scottie ihre Mutter erneut besuchen. Doch sie sind sich fremd, gehen sehr vorsichtig miteinander um. Erst im September sieht auch Scott seine Frau wieder. Der Besuch verläuft erstaunlich friedlich, was vielleicht auch daran liegt, dass Dr. Forel es geschafft hat, Zeldas Ekzem mit einer neuartigen Hypnosebehandlung zu heilen. Dieses erste Treffen nach Monaten verändert den Tenor ihrer Briefe. Die Vorwürfe ebben ab, eine neue Zärtlichkeit hält Einzug. Manche ihrer Biografinnen gehen davon aus, dass Zelda genau wusste, dass ihre Briefe geöffnet wurden, und sie sich von ihrer besten Seite als liebevolle Ehefrau zeigen wollte, um so schnell wie möglich der Klinik zu entkommen. Doch Zelda ist mindestens so dickköpfig wie schlau, und sich, wenn auch nur vorgeblich, zu fügen, passt wenig zu ihrem Charakter. Stattdessen zeigen die Briefe, warum sich das Paar, das sich gegenseitig an die Grenzen bringt, letztlich niemals trennt. Die große Zuneigung zueinander verhindert, dass sie das tun, was am besten für sie wäre: getrennte Weg zu gehen. Noch in seinen verzweifeltsten und anklagendsten Briefen schreibt Scott am Ende: »Ich liebe Dich von ganzem Herzen, denn Du bist ja mein Mädchen, und das ist alles, was ich weiß.«[359] Daran ändert auch nichts, dass er während Zeldas Klinikaufenthalt diverse Affären hat, unter anderem mit Bijou O'Conor, der jungen Witwe eines irischen Leutnants, und mit Emily Vanderbilt.

Nach fast einem halben Jahr Klinikaufenthalt hat sich Zeldas Zustand nur unmerklich verbessert. Am 10. November wird sie erneut in die geschlossene Abteilung verlegt. Das Ekzem ist zurück; Gesicht, Hals und Dekolleté sind eine einzige Wunde. Verlegt wird sie jedoch vor allem, weil sie es sich nicht nehmen ließ, zu masturbieren. Man steckt sie in eine Zwangsjacke und fixiert ihre Hände so, dass sie sich nicht mehr selbst berühren kann. Auf diese Weise soll ihr eine, nach Ansicht der Ärzte, ganz offenkundig fehlende Selbstdisziplin beigebracht werden.[360] Zelda wird nun auch einer in den 1930er Jahren in der Psychiatrie weit verbreiteten, wenn auch nicht unumstrittenen, Insulin-Schockbehandlung unterzogen, die sie noch kränker macht, als sie ist. Durch die Verabreichung von Insulin wird eine künstliche Unterzuckerung herbeigeführt, durch die sie in ein minutenlanges Koma fällt. Anschließend wird sie durch Eingabe von Zucker wieder aufgeweckt. Nicht nur, dass es dabei zu starken Krampfanfällen kommen kann; bei vielen Patienten löscht die Therapie sämtliche Kindheitserinnerungen. Mancher behält von der wiederholten Anwendung irreversible geistige Schäden zurück. An Zelda wird diese Therapie in den nächsten zehn Jahren immer wieder durchgeführt. Sie leidet Höllenqualen und ist doch unendlich tapfer: »Wie entsetzlich das alles ist – aber wenn es uns das Trinken austreibt, hat es sich gelohnt – dann kannst Du Deinen Roman beenden und ein Stück schreiben und wir können irgendwo wohnen und ein Haus haben mit einem Zimmer zum Malen und Schreiben (…) und es wird wieder Sonntage und Montage geben, die sich voneinander unterscheiden, und Weihnachten und Kaminfeuer und nette Dinge, an die man beim Einschlafen denken kann – und mein Leben wird nicht auf den Hintertreppen von Varietétheatern liegen und Deines wird nicht in den Gossen von Paris versickern – wenn nur alles gut geht und ich bei Verstand bleibe und keine verbitterte Irre werde.«[361]

Zelda und Scott sind den Therapieempfehlungen der Ärzte hilflos ausgesetzt, doch Scott will zumindest eine zweite Meinung einholen. Dazu lässt er niemand Geringeren kommen als den Schweizer Psychiater Dr. Eugen Bleuler, der 1908 den Begriff Schizophrenie geprägt hatte. 500 Dollar kostet der Novembernachmittag, an dem sich Bleuler nacheinander mit Zelda, den behandelnden Ärzten und Scott zusammensetzt. Nach nur wenigen Stunden bestätigt er Diagnose und Behandlungsmethode. Zudem erklärt er, dass Zelda wesentlich schlauer sei, als sie vorgäbe zu sein. Sie sei kein Opfer, sondern gerissen und hinterhältig genug, um alles, was sie sich in den Kopf setzt, auch zu erreichen. Scott hingegen erhält aus Bleulers Mund die langersehnte Absolution, als dieser ihm erklärt, die Krankheit sei bereits vor fünf Jahren ausgebrochen und er hätte sie vielleicht hinauszögern, aber niemals verhindern können. Er macht ihm Hoffung, dass drei von vier Fällen geheilt würden, allerdings Zeit ihres Lebens Betreuung bräuchten. Sollte Zelda irgendwann einmal entlassen werden, müsse man sie sehr behutsam wieder an das Leben heranführen. Umgehend schreibt Scott einen langen Brief an seine Schwiegereltern, um ihnen die Einschätzung eines der bedeutendsten Psychiaters seiner Zeit mitzuteilen: »Ich weiß, Ihr verachtet an mir gewisse Charakterschwächen und ich will nicht, dass dies während dieser Tragödie Euren Glauben an mich als rechtschaffenen Menschen verwischt oder verwirrt.«[362]

Weihnachten 1930 verbringt die gesamte Familie in der Klinik. Es wird ein Fiasko. Zelda ist völlig aufgelöst und zerbricht vor lauter Nervosität den Christbaumschmuck. Sie redet so wirres Zeug, dass Scottie schließlich völlig verstört ist. Scott bleibt mit seiner Tochter nur die Flucht nach Gstaad zum Skilaufen.

Im Januar 1931 stirbt Scotts Vater 77-jährig an einem Herzanfall. Scott fährt zu Zelda, um sie persönlich darüber zu informieren, doch der Besuch ist alles andere als tröstlich. In einem Brief an Dr. Forel berichtet Scott, dass Zelda »ungemein erschüttert war durch den Tod meines Vaters oder meinen Kummer deswegen und [sie] hing buchstäblich eine Stunde lang an meinem Hals. Dann ging sie in die andere Persönlichkeit über und war beim Mittagessen furchtbar gemein zu mir. Nach dem Essen kehrte sie wieder zu der liebevollen zärtlichen Stimmung zurück.«[363] Scott macht sich auf den Weg nach Rockville Maryland, wo sein Vater beigesetzt wird: »Ich liebte meinen Vater – ganz tief in meinem Innern habe ich mich bei jeder Entscheidung gefragt, was würde er denken oder tun. Er liebte mich und verspürte eine tiefe Verantwortung für mich.«[364] Das Verhältnis zu seiner Mutter bleibt schwierig, obwohl der Kontakt sich seit Zeldas Krankheit intensiviert hat. Dennoch scheint Mrs. Fitzgerald für ihren Sohn einfach nie die richtigen Worte zu finden.

Nach der Beerdigung seines Vaters besucht Scott Zeldas Eltern in Montgomery. Es ist ein schwerer Gang. Die Sayres sind tief beunruhigt und werfen Scott vor, er habe Zelda einweisen lassen, um sie loszuwerden.[365] Sein unsteter Lebenswandel und seine Trinkerei hätten Zelda dahin gebracht, wo sie jetzt ist. Dies sind die Momente, in denen Scott ernsthaft darüber nachdenkt, sich zu Tode zu saufen.

Zeldas Zustand hingegen verbessert sich nach Scotts Abreise so sehr, dass sie zum Skilaufen nach Saint-Cergues fährt. Als Scott im Februar

1931 in die Schweiz zurückkehrt, findet er eine muntere, gelöste Zelda vor, die mit ihm Ausflüge nach Montreux und Genf unternimmt, wo sie neue Kleider kauft und heiße Schokolade trinkt. Sie sieht Mann und Kind nun regelmäßig und empfängt zum ersten Mal auch außerhalb der Familie Besuch. Als ersten Besucher wünscht sie sich einen Mann, der ihr immer Sicherheit gegeben hat: Gerald Murphy. Überrascht macht dieser sich umgehend auf den Weg und trifft Zelda beim Körbeflechten an: »Sie sah verändert aus, geistesabwesend. Ich ging so ruhig wie möglich auf sie zu. (…) Ich blieb keine fünf Minuten, aber ich war erschüttert.«[366]

Im Juli 1931 darf Zelda die Klink für einen zweiwöchigen Ausflug nach Annecy verlassen. Vierzehn Tage lang sind das Leben und Zelda fast so unbeschwert wie früher. Sie kann lange von dieser Reise zehren. In den nächsten Monaten erreichen Scott viele Briefe, die an jene fröhliche Zelda Sayre aus Montgomery erinnern: »Wir haben hier eine Wahnsinnige, die von erotischen Verwirrungen Ihre Person betreffend umgetrieben zu sein scheint. Davon abgesehen ist sie eine Person von hervorragendem Charakter, arbeitswillig, würde während des Angelerntwerdens auch ein sehr geringes Gehalt akzeptieren, helle Hautfarbe, grüne Augen, würde gerne in Briefwechsel mit Ihrer Beschreibung entsprechendem jungem Mann treten mit Absicht zu heiraten. Vorhergehende Erfahrungen unnötig. Liebt sehr das Familienleben und wäre ein wunderbares Haustierchen. Hinter dem linken Ohr mit einer leichten Tendenz zur Schizophrenie markiert.«[367] Schritt für Schritt wird Zelda nun auf das Leben außerhalb der Klinikmauern vorbereitet. Im August verbringen die Fitzgeralds ein Wochenende im Landhaus der Murphys in Tirol. Obwohl die Nervosität auf beiden Seiten groß ist, geht alles gut. Einzig, dass Scott nach einer missverständlichen Schilderung Scotties glaubt, seine Tochter würde im selben Badewasser gebadet wie der tuberkulosekranke Patrick, trübt die Stimmung kurzzeitig. Eine Episode, die er später in seinen Roman »Zärtlich ist die Nacht« einbaut. Zelda und Scott sind sich in diesem Sommer nahe wie lange nicht mehr, ihre Liebesbriefe sprechen eine deutliche Sprache: »Ich liebe Dich so, und ohne Dich zu sein ist, als wäre man weggegangen und hätte den Gasboiler brennen lassen oder das Baby im Kleiderschrank eingeschlossen.«[368] Am 15. September 1931 wird Zelda nach mehr als einem Jahr aus der Klinik entlassen.

Vier Tage später schifft sich die Familie auf der »Aquitania« in Richtung Amerika ein. Von dem strahlenden Glamourpaar ist nicht mehr viel übrig. Der Bordfotograf hält ein um Jahre gealtertes Paar im Bild fest. Doch in das New York, in das sie zurückkehren, scheinen sie ganz gut zu passen. Auch dessen Glanz ist verblichen. Im Central Park lagern Obdachlose, vor den Suppenküchen bilden sich lange Schlangen, Armut und Trostlosigkeit sind unübersehbar. Es ist ein anderes New York als jenes, das sie vor viereinhalb Jahren verlassen haben, aber es passt perfekt zu ihnen – auch hier ist der Lack ab. Ernüchtert reisen sie weiter nach Montgomery. Hier ist vom Niedergang nichts zu spüren, alles geht seinen gewohnten Gang. Die Menschen hier waren nicht der Goldgräberstimmung des Aktienhandels erlegen, sondern hatten, wie es ihnen entsprach, auf Grund und Boden gesetzt. Noch sind sie von der Wirtschaftskrise nicht in demselben Maße betroffen, worüber Scott sehr froh ist: »Von der Depression ist nichts zu spüren. Niemand spricht davon. Auch vom Boom war ja hier nichts zu spüren. Hier findet man nur ein träge weiterglimmendes Leben vor. Mir gefällt das.«[369] Alles ist beim Alten – nur Zelda nicht. Von der unbeschwerten Südstaatenschönheit, die einst auszog, die Welt zu erobern, ist nichts mehr zu erkennen. Die Fitzgeralds beziehen ein Haus in der Felder Avenue 819, erstehen ein neues Auto, eine Perserkatze und einen Hund namens Trouble. Ein schwarzes Ehepaar kümmert sich um Haushalt und Familie. Es kehrt etwas Ruhe ein. Scott freut sich auf seinen Roman, und auch Zelda setzt sich mit neuem Elan an den Schreibtisch.

Im Oktober 1931 erhält Scott ein neues Angebot aus Hollywood. Mit dem Ende des Stummfilms werden Drehbuchautoren, die in der Lage sind, pointierte Dialoge zu schreiben, immer wichtiger. Die Crème de la crème der amerikanischen Schriftsteller macht sich auf den Weg nach Hollywood, dem schnellen Geld hinterher. Für MGM soll Scott ein Drehbuch verfassen, das auf Katharine Brushs Erfolgsroman »Red-Headed Woman« basiert. Sein Honorar beträgt 1200 Dollar pro Woche. Er nimmt an, wenn auch mit Bauchschmerzen. Zelda in Montgomery zurückzulassen, behagt ihm gar nicht.

Auch sein zweiter Aufenthalt bringt ihm Los Angeles nicht näher. Immerhin leistet er sich diesmal kaum Ausfälle. Das einzige Mal, dass er wirklich aus der Rolle fällt, geschieht bei einer Party, die Irving Thalberg und seine Frau, die Schauspielerin Norma Shearer, geben. Nach ein paar Gläschen zu viel gibt Scott vor den Gästen ein schlüpfriges Lied zum Besten. Am anderen Morgen ist ihm sein Auftritt schrecklich peinlich, doch Norma Shearer rettet die Situation, indem sie ihm folgendes Telegramm schickt: »Sie waren einer der liebenswürdigsten Gäste auf unserer Gesellschaft.«[370] Er verarbeitet den Abend samt Telegramm später in der Kurzgeschichte »Verrückter Sonntag«.

Zelda nutzt Scotts Abwesenheit, um in Ruhe zu schreiben. Sieben neue Kurzgeschichten entstehen, die sie an Scott mit der Bitte um Bewertung und Korrektur schickt. Abends im Bett liest sie Scotts Geschichten, jeden Tag eine, um von ihm zu lernen. Niemand sorgt sich, dass sie sich erneut so intensiv in die Arbeit stürzt, es mit ihrem Eifer ganz offensichtlich übertreibt. Für kurze Zeit nimmt sie auch wieder Tanzstunden. Doch sie versteht sich mit ihrer neuen Tanzlehrerin nicht besonders, und ganz so wichtig ist ihr das Tanzen auch nicht mehr. Scott übergibt ihre Kurzgeschichten an Harold Ober mit der Bitte, sie in irgendeinem Magazin unterzubringen. Doch nur zwei werden veröffentlicht: »A Couple of Nuts« und »Miss Ella«. Von den anderen existieren heute nur noch die Notizen, die Ober sich dazu macht. Es fällt auf, dass das Thema Verfall in ihre Geschichten Einzug gehalten hat. Ein Verfall, zu dem die jeweiligen Protagonisten stets eine Menge selbst beitragen.

Am 17. November 1931 stirbt Richter Sayre nach langer Krankheit. Sein Tod ist ein schwerer Schlag für Zelda, die ihren Vater stets als Respektsperson betrachtete, die ihrem Leben eine gewisse Struktur zu geben vermochte. Scott überlegt, seinen Hollywoodaufenthalt abzubrechen, doch Zelda überredet ihn zu bleiben. Die Tage der Beerdigung meistert sie bravourös, einzig ein leichter Hautausschlag lässt darauf schließen, unter welcher Anspannung sie steht. Um abzuschalten, bricht sie mit Scottie und einer Krankenschwester zu einem Kurzurlaub nach Florida auf, obwohl Scott strikt dagegen ist. Das Verhältnis des Paares in diesen Wochen ist sonderbar. Die mehr als 30 Briefe, die Zelda an Scott schreibt, zeugen von einer so großen Anhänglichkeit, dass manche Biografen geneigt sind, sie nicht ernst zu nehmen. So schreibt sie ihm, sie hätte seinen Hut an die Garderobe gehängt und seinen Stock aufs Bett gelegt, um den Eindruck zu erwecken, er sei da. Nachts lasse sie in seinem Arbeitszimmer das Licht brennen. Sie sei völlig hilflos ohne ihn, ihre Geschichten seien im Gegensatz zu seinen minderwertig. Sollte sie dies, wie Sally Cline vermutet, nur schreiben, um den Beweis ihrer gelungenen Umerziehung zur perfekten Ehefrau und Mutter anzutreten? Denn Scott schreibt tatsächlich an Dr. Forel, Zelda gehe es täglich besser und auch um ihre Ehe stünde es besser als je zuvor. Wenn er sich da nur nicht täuscht. Noch während sie in ihren Briefen Zukunftspläne mit eigenem Haus und Baby macht, sucht Zelda einen Anwalt auf, um mit ihm über die Scheidung zu sprechen. Dieser macht ihr klar, dass ihre Chancen, Scottie zu behalten, bei einer Scheidung gleich null sind. Scott wird Scottie niemals hergeben und vor Gericht ganz gewiss ihre geistige Instabilität in die Waagschale werfen. Damit ist das Thema Scheidung vom Tisch.

Im Dezember erscheint ihre Geschichte »Miss Ella« im *Scribner's Magazine*. Sie erzählt von einer einsamen alten Frau, die einst ihre Hochzeit absagte, als sich ein verlassener Verehrer am Tag der Trauung in ihrem Garten erschoss. Es ist eine Geschichte über den alten Süden und seine strengen Konventionen, die Frauen wie ein Korsett angelegt werden. In Montgomery erregt die Veröffentlichung, für die Zelda 150 Dollar erhält, großes Aufsehen.

Kurz vor Weihnachten kehrt Scott aus Hollywood zurück. Auch sein zweiter Versuch, sich als Drehbuchautor zu etablieren, ist gescheitert. Der ihm zur Seite gestellte Marcel de Sano verändert das Drehbuch so stark, dass Scott vollstes Verständnis dafür hat, dass Irving Thalberg es ablehnt. All seine Bemühungen, den mächtigen Produzenten daraufhin persönlich zu sprechen, scheitern. Nach zwei Monaten kehrt er Hollywood ernüchtert den Rücken. Dennoch ist das Jahr 1931 finanziell gesehen ein erfolgreiches Jahr für Scott. Sein Einkommen beläuft sich auf 37 599 Dollar, das höchste Jahreseinkommen, das er je hatte. Er konnte neun Kurzgeschichten verkaufen, doch zum ersten Mal in ihrer langen Zusammenarbeit hatte sich die *Post* bei Harold Ober beschwert, dass die Qualität von Fitzgeralds Geschichten manchmal zu wünschen übrig ließe.

Kurz nach Scotts Rückkehr erleidet Zelda einen schweren Asthmaanfall. Die Ärzte empfehlen eine Luftveränderung, und so reisen die Fitzgeralds Anfang 1932 nach St. Petersburg in Florida. Hier kommt Zelda rasch wieder zu Kräften. Wie früher geht sie täglich schwimmen, alle drei sind bester Laune. Die dunklen Wolken der letzten Jahre scheinen sich zu lichten. Scott ist guten Mutes, sich endlich ganz seinem Roman widmen zu können. Das finanzielle Polster aus den Einnahmen des letzten Jahres macht dies möglich. Zudem haben ihn die Ereignisse der letzten Monate auf eine neue Idee gebracht. Und jetzt, da Zelda gesund ist, muss er nicht länger Kurzgeschichten schreiben, um ihre Behandlung zu finanzieren. Zum ersten Mal hat er genug

Geld, um sich ganz aufs Schreiben zu konzentrieren. Doch es kommt alles ganz anders.

Zunächst sind es nur ein paar Pusteln an Zeldas Hals, die sie nicht weiter beunruhigen. Doch dann bricht das Ekzem erneut mit ganzer Wucht aus, begleitet von heftigen Augenschmerzen. Umgehend machen sie sich auf den Weg zurück nach Montgomery. Noch auf der Reise erleidet Zelda einen Nervenzusammenbruch, nachdem sie nachts im Hotelzimmer eine ganze Flasche Scotch ausgetrunken hat. Sie ist völlig panisch, glaubt, dass sowohl das Ekzem als auch die Augenschmerzen ihr von einem Außenstehenden angetan werden. Scott bemüht sich verzweifelt, seine Frau zu beruhigen, doch die glaubt längst, dass auch er in dieses Komplott verwickelt ist. Sein größter Albtraum, dass Zelda ihn als Feind betrachtet, wird erneut wahr. Erst am nächsten Morgen beruhigt sich die Situation. Noch hoffen beide, dass sich ein erneuter Klinikaufenthalt umgehen ließe. Doch als Zelda Anfang Februar einen hysterischen Anfall erleidet, bittet sie Scott, sie zurück in die Klinik zu bringen. Am 12. Februar 1932 wird eine zutiefst verstörte Zelda in Baltimore in die Henry-Phipps-Klinik für Psychiatrie, die zur Johns Hopkins Universitätsklinik gehört, einem der besten Krankenhäuser der USA, eingeliefert. Scott kehrt mit Scottie nach Montgomery zurück, denn er will seiner Tochter nicht einen erneuten Ortswechsel zumuten. Das fällt ihm schwer, denn stets hatte er verhindern wollen, dass seine Tochter im Süden zu einer *Southern Belle* erzogen wird. Seine Aversion gegen den Süden und dessen Wertekanon ist mit Zeldas Zusammenbruch noch gewachsen.

Auch in der Phipps-Klinik muss Scott über das Leben seiner Frau Auskunft geben. Wie gehabt, spielt er seine Alkoholsucht herunter, schildert stattdessen eine äußerst egozentrische Zelda, die keinerlei Freunde hätte. Eine Tatsache, die Zelda durchaus bestätigt. Niemandem misstraue sie mehr als ihren Freunden, abgesehen davon habe Scott ihr immer genügt: »Wir waren beide völlig absorbiert von unserer Liebe zueinander und unserem gegenseitigen Hass.«[371] Die Ärzte stellen bei ihrer Befragung große Gedankensprünge fest, können Zeldas Schilderungen nur mit Mühe folgen. Dass Gedanken und Ideen schon immer unzusammenhängend aus Zelda heraussprudeln, wissen sie nicht. Dieselben Brüche, über die sich die Ärzte Gedanken machen, finden sich in ihren Briefen und ihren Geschichten wieder. Es ist Zeldas Art sich auszudrücken. Eine Art, mit der Scott niemals Probleme hatte. Zunächst verweigert sie auch hier jegliche Zusammenarbeit mit den Ärzten. Ihr behandelnder Arzt Dr. Adolf Meyer liegt ihr gar nicht. Erst als Dr. Mildred Squires, eine junge Ärztin, hinzugezogen wird, öffnet Zelda sich. Sie hat große Angst, für immer in der Klinik bleiben zu müssen: »Jedenfalls gibt es nichts Schlimmeres, als eingesperrt zu sein – wenn der Mensch nicht mehr sein eigener Herr ist, Hüter seiner albernen Eitelkeiten und naiven Freuden, dann ist er überhaupt nichts mehr«, schreibt sie an Scott.[372]

Dessen Traum, in Ruhe seinen Roman zu vollenden, zerplatzt mit Zeldas Rückfall. Die Klinikrechnungen verschlingen all seine Ersparnisse. Zelda, sich dessen durchaus bewusst, bietet an, in eine billigere Einrichtung umzuziehen. Doch davon will Scott nichts wissen. So stark der Rosenkrieg zwischen den beiden oft auch tobt, daran, dass er Zelda die bestmögliche Behandlung angedeihen lässt, gibt es keinen Zweifel. Er tut sein Bestes, um die Situation zur Zufriedenheit aller zu managen. John Dos Passos drückt aus, was die meisten Freunde denken: »Im Grunde wehrte sich Scott gegen sein Missgeschick mit einer Zielbewusstheit, die ich bewundernswert fand. Er gab sich Mühe, Scottie großzuziehen, für Zelda zu tun, was nur irgend möglich war, seinen Alkoholkonsum einzuschränken und die Zeitschriften mit Beiträgen zu überhäufen, um die riesigen Summen aufzutreiben, die Zeldas Krankheit verschlang. Zugleich war er entschlossen, auch weiterhin erstklassige Romane zu schreiben. (…) Nie habe ich einen Menschen mehr bewundert.«[373] Doch es fällt Scott zunehmend schwerer, seine Aufgaben zu erfüllen. Er schreibt im Akkord, worunter die Qualität seiner Storys leidet, die von der *Post* erneut eingemahnt wird.

Während Scott seinen Roman in die Schublade verbannt, kommt Zelda mit dem ihren gut voran. Unbemerkt von Scott hat sie begonnen, einen umfangreichen Roman zu schreiben, den sie bereits Anfang März – ohne Scotts Wissen – an Maxwell Perkins schickt. Zum ersten Mal hatte sie ihren Mann nicht um Bewertung und Korrektur gebeten. Dieser fällt aus allen Wolken, als er das Manuskript einige Tage später in Händen hält. Zelda hatte getan, was er seit Jahren tut, nämlich ihrer beider Leben verarbeitet. Ihr Roman »Schenk mir den Walzer« handelt von Alabama, einer jungen Südstaatenschönheit, die sich während des Krieges in einen Offizier aus dem Norden verliebt und ihn heiratet. Während ihr Mann in den Nachkriegsjahren als Maler Karriere macht, beginnt Alabama sich als Glamourgirl zwischen New York und

Paris bald zu langweilen. Ihre Affäre mit einem französischen Flieger endet tragisch, und auch der Versuch, als Ballerina Fuß zu fassen, scheitert. Das Buch endet mit Alabamas Zusammenbruch und ihrer Rückkehr in den Süden. Die autobiografischen Parallelen sind unübersehbar. Scott ist außer sich, vor allem, als er den Namen der männlichen Hauptperson liest: Amory Blaine, der Name seines Alter Egos aus »Diesseits vom Paradies«. Er fühlt sich hintergangen und brüskiert, der Lächerlichkeit preisgegeben. Wutentbrannt schreibt er an Zeldas Ärztin Dr. Squires: »Denken Sie, wenn dieser Name in einem von meiner Frau verfassten Roman als ein etwas blutloser Porträtmaler auftaucht, könnte das unbemerkt durchgehen? Kurz, es bringt mich in eine absurde und Zelda in eine lächerliche Lage. (…) Diese Mischung aus Tatsache und Erfindung ist einfach nur dazu bestimmt, uns beide oder das, was von uns übrig ist, zu ruinieren, und das kann ich nicht so stehenlassen. Sie hat den Namen einer von mir erfundenen Figur verwendet, um Freunden und Feinden, die wir unterwegs angesammelt haben, intime Tatsachen auszuliefern. – Mein Gott, meine Bücher haben sie zu einer Legende gemacht, und ihre einzige Absicht in diesem etwas dünn geratenen Porträt ist, mich zu einem Nichts zu machen.«[374]

Er glaubt, eindeutige Anlehnungen an seinen im Entstehen begriffenen Roman zu erkennen. Da er ihr seine Kapitel immer wieder vorgelesen hat, weiß sie genau, worüber er schreibt. Sie allein weiß, dass er ihre Krankheit verarbeitet, und nun ist sie ihm zuvorgekommen. Scott fürchtet um sein Material, seinen Roman, sein Renommee als Autor. Er kann nicht bei einem Thema bleiben, das seine Frau lange vor ihm abgehandelt hat. Indem sie über ihr Leben geschrieben hat, hat sie sich an seinem Material vergriffen. Die nächtelange Lektüre seiner Kurzgeschichten hat zudem dazu geführt, dass Zelda zum Teil seine Sprache imitiert, ganz zu schweigen davon, dass er einige seiner Dialoge wiedererkennt. Wie Schuppen fällt es ihm nun von den Augen: Während er seinen Roman vernachlässigt hat, um mit Kurzgeschichten ihren Klinikaufenthalt zu finanzieren, hat sie den Roman verfasst, den er schreiben wollte, hat sie viele seiner Ideen bereits zu Papier gebracht. Zum ersten Mal im Leben fühlt Scott sich von Zelda ernsthaft bedroht. Niemand weiß besser als sie um seine Schreibblockaden und wie sehr er um sein Überleben als Schriftsteller kämpft. Es muss ihr bewusst sein, dass sie zu einem nicht geringen Teil dazu beiträgt, dass er nicht zum Schreiben kommt. Dabei braucht er dringend einen neuen Romanerfolg, davon hängt alles ab. Seine Wut auf Zelda ist grenzenlos. Eine schreibende Amateurin sei sie, die in ihrem Drang nach Selbstdarstellung ein Buch veröffentlicht, das unzweifelhaft als Roman über sein Privatleben gelesen werden und sich wahrscheinlich gerade deshalb gut verkaufen wird. Egozentrisch, unrealistisch und von einem Minderwertigkeitskomplex getrieben, habe sie auf seine Kosten ihren Traum vom Ruhm verwirklicht: »Sie arbeitet in einem Gewächshaus, das aus meinem Geld, meinem Namen und meiner Liebe besteht. Das Ganze ist mein Fehler – vor ein paar Jahren habe ich ihr vorgeworfen, unnütz herumzusitzen, und darüber ist sie niemals hingweggekommen. (...) Sie nutzt das Gewächshaus bereitwillig, um sich in jeder Weise beschützen zu lassen, jeden noch so kleinen Spross von Talent zu nähren und auszustellen – und gleichzeitig fühlt sie keinerlei Verantwortung für das Gewächshaus und glaubt, sie kann jederzeit ein Stück aus dem Glasdach herausbrechen.«[375] Er fühlt sich betrogen und ausgenutzt, ist sich sicher, dass Zelda ihn als Mann und als Schriftsteller zerstören will. Zum ersten Mal zieht er eine Trennung in Betracht: »Mir dreht sich der Magen um, wenn ich über diese Möglichkeit nachdenke – es hieße, sie angeschlagen in eine Welt zu stoßen, die sie verachtet. Ich würde auf Jahre hinaus ein gebrochener Mensch sein. (...) [Andererseits kann ich nicht] ständig zwischen Zelda und der Welt stehen und zusehen, wie sie ihre fragwürdige Karriere stückchenweise aus organischer Substanz aufbaut, die meinem Gehirn, meinem Magen, meinem Nervensystem und meinen Lenden entrissen ist. Vielleicht 50 Prozent unserer Freunde und Verwandten würden Ihnen allen Ernstes erklären, meine Trunksucht habe Zelda in den Wahnsinn getrieben – die andere Hälfte würde Ihnen versichern, dass ihr Wahnsinn mich dem Alkohol in die Arme getrieben hat«, schreibt er an Dr. Squires.[376]

Obwohl er so wütend ist, vermeidet er es, Zelda persönlich zu attackieren. Er weiß um ihren labilen Gesundheitszustand und konfrontiert sie niemals unmittelbar mit seiner Enttäuschung. Die Kommunikation der beiden Parteien läuft vor allem über Zeldas Ärztin, die ihr Möglichstes tut, um zu vermitteln. Als sie Zelda berichtet, wie verletzt Scott ist, schreibt ihm diese einen langen Brief: »Scott, ich liebe dich mehr als irgendetwas sonst auf dieser Welt und es tut mir sehr leid, dass du verletzt bist. Wir haben immer alles geteilt, aber es scheint mir, dass ich nicht länger das Recht habe, all meine Wünsche und Bedürfnisse bei dir abzuladen. Zudem habe ich befürchtet, dass wir ähnliches Material verwendet haben. Durch meine Instabilität war ich unsicher und ich wollte mich nicht einer Kritik aussetzen, die so gnadenlos ist wie deine Kritik an meiner letzten Geschichte, selbst wenn es nur zu meinem Besten war.«[377] Scott schreibt auf ihren Brief, in dem sie eine Überarbeitung des Romans anbietet, mit großen Lettern: »Alles nur Ausflüchte!« Dennoch lässt er sich darauf ein. Dass er eine Veröffentlichung nicht verhindern kann, ist ihm ohnehin klar. Dies würde Zelda niemals akzeptieren. Für sie ist das Buch der Beweis für ihre ungebrochene künstlerische Schaffenskraft, die auch durch die Krankheit nicht verlorengegangen ist. Eine Krankenschwester hört sie in diesen Tagen murmeln: »Ich habe immer getan, was ich wollte. (…) Mein Buch geht meinen Mann einen Scheißdreck an.«[378]

Am 25. März 1932 schickt Scott Perkins ein Telegramm mit der Anweisung, nichts zu unternehmen, bevor der Roman gründlich überarbeitet wurde. Nur fünf Tage später zieht Scott ins Rennert Hotel nach Baltimore, um Zelda unter die Arme zu greifen und die Kontrolle über sein Material wiederzuerlangen. Zelda ist bereit, den Namen der Hauptfigur in David Knight umzuändern. Dass sie ihre männliche Hauptfigur damit nach einem ihrer Verehrer benennt, den der eifersüchtige Scott auf den Tod nicht ausstehen kann, ist eine kleine Spitze, die sie sich nicht verkneifen kann. Sie einigen sich jetzt auch auf den Titel »Schenk mir den Walzer«, den Zelda in einem Schallplattenkatalog findet. Da weder das Originalmanuskript noch die erste Fassung erhalten geblieben sind, ist der Originaltitel heute unbekannt. Obwohl sie bereitwillig einige Änderungen an ihrem Manuskript vornimmt, sagt Zelda Scott eines ganz deutlich: »Allerdings möchte ich, dass Dir absolut klar ist, dass meine Überarbeitung auf einer rein ästhetischen Grundlage ausgeführt wird, dass das andere Material, das ich wählen werde, nichtsdestotrotz legitimer Stoff ist, den anzusammeln ich mich gefühlsmäßig ganz schön verausgabt habe.«[379] Zu diesem Zeitpunkt hat Scott längst gemerkt, wie gut der Roman ist. Dennoch schreibt er hinter Zeldas Rücken an Perkins, dieser möge den Roman nicht zu sehr loben. Die Ärzte würden verhindern wollen, dass Zelda sich falsche Hoffungen macht, was den Erfolg des Buches anbelangt. Eine Enttäuschung könne ihrem Allgemeinzustand schweren Schaden zufügen. In Wahrheit will Scott nicht, dass man Zelda ermutigt, diesen

Weg weiterzugehen, einen Weg, der nicht nur sehr steinig, sondern vor allem sein Weg ist: »Sie ist keine 21 mehr und sie ist nicht stark. Sie sollte nicht versuchen, in meine Fußstapfen zu treten, auch wenn ihr mein Weg natürlich besonders leuchtend erscheint.«[380]

Um die Familie wieder zu vereinen, zieht Scott mit Scottie in Zeldas Nähe nach Towson in die Villa La Paix. Das viktorianische Haus liegt auf dem Grundstück der Familie Turnbull und ist mit seinen 15 Zimmern viel zu groß für Vater und Tochter. Der elfjährige Sohn der Familie, Andrew Turnbull, wird nicht nur Spielkamerad der zehnjährigen Scottie, sondern einer der ersten Biografen F. Scott Fitzgeralds. Scott freundet sich mit Mrs. Turnbull an, die großzügig darüber hinwegsieht, dass Scott in ihrem Wohnzimmer eine Flasche Scotch versteckt, zu der er sich bei seinen Besuchen schleicht. Die Turnbulls selbst sind Abstinenzler und haben keinen Tropfen Alkohol im Haus. Leider können auch die Dinnereinladungen bei den Turnbulls nichts daran ändern, dass Scott sich in La Paix schrecklich einsam fühlt. Er konzentriert sich ganz auf seine Tochter, spielt mit ihr Schach, liest mit ihr, organisiert Kindergeburtstage, geht mit ihr Kleidchen kaufen und versucht, Scottie Vater und Mutter zugleich zu sein. Vater und Tochter wachsen in jenen Monaten eng zusammen, obwohl Scott bisweilen ein sehr strenger Vater ist. Er legt größten Wert auf Scotties Ausbildung und ermahnt sie ständig zu der Disziplin, zu der ihre Eltern niemals fähig waren. Er tut alles, um Scotties Leben in geordnetere Bahnen zu lenken, als es Zelda und ihm möglich war. Tatkräftig unterstützt wird er dabei von Isabel Owens, die von 1932 bis 1938 seine Sekretärin und zugleich Scotties Kindermädchen ist. Einstellungsbedingung war, dass es eine Frau ist, in die sich der Hausherr nicht verlieben kann. Es ist kein leichter Job, denn nicht nur Scottie benötigt ein Kindermädchen, sondern auch deren Eltern. Nächtliche Telefonanrufe, Mädchen für alles, Chauffeur, Gouvernante, Freundin – so lautet das Anforderungsprofil, das Isabel Owens hervorragend ausfüllt. Zwischen April und Mai 1932 schreibt Scott drei neue Kurzgeschichten für die *Post*: »Familie im Sturm«, »So ein schönes Paar!« und »Der ungedeckte Scheck«. In »So ein schönes Paar!« verarbeitet er den Konkurrenzkampf zwischen ihm und Zelda am Beispiel eines Paares, das sich im Sport zu übertrumpfen sucht.

Jeden Tag fährt Scott zu Zelda in die Klinik. Doch was zur Genesung beitragen soll, endet oft in heftigen Auseinandersetzungen. Vor allem bei der Korrektur des Manuskripts können die beiden keine Einigkeit erzielen. Scott traut Zelda nicht, und diese verspürt nicht die geringste Lust, ihre Texte von Scott gegenlesen zu lassen. Noch immer weigert sie sich, mit den Ärzten zu kooperieren. Erst als man sie bittet, doch über ihre Krankheit zu schreiben, öffnet sie sich ein wenig. In ihrer autobiografischen Skizze erhebt sie schwere Vorwürfe gegen Scott. Das gemeinsame Leben sei nichts als »die Geschichte einer bodenlosen Einsamkeit«.[381] Jahrelang hätten sie nebeneinander hergelebt und sich das Leben zur Hölle gemacht. Der Tanz sei ihre einzige Rettung gewesen. Obwohl die Ärzte Zeldas Text als Beweis dafür lesen, dass sie nicht bereit sei, sich mit ihrer Krankheit auseinanderzusetzen, wird sie langsam auf ein Leben außerhalb der Klinik vorbereitet. Zunächst darf sie jeden Vormittag bei ihrer Familie in La Paix verbringen, ehe sie am 26. Juni 1932 aus der Klinik entlassen wird. Man hofft, das Problem auch durch ambulante Therapiesitzungen in den Griff zu bekommen. Dr. Thomas Rennie, ein junger Psychiater, übernimmt ihren Fall. Zelda mag ihn, und auch Scott ist von ihm angetan. Dass auch Dr. Rennie der Ansicht ist, er habe es eigentlich mit zwei Patienten zu tun, die beide behandelt werden sollten, behagt Scott weniger.

Die neue Dreisamkeit ist nicht einfach. Alle Versuche der Fitzgeralds, sich wiederzufinden, scheitern an den unterschiedlichen Vorstellungen, wie dieses neue Leben aussehen soll. Scott, der sich für Zelda verantwortlich fühlt, behandelt seine Frau wie ein kleines Kind. Er unterwirft ihren Tagesablauf einem strengen Stundenplan, um zu verhindern, dass sie sich entweder gehen lässt oder irgendeine Tätigkeit zu exzessiv ausübt. Doch Zelda hat keine Lust, sich bevormunden zu lassen. Sie weigert sich strikt, Scotts Tagespläne einzuhalten. Aus Protest sperrt sie sich in ihr Zimmer ein, und Scott bleibt nur, verzweifelte Briefe unter der Tür hindurchzuschieben: »Liebste, wenn Du Dich zwanzig Stunden lang einschließt, ist das nicht nur sehr schlecht für Dich, sondern versetzt auch die Menschen, die Dich lieben, in Trübsinn und Besorgnis. Es war ausgemacht, dass es in Ordnung ist, wenn Du in vernünftigem Maß Zeit auf Deinem Zimmer verbringst, aber Du solltest das nicht so übertreiben, dass Du nicht mehr Geselligkeit schaffst, als Dich zu Tisch zu setzen. (…) Wenn ich nur weiß, dass für den Vormittag und den Nachmittag Bewegung auf Deinem Stundenplan steht und ein medizinisches Bad am Nachmittag + dass Du nach dem Abendessen eine halbe Stunde für uns hast und um zehn zu arbeiten aufhörst, dann ist meine nicht sehr anspruchsvolle Liste, *auf der Dr. Meyer besteht,* schon komplett. Wenn Du sie über den Haufen wirfst, kann ich nur dasitzen und auf die Explosion warten.«[382] In diesem Sommer beginnt Zelda wieder zu malen. Viele ihrer Bilder zeigen Tänzer mit unförmigen Körpern, bei denen nicht die Schönheit, sondern der Schmerz im Mittelpunkt steht. Andere zeigen Kruzifixe mit Zeldas Antlitz.

Im August wird Scott mit Verdacht auf Typhus ins Krankenhaus eingeliefert. Zwar erweist sich das Ganze als falscher Alarm, doch seine Gesundheit ist so angeschlagen, dass er zwischen 1933 und 1937 acht Mal ins Spital kommen wird. Meist aufgrund seiner Alkoholprobleme, manchmal zur Behandlung seiner leichten, aber doch chronischen Tuberkulose. Seine Aufenthalte dort nutzt er für Feldstudien. Er sieht sich um, befragt Patienten und Ärzte und schreibt ein halbes Dutzend Geschichten über die Johns Hopkins Klinik. Die meisten davon lassen sich nicht verkaufen.

Ende August haben die Fitzgeralds einen derart heftigen Streit, dass Zelda in die Klinik zurückwill. Dr. Rennie entwirft daraufhin für das Paar einen gemeinsamen Tagesplan, in der Hoffung, das Zusammenleben zu verbessern. Ein paar Tage geht alles gut, dann gehen die Streitereien wieder von vorne los. Zeldas Nervenkostüm ist so dünn, dass sie sogar ihrer Tochter gegenüber ungerecht wird. Es fällt ihr immer schwerer, sich zu beherrschen. Einmal erscheint sie zu spät zu einem Dinner mit Freunden. Alle sitzen bereits am Tisch, als Zelda in einem eleganten Abendkleid langsam die Treppe herabschreitet. Im Türrahmen bleibt sie stehen und betrachtet die Gäste. Dann wendet sie sich an John Biggs: »Sag mal, John, bedauerst du nicht, dass du im Krieg nicht umgekommen bist?«[383]

Im Oktober 1932 erscheint »Schenk mir den Walzer«. Den Verlagsvertrag mit Scribner hat Scott ausgehandelt. Er enthält einen Passus, wonach die Hälfte der Tantiemen bis zu einer Summe von 5000 Dollar vom Verlag zur Verrechnung seiner Schulden herangezogen werden dürfen. Zelda ist das egal, sie will, dass ihr Roman endlich in den Buchläden steht. Die Kritiker sind gespalten, viele wissen nicht recht, was sie mit dem so offensichtlich autobiografischen Roman der Ehefrau eines großen Schriftstellers, die soeben aus der Nervenklinik kommt, anfangen sollen. Einhellig sind sie jedoch der Meinung, dass sie durchaus Talent habe und man gespannt sein dürfe, was noch komme. Das Buch verkauft sich schlecht. Ganze 1400 Stück werden abgesetzt, nach

Abzug der zusätzlichen Kosten für die Fahnenkorrekturen bleibt ein Gewinn von 120,37 Dollar.

Zelda ist bitter enttäuscht. Doch so schnell gibt sie sich nicht geschlagen. Sie schreibt bereits an ihrem nächsten Roman. Diesmal will sie ihre Krankheit und ihren Klinikaufenthalt verarbeiten, vielleicht im Zusammenhang mit dem Schicksal der russischen Ballettikone Vaslav Nijinsky. Scott kann kaum glauben, was er da hört – schon wieder wildert sie in seinem Revier. Er ist fest davon ausgegangen, dass »Schenk mir den Walzer« eine Eintagsfliege bleibt, zumindest so lange, bis er seinen Roman veröffentlicht hat. Das hatte ihm Zelda fest versprochen. Und nun das. Er fordert Dr. Rennie auf, Zelda das Schreiben zu verbieten. Es kommt zu lautstarken Auseinandersetzungen. Scott droht Zelda, ihr Manuskript zu vernichten, wenn er es in die Finger bekommt. Daraufhin sichert sie ihre Tür mit einem Doppelschloss. Um ihrer beider Nerven zu schonen und die Situation zu entzerren, legt sie den Roman jedoch fürs Erste beiseite und versucht sich stattdessen an einem Theaterstück. »Scandalabra« erzählt in drei Akten die Geschichte eines jungen Paares, das von einem reichen Onkel Geld geschenkt bekommt, unter der Voraussetzung, von nun an ein zügelloses Leben zu führen. Nach einer Weile entscheiden sich die beiden jedoch für ein ehrbares Leben, was der Onkel im Grunde immer wollte. Zu ihrer großen Enttäuschung kann Harold Ober jedoch keinen Produzenten dafür interessieren. Scott geht es nicht viel besser. Die *Post* verringert die Bezahlung für seine Kurzgeschichten von Story zu Story. Statt 4000 Dollar sind sie plötzlich nur noch 2500 Dollar wert. So viel wie 1924. Nun ist auch Scott von der Weltwirtschaftskrise betroffen, denn die *Post* hat viele Anzeigenkunden verloren und muss haushalten. Zudem seien seine Geschichten einfach nicht mehr so gut wie früher. Dass er nun verstärkt über Wahnsinn und psychische Krankheiten schreibt, fördert den Absatz in keiner Weise. Resigniert nennt er sich selbst in der Geschichte »Einhundert Fehlstarts« den »Fehlstart-Champion der schreibenden Zunft«.[384] Er ist ausgebrannt und leer. Zu viel hat er in den letzten Jahren geschrieben, das seinen eigenen Ansprüchen nicht genügt. War mehr Fließbandarbeiter als Schriftsteller. Es gibt nicht mehr viele, die an ihn glauben. Einer der wenigen ist sein Lektor: »Wann immer einer dieser neuen Autoren auf den Markt kommt, die wirklich brillant sind, wird mir bewusst, dass du talentierter bist und mehr kannst als jeder Einzelne von denen.«[385]

Und so quält sich Scott weiter. In diesem Herbst kann man Nacht für Nacht das Licht in seinem Arbeitszimmer brennen sehen. Er findet keine Ruhe, leidet an Schlaflosigkeit und geistert, verfolgt von seinen Dämonen, durchs Haus: »Ich stehe auf und gehe umher – ich wandere von meinem Schlafzimmer durch die Halle in mein Arbeitszimmer und wieder zurück. Im Sommer gehe ich auf die Terrasse hinaus. Über Baltimore hängt der Nebel, ich kann gar nichts erkennen. (…) Ich hab keine Wahl, es gibt keinen Ausweg, keine Hoffnung – nur die endlose Wiederholung des Elendes. (…) Ich bin ein Geist, jetzt, da die Uhr vier schlägt.«[386] Einzige Abwechslung bietet ausgerechnet die Lektüre von Karl Marx' »Das Kapital«. Edmund Wilson, zu jener Zeit überzeugter Sozialist, empfiehlt Scott, die Nächte zur Auseinandersetzung mit Marx zu nutzen. Scott müht sich durch das Buch, aber auch das kann ihn nicht politisieren. So unpolitisch die Jazz-Ära war, so unpolitisch bleibt Scott als deren Symbolfigur. An seine Cousine Ceci wird er nach dieser Phase schreiben: »Es dürfte dich interessieren, dass ich die Politik aufgegeben habe. (…) Ich habe die Schnauze voll von den Parteipolitikern und ohnehin nur noch genug Kraft für meine literarische Arbeit. Ich halte mich jetzt aus allem heraus.«[387]

Als er Ende des Jahres Kassensturz macht, stellt er fest, dass er weniger als halb so viel eingenommen hat wie im Jahr zuvor: 15 832,40 Dollar. So wenig hatte er zuletzt 1919 verdient. Sie müssen sparen, doch darin sind die Fitzgeralds einfach nicht gut. Sekretärin Isabel Owens bringt es auf den Punkt: »Ihre Vorstellung davon, wie man vernünftig haushaltet, war, das Gehalt der Waschfrau um 2,50 Dollar zu kürzen.«[388]

Bei all diesen Schwierigkeiten scheint es fast unglaublich, dass es in La Paix auch sehr harmonische Momente gibt. Stunden, in denen Zelda und Scott am Kamin sitzen und sich gegenseitig vorlesen. Da diese Momente jedoch stark davon abhängen, ob Zelda sich an Scotts Anweisungen hält, sind sie entsprechend selten. Doch sie arbeiten an ihrer Beziehung, gehen gemeinsam zur Gesprächstherapie in die Phipps-Klinik. Zwar weigert Scott sich noch immer, sich ebenfalls als Patient einstufen zu lassen, doch er versucht zum ersten Mal tatsächlich, weniger zu trinken. Dies tut er nicht nur für Zelda, sondern auch für sich. Seine Trinkerei wird ihm selbst langsam unheimlich. Bei einer Sauftour in New York hat er sich vor Edmund Wilson und Ernest Hemingway entsetzlich blamiert, was in ihm den Entschluss reifen ließ, das Trinken zumindest zu reduzieren. Einen vollkommenen Entzug lehnt er ab, er sei ja nicht der Patient: »Wenn kein wesentlicher Unterschied zwischen einer Schizophrenen und einem überstrapazierten, fantasievollen, funktionsfähigen Mann besteht, der Alkohol als Stimulanz oder als temporäres Beruhigungsmittel verwendet, so bin ich naturgemäß beunruhigt und frage mich, ob ich dann überhaupt imstande bin, an dieser Kur mitzuarbeiten.«[389] Noch immer weist er jegliche Mitschuld an Zeldas Zustand von sich. Er hält sich absolut für Herr der Lage und versteht einfach nicht, warum Dr. Meyer nicht bereit ist, Zelda unter seine Vormundschaft zu stellen.

Am 28. Mai 1933 kommt es unter den Augen von Dr. Rennie in La Paix zur großen Aussprache zwischen Zelda und Scott. 114 Seiten umfasst das von einer Stenografin festgehaltene Gesprächsprotokoll, in dem sich die beiden mit Vorwürfen und Gehässigkeiten überhäufen. Was als Therapiesitzung gedacht ist, gerät zur Generalabrechnung. Alles kommt nun auf den Tisch: die Konkurrenz, die Eheprobleme, Scottie. Interessanterweise argumentiert Zelda dabei wesentlich sachlicher und vernünftiger als Scott, der am Rande eines Nervenzusammenbruchs scheint. Er macht unmissverständlich klar, dass er Zelda für eine Amateurin hält, die sich heute für dieses, morgen für jenes begeistern würde, während er ein ernstzunehmender Schriftsteller ist, der durch die Eskapaden seiner Frau pausenlos am Schreiben gehindert wird: »Dich und mich zu vergleichen, das wäre, als ob – ach, es ist einfach nicht zu vergleichen. Ich bin ein professioneller Schriftsteller mit einer großen Leserschaft. Ich bin der bestbezahlte Kurzgeschichtenautor der Welt. (…) Ich muss mich in einem gänzlich einsamen Kampf gegen Schriftsteller durchsetzen, die qualifiziert und begabt sind. Du bist eine drittklassige Schriftstellerin und eine drittklassige Tänzerin.«[390] Zelda entgegnet daraufhin ruhig und gefasst, dass einzig und allein seine Trinkerei ihn am Schreiben hindert und diese auch für ihre Eheprobleme verantwortlich ist. Ihr Wunsch, Tänzerin zu werden, sei der Versuch gewesen, der Ehehölle mit ihm zu entkommen. Was Scott am meisten zu schaffen macht, ist, dass sie einen weiteren Roman plant. Für ihn ist dies ein erneuter Vertrauensbruch, noch dazu, da sie ein ähnliches Thema bearbeiten will wie er in seinem Roman. Er wirft ihr vor, ungeniert Gedanken zu verwenden, die er ihr gegenüber äußert. Er habe so hart dafür gearbeitet, einer der besten Schriftsteller der Welt zu werden, und nun versuche sie, seinen Stoff zu stehlen: »Alles, was wir erlebt haben, gehört mir – und wenn wir einen beruflichen Trip nach Panama machen und dort herumgehen – ich bin der Berufsschriftsteller und ich bezahle alles. Das ist alles mein Material. Nichts davon gehört dir.«[391] Sie hätte nicht dasselbe Recht wie er auf das gemeinsam Erlebte, sie würde den Stoff vergeuden und damit für ihn unbrauchbar machen. Er finanziere mit seinen Texten den Lebensunterhalt der Familie, deshalb müsse alles sein Material bleiben. Was hätte er nicht alles schreiben können, wäre er nicht gezwungen gewesen, zuerst ihr Luxusleben und dann ihre Krankenhausrechnungen zu bezahlen. Scott fühlt sich vom Leben und von Zelda betrogen. Zelda bleibt ruhig, das hat sie alles schon einmal gehört: »Du hast dich hingesetzt und geheult und geheult. Ich will dir zugestehen, dass du betrunken warst, aber du hast gesagt, ich hätte dein Leben ruiniert, und dass du mich nicht liebst und die Schnauze voll hast von mir. Du hast gesagt, ich könne gehen, und ich sei anstrengend und eine Belastung.«[392] Sie stellt klar, dass unter diesen Umständen ein weiteres Zusammenleben nicht länger möglich sei und eine Scheidung das Beste für alle Parteien. Sie ist Scotts Beschwerden, sie sei eine schlechte Mutter und Ehefrau, die ihre Pflichten vernachlässigt, leid: »Hör zu Scott, ich habe deine Anschuldigungen so verdammt satt. Ehrlich gesagt weiß ich nicht, wie es weitergehen soll. Es ist schrecklich. Einer der Gründe, warum ich Sachen hinter deinem Rücken mache, ist, dass du so furchtbar ungerecht, anklagend und unfair bist. (...) Zwei Drittel der Zeit bist du ein niederträchtiger Neurastheniker (...). Ich bin vielleicht verrückt, aber den meisten Menschen komme ich normaler vor als du.«[393] Unter diesen Umständen zöge sie es vor, für immer weggesperrt zu sein: »Es ist völlig unmöglich, mit dir zu leben. Da würde ich lieber in ein Irrenhaus gehen, wohin du mich ohnehin am liebsten verfrachten würdest.«[394] Sie versucht Scott und dem Arzt begreiflich zu machen, was ihr das Schreiben bedeutet. Sie brauche etwas Eigenes, und Schreiben würde sie körperlich nicht so anstrengen wie Tanzen: »Ich kann ganz einfach nicht in einer Welt leben, in der ich vollkommen von Scott abhängig bin, noch dazu, wo er sich überhaupt nicht um mich schert und mir ständig Vorwürfe macht.«[395] Sie wolle Scott nicht schaden, im Gegenteil, es sei schrecklich für sie, dass er sich so bedroht fühle, doch nur weil sie mit ihm fühle, könne sie sich doch nicht aufgeben. Sie verspricht ihm jedoch, so lange nicht an ihrem Roman weiterzuarbeiten, ehe er seinen veröffentlicht hat: »Ich möchte schreiben und ich werde schreiben. Ich werde eine Schriftstellerin werden, aber ich werde es nicht auf Scotts Kosten, soweit ich es vermeiden kann.«[396] Sie ist bereit, stattdessen ein weiteres Theaterstück zu verfassen, doch auch daran knüpft Scott Bedingungen: »Wenn du ein Theaterstück schreibst, darf es nicht über die Psychiatrie sein, und es darf weder an der Riviera noch in der Schweiz spielen. Was immer auch das Thema ist, du wirst es mit mir absprechen.«[397] Dr. Rennie springt Zelda nicht zur Seite, sondern rät ihr ebenfalls davon ab, ihre Krankheit zu thematisieren. Zelda ist unglaublich wütend über so viel männliche Solidarität und Selbstgerechtigkeit. Da sie augenblicklich aber keine Möglichkeit sieht, sich zu wehren, willigt sie ein. Bis zum Erscheinen von Scotts Buch, falls es jemals erscheinen sollte, wird sie sich an die Abmachung halten.

Obwohl das Gespräch eigentlich zu Scotts Gunsten verlaufen ist, sucht er in den nächsten Tagen einen Scheidungsanwalt auf. Die verlockende Aussicht, sich in Nevada innerhalb weniger Wochen scheiden zu lassen, lässt er jedoch ungenutzt verstreichen. Scott kann sich ebenso wenig wie Zelda zu einer Trennung entschließen. Als Dr. Rennie sie fragt, ob sie in der Zukunft lieber eine Schriftstellerin wäre oder Scotts Frau, kann sie sich nicht entscheiden. Und dabei bleibt es. Zelda und Scott bleiben zusammen – bis zum bitteren Ende.

Wenige Tage nach dieser Sitzung gibt es Feueralarm in La Paix. Zelda hat bei dem Versuch, ihre alten Kleider in einem unbenutzten Kamin zu vernichten, das oberste Stockwerk in Brand gesetzt. Es gelingt den Fitzgeralds, einiges aus dem Haus zu tragen, doch viele von Scotts wertvollen Büchern und Manuskripten sowie einige von Zeldas Gemälden werden ein Raub der Flammen. Durch diesen neuerlichen Akt der Selbstzerstörung wird das Haus schwer beschädigt. Ein Zeitungsfoto zeigt das Paar vor den Trümmern ihrer Habe sitzend. Dennoch bleiben sie den Sommer über in dem halb verfallenen Haus wohnen. Weil Scott beim Schreiben nicht durch Handwerkerlärm gestört werden will, werden die Schäden nicht repariert. Er verlegt sein Arbeitszimmer ins Erdgeschoss und vollendet in dem halb abgebrannten Haus den Roman, den er für seinen besten hält: »Zärtlich ist die Nacht«.

Während er noch schreibt, bringen die »Vagabond Junior Players«, eine Studentengruppe aus Baltimore, Zeldas Stück »Scandalabra« auf die Bühne. Scott lässt Freunde und Bekannte aus dem ganzen Umkreis ankarren, um das Theater zu füllen. Doch das rettet den Abend auch nicht. Die Premiere vom 26. Juni 1933 wird ein totaler Reinfall. Mit über fünf Stunden Spielzeit ist das Stück zu lang und zu aufgebläht. Von Zelda um Hilfe gebeten, versucht Scott es zu retten. Er schnappt sich Schauspieler und Manuskript und liest im Grünen Zimmer des Theaters jeden einzelnen Satz des Stückes laut vor. Sätze, die nicht begründet werden können, werden gestrichen. Eine Woche lang arbeiten sie so, doch die Kritik bleibt vernichtend: »Überkandidelt ist wirklich das einzige Wort, mit dem man Mrs. Fitzgeralds Stück beschreiben kann.«[398] Der neuerliche Fehlschlag trifft Zelda hart. In den nächsten Wochen schreibt sie keine Zeile, verlegt sich wieder aufs Malen. Am 27. August 1933 nimmt sich ihr jüngerer Bruder Anthony das Leben. Er springt aus dem Fenster einer Nervenheilanstalt in Mobile, in die er vor Kurzem eingewiesen worden war. Für Scott ein weiterer Beweis für die latente Geisteskrankheit in Zeldas Familie. Im September haben die Fitzgeralds einen weiteren Toten zu beklagen. Ihr guter Freund Ring Lardner stirbt letztlich an seinem ausschweifenden Lebenswandel. Scotts rührender Nachruf bringt ihm große Sympathien und der *New Republic* eine ausverkaufte Auflage. Wie sehr ihn die Verluste des Jahres 1933 quälen, zeigt sich auch in seinem Aufsatz über New York, »My Lost City«, den er für die *Cosmopolitan* verfasst. Düster im Tenor, wird er erst nach seinem Tod 1945 erscheinen. Um sich von den Schicksalsschlägen der letzten Wochen zu erholen, macht die Familie im November 1933 Ferien auf den Bermudas. Hier erkrankt Scott an einer schweren Lungenentzündung, die ihn zwingt, die letzten Korrekturen von »Zärtlich ist die Nacht«, das noch »Dr. Driver's Holidays« heißt, vom Bett aus zu machen.

Nachdem Zelda im Oktober zum ersten Mal ihre Bilder bei einer Ausstellung der Society of Independent Artists im Kunstmuseum von Baltimore gezeigt hat, verlassen die Fitzgeralds im November 1933 La Paix und ziehen nach Baltimore. Zuvor aber kann Scott Max Perkins die freudige Nachricht übermitteln, dass der Roman, auf den er so lange Jahre gewartet hat, endlich fertig ist: »Ich werde persönlich kommen, das Manuskript in der Hand, einen spitzen Helm auf dem Kopf. (…) Lass bitte keine Band spielen, ich mach mir nichts aus Musik.«[399]

Scott hofft, mit dem Buch an frühere Erfolge anknüpfen zu können. Vor allem einen finanziellen Erfolg hat er bitter nötig. 1933 hat die *Post* ihm nur drei Kurzgeschichten abgenommen: »Mehr als nur ein Haus«, »Die Familienkutsche« und »I got Shoes«. Eine vierte, »What to Do

About it«, erwies sich als unverkäuflich. Er ist völlig pleite, die 8500 Dollar, die die Geschichten eingebracht haben, sind weg. Der Scribner Verlag überweist nach Abgabe des Romans immerhin einen Vorschuss von 4000 Dollar. Ein Tropfen auf den heißen Stein. Dafür bietet das *Scribner's Magazine* 10 000 Dollar, um den Roman als Serie vorab veröffentlichen zu dürfen. Scott stimmt zu, in der Hoffnung, dass der Vorabdruck das Interesse an seinem neuen Roman befördern wird. Das Geld reicht jedoch kaum, um seine Schulden zu bezahlen. Zuletzt ist Scott so blank, dass er sich von seiner Mutter Geld leihen muss. Für den eitlen Schriftsteller eine Katastrophe.

Dafür scheint sich für Zelda ein langgehegter Wunsch zu erfüllen. Sie ist mit einem Galeristen in Verhandlung über eine Ausstellung. Scott hatte Cary Ross in New York gebeten, Zeldas Bilder zu begutachten und einen Galeristen dafür zu finden. So sehr sich Zelda über dessen Interesse freut, hat sie bald den Eindruck, Scott und Ross würden über ihren Kopf hinweg planen. Wieder einmal hat ihr Scott das Ruder aus der Hand genommen. Sie ist schrecklich enttäuscht.

Noch während Scott seinen Roman für die Buchveröffentlichung redigiert, erscheinen die ersten Kapitel im *Scribner's Magazine*. Als Zelda sie liest, wird ihr klar, dass Scott nicht nur ihre Krankengeschichte verarbeitet hat, sondern wieder einmal ungeniert aus ihren persönlichen Briefen, aus Ärztegutachten und Krankenakten der verschiedenen Kliniken zitiert hat. Zeilen, in denen sie ihre tiefe Verzweiflung schilderte, finden sich eins zu eins im Roman wieder. So hatte Zelda dereinst geschrieben: »Du hast mir eine Blume geschenkt und gesagt, sie sei ›plus petite et moins étendue‹. – Wir waren Freunde. Dann hast Du sie wieder weggenommen, und ich bin kränker geworden, und da war niemand, der mich lehren konnte.«[400] Im Roman heißt es: »Ein Mann war lieb – ein französischer Offizier, der hatte Verständnis. Er hat mir eine Blume geschenkt und gesagt, sie sei ›plus petite et moins étendue‹. Wir waren Freunde. Dann hat er sie mir weggenommen. Ich wurde kränker und niemand hat mir reinen Wein eingeschenkt.«[401] Derlei Übereinstimmungen finden sich zuhauf. Zudem alle möglichen Ereignisse aus alten Riviera-Zeiten, auf nahezu jeder Seite winkt Zelda ihr eigenes Leben zu. Dies, zusammen mit den Ereignissen der letzten Wochen, ist zu viel für sie. Am 12. Februar 1934 wird sie erneut in die Phipps-Klinik eingeliefert und Scott schreibt in sein Notizbuch: »Ich habe meine ganze Hoffnung auf den kleinen

Wegen zu Zeldas Sanatorium verloren.«[402] Immer deutlicher zeichnet sich ab, was die Freunde seit Langem ahnen: Das gemeinsame Leben des Glamourpaares der 1920er Jahre ist vorbei.

> »Um drei Uhr in der Früh
> hat ein vergessenes Päckchen
> das gleiche tragische Gewicht
> wie ein Todesurteil.«
>
> F. SCOTT FITZGERALD [403]

VIII.
»Für eine von Nacht umfangene Seele ist es immer drei Uhr morgens«
Ein Niedergang vor Publikum

»Im Grunde ist alles Leben ein Prozess des Niedergangs, aber die Schläge, die das eigentlich Dramatische dabei ausmachen – jene plötzlichen schweren Schläge, die von außen oder scheinbar von außen kommen, an die man sich erinnert, für die man die Dinge verantwortlich macht und über die man in schwachen Momenten auch zu seinen Freunden spricht –, diese Schläge zeigen ihre Wirkung nicht mit einem Mal. Es gibt noch eine andere Art von Schlägen, die von innen kommen und die man nicht spürt, bis es zu spät ist, etwas dagegen zu tun, bis einem endgültig klar wird, dass man als Mensch in dieser oder jener Hinsicht nie wieder soviel taugt wie früher. Die erste Art von Knacks kommt rasch, die zweite Art kommt, fast ohne dass man es merkt, aber dann spürt man es plötzlich um so mehr.«[404]

Als Zelda in der Phipps-Klinik keinerlei Fortschritte macht, bringt Scott sie am 8. März 1934 nach Craig House, eine Privatklinik in Beacon im Tal des Hudson, nahe New York gelegen. Beide sehen in der von Dr. Forel empfohlenen Klinik die letzte Hoffnung. Es ist eine kostspielige Hoffnung, denn Craig House ist eines der teuersten Sanatorien der USA. Auch hier herrscht Country-Club-Atmosphäre: Villen statt Krankenstationen, Tennisplätze, Golfplätze, Schwimmbäder. Die Betreuung ist sehr intensiv, jedem Patienten ist eine eigene Krankenschwester zugeteilt. Man legt hier größten Wert auf den Freiraum der Patienten, weshalb es keine verschlossenen Türen gibt und alle nur erdenklichen Annehmlichkeiten. 750 Dollar kostet dieser Luxus im

Monat. Für einen Schriftsteller, der aktuell 12 000 Dollar Schulden hat, eine Menge Geld. Doch es ist gut investiert, Zelda lebt sich rasch ein, findet Gefallen an ihrem Zimmer und an der schönen Umgebung. Sie blüht auf, bittet Scott, ihr neben ihren Malutensilien auch ihre Reitausrüstung sowie die Tennis- und die Golfschläger zu schicken. Es ist die luxuriöseste Klinik, in der sie jemals untergebracht sein wird, und sie genießt es. Da ihr Scotts finanzielle Lage jedoch bewusst ist, schlägt sie, wenn auch mit Wehmut, den Umzug in eine kostengünstigere Einrichtung vor: »Ich bin mir völlig des schrecklichen finanziellen Drucks bewusst, den Du im letzten Jahr hattest, und es macht mich unglücklich, dass jetzt noch diese zusätzliche Last auf Deine Schultern gefallen ist. Die ganze Schönheit dieses Ortes muss ja furchtbar viel Geld kosten, und vielleicht wäre es ratsam, dass ich irgendwohin gehe, wo die Kosten besser mit unseren gegenwärtigen Mitteln vereinbar sind.«[405] Dies könnte angesichts der dramatischen pekuniären Lage der Fitzgeralds nur eine staatliche Einrichtung sein. Doch davon will Scott nichts wissen. Die Zustände in den staatlichen Nervenkliniken sind verheerend: überfüllte Schlafsäle, in denen die Menschen schreien, dunkle Isolationszellen, Patienten, die mit Zwangsjacken fixiert werden und weder Betreuung noch Therapie erfahren. Gute Ärzte meiden diese Kliniken, in denen Bezahlung und Ausstattung gleichermaßen schlecht sind und in denen nicht viel mehr als Aufbewahrung der Patienten stattfindet. In den folgenden Jahren wird Zelda ihrem Mann mehrmals nahelegen, sie dort unterzubringen, doch für Scott kommt dies niemals infrage. Für seine Frau ist ihm das Beste immer gerade gut genug. Es bleibt also vorerst bei Craig House. Der behandelnde Arzt Dr. Clarence Slocum versucht, Zelda von einer Ruhekur zu überzeugen. Sie wirke erschöpft und dies habe durchaus Auswirkungen auf ihren Geisteszustand. Er verordnet ihr Bettruhe, Massagen und leichte Spaziergänge. Sogar die Mahlzeiten soll sie im Bett einnehmen. Doch Zelda im Bett zu halten, ist schwerer als einen Sack Flöhe zu hüten. Sie ist ein äußerst aktiver Mensch, und Scott, der seine Frau besser als jeder andere kennt, ist nicht überzeugt von der Wirksamkeit dieser Therapie. Und tatsächlich langweilt sich Zelda so entsetzlich, dass sie aus lauter Frust anfängt zu stricken: »Ich stricke mir irgendwelche Klamotten, und mittlerweile bin ich eine so versierte Strickerin geworden, dass ich problemlos auch Strohhalme, Zweige und Gräser in meine Muster hineinnehmen könnte. Ich fühle mich schon wie Betsy Ross [die der Legende nach die erste Flagge der USA nähte – M.K.].«[406]

Von März bis April 1934 werden zu Zeldas großer Freude 15 Zeichnungen und 13 ihrer Gemälde in der Galerie von Cary Ross in New York gezeigt. Nachdem es Ross nicht gelungen war, Galeristen und Sammler für eine Ausstellung zu gewinnen, stellt er die Bilder nun selbst aus. Auch in der Lobby des Algonquin Hotels werden einige Bilder präsentiert. In Begleitung einer Pflegerin reist Zelda am 29. März zur Vernissage an. Alle sind gekommen: Dorothy Parker, Gilbert Seldes, Sara Murphy, John Dos Passos, Ernest Hemingway. Auch die Zeitungen berichten über die Ausstellung, wenn auch nicht so, wie Zelda es sich erhofft hat. Die meisten Kritiker sehen in ihr noch immer das berühmteste *Flapper Girl* der USA. Als Malerin nimmt man sie nicht besonders ernst, hält sie für eine begabte Amateurin. Dies zeigt sich auch an den Verkaufszahlen. Nur die Freunde kaufen mehr aus Höflichkeit denn aus Interesse einige Bilder. Sara Murphy ersteht für ihren Mann das Bild »Chinese Theatre«, Dorothy Parker erwirbt ein Porträt Scotts mit dem Namen »Der Kornettist« sowie die Zeichnung »Arabesque«. Daran, die Bilder aufzuhängen, denkt sie keine Sekunde: »Ich hätte es nicht ertragen, die Bilder zu Hause an der Wand zu haben. Diese blutrote Farbe ... der Schmerz, die Verzweiflung, die sich hinter den Bildern verbarg.«[407] Sie weiß aus eigener Erfahrung, was Zelda bewegt: »Rot steht nämlich für Trauer. Scharlachrot für eine Liebe, die gestorben ist. Wussten Sie das etwa nicht?«[408] Ihr Mitgefühl für Zelda hält sie jedoch nicht davon ab, in diesen Wochen mit deren Ehemann zu schlafen.

Am 12. April 1934 erscheint F. Scott Fitzgeralds neuer Roman »Zärtlich ist die Nacht«. Ganze 17 Entwürfe liegen hinter ihm, letztlich war es Zeldas Krankheit, die ihn zu dem Roman inspiriert hat, den er nun vorlegt: »Dies ist seit neun Jahren der erste Roman des Autors. In der ganzen Zeit ist kaum eine Woche vergangen, in der ich nicht danach gefragt wurde, wie weit ich denn sei und wann in etwa mit der Veröffentlichung zu rechnen sei. Eine Weile habe ich darauf das gesagt, was ich für die Wahrheit hielt: ›in diesem Herbst‹, ›im nächsten Frühjahr‹. Doch irgendwann reichte es mir, und ich log nur noch und erklärte, ich hätte es aufgegeben, oder aber, der Roman umfasse nun über eine Million Wörter und würde voraussichtlich in fünf Bänden publiziert.«[409] Jetzt liegt das Ergebnis dieser Jahre, eine psychologisch-philosophische

Studie über die Aushöhlung der Ehe zwischen der amerikanischen Millionärstochter Nicole Warren und dem Psychiater Dick Diver, endlich in den Buchläden. Scott hofft, dass die Leser ihm über die Jahre die Treue gehalten haben. Mehr als alles andere braucht er einen kommerziellen Erfolg, und dafür scheint ihm »Zärtlich ist die Nacht«, das er sein Glaubensbekenntnis nennt, wunderbar geeignet. Den Titel entlehnt er dem Gedicht »Ode an eine Nachtigall« seines Lieblingsdichter John Keats. Diese lyrische Zeile ersetzt Scotts bisher favorisierte Titel »A Drunkyard's Holiday« und »Dr. Diver's Holiday«.

Er widmet das Buch Sara und Gerald Murphy, deren Lebensstil Pate für das Buch stand. Die sind davon keineswegs angetan: »Ich habe das Buch von Anfang an gehasst, und je öfter ich es lese, umso widerwärtiger finde ich es. Ich weise mit aller Schärfe jegliche Ähnlichkeit mit uns oder irgendjemandem, den wir kennen, zurück«, wird Sara später sagen.[410] Weder sie noch Gerald wollen als Vorlagen für Scotts Hauptfiguren Nicole und Dick herhalten, noch dazu bei einem so brisanten Thema wie Wahnsinn durch Inzest. Doch so ist es auch nicht. Scott hatte zwar bei seinen ersten Entwürfen das Ehepaar nach den Murphys geformt, doch mit den Jahren waren die beiden Zelda und Scott selbst immer ähnlicher geworden. Längst sind die Divers nur noch äußerlich den Murphys nachempfunden, ihr Innenleben hingegen ist Abbild der Fitzgeralds. Andere Figuren sind konkreten Vorbildern näher: Der tragische Trinker Abe North ist unzweifelhaft Ring Lardner, und die junge Schauspielerin Rosemary Hoyt, mit der Dick Diver eine Affäre beginnt, niemand anderer als Schauspielerin Lois Moran.

»Zärtlich ist die Nacht« ist F. Scott Fitzgeralds erster und einziger Roman, dessen Handlung außerhalb der USA angesiedelt ist. Wieder einmal hat er über das geschrieben, was er gesehen und selbst erlebt hat, und ermöglicht dem Leser, nun seinerseits die schönen und reichen Amerikaner, die zwischen den Weltkriegen durch Europa ziehen, zu beobachten. Alle Orte, an denen sich die Fitzgeralds aufgehalten haben, tauchen im Roman auf: die Schweiz, Paris, Italien und die französische Riviera, inklusive der Villa America, die nun Villa Diana heißt. Der in drei Teile gegliederte Roman setzt 1925 ein und schildert in Teil I zwei Wochen an der französischen Riviera aus der Sicht der jungen Schauspielerin Rosemary Hoyt, die am Strand die Bekanntschaft des glamourösen Ehepaars Nicole und Dick Diver macht und sich bei dieser Gelegenheit in Dick verliebt. Teil II führt den Leser aus

Dicks Perspektive zurück in das Jahr 1917, als der Psychiater während des Ersten Weltkrieges in einem Schweizer Sanatorium die junge Millionärstochter Nicole Warren kennenlernt. Als 15-Jährige von ihrem Vater missbraucht, hat sie einen Nervenzusammenbruch erlitten, den sie mit Dicks Hilfe überwindet. 1919 heiraten die beiden. Das elfte Kapitel dient Fitzgerald als Brückenkapitel; es führt mit einem inneren Monolog Nicoles wieder zurück an die Riviera ins Jahr 1925. Dick beginnt jetzt eine Affäre mit Rosemary und gerät ähnlich wie Scott in Rom in eine gewalttätige Auseinandersetzung mit der Polizei. Teil III schildert, wie Dick Diver selbst immer mehr zum Patienten wird, während seine Frau sich sukzessive freischwimmt. Als Nicole ihren Mann für einen anderen verlässt, kehrt Dick 1929 zurück in die USA. Das Buch endet mit einem Bericht über sein rast- und erfolgloses Leben an der amerikanischen Ostküste.

Die Legende will, dass das Buch ein grandioser Misserfolg war, doch das stimmt nicht ganz. Die erste Auflage von 7600 Stück verkauft sich gut, zwei weitere Auflagen gehen in Druck. Das Buch hält sich zwei Monate lang auf der Bestsellerliste des *Publisher's Weekly*. Damit ist es nicht der Megaseller, den Scott sich versprochen hat, aber doch ein Erfolg. Auch die Kritiken sind, wenn auch nicht überschwänglich, so doch durchaus wohlwollend. Malcolm Cowley beschreibt in seiner Rezension für *New Republic* zum ersten Mal jenen Doppelblick Fitzgeralds, für den dieser bis heute berühmt ist: »Ein Teil von ihm ist Gast auf dem Ball, den die Leute in dem großen Haus geben, und ein anderer Teil ist ein kleiner Junge, der sich die Nase an der Fensterscheibe plattdrückt und von der Musik und den elegant gekleideten Damen ganz fasziniert ist – ein romantischer und zugleich nüchterner kleiner Bursche –, der immer wieder innehält und darüber nachdenkt, was das alles kostet und wo das Geld eigentlich herkommt.«[411] Leider würde man dem Roman seine lange Entstehungszeit anmerken. Vieles passe nicht richtig zusammen, ganz offenkundig hätte sich der Autor manchmal nicht von alten Ideen lösen können. Scott hatte über die Jahre bei Kritikern und Lesern so hohe Erwartungen geweckt, dass daraus unweigerlich Enttäuschungen resultieren mussten. Manchen scheint es das falsche Buch zur falschen Zeit zu sein. In dieser Zeit des wirtschaftlichen Niedergangs ist das Interesse an den Problemen der High Society eher marginal. Gefragt sind jetzt Autoren wie John Steinbeck, die ihre Geschichten im Arbeitermilieu ansiedeln. Auch wenn keiner der großen Romanerfolge des Jahres dieses Kriterium erfüllt, scheint Scotts große Zeit vorbei zu sein. Zu sehr gilt er als Prophet und Symbol der Goldenen Zwanziger, als dass man ihn vor dem Hintergrund der Herausforderungen der 1930er Jahre noch lesen möchte. Angesichts der weltweiten Bedrohung durch den Faschismus erscheinen seine Themen konstruiert und weltfremd. Zudem verlangt Fitzgerald dem Leser einiges ab. Zwar ist seine Sprache von betörender Schönheit – »Zärtlich ist die Nacht« gilt heute neben »Der große Gatsby« als sein absolutes Meisterwerk –, aber es ist kein einfaches Lesevergnügen. Der Leser sieht sich zunächst mit dem Wechsel der Erzählperspektive von Rosemary Hoyt zu Dick Diver konfrontiert, um dann im Brückenkapitel zwischen Vergangenheit und Gegenwart plötzlich Nicole Divers Sichtweise zu erfahren. Verwirrend ist zudem, dass Scotts Jahresangaben nicht immer mit dem Inhalt übereinstimmen und der Leser oft nicht weiß, in welchem Jahr er sich befindet. Weil Scott nicht erklärt, was in den Jahren zwischen den drei Teilen geschieht, die der Leser nicht unmittelbar mitverfolgen kann, kommen manche Wendungen sehr unvermittelt. Kritik löst vor allem die Figur Dick Diver aus. Literaturkritiker werfen Scott vor, einen Charakter geschaffen zu haben, der nicht überzeugen kann. Alles sei so vage, dass man Diver seine Wandlungen einfach nicht abnehmen könne. Scott selbst glaubt, dass vor allem die Struktur des Romans die Leser abschreckt. Unmittelbar nach seinem Erscheinen beschließt er, das Buch umzustellen, und macht aus drei Teilen mit Rückschau fünf chronologisch angeordnete Bücher, die er mit Jahreszahlen versieht. Nach seinem Tod wird im Nachlass die von ihm autorisierte »endgültige Fassung« entdeckt. 1951 wird der Roman in dieser Fassung zum ersten Mal veröffentlicht. Doch diese mag das Publikum noch weniger, denn die Umstrukturierung nimmt jegliche Spannung. Noch in den 1960er Jahren setzt sich in den USA endgültig die Originalfassung durch. Die deutschsprachige Ausgabe der ursprünglichen Fassung von »Zärtlich ist die Nacht« können die Leser erst 2006 in die Hand nehmen.

Viele Kollegen gratulieren Scott überschwänglich zum neuen Roman, nur der Kollege, an dessen Meinung ihm am meisten liegt, schweigt so beharrlich, dass Scott schließlich an Hemingway schreibt: »Gefällt dir mein Buch? Um Himmels willen, schreib mir ein paar Zeilen und sag's mir auf die eine oder andere Art.«[412] Die Antwort dürfte ihm wenig gefallen haben. Hemingway hält Scott noch immer für einen herausragenden Schriftsteller, doch diesmal sei er in seiner Manie, das Leben seiner Freunde für seine Texte zu borgen, zu weit gegangen: »Verdammt noch mal, du hast dir mit der Vergangenheit und Zukunft von Leuten Freiheiten herausgenommen, und dabei sind keine Menschen herausgekommen, sondern verdammte, fabelhaft gefälschte Fallstudien. Du kannst besser schreiben als jeder andere, du hast ein solch unglaublich großes Talent, dass du – zum Teufel damit. Scott, schreib um Gottes willen, und schreib die Wahrheit, egal wen oder was du damit verletzt, aber lass diese albernen Kompromisse.«[413] Scotts Problem sei, dass er niemanden außer sich selbst beschreiben könne. Dass er seine eigenen Charakterschwächen in Figuren hineinlege, die er nach Sara und Gerald Murphy gestaltet, sei nicht in Ordnung, diese Vermischung von Fakten und Fiktion ginge eindeutig zu weit. Scott hingegen besteht darauf, dass ein Schriftsteller seine Figuren stets aus verschiedenen Personen zusammensetzt und nie jemanden eins zu eins abbildet. Er selbst bräuchte immer ein halbes Dutzend echter Menschen, um einen wirklich guten fiktionalen Charakter daraus zu machen. Viel, viel später wird Hemingway das Buch wieder lesen und sich Thomas Wolfe anschließen, der es schon bei seinem Erscheinen für die beste Arbeit hält, die Scott je geschrieben hat.

Scott ist angesichts der harschen Kritik des Freundes und nur 12 000 verkaufte Exemplare bitter enttäuscht. Wieder einmal ist es Zelda, die ihn tröstet, was umso erstaunlicher ist, als Scott den Schriftsteller in sich erneut über den fürsorglichen Ehemann hat triumphieren lassen. Dass Zelda im selben Alter wie Nicole Diver missbraucht wurde, weiß Scott nur zu gut. Einen Hinweis darauf, dass Zelda je von ihrem Vater missbraucht wurde, gibt es nicht, doch es entstehen tatsächlich Gerüchte, für die es zumindest bis dato nicht den geringsten Beweis gibt.[414] Dass sich Scotts Roman negativ auf Zeldas Gesundheitszustand auswirken würde, war vorhersehbar. Zelda ist vor allem darüber wütend, dass Nicole Diver, einer fiktiven Zelda, unterschwellig die Schuld am Niedergang ihres Mannes gegeben wird. Sie selbst ist der Ansicht, bis zur Selbstverleugnung alles dafür getan zu haben, dass Scott als Autor überleben kann. Ihrem Psychiater gegenüber erklärt sie: »Ich habe es so satt, Kompromisse zu schließen. Von der eigenen Persönlichkeit einen Teil nach dem anderen abzuhobeln, bis nichts mehr übrig ist.«[415] Doch bei all ihrem Ärger übersieht sie nicht, was für ein großartiges Buch Scott geschrieben hat, und sie ist anständig und großmütig genug, dies unumwunden zuzugeben: »Dein Buch ist die schöne und bewegende Geschichte der Desillusionierung eines Mannes und seiner diesbezüglichen Werte vor dem gesellschaftlichen Hintergrund, in dem er am meisten zählt. (...) Sei froh, dass Du mit Erfolg unsere Zeiten aufgezeichnet hast und ein Ich, das, so gut es eben konnte, sich mit den Kompromissen auseinandergesetzt hat, die es am Ende getötet haben.«[416] Sie bittet ihn, ihr sämtliche Rezensionen zu schicken, und tröstet ihn damit, dass die meisten Kritiker den Roman einfach nicht verstanden hätten. Scott, der nach der Veröffentlichung den Blick für das Wesentliche wiedergefunden hat, fürchtet nun die Konsequenzen, die sein freizügiger Umgang mit Zeldas Geschichte für seine Frau haben könnte. Als sie ihm ankündigt, das Buch noch einmal zu lesen, warnt er sie eindringlich davor, sich so intensiv mit der Thematik zu befassen. Sie dürfe nicht zu viel von ihrer beider Leben hineininterpretieren, es sei an der Zeit, die Vergangenheit hinter sich zu lassen. Am 26. April 1934 schreibt er ihr einen seiner schönsten Liebesbriefe: »Du und ich wir sind glücklich gewesen; wir sind nicht nur einmal glücklich gewesen, wir sind tausendmal glücklich gewesen. Die Aussichten, dass der Frühling, der für alle da ist, wie in den alten Volksliedern, auch uns gehören wird – diese Aussichten sind zur Zeit sehr gut, denn wie gewöhnlich löst sich für mich das meiste der zeitgenössischen literarischen Meinung so gründlich auf, dass ich es in der hohlen Hand tragen kann – und wenn ich das tue, sehe ich Schwäne darauf schwimmen und stelle fest, dass nur Du und ich es sind. Aber, Schwan, schwimme gemächlich, denn Du bist ein Schwan, und die Götter haben Dir als besonderen Vorzug einen gebogenen Hals geschenkt, auch wenn Du ihn Dir im Zusammenstoß mit einer von Menschen gebauten Brücke gebrochen hast, ist er doch geheilt, und Du bist weitergesegelt. Vergiss die Vergangenheit – soweit es geht, und kehre um und schwimme zu mir nach Hause zurück, in Deinen Hafen für immer und ewig. (...) Ich liebe Dich, mein Liebes, Liebes«.[417]

Scott zeigt nicht, wie tief ihn die geringe Resonanz auf seinen Roman verletzt. All die Jahre hatte er sich an die Gewissheit geklammert, dass es nur dieses einen Romans bedürfe, um wieder ganz nach oben zu kommen. Die grauenhaften Schreibblockaden, die Auseinandersetzungen mit Zelda um den Stoff, die vielen schlaflosen Nächte, all das war nur zu ertragen gewesen in der Gewissheit, einen Jahrhundertroman zu schreiben. Scott versinkt in tiefe Depression. Morgens kommt er kaum aus dem Bett, seine Tage verbringt er in Pyjama und

Bademantel. Scotties Freunde gewöhnen sich an einen unrasierten, mürrischen Schriftsteller, der wie ein Geist durchs Haus schlurft. Er meidet Menschen und Vergnügungen. Geht er doch einmal aus, kommt es jedesmal zu unschönen Zwischenfällen, die stets seinem schwindelerregenden Alkoholkonsum geschuldet sind. Einmal geht er bei einer Party in voller Länge zu Boden, weil er zu betrunken ist, um sich auf den Beinen zu halten. Die anderen Gäste dekorieren ihn daraufhin wie einen Toten mit einer Rose. Er trinkt jetzt nicht mehr, um zu arbeiten, sondern nur noch, um zu vergessen. Sein Herz ist voller Trauer um die glorreichen 1920er Jahre: »Es ist heutzutage üblich, auf die Zeit des Booms mit einer Missbilligung zurückzublicken, die an Entsetzen grenzt. Aber dieser Boom hatte auch seine guten Seiten: Das Leben war für die meisten Leute viel fröhlicher und angenehmer, und die panische Rückbesinnung auf spartanische Tugenden in Not- und Kriegszeiten sollte uns nicht so irritieren, dass wir die herrliche, ruhmreiche Ausgelassenheit jener Zeit völlig vergessen.«[418]

Ausgerechnet in dieser Gemütslage erinnert ihn Zelda nun an ihr Versprechen, ihren eigenen Roman nur bis zur Veröffentlichung von »Zärtlich ist die Nacht« ruhen zu lassen. Jetzt will sie die Arbeit daran wieder aufnehmen. Weder Scott noch die Ärzte sind von dieser Idee sonderlich begeistert und verweigern ihr jegliche Unterstützung. Umso größer ist Zeldas Enttäuschung: »Bitte, sag mir, was ich tun soll, ich weiß es wirklich nicht. Meine Arbeit ist, wie Du weißt, für mich in erster Linie ein Vergnügen, aber wenn es besser für mich ist, mich mit etwas zu beschäftigen, das meinem Naturell nicht entspricht, bin ich dazu bereit. Ich sehe zwar nicht ein, warum man Beutel stricken soll, wenn man lieber Stiefmütterchen malt, aber vielleicht ist es manchmal notwendig, etwas zu tun, was man nicht gern tut.«[419] Unsicher, wie sie sich weiter verhalten soll, schreibt sie fürs Erste zwei kleinere Kurzgeschichten. In »Show Mr. And Mrs. F. To Number« listet sie alle Hotels auf, in denen die Fitzgeralds dereinst abgestiegen waren. Ein wehmütiger Reiseführer durch ihr altes Leben, der vor allem die Widrigkeiten benennt, mit denen sie in den jeweiligen Hotels konfrontiert waren. Die Geschichte erscheint im Mai 1934 im *Esquire,* unter Zeldas und Scotts Namen. Zwei Monate später wird dort auch »Auction – Model 1934« publiziert, eine Geschichte, in der das gemeinsame Leben der Fitzgeralds unter den Hammer kommt. Das wenige, das sie in den Jahren ihrer Ehe angehäuft haben, wird dort zur Versteigerung angeboten, darunter auch ihr erstes Hochzeitsgeschenk, das Tiffany-Service für Zeldas heißgeliebte heiße Schokolade. Was wie das Abstoßen von Altlasten klingt, ist in Wahrheit der Abschied von einem Leben, das sie nie mehr wieder führen wird: »Bis man das Alter erreicht, das erforderlich ist, um seinem Leben eine Richtung geben zu können, sind die Würfel schon gefallen, und der Augenblick, in dem sich die Zukunft entschieden hat, ist längst vorbei. Wir sind aufgewachsen im festen Vertrauen auf die unbegrenzten Möglichkeiten der amerikanischen Werbung. Darauf gründeten wir unsere Träume. Ich glaube *heute* noch, dass man Klavierspielen per Post lernen kann und dass man von Schlammpackungen einen makellosen Teint bekommt.«[420]

Auch Scott kehrt an den Schreibtisch zurück. Die erneute Geldnot mündet in eine der produktivsten Phasen seines Lebens. Für die Drehbuchfassung von »Zärtlich ist die Nacht« holt er sich den 21-jährigen Charles Marquis Warren an seine Seite, einen jungen Drehbuchautor aus Baltimore, der mit Zeldas Familie gut bekannt ist. Fitzgerald hält ihn für begabt, doch als Warren eigenmächtige Textkorrekturen vornimmt, platzt ihm der Kragen. Er ist der Schriftsteller – es ist sein Buch. Dennoch schickt er den jungen Mann, versehen mit jeder Menge Empfehlungsschreiben, nach Hollywood, um das Drehbuch zu verkaufen. Er selbst telefoniert zur Unterstützung alle an, die ihm aus seiner Zeit in Hollywood noch in Erinnerung sind: Schauspieler, Produzenten, Regisseure. Er bemüht sich sogar um Irving Thalbergs Privatnummer, um den mächtigen Produzenten höchstpersönlich von seinem Skript zu überzeugen. Nicole Diver wäre die perfekte Rolle für Norma Shearer, Thalbergs Ehefrau. Keine Mühe scheuend, ruft er um zwei Uhr morgens bei Thalbergs rechter Hand, dem Leiter der Drehbuchabteilung Samuel Marx an. Da Thalberg tatsächlich auf der Suche nach einer Rolle für seine Frau ist, gibt Marx dem sichtlich angetrunkenen Scott auf sein Drängen hin schließlich die Privatnummer seines Chefs, nicht ahnend, dass Scott diesen noch in selbiger Nacht aus dem Bett klingeln wird. Doch aller Einsatz ist vergebens. Der Stoff ist den Produzenten zu schwer und Scott als Autor zu teuer. Zudem will niemand mit einem Alkoholiker zusammenarbeiten, der dem Druck der Traumfabrik nicht standhalten kann. Sein Ruf als berühmtester Trinker der Welt eilt ihm voraus. Als auch sein Vorhaben, zu Ehren seines verstorbenen Freundes Ring Lardner aus dessen Einaktern ein Broadwaystück zu machen, scheitert, liebäugelt er erneut mit einem Roman.

Diesmal soll es etwas ganz Anderes sein – ein Mittelalterroman. Sein Interesse für das Mittelalter war immer groß gewesen, und er will weg von den 1920ern. Als Vorarbeit verfasst er einige Kurzgeschichten über einen jungen französischen Ritter aus dem 9. Jahrhundert, die in *Redbook* erscheinen. Ernest Hemingway steht Pate für den Helden Philippe Count of Villefranche. Doch wie immer, wenn Scott versucht, über etwas zu schreiben, das nicht seinem unmittelbaren Erleben und Erfühlen entspringt, wirkt es artifiziell. Seine Mischung aus mittelalterlicher Atmosphäre und Umgangssprache wirkt ungewollt komisch. *Redbook* wird nur drei der vier Geschichten veröffentlichen. Für seine Finanzen sieht es zappenduster aus.

Am 19. Mai 1934 lässt er Zelda ins Sheppard und Enoch Pratt Krankenhaus nahe Towson bei Baltimore verlegen. Das Gelände der psychiatrischen Klinik grenzt unmittelbar an La Paix, wo die Familie dereinst gewohnt hatte. Hier ist Zelda nicht nur näher bei Scott und ihrer Tochter, die noch immer in Baltimore leben, auch die Kosten sind niedriger. Scott kann Craig House nicht länger bezahlen. Zwar ist auch Sheppard Pratt eine private Einrichtung, doch mit Craig House hat sie nur wenig gemein. Zelda, die ja selbst mehrmals vorgeschlagen hatte, in eine günstigere Einrichtung zu gehen, ist geschockt über ihr neues Zuhause. Hier sind nicht nur die Türen verschlossen, sondern auch die Fenster vergittert. Bei ihrer Ankunft wird sie einer Leibesvisitation unterzogen. Man nimmt ihr Geld, Zigaretten und Make-up ab, lässt ihr nicht einmal ihre Kleider. Dann wird sie in ein Desinfektionsbad gesteckt. Die ersten zwei Wochen herrscht absolutes Besuchsverbot. Der Leiter der Klinik Dr. Ross McClure Chapman setzt neben einer strengen Diät, viel Schlaf und einem straff organisierten Alltag auch auf neue Medikamente. Zelda erhält Morphium zur Beruhigung, Stramonium gegen ihre manischen Phasen, Digitalis gegen die Depressionen und einen ganzen Cocktail aus Beruhigungstabletten. Erneut wird sie einer Insulin-Koma-Therapie unterzogen. Zusätzlich wird an ihr die vom ungarischen Psychiater Ladislas Meduna zur Behandlung von Schizophrenie neu entwickelte Cardiazol-Krampf-Therapie durchgeführt. Dabei wird durch eine Cardiazol-Injektion ein Krampfanfall mit temporärem Bewusstseinsverlust ausgelöst. Diese Konvulsionstheraphie steht der Insulin-Koma-Therapie an Nebenwirkungen in nichts nach. Zelda ist schon nach wenigen Tagen zutiefst unglücklich. Mit ihrem behandelnden Arzt Dr. William Worcester Elgin kommt sie überhaupt nicht zurecht: »Ich fühlte mich sehr verloren und einsam.«[421] Als Sara Mayfield die Freundin zum ersten Mal besuchen darf, ist sie erschüttert über Zeldas Niedergang. Als Folge der Insulinschocks leidet sie unter großen Gedächtnislücken. Teilweise ist sie völlig verwirrt, hat Halluzinationen und hört Stimmen, die aus den Wänden zu ihr sprechen. Sie ängstigt sich schrecklich vor Scott. Die Hoffung auf vollständige Genesung hat sie aufgegeben. Als ihr immer klarer wird, dass sie aus dieser Klinik vermutlich nie wieder herauskommen wird, versucht sie, sich aufzuhängen. Scott bemüht sich verzweifelt, sie in seine Welt, die einmal ihre gemeinsame war, zurückzuholen. Doch bei einem gemeinsamen Spaziergang läuft sie ihm davon und versucht, sich vor einen herannahenden Zug zu werfen. In letzter Sekunde kann er sie von den Gleisen ziehen. Danach erhält er Besuchs- und Zelda Ausgehverbot.

In seinem Bemühen, ihr Halt zu geben, erinnert er sich nun daran, dass die einzige Phase, in der ihr Zustand während der letzten Jahre tatsächlich stabil war, jene Zeit war, in der sie an ihrem Roman geschrieben hat. Im Juni 1934 bittet er Max Perkins deshalb um Vermittlung an einen Verlag, bei dem Zelda eine Auswahl ihrer Kurzgeschichten veröffentlichen kann. Den Scribner Verlag zieht er nicht in Betracht, dort sollen im nächsten Jahr seine eigenen Kurzgeschichten erscheinen. Er will keine neue Runde im Konkurrenzkampf einläuten, aber vielleicht würde die Buchveröffentlichung ihrer Geschichten Zelda neuen Mut geben. Zunächst sieht es ganz danach aus, als ob Scotts Plan aufginge, doch schon bei der Zusammenstellung der Texte überanstrengt sich Zelda so sehr, dass sie erneut zusammenbricht. Das Projekt wird niemals realisiert, stattdessen bietet Zelda Scott die Trennung an: »Ich bin jetzt hier, und da ich keine andere Wahl habe, werde ich versuchen, das Ganze mit Würde zu ertragen, aber (...) da wir weder Hilfe noch Befriedigung beieinander finden, ist es das Beste, getrennte Wege zu gehen. Bitte leite alles, was für eine sofortige Scheidung nötig ist, in die Wege.«[422] Doch Scott denkt nicht daran, seine Frau zu verlassen. Obwohl es in 16 Bundesstaaten der USA ein Leichtes ist, sich von einem geisteskranken Ehepartner scheiden zu lassen, geht er diesen Weg nicht, und dabei dürfte ihn sein ohnehin völlig ruinierter Ruf wenig interessiert haben. Gleichwohl erscheint Zelda das Leben nicht mehr lebenswert. Sie ist akut suizidgefährdet, mehrere Selbstmordversuche scheitern. In der Klinik steht sie rund um die Uhr unter Beobachtung. Weder Scottie noch Scott können ihr neuen Lebensmut geben, sie hadert damit, für die beiden nur noch eine Belastung zu sein: »Mir tut es so leid, dass da nichts mehr sein wird, um Dich zu begrüßen, außer einer leeren Hülse. Der Gedanke an die Mühe, die Du Dir mit mir gegeben hast, das Leiden, das dieses *Nichts* Dich gekostet hat, wäre nur in einem völlig geistlosen Mechanismus nicht unerträglich. Hätte ich irgendwelche Gefühle, wären sie alle Dankbarkeit für Dich und Kummer darüber, dass von meinem ganzen Leben nicht einmal mehr der kleinste Rest der Liebe und Schönheit vom Anfang übrig sein soll, den ich Dir am Ende bieten könnte.«[423] Sie versinkt in tiefe Apathie, und Scotts Hoffnungen, sie eines Tages gesund mit nach Hause nehmen zu können, schwinden dahin. Er war stets davon ausgegangen, mit Zelda sein Leben zu verbringen, und nun entschwindet sie ihm mehr und mehr als Lebenspartnerin. Das Glückskind F. Scott Fitzgerald scheint vom Glück völlig verlassen und notiert: »Schreckliche Schulden. (…) Zelda in der Hölle.«[424] Verglichen mit dem kometenhaften Aufstieg seines Freundes Ernest Hemingway, der längst als der größte lebende amerikanische Autor gilt, kommt sich Scott wie ein Niemand vor. Der Erfolg des Freundes liegt wie ein dunkler Schatten über ihrer Freundschaft. Als Hemingway Scott einlädt, ihn in Florida zu besuchen, kneift er: »Ich spreche mit der Autorität des Scheiterns – Ernest mit der Autorität des Erfolgs. Wir könnten uns niemals mehr an einen Tisch setzen.«[425]

Während Hemingway von Erfolg zu Erfolg eilt, schafft Scott es nicht einmal, seine Kurzgeschichten pünktlich abzuliefern. Zwischen Mai und August 1934 entstehen zwar »Keine Blumen«, »New Types« und »Her Last Case« für die *Post*, doch das Magazin hat es langsam satt, auf Scotts Zustand Rücksicht zu nehmen. Harold Ober macht sich größte Sorgen um seinen berühmten Schützling. Unzuverlässigkeit ist schlecht fürs Geschäft. Dazu kommt, dass Scotts Geschichten längst nicht mehr so gut sind wie früher. Weil die *Post* immer öfter abwinkt, veröffentlicht Scott nun in Arnold Gingrichs neuem Herrenmagazin *Esquire*. Doch dort müssen die Texte kurz sein, und die Bezahlung hinkt mit 250 Dollar pro Geschichte weit hinter seinen bisherigen Gagen her. Im Herbst 1934 erscheint hier »Sleeping and Waking«, sein erster Bekenntnisaufsatz, der seine verzweifelte persönliche Situation thematisiert. Der Versuch, den Schauspieler Clark Gable bei einem Besuch in Baltimore für die Neuverfilmung des Gatsby zu interessieren, ist ebenso wenig von Erfolg gekrönt wie sein Angebot, an der Universität Princeton ein Seminar über das Schreiben zu halten. Ganz so, wie Scott auf Bezahlung und Alkohol verzichten will, wenn man ihn unterrichten lässt, so verzichtet Princeton auf seine Mitarbeit. Das Vorlesungsverzeichnis sei leider schon zu voll, um ihn noch unterzubringen. Man hätte jedoch nichts dagegen, wenn er sein Wissen bei der monatlichen Veranstaltung der Studentenorganisation »The Club« weitergeben möchte. Scott lehnt dankend ab. In diesem September hört er damit auf, in seinem Kontobuch ein Resümee des vergangenen Jahres zu ziehen.

An Weihnachten ist die Familie zum ersten Mal seit langer Zeit wieder vereint. Zelda hat die Klinik für einige Tage verlassen dürfen. Zu den Festtagen stellt sich hoher Besuch ein: Gertrude Stein ist in Begleitung ihrer Lebensgefährtin Alice B. Toklas nach 30 Jahren wieder einmal in den USA. Nach einer umjubelten Lesereise machen die Frauen Station bei den Fitzgeralds in Baltimore. Scott, dem Gertrude Stein einst prophezeit hatte, dass man seine Bücher noch lesen würde, wenn andere längst vergessen seien, verehrt sie noch immer sehr. Zelda findet sie noch immer unsympathisch. Dennoch lässt sie sich auf Scotts Bitten überreden, einige ihrer Bilder zu zeigen. Scott, dankbar, dass Gertrude Stein so unerschütterlich an ihn glaubt, offeriert der verehrten Besucherin ohne Rücksprache mit Zelda zwei Bilder ihrer Wahl. Zelda ist fassungslos. Als sich Gertrude Stein für zwei Gemälde entscheidet, die Zelda bereits einem ihrer Ärzte versprochen hat, weigert sie sich, die Bilder herzugeben. Auch Scotts Argument, dass ihre Bilder in Gertrude Steins berühmtem Salon von vielen Menschen gesehen und dass sie dort neben denen Picassos hängen würden, kann sie nicht umstimmen. Es kommt zu einem heftigen Streit, den Gertrude Stein dadurch beendet, dass sie sich für ein Bild entscheidet, von dem sich Zelda trennen kann.

Wenige Tage später macht Scott Kassensturz. 20 032,33 Dollar hat er im vergangenen Jahr verdient. In Zeiten wie diesen eine ganze Menge, angesichts der Fixkosten im Hause Fitzgerald aber dennoch viel zu wenig.

Nachdem Zelda in die Klinik zurückgekehrt ist, fährt Scott im Februar 1935 mit seiner Tochter nach Tryon in den Urlaub. Seine Lunge macht ihm zu schaffen und er hofft, in den Bergen von North Carolina Linderung zu finden. Hier freundet er sich mit Nora und Maurice »Lefty« Flynn an. Nora, einige Jahre älter als Scott, ist eine schöne, kultivierte Dame, voller Leben und einer ihm völlig fremden positiven Lebenseinstellung. Sie ist die Schwester von Nancy Astor, der ersten Frau, die ins britische Unterhaus einzog. Lefty hat in Yale studiert und war während des Ersten Weltkrieges Pilot gewesen. Er ist ein begnadeter Sportler, der eine beachtliche Karriere als Schauspieler und Alkoholiker hinter sich hat. Im Gegensatz zu Scott ist er jedoch seit Jahren trocken, was vor allem Nora und ihrem Engagement in der Christian Science Kirche zu verdanken ist. Die Flynns werden das, was die Murphys an der französischen Riviera für Scott waren: seine Stütze. In der Geschichte »Die intimen Fremden« wird er sie später verewigen. Seine eigene Situation verarbeitet er in der ersten Kurzgeschichte, die in Tryon entsteht. »Sieh nur, der arme Pfau!« erzählt vom Leben eines Heimkehrers aus Europa, der während der Jahre der Depression versucht, seine Tochter alleine großzuziehen, weil seine Frau im Krankenhaus ist. Am 10. März 1935 erscheint ein neuer Kurzgeschichtenband mit dem Titel »Taps at Reveille« bei Scribner. Enthalten sind fünf Basil-Duke-Lee-Geschichten, drei Josephine-Geschichten und einige andere seiner besten Arbeiten. Gewidmet ist der Band seinem treuen Freund und Agenten Harold Ober. Die Kritiken sind zwar gut, doch der Verkauf läuft so schleppend, dass man von einer zweiten Auflage absieht. Stattdessen veröffentlicht der *New Yorker* ein Gedicht von Scott für Zelda, ein Gedicht voller Trauer um die verlorenen Jahre. Daraufhin versucht sie erneut, ihn freizugeben: »Ich weiß nicht, wie ich dich um Verzeihung bitten soll für all den Kummer und Schmerz, den ich dir zugefügt habe. Ich kann dich nur bitten, mir zu glauben, dass ich stets das Beste gewollt habe und dass ich dich vom ersten Moment an von ganzem Herzen geliebt habe. Bitte erhole dich, liebe Scottie, und finde etwas, das dein Leben bereichert.«[426]

Zurück in Baltimore sucht Scott Anfang April 1935 einen Arzt auf und erfährt bei einer Röntgenuntersuchung, dass seine Tuberkulose tatsächlich wieder ausgebrochen ist. Der Arzt rät zur Kur. Scott kehrt nach North Carolina zurück und lässt sich in Asheville, einem beliebten Ferienort der Amerikaner, nieder. Hier verbringt er fast den ganzen Sommer. Scottie bleibt bei seiner treuen Sekretärin Isabel Owens in Baltimore zurück. Am Ende des Schuljahres fährt sie ins Ferienlager. Scott steigt inkognito im Grove Park Inn, einem luxuriösen Feriendomizil, ab. Den Kontakt mit anderen Gästen meidet er. Er ist depressiv, trauert den glorreichen Zeiten nach. Um sich zu beschäftigen, erstellt er

Listen. Hunderte von Listen mit Namen von Rugbyspielern, Städten, Schlagertiteln und Baseballgrößen entstehen. Er notiert Ereignisse aus glücklichen Tagen, Namen von Frauen, die er gemocht, und von Häusern, in denen er gelebt hat. Er hofft, dass es ihm besser geht, wenn er Struktur in sein Leben bringt. Doch am Ende muss er erkennen, »dass ich zwei Jahre lang ein Konto überzogen hatte, das ich nicht besaß, dass ich mich physisch und geistig bis unters Dach verschuldet hatte«.[427] Um seinen Alkoholkonsum in den Griff zu bekommen, steigt er auf Bier um. Eine fragwürdige Entziehungskur, die er im Laufe der nächsten Jahre immer wieder ausprobieren wird. Die Mengen, die Scott dabei konsumiert, erwecken bei den anderen Gästen den Eindruck, er gebe eine Party. Dabei ist Scott wirklich nicht nach Party zumute: »Mein Leben war zu Ende, als das mit Zelda und mir schiefging. Das Schicksal hat sich schon sehr früh gegen uns gewandt. Alles zerbrach, und jetzt ist alles so mühselig. (…) Großer Gott, ich vermisse meine Jugend. Ich war so voller Hoffnung. (…) Jetzt heule ich bei jeder Gelegenheit los, alles entgleitet mir und ich bekomme Panik, wenn ich alleine bin. Mir graut vor den Jahren, die noch vor mir liegen.«[428]

Einer der wenigen Menschen, mit dem er regelmäßig Kontakt hat, ist seine neue Sekretärin Laura Guthrie. Die Absolventin einer Journalistenschule lebt in Scheidung und tritt im Hotel als Wahrsagerin auf. Die beiden freunden sich an, und da Scott das Alleinsein satt hat, stellt er die junge Frau kurzerhand als Sekretärin ein. Wie Isabel Owens muss auch sie rund um die Uhr erreichbar sein. Scott, der seit Langem keinen geregelten Tagesablauf mehr hat, bestellt sie zu jeder erdenklichen Tages- und Nachtzeit ein. Manchmal bittet er sie auch nur darum, ihn zu begleiten, wenn er das Hotel verlässt. Ganze Nächte hindurch sitzen sie zusammen und reden. Laura Guthrie hält diese Gespräche in ihren Tagebüchern fest, die 1964 in Auszügen im *Esquire* veröffentlicht werden. Sie zeichnet darin das Bild eines Mannes, der ums Überleben kämpft und dessen wichtigstes Thema Zelda, Zelda und immer wieder Zelda ist: »Er sorgte sich um seine Gesundheit, und dennoch lebte er ungesünder, als ich es je erlebt habe. Sollte er jemals etwas Vernünftiges gegessen haben, dann nicht in der Zeit, in der ich bei ihm war. Er ernährte sich von Bier – in Spitzenzeiten von bis zu 30 Flaschen am Tag. Es klingt unglaublich, aber es war so, und in einem seiner Schränke marschierte eine ganze Kompanie leerer Flaschen. Er hatte sie hereingeschmuggelt und glaubte, das Hotel wüsste nichts davon. Die ganze

Zeit über qualmte er irgendwelche besonderen nikotinfreien Zigaretten. Er glaubte, die würden ihm nicht schaden.«[429]

Der andere Vertraute dieses Sommers wird Tony Buttitta, den Scott eines Abends auf der Suche nach der Toilette kennenlernt. Buttitta betreibt mit seiner Frau einen Buchladen im Hotel George Vanderbilt. Auch er notiert die Gespräche mit dem berühmten Schriftsteller, und zwar in die Bücher, die er in diesem Sommer liest. 60 verschiedene sind es, darunter Faulkner, Shaw, Dos Passos und Steinbeck. Buttitta und Guthrie sind die einzigen Menschen, die von Scotts Affäre mit Beatrice Dance erfahren. Die verheiratete Texanerin ist mit ihrer psychisch kranken Schwester in Asheville zur Kur. Sie ist ein großer Fitzgerald-Fan und verliebt sich augenblicklich in den Schriftsteller. Allerdings ist ihr erster Annäherungsversuch, bei dem sie sich von einem Zimmermädchen sein Zimmer aufschließen lässt und sich nackt in sein Bett legt, nicht von Erfolg gekrönt, wie Scott Buttitta berichtet: »Ich goss mir einen Drink ein und fragte sie, ob ihr das Ganze nicht peinlich wäre. Sie sagte Nein. Sie liebe mich, obwohl sie mich nie zuvor gesehen hat. Sie hätte sich aufgrund meiner Romane und meines Fotos in mich verliebt. Während sie sich wieder anzog, setzte ich mich auf die Bettkante und hielt ihr einen Vortrag über den großen Unterschied zwischen dem Mann und dem Schriftsteller, zwischen Realität und romantischer Vorstellung. Ich riet ihr, sich in einen richtigen Mann statt in einen Geist zu verlieben. Dann habe ich sie höflich hinauskomplimentiert.«[430]

Erst, als er die junge Frau wenig später mit einem seiner Bücher in der Lobby sitzen sieht, erwacht sein Interesse. Es folgt eine leidenschaftliche Affäre, die durch das plötzliche Auftauchen des Ehemanns und der folgenden gemeinsamen Abreise des Paares im August 1935 ein abruptes Ende nimmt. Der Kontakt allerdings bleibt bestehen. Beatrice Dance schreibt Scott sehnsüchtige Briefe, während er versucht, einen klaren Kopf zu bewahren. Zuletzt legt er einem seiner Briefe einen Liebesbrief von Zelda bei, um Beatrice endgültig klarzumachen, dass es für sie beide keine Zukunft gibt. Es gebe Zeiten, in denen man einfach seine Pflicht erfüllen müsse. Beatrice Dance erleidet nach dem Ende der Beziehung einen Nervenzusammenbruch und versucht, sich das Leben zu nehmen. An Laura Guthrie schreibt Scott in einem Brief hierzu: »Die Neuigkeiten aus dem Westen sind wirklich schlimm. Ich habe ja schon viele Menschen mit Liebeskummer erlebt, von alten Jungfern, die glaubten, sie hätten das Glück ihres Lebens verloren, bis zu Dorothy Parker, die versucht hat, sich umzubringen, nachdem Charles MacArthur sie verlassen hatte – aber noch nie habe ich erlebt, dass eine Frau, die so viel zu bieten hat, die Sache so tragisch nimmt. Sie wusste von Anfang an, dass nicht mehr daraus werden konnte, also kann man es wohl kaum als Enttäuschung bezeichnen – lediglich als eine jener halbtragischen Tatsachen, mit denen man sich eben abfinden muss.«[431] So kühl und abgeklärt dies klingt, so wenig spiegelt es seine wahren Gefühle wider. Scott hatte sich emotional weitaus mehr engagiert, als ihm lieb war. Laura Guthrie gesteht er, dass Beatrice Dance die erste Frau war, die ihm zumindest für kurze Zeit über Zelda hinweggeholfen hat. Dies beweisen auch die Briefe, die er nach der Trennung an Beatrice schreibt: »Du bist der wunderbarste Mensch, den ich je getroffen habe. Ich liebe dich – (...) Leb wohl, leb wohl, du wirst für immer ein Teil meines Lebens sein.«[432]

Die Zuneigung zu Beatrice Dance hält ihn jedoch nicht davon ab, ein Verhältnis mit Lottie Stephens, einer stadtbekannten Edelprostituierten, einzugehen. Die junge Frau, die mit ihren französischen Pudeln Romeo und Juliet in den Luxushotels der Gegend ein- und ausgeht, ist, wenn man den Schilderungen der Zeitgenossen Glauben schenken darf, das Idealbild der schönen, mütterlichen, aber auch geschäftstüchtigen Prostituierten. Obwohl Scott zunächst beunruhigt ist, als er ihrer Profession gewahr wird, ist er doch so fasziniert von Lottie, dass er ihr Stammkunde wird. Lottie berichtet Tony Buttitta später, dass Fitzgeralds größte Sorge noch immer die Größe seines Penis gewesen sei, den Zelda für zu klein gehalten habe: »Was wollte seine verrückte Frau damit bezwecken – ihn fürs ganze Leben zum Krüppel machen?«[433] Scotts Ausflug ins Milieu endet abrupt, als er befürchtet, sich mit Syphilis angesteckt zu haben. Es ist falscher Alarm, doch auch das Ende einer Bettgeschichte, für die er sich noch im Nachhinein schämt: »Frauen und Alkohol haben mich immer schon in Teufels Küche gebracht. Aber jetzt hab ich wirklich die Kontrolle verloren. Mich mit einer Hure einzulassen und dann auch noch eine Affäre anzufangen – das ist echt der Weg in den Abgrund.«[434]

Obwohl er in diesem Sommer oft viel zu abgelenkt oder zu betrunken ist, um zu schreiben, kann er 1935 sieben Kurzgeschichten verkaufen. Was sie ihn an Kraft und Überwindung kosten, lässt sich bei ihrer Lektüre erahnen. Sie wirken konstruiert, die Charaktere sind wenig überzeugend. Noch sind die Magazine bereit, allein für den

Namen Fitzgerald Geld auf den Tisch zu blättern. Doch wie lange noch? Scott hält sich mit starken Beruhigungsmitteln über Wasser, ehe er im Herbst die Bierflaschen in die Ecke stellt und die Ginflasche wieder hervorholt, in der Hoffnung, damit würde auch seine Kreativität zurückkommen: »Das war ein völlig vergeudeter Sommer. Ich kann mich nicht erinnern, schon einmal einen so vergeudeten Sommer erlebt zu haben. Ich war immer so ein harter Arbeiter. Trinken ist eine Fluchtmöglichkeit. Darum trinken heute so viele Menschen. Das kommt vom Weltschmerz – von der Unsicherheit der heutigen Welt. Alle sensiblen Geister spüren das. Die alte Ordnung geht unter und wir fragen uns, was die neue für uns bereithält – wenn sie überhaupt etwas bereithält. Die Zukunft ist ungewiss.«[435] Für Laura Guthrie ist es schwierig, von Scotts handgeschriebenen Texten eine ordentliche Abschrift zu machen. Noch immer notiert er alles mit Bleistift, und seine Handschrift wird immer krakeliger. Blättert man in seinem Kontobuch, ist der Unterschied zu den feinsäuberlichen Eintragungen der ersten Jahre frappant. Laura Guthrie hat alle Mühe, in Scotts Notizen die Verbindung zwischen den einzelnen, hastig hingeworfenen Einzelteilen zu finden. Vieles ist absolut unleserlich. Ähnlich ergeht es Harold Ober. Die Texte, die Scott schickt, sind schlampig und mit so vielen Anmerkungen versehen, dass Ober den Überblick verliert. Der akribische und korrekte Autor ist hinter all diesem Chaos kaum noch auszumachen. Und dabei war seine Arbeit stets das Allerwichtigste für Scott gewesen. Eben weil er sich seiner charakterlichen Mängel nur allzu bewusst war, hatte er versucht, durch seine Arbeit eine Art Gegengewicht zu erzeugen. Zumindest hier wollte er Perfektion erreichen. Doch jetzt sind seine Geschichten so mangelhaft, dass Ober sie ihm mit dem dezenten Hinweis, sie bitte noch einmal zu überarbeiten, zurücksendet.

Scotts Verzweiflung wächst. Laura Guthrie bricht es fast das Herz, ihn so zu sehen: »Ich glaube, Scott ist der einsamste Mensch auf der Welt. (…) Er ist vollkommen allein, niemand ist ihm nahe. Mich erinnert er an eine verlorene Seele, die im Fegefeuer ist – und manchmal auch in der Hölle.«[436] Es scheint, als habe er sich aufgegeben. Er hat längst aufgehört, sich zu pflegen, der Beau seiner Generation verwahrlost zusehends. In seinem Zimmer stapeln sich dreckige Hemden, Flaschen und Kippen. Eines Morgens spuckt er Blut. Am 13. September 1935 bringt Laura Guthrie einen völlig desorientierten F. Scott Fitzgerald zum Entzug in die Klinik: »An einen Alkoholiker gebunden zu sein, entweder als Sekretärin, als Krankenschwester oder als Ehefrau, ist der brutalste Job der Welt.«[437] Ein Job, den sie an diesem Morgen kündigt.

Ende September kehrt Scott nach Baltimore zurück – zu Scottie und zu Zelda, die er so lange nicht gesehen hat. »Es war wundervoll, für Stunden dazusitzen, ihren Kopf an meiner Schulter, und mich ihr auch jetzt wieder, wie ich es immer getan habe, näher zu fühlen als irgendeinem anderen Menschen. Und ich hätte gar nichts dagegen, wenn in einigen Jahren Zelda und ich uns unter einem Stein auf einem alten Friedhof hier aneinanderschmiegen könnten.«[438] Zeldas Zustand ist nach wie vor bedenklich. Die meiste Zeit über ist sie so weggetreten, dass sie ihre Umwelt kaum wahrnimmt. Dass der 15-jährige Boath Murphy stirbt und seine Eltern in tiefster Verzweiflung zurücklässt, nimmt sie ebenso wenig zur Kenntnis wie den Tod ihrer langjährigen Freundin Sara Haardt: »Ich brauche nichts außer Hoffnung, und die kann ich weder beim Blick auf die Vergangenheit noch beim Blick auf die Zukunft finden, und deshalb, glaube ich, ist es das Beste, ich schließe meine Augen.«[439] Dass es ihm nicht gelingt, Zeldas Lebensmut zu wecken und ihr ein Leben außerhalb der Klinikmauern zu ermöglichen, ist eine der größten Niederlagen in Scotts Leben.

Scott zieht zunächst zu Scottie und Isabel Owens in das Apartmenthaus Cambridge Arms gegenüber der Johns Hopkins Universität. Auf der Suche nach einer günstigeren Bleibe werden sie schließlich zwei Blocks weiter in der St. Paul Avenue 3330 fündig. Nichts erinnert mehr an das frühere Leben in den Luxushotels und hochherrschaftlichen Häusern mit dem vielen Personal. Es trifft Scott hart, dass er seiner Tochter so wenig bieten kann. Schließlich ist sie sein ganzer Stolz. 1935 macht er sie zum Vorbild für eine Reihe von Kurzgeschichten über das Mädchen Gwen, von denen er allerdings nur zwei verkaufen kann. Auch Scottie liebt ihren Vater, der es ihr mit seinen Auftritten in Bademantel und mit Ginflasche nicht leicht macht, abgöttisch.

Im November kehrt Scott nach North Carolina zurück. Scottie bleibt einmal mehr in der Obhut von Isabel Owens. Er nimmt sich ein billiges Zimmer im Skyland Hotel in Hendersonville. Keinen Fuß hätte er früher in so eine schäbige Absteige gesetzt. Nun lebt er von Fleischkonserven, trockenem Brot und Bier. Seine Wäsche drückt er abends im Handwaschbecken aus. Keiner weiß, wer der Gast ist, der sein Zimmer kaum verlässt. Hier verfasst er in den nächsten Wochen seinen wohl erschütterndsten Text, »Der Knacks«. Obwohl ein sehr persönliches Bekenntnis, ist der Aufsatz zugleich ein Zeitdokument der Vereinigten Staaten in den 1930er Jahren, ein Bericht über eine Generation, die außergewöhnlich optimistisch war und dennoch einen schleichenden emotionalen Zusammenbruch erlebte, der erst spät in ihr Bewusstsein drang. Erneut zeigt sich, welch herausragender Chronist seiner Zeit F. Scott Fitzgerald ist. Er rekapituliert eine Zeit, in der alles so einfach schien, bis es irgendwann kippte und das erfolgreiche, glückliche Leben einen Sprung bekam. Einen Sprung, der sich unmerklich weiter ausbreitete und sein Leben mehr und mehr bestimmte.

Zu Weihnachten kehrt er nach Baltimore zurück und schreibt zwei Fortsetzungen des Essays: »Beim Zusammenkitten« und »Mit Vorsicht zu behandeln«. Neben der schonungslosen, oft auch selbstironischen Bestandsaufnahme seiner Situation geht er der Frage nach, wie es so weit kommen konnte. Wann war das Leben aus der Spur gesprungen, ohne dass er etwas dagegen tun konnte? »Also galt es, herauszufinden, warum und in welcher Beziehung ich mich verändert hatte, wo das Leck war, durch das, mir selber unbewusst, meine Begeisterungsfähigkeit und meine Vitalität stetig und vorzeitig weggesickert war.«[440] Seiner Ansicht nach habe ihn nicht ein plötzliches Ereignis von außen, sondern ein schleichender Prozess der Zerstörung, den er durchaus mitverschuldet hat, über die Jahre in eine Situation gebracht, in der von dem einstigen König der Welt nicht mehr viel übrig ist. Seine Gefühle hätten ihre Unmittelbarkeit verloren, wozu nicht zuletzt seine dauerhafte Abhängigkeit von anderen beigetragen habe. Lange Zeit seien Edmund Wilson sein literarisches und Ernest Hemingway sein künstlerisches Gewissen gewesen. Er habe sich so sehr an anderen orientiert, dass F. Scott Fitzgerald auf der Strecke geblieben sei. Zwar sei er als geselliges Wesen nur unteres Mittelmaß, doch seine Neigung, sich und sein Schicksal mit anderen zu identifizieren, sei immer schon überdurchschnittlich gewesen. Er wollte so gerne wie die anderen sein, dass er darüber vergessen habe, wer er war. Am Ende sei er ein Mann mit geborgten Qualitäten gewesen. Sein berühmter Doppelblick als Beobachter von außen und zugleich ins Geschehen Involvierter habe ihn in den Ruin getrieben. Von nun an wolle er als Autor nur noch Beobachter sein und sich nicht länger selbst emotional engagieren.

Dass genau dies seine Stärke ist, vernachlässigt er dabei ebenso wie den Anteil, den der Alkohol an seiner Situation hat. Seine Rückschau dient dazu, sich neu zu positionieren, Herr der Lage zu werden und von einem neuen Standpunkt aus zu schreiben. Im Februar, März und April 1936 erscheinen die drei Texte im *Esquire*. Die Reaktionen auf seine schonungslose Ehrlichkeit sind gespalten. Edmund Wilson findet den Text unmöglich, obwohl er später widerwillig zugibt, dass viel Wahres darin steckt. Ernest Hemingway, der gerade auf Kuba weilt, ist von Scotts Seelenstriptease so angewidert, dass er ihm anbietet, im revolutionären Kuba seinen Tod zu arrangieren, damit Zelda und Scottie zumindest die Versicherung kassieren könnten: »Ich schreibe dir auch einen schönen Nachruf, von dem Malcolm Cowley dann den besten Teil in der *New Republic* veröffentlichen kann. Deine Leber werden wir dem Princeton Museum übergeben, dein Herz geht natürlich ans Plaza. (…) Wenn wir deine Eier noch finden können, fahr ich mit ihnen nach Antibes und werf sie vom Eden Roc ins Meer.«[441] Den meisten geht seine Offenheit zu weit, wie dieser Brief John Dos Passos' zeigt: »Guter Gott, wie hast du nur inmitten dieses generellen Flächenbrandes die Zeit gefunden, dir über so einen Kram Gedanken zu machen. (…) Verdammt noch mal, ich fürchte mich auch. (…) Wir leben in einem der tragischsten Momente der Geschichte – ich finde, wenn du zerbrechen willst, ist das völlig okay, aber du solltest einen erstklassigen Roman darüber schreiben (was du wahrscheinlich ohnehin tun wirst), anstatt das Ganze in kleinen Häppchen Arnold Gingrich zu servieren.«[442] Scott hat seine Offenheit viel Mut gekostet. Für einen Mann, der so sehr um seine Außenwirkung bemüht ist, ist es nicht leicht, seinen eigenen Niedergang zu beschreiben. Obwohl er damit zu Papier gebracht hat, was viele fühlen, können sich doch nur die wenigsten überwinden, dies zuzugeben. Zu den wenigen gehört der Dichter John V. A. Weaver: »Ich kann gar nicht in Worte fassen, wie exzellent diese Artikel aus dem *Esquire* sind und wie verstörend sie auf mich wirken. Sie erklären mir, was mit mir passiert ist. Aber ich hatte keine Ahnung, dass es auch dir passiert ist.«[443]

Die Zeitschriften und Magazine, in denen er bisher veröffentlicht hat, danken ihm seine Beichte nicht. Sie sehen in ihm einmal mehr einen gebrochenen Mann, der die Lasten des Alltags nicht mehr schultern kann. Von nun an sind sie noch vorsichtiger, was die Zusammenarbeit mit Fitzgerald anbelangt. Sein Einkommen sinkt weiter. Schon 1935 hatte er nur noch 16 845,16 Dollar verdient.

Nachdem Zelda ihre Selbstmordversuche aufgegeben hat, hofft Scott, dass wenigstens hier ein bisschen Ruhe einkehrt. Doch weit gefehlt. Sie entwickelt religiöse Wahnvorstellungen, in denen Gott sich ihr offenbart und ihr den Auftrag erteilt, in der Welt zu missionieren. Die Nachrichten, die die Murphys erreichen, sind höchst beunruhigend: »Zelda behauptet jetzt, sie stehe in direkter Verbindung mit Christus, Wilhelm dem Eroberer, Mary Stuart, Apollo und dem ganzen festen Inventar der Irrenhauswitze. Natürlich ist das kein bisschen komisch, aber nach der grässlichen Strangulationsepisode vom letzten Frühjahr rette ich mich manchmal in eine bittere Ironie über die gegenwärtigen *äußeren* Phasen ihrer Krankheit. Was also ihr wirkliches Leiden betrifft, so vergeht für mich keine nüchterne Nacht, in der ich dem nicht ganze Stunden in der Dunkelheit Tribut zolle.«[444] Im Frühjahr 1936 bekommt Zelda Besuch von ihrer Schwester Rosalind. Diese ist entsetzt über eine auf 45 Kilo abgemagerte Zelda, die vor lauter Beten mehr auf den Knien als auf den Beinen ist. Sie drängt Scott, seine Frau verlegen zu lassen. Auf Rosalinds Wunsch hin bringt Scott Zelda am 8. April 1936 im Highland Hospital in Asheville unter. Statt der Behandlungskosten von 1200 Dollar pro Quartal muss Scott aufgrund seiner finanziellen Schieflage nur 240 Dollar pro Monat bezahlen. Dr. Robert S. Carroll übernimmt nun den Fall. Er geht davon aus, dass Depressionen und Nervenleiden durch eine Vergiftung des Körpers entstehen, eine Theorie, mit der er bei Scott offene Türen einrennt. Von Anfang an war dies seine Theorie gewesen, eine Theorie, die bei den Ärzten bisher auf wenig Gegenliebe gestoßen war. Mit Hilfe von strenger Diät und körperlicher Ertüchtigung rückt man hier der Krankheit zuleibe. So marschieren die Patienten täglich fünf Meilen auf einen der nahegelegenen Berge. Sie sollen dadurch lernen, sich mit ihren Schwierigkeiten auseinanderzusetzen. Bei Wind und Wetter wird draußen Gymnastik getrieben. Alkohol und Zigaretten sind selbstredend verboten. Die Diät der Patienten besteht aus Obstsaft und viel Rohkost. Milch, Eier, Fleisch sowie Süßwaren stehen nicht auf dem Speiseplan. Des Weiteren werden neuartige Behandlungsmethoden angewandt, so zum Beispiel die Injektion von Pferdeblut ins Rückenmark, was im schlimmsten Fall zu einer Hirnhautentzündung führen kann. Im Highland Hospital wird Zelda zum ersten Mal auch mit Elektroschocks behandelt, wobei die Insulinschocks, bei denen sie bis zu eine Stunde ins Koma versetzt wird, beibehalten werden. Dabei hat sie noch Glück. Auf der anderen Seite des Ozeans hat der portugiesische Neurologe Egas Moniz soeben seine Psychochirurgie vorgestellt, bei der unter anderem lokal anästhesierten Patienten Löcher in den Schädel gebohrt werden, um sodann mit einem primitiven Instrument ins Gehirn vorzudringen und die Nervenbahnen in der Stirnlappenregion zu zerquetschen. Dadurch sollen die Patienten von ihren Wahnvorstellungen geheilt werden. In den folgenden Jahrzehnten wird die sogenannte Lobotomie als wirksames Verfahren gegen Schizophrenie in Europa und den USA bei Tausenden von Patienten angewandt, die vielfach zu Pflegefällen werden. 1949 erhält Moniz den Medizinnobelpreis.

Zelda flüchtet sich mehr und mehr in eine andere Welt, um die ertragen zu können, in der sie lebt. Das Gebet wird ihre Stütze, die Bibel ihr Anker. Sie trägt nur noch weiße Kleider, allerdings nicht wie früher nach der neuesten Mode, sondern Jungmädchenkleider, die an die 1920er Jahre erinnern und an der erwachsenen Frau seltsam aussehen. Ihre Haare sind lang, der modische Bob ist verschwunden. Beobachter, die sie ausmachen, wenn sie mit Scott unterwegs ist oder in seinem Hotel zu Abend isst, können kaum glauben, dass diese farblose, entrückt wirkende Frau Zelda Fitzgerald sein soll, das berühmteste *Flapper Girl* der Welt. Wer sie besuchen kommt, muss in ihre Welt eintauchen. Die Bestsellerautorin Margaret Culkin Banning erlebt, wie Zelda und Scott durch den Park laufen und Prinzessin und Prinz spielen und wie beruhigend dieses Spiel auf Zelda wirkt. Zu Besuch bei den Flynns, läuft Zelda wie ein junges Mädchen durch den Garten, berührt alles mit den Händen und fängt dann selbstvergessen an zu tanzen. Dass sie sich während eines Tennismatches aus Ärger über Scott splitterfasernackt auszieht und dann einfach weiterspielt, regt niemanden mehr auf.

Im Mai 1936 ruft der schlechte Gesundheitszustand seiner Mutter Scott zurück nach Maryland. Die alte Dame lebt seit einigen Jahren in einem Altenheim in Rockville, in der Nähe von Baltimore. Scott bringt sie ins Krankenhaus und sieht bei dieser Gelegenheit auch nach Scottie und Isabel Owens. Als er die Sachen seiner Mutter für das Krankenhaus zusammenpackt, findet er viele Erinnerungsstücke: »Ihre Hochzeitsschuhe und die Corsage, in der sie geheiratet hat, Louisas Puppen, fein säuberlich in Papier eingewickelt, alte Briefe und Andenken, Tagebücher, einmal begonnen und dann nie vollendet. (...) Mutter und ich hatten nie irgendetwas gemein, außer diese unbeugsame Sturheit, aber als ich all das sah, war ich doch erschüttert darüber, wie unglücklich ihr Charakter sie gemacht hatte und wie sie sich am Ende ihres Lebens an all diese Dinge klammerte, die sie an Augenblicke eines flüchtigen Glücks erinnerten«, schreibt er an seine Schwester Annabel.[445] Während er in Baltimore weilt, verfasst er die Kurzgeschichte »Trouble«. Es ist die letzte Geschichte, die er der *Post* verkaufen kann. Sie setzt den Schlusspunkt hinter 56 Kurzgeschichten, die F. Scott Fitzgerald für die *Post* geschrieben hat.

Als Scottie im Juli ins Sommercamp abreist, kehrt ihr Vater nach Asheville zurück. Er nimmt Quartier im Hotel Grove Park Inn, wo er mit Zelda ihren 36. Geburtstag feiern will. Doch bei einem Hechtsprung in den Swimmingpool bricht er sich die rechte Schulter, das Dinner fällt aus. Wochenlang ist Scott durch einen Gipsverband außer Gefecht gesetzt. Zu allem Übel rutscht er kurz nach dem Unfall nachts im Badezimmer aus und bleibt stundenlang hilflos auf dem kalten Fliesenboden liegen. Die Folge davon ist eine äußerst schmerzhafte Arthritis. Damit so etwas nicht noch einmal passiert, engagiert er eine Krankenschwester, die ihn nicht nur medizinisch, sondern auch seelisch betreuen soll. Und damit hat Dorothy Richardson alle Hände voll zu tun. Nachdem er unter der Androhung, sich zu töten, mit einem Revolver um sich geschossen hat, untersagt ihm die Hotelleitung, unbeaufsichtigt im Zimmer zu bleiben. Scott revanchiert sich für Mrs. Richardsons Mühe, indem er ihr eine Lektüreliste mit all den Büchern aufstellt, die sie unbedingt lesen soll, und die Dorothy Richardson nach seinem Tod veröffentlicht.

Im August 1936 kommt es zu einem sehr unschönen Vorfall zwischen Scott und Ernest Hemingway. Im *Esquire* erscheint Scotts Geschichte »Nachmittag eines Autors«, in der er den Tagesablauf eines gescheiterten Schriftstellers beschreibt. In derselben Ausgabe wird auch die neueste Kurzgeschichte von Ernest Hemingway »Schnee auf dem Kilimandscharo« veröffentlicht. Er hat Scott darin namentlich verewigt: »Die Reichen waren fade, und tranken zuviel. (…) Er erinnerte sich an den armen Scott Fitzgerald und seine romantische Ehrfurcht vor ihnen, und wie Scott einmal eine Geschichte begonnen hatte, die so anfing: ›Die Steinreichen sind anders als du und ich.‹ Und wie jemand zu Scott gesagt hatte: ›Jawohl, sie haben mehr Geld.‹ Aber das fand Scott gar nicht komisch. Er hielt sie für eine besonders glorreiche Menschenart, und als ihm aufging, dass es gar nicht so war, warf ihn das genauso um wie jede andere Sache, die ihn umwarf.«[446] Scott ist durch diese öffentliche Bloßstellung tief getroffen. Dennoch bewahrt er Haltung und bittet Hemingway in einem freundschaftlichen Brief, seinen Namen bei der geplanten Buchveröffentlichung der Geschichte zu streichen. Nur Max Perkins zeigt er, wie wütend er ist: »Irgendwie liebe ich diesen Mann, ganz egal, was er sagt oder tut, aber noch ein solch unerhörter Skandal und ich sorge dafür, dass man ihn so zusammenschlägt, dass er zuvor alle seine Knochen einzeln nummerieren muss.«[447] In allen weiteren Veröffentlichungen von »Schnee auf dem Kilimandscharo« heißt der beschriebene Schriftsteller nun Julian.

Am 2. September 1936 stirbt Scotts Mutter. Auf dem Sterbebett hatte er sich endlich mit ihr und ihrem Verhalten ausgesöhnt: »Familienzwist ist eine bittere Sache. Er verläuft nicht nach irgendwelchen Regeln. Es ist nicht wie ein Wunde oder ein Schmerz, die vorübergehen, sondern mehr wie ein klaffender Riss in der Haut, der nicht heilen will, weil nicht genug Haut nachwächst.«[448] Sein Erbe von immerhin rund 22 000 Dollar erscheint ihm wie ein warmer Regen von oben. Allerdings verhindert das Erbrecht des Bundesstaates Maryland, dass er das Erbe vor Ablauf einer sechsmonatigen Frist antreten kann. Dabei braucht er dringend Geld, denn am Ende dieses Sommers hat Scott bei Harold Ober und Max Perkins insgesamt 20 000 Dollar Schulden. Alle Kurzgeschichten für den *Esquire* zusammen haben weniger eingebracht als in früheren Zeiten eine einzige Geschichte für die *Post*.

Doch die Rückschläge und Demütigungen haben ihren Höhepunkt noch nicht erreicht. Zu seinem 40. Geburtstag plant die *Post* einen Artikel über ihren ehemaligen Autor. Reporter Michel Mok reist eigens aus New York nach Asheville, um Scott zu interviewen. Weil Scott gesundheitlich nicht in der Lage ist, Besuch zu empfangen, lehnt er zunächst höflich, aber bestimmt ab. Doch Mok ist hartnäckig, täuscht große Bewunderung für den Schriftsteller vor und lässt ganz nebenbei ins Gespräch einfließen, dass auch seine Familie einen Fall von Geisteskrankheit zu beklagen hätte. Damit klopft er Scott weich. Zudem fühlt sich dieser geehrt, dass man eigens für seinen Geburtstag einen Journalisten auf Reisen geschickt hat. Am 24. September, seinem 40. Geburtstag, empfängt er Mok, obwohl es ihm so schlecht geht, dass die beim Interview anwesende Krankenschwester ihm während des Gesprächs eine Injektion verabreichen muss. Es ist lange her, dass man ihm so viel Aufmerksamkeit geschenkt hat, und ob es der Aufregung oder dem Alkohol geschuldet ist, er gibt viel zu viel von sich preis. Was er am nächsten Tag unter der Überschrift »Diesseits vom Paradies: Scott Fitzgerald, 40, versunken in Verzweiflung« lesen muss, kommt einer Katastrophe gleich: »Vor langer Zeit als er noch jung, arrogant und trunken von seinem plötzlichen Erfolg war, da hat F. Scott Fitzgerald einem Reporter erklärt, niemand sollte älter werden als dreißig. Das war 1921. (…) Der dichtende Prophet aller Nachkriegsneurotiker beging seinen vierzigsten Geburtstag gestern in seinem Schlafzimmer im hiesigen Grove Park Inn. Er verbrachte den Tag, wie er all seine Tage verbringt – mit dem Versuch von Diesseits des Paradieses zurückzukommen, aus dieser Hölle der Verzweiflung, in der er sich in den letzten Jahren gewunden hat. Er hatte keine Gäste außer (…) einer Krankenschwester und diesem Reporter.«[449] Mok hat keinerlei Mitleid mit dem sichtlich angeschlagenen Scott, der noch immer unter seiner Schulterverletzung leidet: »Was für Schmerzen dieser Bruch ihm auch immer noch bereitet, sie erklären wohl kaum sein nervöses Aufspringen vom Bett und Wiederhinsetzen, sein ruheloses Umherlaufen, seine zitternden Hände, das Zucken in seinem Gesicht mit diesem mitleiderregenden Ausdruck eines grausam geprügelten Kindes. Genauso wenig können diese Schmerzen für seine häufigen Abstecher zur Kommode verantwortlich gemacht werden, zu einer Schublade, in der eine Flasche lag. Jedes Mal, wenn er sich einen Drink in den Messbecher eingoss, der auf seinem Nachttisch stand, warf er der Krankenschwester einen flehenden Blick zu und fragte: ›Nur eine Unze‹?«[450] Auf die Frage nach seiner Meinung zur Entwicklung der Jazz-Generation sei Fitzgerald aufgesprungen und habe ihn angeschnauzt: »Warum soll ich mir über diese Leute den Kopf zerbrechen? Habe ich nicht genug eigene Probleme? Sie wissen so gut wie ich, was mit ihnen geschehen ist. Manche wurden Börsenmakler und sprangen aus dem Fenster. Andere wurden Banker und haben sich erschossen. Wieder andere wurden Journalisten. Und ein paar wurden erfolgreiche Schriftsteller.«[451] Nach diesen Worten sei er rot angelaufen und habe hysterisch gerufen: »Erfolgreiche Schriftsteller! Oh mein Gott, erfolgreiche Schriftsteller!«[452] Neben dem Interview prangt ein Bild von Scott im Pyjama.

Nachdem er den Artikel gelesen hat, versucht F. Scott Fitzgerald sich umzubringen. An Hemingway telegrafiert er: »Wenn du mir jemals wirklich helfen wolltest, jetzt wäre eine gute Gelegenheit.«[453]

Er zieht sich nun immer mehr zurück. Stundenlang liegt er im abgedunkelten Zimmer auf seinem Bett: »Ich sah, dass ich schon seit langem für Menschen und Dinge nichts mehr übrig hatte, sondern nur aus Schwäche so getan hatte, als wäre es noch so.«[454] Wenn er morgens überhaupt aufsteht, dann nur, um sich seinen alten, grauen Bademantel überzuwerfen und zum Kühlschrank zu gehen. Er ist so pleite, dass er nicht einmal mehr weiß, woher er das Schulgeld für Scottie nehmen soll, die im nächsten Schuljahr auf die Ethel Walker Schule, ein teures Internat in Simsbury, Connecticut, wechseln soll. Gerald Murphy hat die Schule, die als eine der besten Mädchenschulen des Landes gilt, empfohlen. Scott legt größten Wert auf die Ausbildung seiner Tochter, doch wovon soll er diese bezahlen? 1936 ist sein Einkommen mit 10 180,97 Dollar auf dem absoluten Tiefstand angekommen, während seine Schulden mit 40 000 Dollar einen neuen Höhepunkt erreicht haben. Er bittet um eine Reduzierung des Schulgeldes, die ihm schließlich gewährt wird. Scottie geht nach Simsbury und wird die folgenden Jahre als Ziehtochter der Familie Ober, die ganz in der Nähe der Schule lebt, aufwachsen. Seine Tochter auf eine staatliche Schule zu schicken, bringt Scott ebenso wenig übers Herz, wie seine Frau in eine staatliche Einrichtung zu verlegen. Scottie ist alles, was ihn noch am Leben hält. Um sie für die anstrengende Zeit mit ihren Eltern zu entschädigen, gibt er ihr zu Ehren am 22. Dezember 1936 einen Ball im Belvedere Hotel in Baltimore. Er ist mindestens so aufgeregt wie seine Tochter. Zu Beginn des Festes ist er ein wunderbarer Gastgeber, lässt noch einmal den alten Charme aufblitzen. Doch dann läuft wieder einmal alles aus dem Ruder. Er beginnt zu trinken und wankt bald mehr, als er geht. Dass er darauf besteht, mit Scotties Schulfreundinnen zu tanzen, macht die Sache noch peinlicher. Den Mädchen ist sein Benehmen furchtbar unangenehm, sie versuchen nach Kräften, sich vor dem Tanz zu drücken. Scottie schämt sich entsetzlich für ihren Vater, der zu guter Letzt einfach alle Gäste hinauswirft. Am Ende des Abends sitzt Scott allein mit einer Flasche Gin an einem Tisch und lauscht dem Orchester: »Der Hut des Zauberkünstlers war leer. Etwas daraus hervorzuziehen, war früher ein einfacher Trick gewesen, doch jetzt war ich – um ein anderes Bild zu gebrauchen – für immer von der Spenderliste des Hilfsfonds gestrichen.«[455] Weihnachten 1936 verbringt Scottie bei Freunden. Scott geht zum Entzug ins Johns Hopkins Hospital: »Zelda und ich, wir haben alles verloren: Frieden, Liebe und Gesundheit. (...) Der Friede verschwand als Erstes – durch unser ausschweifendes und rastloses Leben. Die Liebe als nächstes – durch unsere Streitereien und weil wir immer mehr das Vertrauen ineinander verloren. Zuletzt schwand die Gesundheit – bei ihr durch den Wahnsinn und bei mir durch den Alkohol. Das hat uns zu blindwütigen Feinden gemacht.«[456]

Ende Dezember macht er den letzten Eintrag in sein Kontobuch. Dann legt er es für immer beiseite. Im Januar 1937 kehrt er trocken nach Tryon zurück. Im Oak Hall Hotel beginnt er wieder zu arbeiten. Während seiner Entziehungskur hatte er sich daran erinnert, was ihn einmal ausgemacht hatte, nämlich die unbegrenzte Fähigkeit, hart zu arbeiten. Als Erstes kümmert er sich um seine Finanzen. Er erstellt einen Kostenplan: 35 Dollar pro Woche für sich, 41 Dollar für Zelda und 25 Dollar für Scottie, dazu die Kosten für Schulgeld und Klinik. Da er momentan weder mit seinen Büchern noch mit seinen Kurzgeschichten Geld verdienen kann, beschließt er, sich noch einmal in die Höhle des Löwen zu wagen, und bittet Harold Ober, ihn als Drehbuchautor nach Hollywood zu vermitteln. Dort hält sich das Interesse, mit einem notorischen Säufer zusammenzuarbeiten, weiterhin in Grenzen.

Am 30. Januar informieren ihn die Murphys per Telegramm, dass Patrick seiner Tuberkulose erlegen ist. Sara Murphy wird sich von dem Schlag, innerhalb eines Jahres zwei Kinder zu verlieren, niemals erholen. Während der Trauerfeier in New York City wird sie die Kirche verlassen und Gott dabei laut verfluchen.

Im Juni 1937 legt Harold Ober Scott endlich einen Sechsmonatsvertrag von MGM auf den Tisch. Die Wochengage beträgt 1000 Dollar mit der Option auf Verlängerung. Scott unterschreibt sofort. Ehe er nach Hollywood abreist, trifft er in New York noch einmal Ernest Hemingway. Der spricht am 3. Juni 1937 auf dem American Writers' Congress in der Carnegie Hall und warnt seine Kollegen eindringlich vor dem Faschismus. Anschließend kommt Scott mit Edmund Wilson auf einen Drink im Algonquin zusammen. Carl van Vechten sieht die beiden dort sitzen, doch wie er später berichtet, ist Scott nicht mehr derselbe: »Ich erkannte ihn nicht und ging hin, um ihm vorgestellt zu werden. Es war ein schrecklicher Moment; Scott hatte sich völlig verändert. Er sah blass und abgezehrt aus. Es war mir entsetzlich peinlich, denn schließlich kannte ich Scott seit vielen Jahren. Er war sehr betroffen, und wir versuchten, die Sache komisch zu nehmen. (…) An diesem Tag habe ich ihn zum letzten Mal gesehen.«[457]

> »Ich habe es so satt,
> F. Scott Fitzgerald zu sein.«
> F. SCOTT FITZGERALD [458]

IX.
»Jetzt, da das Glück verweht ist und die Heimat verloren«
Ein Romancier in Hollywood

Anfang Juli 1937 reist Scott in Richtung Hollywood ab. Zweimal war er desillusioniert und gedemütigt aus der Traumfabrik zurückgekehrt, diesmal muss es klappen. Die Chancen stehen gut. Zum einen gehört er mit einem Wochengehalt von 1000 Dollar zu den bestbezahlten Drehbuchautoren Hollywoods – William Faulkner wird Jahre später für 300 Dollar die Woche schreiben –, zum anderen arbeitet er für das Studio, das die teuersten und hochwertigsten Filme produziert. Dank seines endlich angetretenen Erbes kann er vor der Abreise einen Teil seiner Schulden begleichen. Bei Harold Ober, Max Perkins und dem Scribner Verlag steht er jedoch weiterhin mit mehr als 22 000 Dollar in der Kreide. Bevor er abfährt, erarbeitet er einen Plan, wie er endlich von diesem Schuldenberg herunterkommen könnte. Von den 1000 Dollar pro Woche wird er 400 Dollar behalten, um seine eigenen, Zeldas und Scotties Ausgaben zu decken, mit dem Rest wird Harold Ober die diversen Gläubiger befriedigen.

Scott zieht ins legendäre Garden of Allah Hotel am Sunset Boulevard, einem der Lieblingsdomizile der Filmschaffenden der 1930er und 1940er Jahre. Filmstar Alla Nazimova hat Anfang der 1920er Jahre aus dem Anwesen im spanischen Stil ein Hotel gemacht, in dessen 25 Bungalows von Rudolph Valentino über Greta Garbo bis Frank Sinatra alle Größen ihrer Zeit nächtigen werden. Sie gab dem Hotel, das in einem blühenden Garten liegt, den Namen »Garden of Alla« – ohne »h«. In den Folgejahren wurde es Schauplatz exzessiver Partys und zahlreicher

Skandale und Skandälchen. Zeldas alte Freundin Tallulah Bankhead war im Hotelswimmingpool, der als Reminiszenz an Nazimovas Geburtsstadt die Form von Jalta hat, beim Nacktbaden erwischt worden, was an einem Ort, an dem es angeblich mehr Sex als an allen anderen öffentlichen Orten der USA gegeben hat, nicht weiter von Bedeutung war. Nach dem Börsenkrach musste Nazimova das Hotel verkaufen. Zu ihrem großen Ärger fügte der neue Besitzer ein »h« in den Hotelnamen ein und tilgte damit die Erinnerung an die große Schauspielerin.

Bei seiner Ankunft trifft Scott auf die halbe Ostküste: Dorothy Parker und Alan Campell, Robert Benchley und George S. Kaufman leben ebenfalls hier. Weil Scott allerdings gerade trocken ist und entschlossen, dies auch zu bleiben, hält sich sein Umgang mit notorischen Säufern wie Benchley und Parker in Grenzen. Doch auch wenn Scott nicht mitfeiert, Dorothy Parker mag ihn noch immer sehr, und ihr Mitleid mit ihm und Zelda ist grenzenlos: »Ich weiß, sie können eine solche Pest sein, aber ich werde immer ganz sentimental, wenn ich an die Fitzgeralds denke. Ich sehe sie noch vor mir, als sie das erste Mal nach New York kamen. (...) Sie waren frisch verheiratet und er hatte diesen unglaublichen Erfolg mit ›Diesseits vom Paradies‹. Sie waren Glückskinder. (...) Wenn das das Ende ist, ist es verdammt trostlos.«[459]

Mit dem festen Willen, sein Leben wieder in den Griff zu bekommen, bezieht Scott ein Apartment im zweiten Stock eines Bungalows, den er sich mit Drehbuchautor Edwin Justus Mayer, Autor von Ernst Lubitsch' Meisterwerk »Sein oder Nichtsein«, teilt. Die Miete beträgt 400 Dollar im Monat – recht viel wird also für seine Gläubiger nicht übrigbleiben.

Am 12. Juli nimmt er seine Arbeit auf dem MGM-Studiogelände auf. Diesmal kommt er nicht als der große Schriftsteller, der es dem tumben Hollywood zeigen will. Im Gegenteil, fast demütig arbeitet er sich in die Materie ein, liest Bücher über das Drehbuchschreiben und bittet andere Autoren um fachmännischen Rat. Diesmal sollen seine Drehbücher nicht abgelehnt werden. Dahin sind alles Selbstbewusstsein und die vorgebliche Überlegenheit. Kollegin Anita Loos erlebt, wie ein schüchterner F. Scott Fitzgerald ab und an in ihr Büro kommt und dabei jedes Mal höflich anklopft und scheu fragt, ob er auch wirklich nicht störe. In früheren Jahren war zuerst sein Hut auf den Tisch geflogen und dann er selbst wie ein Sturm ins Zimmer gebraust. Anita Loos vermisst dennoch den alten Scott, obwohl sie um dessen Abgründe weiß: »Also, wenn ich die Wahl hätte zwischen einem Scott, der gefährlich ist, wenn er trinkt, und einem, der so klein mit Hut ist, wenn er nüchtern ist, würde ich den gefährlichen Scott bevorzugen.«[460] Den anderen Kollegen bleibt vor allem Scotts unmäßiger Coca-Cola-Durst in Erinnerung. Kinderstar Shirley Temple sagt, sie habe niemals einen Menschen getroffen, der eine größere Menge Coca-Cola in sich hineinschütten konnte als F. Scott Fitzgerald. Coca-Cola ist sein Hilfsmittel, um nüchtern zu bleiben. In seinem Büro reiht sich Flasche an Flasche, der Putzfrau ist es streng untersagt, sie zu entfernen. Sie erinnern ihn daran, was er trinken soll. Allerdings verlässt er sich nicht allein auf die dunkle Brause. Er nimmt starke Schlafmittel, um nachts Ruhe zu finden, und starke Aufputschmittel, um morgens auf Touren zu kommen.

Unmittelbar nach seiner Ankunft in Hollywood trifft er Ernest Hemingway wieder. Dieser ist hier, um »The Spanish Earth«, einen Dokumentarfilm über den Spanischen Bürgerkrieg, vorzustellen. Zusammen mit dem niederländischen Regisseur Joris Ivens hat er als Drehbuchautor den Kampf der republikanischen Regierung gegen General Franco und die Faschisten porträtiert. Der Film soll Amerika aufrütteln, die Amerikaner für die Geschehnisse jenseits des großen Teiches sensibilisieren. Sie haben ihn auch Präsident Roosevelt im Weißen Haus gezeigt. Finanziert worden ist der Film durch Spenden von Dorothy Parker, Gerald Murphy, Lillian Hellman, Dashiell Hammett und vielen anderen. Den größten Teil haben das North American Committee for Spain und Ernest Hemingway aus seiner Privatschatulle beigesteuert. Hemingway ist auf Seiten der spanischen Republik so engagiert, dass er sein nächstes Buch dem Freiheitskampf der Spanier widmen wird. Im Haus des zweimaligen Oscargewinners Fredric March und seiner Frau, der Schauspielerin Florence Eldridge, zeigt er am 12. Juli 1937 seinen Film vor ausgewähltem Publikum. Auch Scott ist unter den Zuschauern. Als nach Ende der Vorführung die Anwesenden jeweils 1000 Dollar zugunsten der spanischen Republik spenden, bleibt Scott aufgrund seiner desolaten finanziellen Lage außen vor. Beim anschließenden Umtrunk in Dorothy Parkers Haus fühlt er sich entsetzlich unwohl und verschwindet, ohne ein Wort zu sagen. Seine Glückwünsche zum Film erreichen Hemingway am nächsten Morgen per Telegramm. Sie werden sich nie wiedersehen.

Für Scott ist es nicht leicht, sich zwischen all den Stars und Partyleuten, die auf dem Höhepunkt ihrer Karriere sind, zu behaupten. Den Freunden an der Ostküste, die sich Sorgen machen, schickt er dennoch nach ein paar Wochen einen launigen Brief: »Ich habe ganz Hollywood getroffen – ich habe mit [Robert] Taylor geplaudert, mit [Fredric] March zu Abend gegessen, mit Ginger Rogers getanzt, war in Rosalind Russells Garderobe, habe mit [Robert] Montgomery gescherzt, mit [Adolph] Zukor und [Jesse] Lasky getrunken (Gingerale!), war mit Maureen O'Sullivan beim Mittagessen, habe [Joan] Crawford beim Dreh zugesehen und mein Herz an eine wunderschöne Chinesin verloren, deren Namen ich nicht mehr weiß (...). Also, kurz und gut, ich bin völlig fertig (...) und habe fünf Kilo abgenommen. (...) Deshalb auf Wiedersehen, Miriam Hopkins (...), so long, Claudette Colbert (...), geheimnisvolle [Greta] Garbo, glamouröse [Marlene] Dietrich, exotische Shirley Temple – ihr werdet mich niemals kennenlernen. Außer Miriam, die versprochen hat anzurufen und es nie gemacht hat. Also Mädels, es bleibt uns nichts anderes übrig, als auf die Wiedergeburt zu hoffen und weiterzumachen.«[461]

Scott will nüchtern bleiben und arbeiten, zwei Dinge, die sich nur schlecht mit dem Leben in Hollywood vereinbaren lassen. Um nicht in Versuchung geführt zu werden, kapselt er sich ab. In den Mittagspausen bleibt er für sich, obwohl ihn seine New Yorker Freunde gerne am »Writers' Table« in der Cafeteria von MGM sehen würden. Nicht jeder darf hier Platz nehmen und mit Dorothy Parker, George Oppenheimer, S. J. Perelman und anderen namhaften Autoren zu Mittag essen. Auch der exklusivste Kreis in der Studiokantine, die Clique um Anita Loos, Spencer Tracy, Clark Gable, Carole Lombard und Aldous Huxley, bittet ihn an ihren Tisch. Doch nicht einmal die Superstars des amerikanischen Kinos können ihn reizen. Er will seine Ruhe. Die Drehbuchautorin Frances Goodrich Hackett, die gerade »Ist das Leben nicht schön?« schreibt, der *der* amerikanische Weihnachtsklassiker werden wird, beobachtet ihn einmal beim Essen, nicht gewahr, wer er eigentlich ist: »Mir waren seine Augen aufgefallen. Nie im Leben werde ich seine Augen vergessen. Er schaute, als ob er den offenen Schlund der Hölle vor sich sah. Er streichelte seine Brieftasche und trank eine Cola. Dann sprang er plötzlich auf und ging hinaus. Ich sagte zu Albert [Hackett, ihrem Mann – M.K.]: ›Ich habe gerade einen total merkwürdigen Mann gesehen.‹ Und er sagte: ›Das ist Scott Fitzgerald‹.«[462] Die liebste Gesellschaft ist ihm sein Hollywoodagent H. N. Swanson.

Von dem legendären Agenten, der später auch William Faulkner und Raymond Chandler vertreten wird, fühlt er sich verstanden.

Denn dass ihn die selbst gewählte Einsamkeit nicht glücklich macht, zeigt eine Postkarte, die er sich selbst schreibt: »Lieber Scott – Wie geht's dir? Ich überlege, dich zu besuchen. Ich wohne im Garden of Allah. Viele Grüße, Scott Fitzgerald.«[463]

Die Einsamkeit verschwindet, als er kurz darauf eine Frau kennenlernt. Die 28-jährige Sheilah Graham wird seine letzte große Liebe. Die adrette Blondine ist eine der bekanntesten Klatschreporterinnen Hollywoods und ob ihrer Direktheit nicht gerade der Liebling der Stars. Auch wenn ihr Einfluss weit hinter dem von Hollywoods Gesellschaftskolumnistinnen Nr. 1 Louella Parsons und Hedda Hopper hinterherhinkt, die mit ihren zumeist erfundenen Geschichten landesweit ein Millionenpublikum erreichen, genießt auch Sheilah einen gewissen Ruf. Aufgewachsen in London, lebt sie seit vier Jahren in Amerika. Seit 1935 ist sie in Hollywood – für die ehrgeizige Sheilah das perfekte Pflaster für den Aufstieg. Offiziell ist sie Mitglied der Londoner Upperclass und hat sich erst vor Kurzem mit einem britischen Adeligen verlobt. Was niemand weiß, ist, dass Sheilah Graham in Wahrheit ein bitterarmes Mädchen namens Lily Sheil von der Londoner East Side ist. Mit sechs Jahren hatte die Mutter sie in einem Waisenhaus abgegeben, weil sie sie nicht mehr ernähren konnte. Ihr Vater war an Tuberkulose verstorben. Als 14-Jährige war Lily zur Mutter zurückgekehrt, weil diese durch eine schwere Krankheit pflegebedürftig war. Nach dem Tod der Mutter brachte sie sich als Dienstmädchen und Verkäuferin durch, ehe sie mit 17 Jahren einen 42-jährigen Geschäftsmann heiratete, der ihr den nötigen gesellschaftlichen Schliff verpasste. Er förderte ihre Karriere, lehrte sie richtiges Benehmen und richtiges Sprechen, und aus Lily Sheil wurde sukzessive Sheilah Graham, Mitglied der berühmten Young Ladies von C. B. Cochran, dem englischen Äquivalent der New Yorker Ziegfeld Follies. Zu dieser Zeit begann sie systematisch, ihren Lebenslauf zu fälschen und sich als Mitglied der oberen Zehntausend auszugeben. Als sie ihr Talent fürs Schreiben entdeckte, wurde sie rasch eine der bekanntesten Klatschkolumnistinnen Londons. Um ihre Karriere voranzutreiben, entschloss sie sich 1933, in die USA zu übersiedeln. So nachzulesen in ihrer Autobiografie. Doch auch das ist nicht die reine Wahrheit, wie ihre Tochter Wendy nach ihrem Tod enthüllte. Sheilah war nicht so allein auf der Welt, wie sie sich später inszenierte.

Dass sie ihre Familie unterschlug, sollte ihre Kindheit wohl noch mehr nach Charles Dickens klingen lassen.

Im Juli 1937 richtet Autor und Schauspieler Robert Benchley in seinem Bungalow im Garden of Allah für Sheilah Graham und Lord Donegall eine Verlobungsparty aus. Auch Scott, dem Sheilah völlig unbekannt ist, ist eingeladen. Als er sie zum ersten Mal sieht, erinnert sie ihn an die junge Zelda. In seinem letzten Roman »Die Liebe des letzten Tycoon« verarbeitet er diese erste Begegnung literarisch: »Aus nur einem guten Meter Entfernung sah ihn, identisch bis hin zum Gesichtsausdruck, mit mattem Lächeln, seine tote Frau an. Nur durch eine Armlänge Mondlicht von ihm getrennt, waren die Augen, die er kannte, auf ihn gerichtet, eine Locke wehte leicht auf einer vertrauten Stirn, das Lächeln verweilte, veränderte sich wie bei ihr, die Lippen öffneten sich auf die gleiche Art.«[464] An diesem Abend wechseln sie kein Wort miteinander. Doch schon ein paar Tage später treffen sie erneut aufeinander. Dorothy Parker hat Scott zu einem Abendessen der Drehbuchautorengewerkschaft ins Ambassador Hotel eingeladen. Ihr zuliebe geht er hin, obwohl ihn das Thema wenig interessiert. Auch Sheilah Graham ist anwesend. Diesmal kommen sie ins Gespräch. Scotts erste Worte zu der Frau, mit der er seine letzten Jahre verbringen wird, lauten schlicht und einfach: »Ich mag Sie.« Worauf sie antwortet: »Ich mag Sie auch.« Zwei Tage später treffen sie sich in Begleitung von Freunden im Coconut Club wieder, wo sie die ganze Nacht engumschlungen tanzen. Dass Scott trockener Alkoholiker ist, weiß Sheilah, der der Name Fitzgerald nur wenig sagt, ebenso wenig, wie er um ihre Vergangenheit weiß. Noch in diesem Sommer löst Sheilah ihre Verlobung. Als Scottie ihren Vater im August 1937 besuchen kommt, merkt sie recht schnell, was sich zwischen den beiden abspielt. Scott nimmt seiner Tochter das Versprechen ab, Zelda gegenüber kein Wort über seine Beziehung zu Sheilah verlauten zu lassen. Scottie hält sich daran. Zum einen ist ihr klar, dass ihr Vater eine Frau an seiner Seite braucht, zum anderen versteht sie sich ausnehmend gut mit Sheilah. Obwohl Zelda bald mutmaßt, dass es jemanden in Scotts Leben gibt, wird sie die Wahrheit erst nach seinem Tod erfahren.

Scott, der seine Frau auf keinen Fall aufregen will, ist äußerst vorsichtig. All ihre Briefe gehen an seine Büroadresse oder an die seines Agenten. Seine aktuelle Wohnadresse verschweigt er Zelda. Die Freunde sehen Scotts Verhältnis zu Sheilah Graham mit gemischten Gefühlen.

Manchen ist die junge Frau zu wenig intellektuell und ein wenig zu ehrgeizig. Erst nach seinem Tod erkennen sie, dass Scott ohne Sheilahs Fürsorge und Liebe seine letzten Jahre wohl nicht so gut verbracht hätte. Dabei sind Scotts Gefühle durchaus ambivalent. Er liebt Sheilah, aber tief in sich drinnen ist er ein Kind seiner Zeit. In dem puritanischen Denken, in dem erzogen wurde, ist eine Affäre keine Lappalie. Er ist unsicher, ob er ein neues Leben beginnen darf, solange für Zelda ein Neuanfang ausgeschlossen ist. Bei Beatrice Dance hatte er sich dagegen entschieden, doch bei Sheilah kann er seinen Gefühlen nicht entkommen. Seine alte Freundin Nora Flynn bestätigt ihn in seiner Entscheidung: »Ich denke, die Zeit ist gekommen, in der du wieder ein eigenes Leben führen musst – nicht für Zelda, nicht für Scottie, sondern für dich.«[465]

Die Schauspielerin Helen Hayes, Ehefrau seines Freundes Charles MacArthur, ist sich allerdings ganz sicher, dass Sheilah bei aller Zuneigung, die Scott ihr zweifellos entgegenbrachte, niemals mit Zelda konkurrieren konnte. Nachdem Scott Details über Sheilahs Vergangenheit erfahren habe, habe er immer ein klein wenig auf sie herabgesehen. Tatsächlich dauert es nicht allzu lange, bis er die Wahrheit erfährt. Er stellt ihr so viele Fragen, bittet sie, ihm Familienfotos zu zeigen, bis sie unter Tränen ihre ärmliche Abstammung und den erfundenen Lebenslauf gesteht. Sie ist überzeugt, dass Scott sie verlassen wird. Doch der denkt nicht daran. Ihre Bildungslücken wecken seinen pädagogischen Ehrgeiz, er beginnt sie zu unterrichten. Mit der Hilfe von F. Scott Fitzgerald holt Sheilah Graham nach, was ihr an Bildung verwehrt geblieben ist. Er erstellt Lehrpläne in Literaturgeschichte, Politik, Alter und Neuer Geschichte, Philosophie, Religion, Kunst und Musik. »College of One« nennen die beiden das. Drei Stunden täglich arbeitet Sheilah hart, abends diskutieren sie über das, was sie gelesen hat. Wie man Sheilah Grahams gleichnamigem Buch »College of One« entnehmen kann, ist es ein großes Pensum, das sie zu bewältigen hat, und Scott ein strenger Lehrer.

F. Scott Fitzgeralds erste Drehbucharbeit für MGM ist »A Yank at Oxford« (Der Lausbub aus Amerika), mit Robert Taylor und Maureen O'Sullivan. Noch immer gilt er als der Experte für College-Stoffe. Nach nur wenigen Wochen wird er abgezogen. Bis der Film 1938 in die Kinos kommt, hat er eine Menge Drehbuchautoren verschlissen. Scott übernimmt stattdessen »Three Comrades«, ein Drehbuch nach Erich Maria

Remarques Roman »Drei Kameraden« über Deutschland in den 1920er Jahren. Es ist ein bedeutendes Projekt und Scott ist stolz, mitwirken zu können. Seiner Arbeitsmoral kommt zugute, dass er mit Sheilah ein sehr zurückgezogenes Leben führt. Nur selten zeigen sie sich auf Partys. Scott hat in seinem Leben genug gefeiert. Nur wenn ihn ein Gast wirklich interessiert, macht er eine Ausnahme. Bei einer Party mit Thomas Mann glänzt Scott noch einmal als Amerikas *most charming boy*.

Sein neues Leben bringt endlich die lang ersehnte Ruhe. Wäre da nicht Zelda. Denn trotz neuer Liebe zieht es ihn nach wie vor zu ihr. Die Verantwortung und Liebe für Zelda und Scottie stehen auch weiterhin über allem. Für Sheilah Graham ist die Situation nicht immer leicht. Doch sie sieht auch, dass die Verpflichtung Zelda gegenüber, der er sich nicht entziehen will, seinen guten Charakter zeigt und das hohe Maß an Verantwortung, das in ihm steckt: Eine Kranke lässt man nicht im Stich. So arrangiert sie sich schließlich mit der Situation. Hier in Hollywood ist sie die Frau an Scotts Seite und Zelda weit weg. Dass Scott Zelda in all der Zeit viele zärtliche Liebesbriefe schreibt, weiß Sheilah nicht. Obwohl er die Hoffnung auf ein gemeinsames Leben mit Zelda längst begraben hat, bleibt sie seine große Liebe. Sein Herz bleibt bei Zelda, obwohl sein Verstand ihm sagt, dass jeder von ihnen für sich Ruhe finden muss, ehe sie aneinander zugrunde gehen. Er wird für Zelda sorgen, solange sie seine Hilfe braucht, und erst, wenn sie wieder auf eigenen Beinen stehen kann, wird er frei sein: »Sollte besagtes Wunder wirklich eintreten, könnte ich wieder versuchen, mein eigenes Leben zu führen, eines, das ganz anders ist als diese gelegentliche Existenz in so vielen Räumen mit so vielen Türen, die alle nicht meine sind. Solange sie aber hilflos ist, würde ich sie nie verlassen oder sie spüren lassen, dass sie allein ist.«[466]

Im September 1937 verbringt die Familie Fitzgerald eine gemeinsame Woche in Charleston, South Carolina. Zelda ist glücklich. Nach ihrer Rückkehr schreibt sie an Scott: »Danke für diesen schönen Ausflug: Es war so gut, über diese langen traurigen Straßen zu fahren, wegen nicht wirklich notwendiger Dinge anzuhalten und abends nach süßem Staub und Benzin riechend anzukommen und nie so richtig zu wissen, wo man ist.«[467] Scott hat den Ausflug nicht so harmonisch empfunden. Es ist anstrengend, sich um Zelda zu kümmern und sich auf ihre ständig schwankende Gefühlslage einzustellen. Bald nach diesem Ausflug beginnt Scott wieder zu trinken. Zwei Ereignisse beschleunigen unabhängig voneinander seinen Rückfall. Entgegen aller Absprachen wird ihm bei »Three Comrades« Edward Paramore jun. als Koautor zugeteilt. Es ist MGM-Politik, mehrere Autoren für ein Drehbuch zu verpflichten, und da macht man auch für F. Scott Fitzgerald keine Ausnahme. In dieser Situation trifft er nach 20 Jahren seine Jugendliebe Ginevra King wieder. Sie ist geschieden und für ein paar Tage in der Stadt. Scott trifft sich mit ihr zum Essen und ist dabei so nervös, dass er einige Tom Collins zur Beruhigung braucht. Es ist ein harmloses Treffen ohne Konsequenzen und ohne die Option auf ein Wiedersehen, obwohl Scott von Ginevra noch immer fasziniert ist. Kurz danach erlebt Sheilah Graham Scott zum ersten Mal betrunken. Sie ist schockiert, denn sie hasst Betrunkene. Erinnerungen an ihre Kindheit in den Slums von London kommen hoch, wo die Trunkenbolde auf allen Vieren in der Gosse herumgekrochen waren und sie als kleines Mädchen zu Tode erschreckt hatten. Noch ahnt sie nicht, dass der Mann, den sie liebt, unter Alkoholeinfluss von Dr. Jekyll zu Mr. Hyde wird.

Ende 1937 erhält Sheilah das Angebot, ihre Kolumne wöchentlich im Radio zu präsentieren. Gleich die erste Sendung geht schief, weil ihr vor lauter Nervosität die Stimme nicht gehorcht und die Übertragung aus Hollywood zeitverzögert ankommt. Für die zweite Sendung fliegt sie in Begleitung von Scott nach Chicago ins Studio des Senders. Scott ist schon beim Betreten des Flugzeugs so betrunken, dass Sheilah ihn bei der Zwischenlandung in Albuquerque bittet auszusteigen. Das tut er auch – aber nur, um sich mit einer neuen Flasche Gin einzudecken. Dann kehrt er an Bord zurück. In Chicago angekommen, besteht er darauf, Sheilah ins Studio zu begleiten. Hier blamiert er sie nach Kräften. Zuletzt schlägt er den verantwortlichen Redakteur nieder. Sheilah ist völlig verzweifelt, doch der Albtraum ist keineswegs zu Ende. Bei ihrer Rückkehr ins Hotel findet Sheilah in ihrem Zimmer *Esquire*-Herausgeber Arnold Gingrich vor Scott am Boden kniend vor. Der große Schriftsteller sitzt in einem Sessel, ein Tuch zum Lätzchen umgebunden. Gingrich füttert ihn, während Scott versucht, Gingrich in die Hand zu beißen. Wie ein trotziges Kleinkind spuckt er sein Essen aus. Gingrich erklärt der geschockten Sheilah, sie brauche sich keine Sorgen zu machen, es sei nicht das erste Mal, dass er Scott so erlebe. Um Scott auszunüchtern, habe er ihm etwas zu essen bestellt, doch Scott habe darauf bestanden, gefüttert zu werden. Sein Zustand ändert sich in den nächsten Tagen kaum. Auf dem Weg zum Flughafen beleidigt er im

Bus mitreisende Passagiere und benimmt sich so daneben, dass die Besatzung ihm schließlich den Zutritt zum Flugzeug verweigert. Auf Arnold Gingrichs Rat hin fährt Sheilah fünf Stunden lang mit Scott im Taxi durch Chicago, bis er wieder einigermaßen nüchtern ist: »Alle paar Minuten raffte sich Scott auf, und rief: ›Sie Hurensohn, ich habe Ihnen doch gesagt, Sie sollten bei der ersten Bar halten!‹, sah dann zu mir auf: ›Hallo Baby‹ und fuhr fort, den Fahrer zu beschimpfen.«[468] Zurück in Kalifornien macht Scott unter ärztlicher Aufsicht einen Entzug. Sheilah kehrt allein nach Chicago zurück.

Im Januar 1938 unternimmt Scott mit Zelda einen Ausflug nach Miami und Palm Beach, dann fliegen sie weiter nach Montgomery zu ihrer Familie. Zeldas Zustand ist stabil, doch für einen Mann, der selbst der Betreuung bedarf, ist es anstrengend, mit ihr zu reisen. Dafür lässt sich das neue Jahr beruflich gut an. MGM hat seinen Vertrag um ein Jahr verlängert, sein Verdienst steigt auf 1250 Dollar die Woche. Zudem hat er aus der Zeitung erfahren, dass das Pasadena Playhouse »Ein Diamant – so groß wie das Ritz« auf die Bühne bringt. Voller Begeisterung bestellt er für sich und Sheilah zwei Karten. Es soll ein ganz besonderer Abend werden. Nach einem exquisiten Abendessen lassen sie sich von einem livrierten Chauffeur in einer Limousine nach Pasadena fahren. Dort wartet eine unliebsame Überraschung auf sie. Vor dem Theater stehen keine Besucher und auf seine Nachfrage hin erfährt Scott, dass sein Stück von einem Studentenensemble in einem kleinen Raum über dem Theater aufgeführt wird. In Abendkleid und Smoking nehmen die beiden auf den harten Holzbänken Platz. Nur wenige Zuschauer haben sich hierher verirrt. Scott bewahrt Haltung, klatscht tapfer und geht, als der Vorhang fällt, hinter die Bühne, um das Ensemble zu beglückwünschen. Damit bringt er die jungen Leute völlig in Verlegenheit – sie waren davon ausgegangen, dass F. Scott Fitzgerald seit Langem tot sei.

Die Niederlagen häufen sich nun. Nachdem Scott und Paramore sechs Drehbuchversionen von »Three Comrades« verworfen haben, übergeben sie im Februar 1938 ihr Skript an Produzent Joseph Mankiewicz. Der verändert bis Drehbeginn das Manuskript so stark, dass kaum mehr etwas von ihrer Arbeit übrig bleibt. Fitzgeralds Dialoge sind ihm zu ausschweifend, seine Ideen würden auf dem Papier funktionieren, sich filmisch aber nicht umsetzen lassen. Scotts Enttäuschung ist grenzenlos: »Zu behaupten, ich sei enttäuscht, ist noch harmlos ausgedrückt. 19 Jahre lang, unterbrochen von zwei Jahren Krankheit, habe ich Unterhaltung geschrieben, die sich hervorragend verkauft hat, und meine Dialoge sind wahrscheinlich das Beste, was du kriegen kannst. (…) Meine einzige Hoffung ist, dass du einen Moment lang innehältst und überlegst. Dass du jemanden, der intelligent und objektiv ist, bittest, sich beide Vorlagen anzusehen. (…) Ich hoffe, du hast so viel Größe, diesen Brief so zu nehmen, wie er gemeint ist – als die verzweifelte Bitte, die Dialoge in ihrer vorherigen Qualität wiederherzustellen. (…) Oh Joe, können sich Produzenten denn nicht auch mal irren? Ich bin ein guter Schriftsteller – ehrlich.«[469] Daran, dass Kollegen, Produzenten und Regisseure ohne mit der Wimper zu zucken seine Texte verändern, wird er sich niemals gewöhnen. Der Film mit Robert Taylor und Margaret Sullavan in den Hauptrollen wird ein Kassenschlager und bringt Sullavan sogar eine Oscarnominierung ein. Es ist der einzige Film, in dessen Abspann F. Scott Fitzgerald jemals als Drehbuchautor genannt werden wird. Joseph Mankiewicz aber wird sich bis ans Ende seiner Tage dafür rechtfertigen müssen, die Dialoge eines der größten amerikanischen Schriftsteller abgeändert zu haben: »Man hat mich behandelt, als hätte ich auf die amerikanische Flagge gespuckt.«[470] Als Arthur Mizener Ende der 1940er Jahre an der ersten Fitzgerald-Biografie arbeitet, bittet Mankiewicz ihn inständig darum, Scotts Brief an ihn nicht zu veröffentlichen. Er gilt heute als einer der berühmtesten Fitzgerald-Briefe und wurde zu Mankiewicz' Leidwesen hundertfach zitiert. Dennoch blieb der Produzent auch in späteren Interviews bei seiner Meinung, dass Fitzgerald für den gesprochenen Dialog im Film, der ganz anders funktioniere als ein Dialog in der Literatur, kein Gespür hatte. Das wichtigste Wort in Hollywood heiße eben »action« und nicht Dialog.

Scotts nächstes großes Filmprojekt ist das Drehbuch zu »Infidelity«, einem Film mit Joan Crawford. Wieder ein Auftrag, der ihm großen Spaß macht. Allerdings bedenken weder er noch die Produzenten, dass ein Film zum Thema Untreue im Hollywood der 1930er Jahre keine reelle Chance auf Verwirklichung hat. Der verzweifelte Vorschlag, den Titel in »Fidelity« abzuändern, kann das Projekt auch nicht retten. Die Arbeit von zwei Monaten war umsonst.

Um wieder einen klaren Kopf zu bekommen, reist Scott Ostern 1938 mit seiner Familie nach Virginia Beach und Norfolk, um Verwandte zu besuchen. Es wird der letzte gemeinsame Urlaub und als solcher eine komplette Katastrophe. Auf dem Golfplatz gerät Zelda mit Scottie in Streit, das Verhältnis zwischen Mutter und Tochter ist augenblicklich nicht das beste. Scott kann nicht als Katalysator dienen, dazu ist er viel zu betrunken. Als Zelda dem Hotelmanager weismacht, ihr Mann sei ein gefährlicher Irrer, der unter Aufsicht stünde, ist dieser nur zu bereit, ihr das zu glauben. Zurück in Hollywood schreibt Scott wutentbrannt an Dr. Carroll. »Zelda hält sich für eine rote Rachegöttin mit goldenen Fersen, die nach Osten und Westen hin und her über den Ozean flitzt, oder gnädig mit Scottie durch die Provence radelt. (...) Mir fällt die Rolle zu, hier auszuharren und diese grandiosen Unternehmen zu bezahlen.«[471] Noch vom Flughafen in Los Angeles aus bittet er Sheilah telefonisch darum, seine Frau zu werden. Er will sich umgehend scheiden lassen. Als er sich beruhigt hat, unterzieht er sich einmal mehr einer Entziehungskur. Die drei Tage dauernde Prozedur ist eine schlimme Quälerei, bei der Scott intravenös ernährt werden muss.

Im April 1938 zieht er in ein kleines Haus nach Malibu. Es kostet nur 300 Dollar Miete im Monat und die Versuchungen des Garden of Allah sind weit weg. Sheilah behält ihre Stadtwohnung, auch wenn sie die meiste Zeit bei Scott ist. Es ist nicht allein ihre Angst, sich ganz auf einen Trinker einzulassen, das Ganze dient auch der Aufrechterhaltung einer bürgerlichen Fassade. Scott ist schließlich immer noch verheiratet. Hier in Malibu unternimmt Scott lange Spaziergänge am Strand, spielt Tischtennis – und er arbeitet endlich wieder. Eine neue Haushälterin kümmert sich um Haus und Hausherrn. An Scotts eigenwillige kulinarische Vorlieben gewöhnt sie sich nur langsam: Schildkrötensuppe und Schokoladensoufflé hält sie nicht für ein adäquates Abendessen. Noch dazu isst Scott die Suppe gerne nach dem Soufflé. Ansonsten lebt er weiterhin von Coca-Cola, Kaffee und Unmengen an Süßigkeiten. Für frisches Schokoladenfudge stellt er sich auch mal selbst in die Küche.

Alles könnte so schön sein, wenn es nicht immer wieder schlechte Nachrichten gäbe. »Diesseits vom Paradies« ist vergriffen und der Scribner Verlag denkt nicht an eine Neuauflage. Um Scott aufzuheitern, überredet ihn Sheilah dazu, eine Party zu geben. Ein Fehler, wie sich herausstellen wird. Der Gastgeber lässt sich volllaufen und versucht einen jungen Kollegen so vehement davon zu überzeugen, aus Hollywood zu verschwinden, dass dieser schließlich die Flucht ergreift.

Als Scott Sheilah am Ende der Party auch noch öffentlich als seine Mätresse bezeichnet, ist für sie der Abend gelaufen.

Nach den Erfahrungen in Virginia Beach hat Scott keine Lust, wieder mit Zelda zu verreisen. Da er jedoch weiß, wie viel ihr diese Ausflüge ins normale Leben bedeuten, bittet er Dr. Carroll, der sie auf zwei bis drei im Jahr beschränken möchte, Zelda vermehrt Aufenthalte außerhalb der Klinik zu gestatten. Scott liegt viel daran, ihr neue Hoffnung zu geben. Hoffnung darauf, dass für sie ein Leben außerhalb der Klinik vielleicht eines Tages wieder möglich ist. Das wünscht er ihr von ganzem Herzen, ebenso wie er darauf hofft, dass sie eines Tages wieder einen neuen Partner finden möge, der sie glücklich macht – auch in sexueller Hinsicht. Er selbst kann das nicht mehr: »Diese Zeiten sind vorbei; immer, wenn ich sie sehe, geschieht etwas mit mir, das mich zum ungeeignetsten anstatt zum bestgeeigneten Menschen für sie macht, aber ein Teil meiner selbst wird sie stets bemitleiden – mit jenem tiefen Schmerz, der mich nie länger als ein paar Stunden verlässt: dem Schmerz um das schöne Kind, das ich geliebt habe und mit dem ich so glücklich war, wie ich es nie mehr sein werde.«[472] Sie ganz aus der Klinik zu nehmen, das will er nicht, solange Dr. Carroll nicht ihre vollständige Genesung garantiert. Zeldas Mutter sieht dies naturgemäß ganz anders. Nachdem Zelda so viele Jahre in Nervenkliniken verbracht hat, beginnt Minnie Sayre für ihre Entlassung zu kämpfen. Sie bietet den Ärzten an, Zelda zu sich nach Montgomery zu holen. Wenn es für Zelda besser wäre, in einem gemäßigteren Klima zu leben, könne sie auch umziehen. Scott warnt Dr. Carroll eindringlich davor, dem Drängen der Mutter nachzugeben: »Wenn es um Zelda geht, dann ist Mrs. Sayre, wenn auch in bester Absicht, eine völlig unvernünftige und gewissenlose Frau.«[473] Dabei artikuliert Mrs. Sayre nur das, was Zelda sich selbst verzweifelt wünscht. Sie will raus aus der Klinik, hat das Gefühl, dass sie hier langsam, aber sicher vor die Hunde geht. Nach dem missglückten Urlaub hatte sie Scott geschrieben: »Wenn Du verstehen könntest, wie verzweifelt genug ich von der ärztlichen Routine habe, von den zwangsläufigen Unterdrückungen, Versagungen meiner Freuden, Unterdrückungen meines Naturells und der Ansichten, an denen wir (Du + ich) immer festgehalten haben, und von jedem persönlichen Ausdruck, die ein solches Leben aufoktroyiert, dann, da bin ich sicher, wärst Du einverstanden, es mich wieder draußen versuchen zu lassen.«[474] Auch ihre drei Schwestern bestärken Zelda in ihrem Wunsch nach Freiheit. Sie misstrauen Scott ohnehin und glauben, hinter all seiner Fürsorge stecke vor allem Eigennutz. Als sie von seiner Beziehung mit Sheilah Graham erfahren, fühlen sie sich bestätigt. Dabei wäre es für Scott eine Erleichterung, wenn er Zeldas Krankenhausrechnungen endlich nicht mehr bezahlen müsste. Er stottert noch immer seine Schulden ab. Nach Abzug der Steuerschulden bleibt von dem Geld, das er bei MGM verdient, nicht allzu viel übrig. Im Sommer 1938 sieht er sich genötigt, mit der Krankenhausleitung erneut ein Arrangement zu treffen, damit Zelda trotz seiner prekären finanziellen Lage in der Klink bleiben kann.

Die Sorgen um die Familie reißen in diesem Sommer nicht ab. Auch Scottie macht ihm Kummer. Im Juni 1938 beendet sie die Highschool. Da Scott nicht zur Verabschiedung anreisen kann, finanziert er Zelda und Rosalind die Reise. Scottie ist nicht unglücklich darüber, dass Scott nicht kommt: »Mein Vater war in einer Phase, in der sich seine Persönlichkeit durch die Trinkerei von Dr. Jekyll zu Mr. Hyde veränderte. Das ging von einem Moment auf den anderen und war sehr beängstigend.«[475] Auch der Anwesenheit ihrer Mutter sieht sie mit gemischten Gefühlen entgegen. Doch es geht alles gut und Zelda ist unheimlich stolz auf ihre hübsche Tochter. Scottie bleibt zunächst an der Ethel Walker Schule, um sich hier in aller Ruhe für die Aufnahmeprüfung ans Vassar College vorzubereiten. Die Universität in Poughkeepsie, etwa 100 Kilometer von New York entfernt, ist eines der renommiertesten Mädchencolleges des Landes. Scottie hat den Ehrgeiz ihres Vaters geerbt, aber leider auch viele seiner anderen Eigenschaften. Sie ist jung und will Spaß haben. Eines Tages büchst sie mit zwei Freundinnen aus, um in Yale mit ein paar Studenten essen zu gehen. Sie werden erwischt und der Schule verwiesen. Der besorgte Vater, um Scotties Aufnahme am Vassar College bangend, schreibt Schuldirektorin Mildred Thompson daraufhin einen beschwörenden Brief, in dem er um Nachsicht für seine wilde Tochter bittet. Mit Erfolg, sie darf bleiben. An Scottie aber schreibt er einen gepfefferten Brief, in dem er ihr das Leben ihrer Mutter warnend vor Augen führt: »Sie begriff zu spät, dass Arbeit Würde ist, die einzig wahre Würde, und versuchte, dieses Versäumnis durch eigene Arbeit gutzumachen, aber es war schon zu spät, und sie zerbrach und ist für immer zerbrochen. (…) Mein Fehler war es, sie zu heiraten. Wir gehörten verschiedenen Welten an – sie wäre vielleicht mit einem gütigen, schlichten

Mann glücklich geworden, in einem Garten des Südens. Sie hatte nicht genug Kraft für die große Bühne, manchmal spiegelte sie es vor, und zwar ausgezeichnet, aber sie *hatte* die Kraft nicht. Sie war weich, wenn Härte notwendig war, und sie war hart, wenn sie nachgiebig hätte sein müssen. Sie wusste ihre Energie nie richtig zu gebrauchen – diesen Fehler hat sie dir vererbt.«[476] Selbst als Scottie im Juli 1938 die Aufnahmeprüfung nach Vassar mit Bravour besteht, ist ihr Vater noch so erbost, dass er es nicht fertigbringt, sie zu loben. Stattdessen schickt er seitenlange Ermahnungen gen Osten, verbietet ihr, sich die Haare zu färben und Alkohol zu trinken. Seine lebenslange Neigung, sich mit all denen zu identifizieren, die er liebt, bekommt niemand so stark zu spüren wie Scottie, die er wohl am meisten von allen Menschen liebt. Er ist ein überbesorgter, strenger Vater, der ihr nur wenig Freiheit lässt und sie stattdessen mit Ermahnungen und ungebetenen Ratschlägen überschüttet. Scottie liebt ihren Vater sehr, doch manchmal wäre weniger mehr: »Er verursachte bei mir Klaustrophobie. Immer musste er alles zerpflücken, analysieren, untersuchen. (…) Kinder müssen ihre eigenen Erfahrungen machen, nicht die, die ihre Eltern für sie auswählen. (…) Trotzdem wünschte ich, ich hätte ihm mehr Aufmerksamkeit geschenkt, aber ich wusste ja nicht, dass er so früh sterben würde.«[477]

Obwohl er noch immer ein klein wenig böse auf Scottie ist, schickt er das Geld für die versprochene Europareise. Scottie soll Europa noch einmal sehen, bevor es in Schutt und Asche liegt. Scott hat keinerlei Illusionen, was die faschistischen Bewegungen anbelangt. Mit größter Besorgnis verfolgt er Adolf Hitlers Reden am Radio: »Sie werden es wieder tun. Sie werden einen neuen Krieg anfangen – und wir werden mit hineingezogen werden. (…) Ich würde am liebsten rüberfliegen und Hitler umbringen, bevor er einen neuen Krieg anfängt. Weiß Gott, ich würde nicht im letzten Augenblick davor zurückschrecken.«[478]

Zelda hingegen fürchtet etwas ganz anderes, nämlich im Highland Hospital lebendig begraben zu werden. Im Juli 1938 schreibt sie an Scott: »Angst packt mich, wenn ich sehe, wie viel Zeit vorübergeht: Wieder ist ein Sommer halb vorbei, und vielleicht wird es nie mehr Sonnenbrände und Mittagshitze geben. Glaubst Du, sie kochen in Antibes immer noch Automobile und schlürfen in Caux noch immer das Zwielicht, und wer weiß, ob Paris in der späten Sonne rosa ist und voller verborgener Glücksgefühle, die man einmal gehabt hat …«[479]

Es ist kein guter Sommer für Zelda und Scott. Am 15. September 1938 stirbt Thomas Wolfe. Für Scott ein schwerer persönlicher und literarischer Verlust. Obwohl er Wolfes ausschweifenden Erzählstil gern kritisiert hat, so hielt er ihn doch für ein literarisches Genie. Mit seinen ungebetenen Ratschlägen hat er Wolfe allerdings oft verärgert: »Ich habe deinen Brief mehrere Male durchgelesen und ich muss gestehen, ich kann nicht viel damit anfangen. Ich habe nicht die geringste Ahnung, worauf du hinauswillst oder was du von mir erwartest. (…) Ich mag mich irren, aber alles, was ich herauslese, ist, dass du denkst, ich wär ein guter Schriftsteller, wenn ich ein völlig anderer Schriftsteller wäre, als der, der ich bin.«[480]

Ende August kehrt Scottie aus Europa zurück. Zelda fährt in Begleitung einer Pflegerin nach New York, um sie am Hafen abzuholen. Auch Rosalind und Mrs. Sayre reisen an. Alle zusammen besuchen sie die Premiere von »Three Comrades« in New York. Die wenigen Tage mit ihrer Familie wecken Zeldas Freiheitsdrang erneut. Sie bittet Scott darum, Thanksgiving in Montgomery verbringen zu dürfen. Die Hoffnung, das Sanatorium für immer verlassen zu können, erwacht neu.

Im November 1938 zieht Scott von Malibu nach Encino im San Fernando Valley, um dem nasskalten Wetter am Strand zu entgehen. Für 200 Dollar mietet er das Gästehaus von Belly Acres, dem Anwesen des Schauspielers Edward Everett Horton. Die letzten Monate waren beruflich wenig erfolgreich verlaufen. Von den Drehbüchern zu »Marie Antoinette«, »The Women« und »Madame Curie« ist er abgezogen worden, weil seine Ansichten nicht mit denen der Produzenten kompatibel waren. Sein Vertrag mit MGM läuft Ende des Jahres aus, eine Verlängerung ist nicht sehr wahrscheinlich. Dazu kommt, dass er in den 18 Monaten, die er nun in Hollywood ist, keine Zeile Literatur geschrieben hat. Die Kurzgeschichten, die veröffentlicht werden, sind alle älteren Datums. Wieder einmal fühlt er sich ausgebrannt und leer.

Während Scott psychisch und physisch immer mehr auf den Hund kommt, erholt sich Zelda zusehends. Weihnachten 1938 verbringt sie bei ihrer Mutter in Montgomery. Scott hingegen erfährt, was er ohnehin schon befürchtet hat: MGM verlängert seinen Vertrag nicht. Für die restliche Zeit leiht man ihn an das Studio von David O. Selznick aus, der die Verfilmung von Margaret Mitchells Bestseller »Vom Winde verweht« plant. Scott findet den Roman nicht überragend, aber doch ganz unterhaltsam. Dass er in sein Drehbuch Mitchells Originaldialoge einarbeiten soll, missfällt ihm allerdings ungemein. Seine Alternativvorschläge missfallen wiederum Selznick, sodass dieser nach wenigen Wochen auf Scotts Mitarbeit verzichtet. Das Drehbuch zu einem der erfolgreichsten Filme aller Zeiten schreiben Sidney Howard und Ben Hecht zu Ende. 1940 werden sie dafür mit einem Oscar ausgezeichnet.

Scott hat in den eineinhalb Jahren bei MGM 85 000 Dollar verdient. Nie zuvor hatte er so viel Geld in Händen. Kaum zu glauben, dass er Anfang 1939 so pleite ist wie eh und je. Schulden, Steuerforderungen und monatliche Zahlungsverpflichtungen haben einen Großteil seiner Einkünfte aufgebraucht. Und obwohl er nicht auf großem Fuß lebt, so legt er bei Ausflügen mit Sheilah auf Abendessen in schicken Restaurants und Übernachtungen in Luxushotels noch immer großen Wert. Auch Zelda gegenüber bleibt er großzügig. Im Februar 1939 überweist er ihr Geld, damit sie zusammen mit Dr. Carroll und dessen Frau zu einer Floridareise aufbrechen kann. Während ihres dreiwöchigen Aufenthalts dort nimmt sie am Ringling College of Arts and Design in Sarasota zum ersten Mal Zeichenunterricht am lebenden Modell. Sie ist wieder bei Kräften, geht täglich schwimmen und genießt das Leben außerhalb der Klinikmauern sehr. Unmittelbar nach ihrer Rückkehr erhält sie Besuch von Scottie. Scott selbst muss seinen angekündigten Besuch verschieben, denn man hat ihm ein neues Drehbuch angeboten. Vom März 1939 bis Oktober 1940 ist er als freier Drehbuchautor für United Artists, Paramount Pictures, Universal Pictures, 20th Century Fox und Columbia Pictures tätig. Jetzt sitzt er gemeinsam mit dem 25-jährigen Budd Schulberg für United Artists an einem Film, der vor dem Hintergrund des Winterkarnevals im Dartmouth College in Hanover, New Hampshire, spielen soll. Der Verdienst von 1250 Dollar pro Woche kommt Scott gerade recht. Schulberg ist begeistert, als er erfährt, wer sein Koautor ist. Als er Scott jedoch zum ersten Mal gegenübersteht, erschrickt er: »Er war leichenblass. Das stolze, attraktive Profil, das man auf den Umschlägen seiner früheren Bücher bewundern konnte, war ganz zerknautscht. (…) Man hatte den Eindruck, dass irgendetwas in ihm physisch oder psychisch zerbrochen war und ihn mit einem Schlag alt gemacht hatte.«[481] Für Scott hingegen ist der Sohn des ehemaligen Paramount-Bosses B. P. Schulberg eine hervorragende Quelle für den Hollywoodroman, der ihm im Kopf herumspukt, und bald schon kommt sich Schulberg ein wenig examiniert vor. Sie plaudern mehr, als sie schreiben. Dies stößt auch Produzent Walter Wanger sauer auf, weshalb er seine beiden Autoren nach Hanover ans Dartmouth College beordert, wo erste Dreharbeiten stattfinden. Er hofft, dass den beiden vielleicht am Originalschauplatz ein paar brauchbare Ideen kommen. Trotz hohen Fiebers macht sich Scott auf den Weg. Am Flughafen überreicht Schulbergs Vater seinem Sohn zwei Flaschen Champagner für den langen Flug. An Bord des Flugzeuges ist auch Sheilah Graham. Sie will aus der Ferne auf Scott achten; dass sie ein Paar sind, weiß Budd Schulberg nicht. Noch in der Luft lädt er Scott zum Mittrinken ein, der sich nach anfänglichem Zögern schließlich zu einem Glas Champagner überreden lässt. Sheilah sind die Hände gebunden. Als Scott das Flugzeug verlässt, ist er in einem bedenklichen Zustand. Auf der Zugfahrt von New York nach Hanover gibt er sich der Lächerlichkeit preis, als er sich einer Gruppe Studenten wiederholt als der berühmte F. Scott Fitzgerald, Autor von »Der große Gatsby« vorstellt. Eine Woche lang bleibt Scott im Dauerrausch, die Filmcrew ist entgeistert von den skurrilen Auftritten des großen Schriftstellers, der ein mehr als jämmerliches Bild abgibt. Zu guter Letzt werden Schulberg und Scott noch in Hanover von Wanger gefeuert. Schulberg bringt Scott zurück nach New York, wo Sheilah Graham, von deren Beziehung zu Fitzgerald Schulberg zwischenzeitlich erfahren hat, ihn in Empfang nimmt. Sie bringt ihn in ein Krankenhaus. Bei der Einlieferung ist er fiebrig und desorientiert, er hat merkliche Schwierigkeiten, sich zu artikulieren. Später erklärt er dem von Sheilah hinzugezogenen Psychiater, wie groß seine Angst ist, als Schriftsteller am Ende zu sein, zusammen mit den 1920er Jahren untergegangen zu sein. Doch Dr. Hoffman kann ihn beruhigen: »Das ist nicht Ihr Tod, es ist der Tod Ihrer Jugend. Es ist eine Periode des Übergangs, kein Ende. Sie werden eine Weile brach liegen, und dann werden Sie neu beginnen.«[482] Budd Schulberg kehrt nach Hanover zurück und versöhnt sich mit dem Produzenten. 1950 veröffentlicht er einen Roman über seine Erlebnisse mit F. Scott Fitzgerald. Er nennt ihn »Der Entzauberte«. Als Drehbuchautor wird er weltberühmt und 1951 für »Die Faust im Nacken« einen Oscar gewinnen.

Scott kehrt als Wrack nach Kalifornien zurück. Nächtliche Schweißausbrüche bringen ihn um den Schlaf, das Haus quillt über von leeren Flaschen. Er stellt eine Krankenschwester ein. In Windeseile hat sich der Eklat von Hanover herumgesprochen, die Produzenten meiden ihn. Immer öfter gibt es Streit mit Sheilah, die nicht zusehen will, wie Scott sich langsam, aber sicher zugrunde richtet: »Warum hörst du nicht auf damit? Jeder Dummkopf kann über dich lachen! Warum tust du das? Du weißt gar nicht, wie leichtfertig du bist! Du bist ein guter Schriftsteller, warum vertust du dein Talent? Du wirst sterben. Du wirst tot umfallen. Dich wird der Schlag treffen. Du wirst in Hollywood erledigt sein, ein für allemal erledigt – und was wirst du dann anfangen?«[483]

Sein katastrophaler Allgemeinzustand verhindert schließlich, dass er Zelda seine Einwilligung für eine vom Sanatorium organisierte Kubareise rechtzeitig zukommen lässt. Sie ist sehr enttäuscht, und dennoch richtet sie den von Schuldgefühlen gepeinigten Scott auf: »Havanna ist wahrscheinlich so stabil gebaut, dass es nächstes Jahr auch noch da sein wird. Das Ganze ist ohnehin sehr teuer und wir beide haben uns so gut daran gewöhnt, gemeinsam Geld auszugeben. (…) Also mach Dich auf und fliege herüber! Schließlich können wir auch alleine nach Kuba fahren!«[484] Im April 1939 reisen Zelda und Scott nach Kuba. Der Reise geht ein riesiger Krach mit Sheilah Graham voraus, in dessen Verlauf Sheilah versucht, dem sturzbetrunkenen Scott seinen Revolver abzunehmen: »Erschieß dich, du Mistkerl! Mir kann's ja egal sein. (…) Mir ist es gleich, was aus dir wird! Du bist es nicht wert, gerettet zu werden, du bist überhaupt nichts wert! (…) Ich habe mich nicht selbst aus der Gosse gezogen, um mein Leben an einen Trunkenbold wie dich wegzuwerfen!«[485] Scott überreicht ihr daraufhin kalt einen Scheck über 2000 Dollar, um sie wie eine Prostituierte für ihre geleisteten Dienste zu entlohnen. Noch nicht ganz nüchtern, steigt er ins Flugzeug, um mit Zelda nach Kuba zu reisen. Es wird eine Reise mit verteilten Rollen. Scott säuft bis zur Bewusstlosigkeit, während Zelda sich mit ihrer Bibel ins Hotelzimmer einschließt. Als Scott beim Besuch eines Hahnenkampfes in Varadero versucht, das Leiden der Tiere zu beenden, wird er von der aufgebrachten Menge verprügelt. Nur mit Mühe gelingt es Zelda, den Verletzten nach New York zurückzutransportieren. Ihr Versuch, ihn an Harold Ober zu übergeben, scheitert, denn Scott beginnt einen Streit mit dem Taxifahrer, der sie zu Ober bringen soll. Es kommt zu einer wüsten Prügelei, bei der Scott schwer am Auge verletzt wird. Zelda quartiert ihn schließlich im Algonquin ein und ruft in ihrer Not ihre Schwester Clothilde und deren Ehemann John Palmer zu Hilfe. Dieser verfrachtet Scott schließlich gemeinsam mit Algonquin-Manager Frank Case ins Krankenhaus. Zelda fährt alleine in die Klinik nach Asheville zurück: »Ich glaube, es hat keinen Sinn, länger hierzubleiben; ich weiß, dass es Dir besser geht, dass Du gut versorgt bist und ich jetzt nichts für Dich tun kann. Ich nehme also den Zug um halb drei. (...) Fürs Krankenhaus folgende Version: Unsere Reise war beneidenswert schön. Und alles ist genau nach Plan verlaufen (...). Bitte pass gut auf Dich auf (...). Es gibt so wenige Menschen unserer Generation, die originelle Ideen haben, und nicht viele, die so charmant sind, und fast überhaupt keinen, der fähig wäre, das Leben so zu genießen. Es gibt noch immer viele Dinge, an denen wir uns freuen könnten. Und es gibt eine Menge Leute, die Dich gern haben.«[486] Sie werden sich nie mehr wiedersehen.

Nach drei Tagen verlässt Scott auf eigene Verantwortung das Krankenhaus und kehrt nach Los Angeles zurück. An Zelda, die wie in früheren Jahren seine Komplizin ist, schreibt er voller Zuneigung: »Du warst ein Darling während der ganzen Reise, und es gibt keine einzige Minute davon, in der ich Dich nicht mit der ganzen früheren Zärtlichkeit erinnere und so voll einer Rücksichtnahme, von der ich nie verstanden hatte, dass Du sie immer geübt hast. (...) Du warst der vornehmste, lieblichste, zärtlichste, schönste Mensch, dem ich je begegnet bin, aber selbst das ist noch eine Untertreibung, denn Du hast Dich dort am Schluss so eingesetzt, wie sonst niemand es ausgehalten hätte.«[487] Eine Zeitlang trägt er sich sogar mit dem Gedanken, Zelda nach Hollywood zu holen. Doch dann versöhnt er sich mit Sheilah Graham und lässt diese Überlegungen fallen. Zu Zeldas Geburtstag im Juli 1939 wird er nur einen großen Strauß aus dunkelroten Astern, weißen Margeriten und gelben Gladiolen schicken, besuchen wird er sie nicht.

Seine Tuberkulose zeigt sich erneut und er muss zwei Monate lang das Bett hüten. Im April 1939 stellt er die 22-jährige Frances Kroll aus New York als Sekretärin ein. Was sie als Erstes lernt, ist, die Wasserkaraffe neben seinem Bett auf keinen Fall mit frischem Wasser zu füllen. Das Wasser dort drin ist Gin. Die junge Frau ist F. Scott Fitzgerald sehr verbunden und zeichnet nach seinem Tod ein Bild voller Bewunderung für den Schriftsteller, ohne zu verschweigen, wie hart die letzten Jahre für ihn sind. Er verfasst wieder Kurzgeschichten, die jetzt vor allem im *Collier's Weekly* veröffentlicht werden. Frances Kroll tippt sie ab, gleichwohl besteht eine ihrer Hauptaufgaben darin, die vielen leeren Ginflaschen nachts in den Sepulveda Canyon zu werfen. Scott will nicht, dass sie im Hausmüll gefunden werden. Ihr ist das peinlich, er macht daraus eine Geschichte: »Das Geklirr auf dem Rücksitz machte ihr Angst. Evylyn schätzte diese Angelegenheit gar nicht. Dann dachte sie an Mr. Hobby. Er glaubte an sie, er vertraute ihr ... und dies tat sie für ihn. (...) Wenn sie jeden einzelnen Artikel über das Riff warf, würde er so weit von ihr entfernt sein, als befände er sich in einem anderen Bundesstaat. Miss Lascalles stammte aus Brooklyn. Sie hatte sich so sehr gewünscht, nach Hollywood zu ziehen und der Filmindustrie als Sekretärin zu dienen; nun wünschte sie, sie hätte ihre Heimat nie verlassen.«[488]

Frances Kroll wird eine seiner letzten Vertrauten. Manchmal ruft er sie mitten in der Nacht an, nur um zu reden: »Um meine Eltern nicht zu wecken, ging ich mit dem Telefon ins Badezimmer, und da saß ich dann auf dem Rand der Badewanne und hörte ihm zu, bis er müde wurde. Einmal erzählte er mir, dass er mir ein Telegramm geschickt habe, das ich morgen früh bekommen würde. Für den Fall aber, dass es mich nicht erreicht, ob es mir etwas ausmachen würde, als Erstes seine Sachen von der Reinigung zu holen. Ein andermal fragte er mich, ob ich jemanden kennen würde, der seine Bücher liest.«[489]

Eines Nachts verwickelt er sich so in seinen Schlafanzug, dass er beim Aufwachen die Arme nicht mehr bewegen kann. Er glaubt an eine Lähmung, ruft voller Panik Sheilah und einen Arzt zu sich. Diese nutzen die Gunst der Stunde und machen ihm weis, die Lähmung sei eine Folge seines Alkoholkonsums. Ein Warnschuss, um zu demonstrieren, was geschehen würde, wenn er so weitertrinkt. Doch Scott ist durch nichts zu beeindrucken.

Während der große Schriftsteller auf Partys wie ein Gespenst mit einem Glas in der Ecke steht, besucht Scottie im Sommer 1939 wieder einmal ihre Mutter. Eigentlich hat sie vor, den Sommer bei ihrem Vater zu verbringen, doch der suhlt sich in Selbstmitleid und schreibt ihr, es sei besser für sie beide, wenn sie nicht käme. Es gehe ihm so schlecht, er könne sich momentan nur auf sich konzentrieren. Lieber wolle er auf ihren Besuch verzichten, als mit ihr zusammen zu sein, ohne sie liebzuhaben. Tieferer Grund für sein ablehnendes Verhalten ist wohl vor allem ein Artikel, den Scottie vor Kurzem in *Mademoiselle* veröffentlicht hat. Darin war sie mit der Generation ihrer Eltern scharf ins Gericht gegangen. Scott hatte sie daraufhin aufgefordert, ihre Geschichten zukünftig unter einem anderen Namen zu veröffentlichen.

Unter welchem, sei ihm egal, solange es nicht der Seine ist. Sein Brief an Scottie ist so verletzend, dass Zelda sich einschaltet und ihm klarmacht, dass dies nicht der richtige Ton sei, um mit seiner erst 18-jährigen Tochter zu sprechen: »Ich kritisiere Deinen Brief nicht, aber ich glaube, dass das einzige Recht eines Elternteils, seine Tragödien mit minderjährigen Kindern zu teilen, sich auf rein Faktisches beschränkt – wie viel Geld da ist, und der technische Name der Krankheit sind so ziemlich die einzigen Probleme, die man Debütantinnen zumuten kann.«[490] Erneut stellt sich die Frage, wer von beiden eigentlich ins Sanatorium gehört.

Nachdem Scott erfolglos versucht hat, zwei neue Kurzgeschichten zu verkaufen, muss er einmal mehr Harold Ober um einen Vorschuss bitten. Doch diesmal lehnt Ober ab. Er hat genug von Scotts leeren Versprechungen. Es scheint, als habe er den Glauben an seinen berühmten Schützling verloren. Mit einem dezenten Hinweis auf die finanzielle Situation seiner eigenen Familie verweigert Ober Scott eine weitere Vorauszahlung aus seiner Privatschatulle. Scott ist zutiefst gekränkt. Er kann nicht fassen, dass ihm der Freund nach all der Zeit den Geldhahn zudreht. Es kommt zum Bruch. Nach 20 Jahren produktiver Zusammenarbeit beendet Scott den Vertrag mit Harold Ober: »Du hast ja jetzt eine Menge Klienten, die termingerecht abliefern und mit ihren Problemen ganz professionell umgehen. Im Gegenzug dazu habe ich eine Neurose entwickelt gegenüber jedermann, der kein Vertrauen in meine Fähigkeiten hat. (…) Und darum auf Wiedersehen. (…) Ich werde deine Großzügigkeit mir gegenüber und die guten Zeiten, die wir hatten, niemals vergessen.«[491] Ab jetzt ist er sein eigener Agent, wenn auch mit mäßigem Erfolg. Um Geld bettelt er von nun an Arnold Gingrich an. Doch was dieser überweist, reicht gerade, um den Lebensmittelhändler zu bezahlen.

Im August 1939 wird Scott engagiert, um die Dialoge für den Film »Raffles« nach den Erfolgsromanen von E. W. Hornung umzuschreiben. Die Figur des Londoner Cricketspielers A. J. Raffles, der als Meisterdieb seine reichen Bekannten bestiehlt und der Polizei immer einen Schritt voraus ist, wurde zum Vorbild vieler Gentlemen-Einbrecher in Literatur und Film. Der Stoff wurde bereits mehrmals verfilmt und soll nun mit David Niven und Olivia de Havilland in den Hauptrollen neu in die Kinos kommen. Weil David Niven zur britischen Armee eingezogen wurde, drängt die Zeit. Die Dreharbeiten müssen rasch über die

Bühne gehen. Scott ist sehr angetan von dem eleganten, höflichen Schauspieler mit den perfekten Manieren. Für 1200 Dollar schreibt er in nur einer Woche ein paar neue Dialoge, mit denen alle zufrieden sind. Mit dem Geld kommt Scott eine Zeit lang über die Runden.

Mit seinen Romanen verdient er keinen Cent. Als er Sheilah eines seiner Bücher schenken will, erlebt er die Schmach, dass sie in keiner Buchhandlung von Los Angeles vorrätig sind. Die Nachfrage ist zu gering. Ein Grund, warum nun auch die Modern Library ihre Ausgabe von »Der große Gatsby« einstellt. Um zumindest neuen Freunden und Bekannten ab und an einmal ein Exemplar überreichen zu können, kauft er während seiner Zeit in Hollywood alle Exemplare seiner Bücher auf, die er finden kann. Als er später seine Tantiemen überwiesen bekommt, muss er feststellen, dass er selbst der einzige Käufer seiner Bücher ist. 1939 werden die Einnahmen aus dem Verkauf seiner Romane ganze 33 Dollar betragen. Dass Scottie ihr zweites Jahr im Vassar College beginnen kann, verdankt sie Gerald Murphy, der im September 1939 einen Teil des Schulgeldes übernimmt.

Scott ist so verunsichert, dass er dem Magazin *Esquire* anbietet, seine Geschichten unter Pseudonym zu veröffentlichen. Er will wissen, ob die Leser die Geschichte lieben oder ob sie nur an dem Namen F. Scott Fitzgerald interessiert sind. Tatsächlich wird *Esquire* nach seinem Tod im Februar 1941 die Geschichte »On an Ocean Wave« unter dem Namen Paul Elgin veröffentlichen.

Als Zelda Scotts finanzielle Misere gewahr wird, versucht sie die Umstände für sich zu nutzen: »Möchtest Du nicht in Betracht ziehen, unsere Ausgaben zu kürzen, wie es dringlich erscheint? Es besteht so wenig Notwendigkeit, mich hier zu lassen: in Montgomery könnte ich mich nützlich machen, abgesehen davon, dass ich dort glücklicher bin, und zwei Haushalte zu finanzieren ist doch viel leichter als drei. Außerdem hast Du mir vor zwei Jahren versprochen, Du wolltest Dich für meine Rückkehr nach Hause einsetzen. Die Zeit vergeht, wie Du vielleicht gemerkt hast.«[492] Obwohl sie erklärt, zu ihrer Mutter nach Montgomery gehen zu wollen, hat sie die Hoffung auf ein Leben mit Scott noch nicht begraben. Als er ihr seine schwierige Situation in Hollywood schildert, schlägt sie ihm vor, zu ihr an die Ostküste zu ziehen. Er geht nicht darauf ein und sucht stattdessen bei Dr. Carroll um Stundung seiner monatlichen Zahlungen an. Zelda wird als Assistentin des Turnlehrers engagiert und die Belastungen werden dadurch gemindert. Für Zelda, die Bewegung über alles liebt, ist ihre neue Aufgabe eine willkommene Abwechslung im öden Klinikalltag.

Im Oktober 1939 hat Scott trotz aller Schwierigkeiten und Schreibblockaden das Grundgerüst seines neuen Romans so weit ausgearbeitet, dass er mit dem Schreiben beginnen kann. Wie immer geht er mit Herzblut an die Sache heran. Es ist ihm völlig egal, ob das Buch ein finanzieller Erfolg wird, er kämpft um seine Reputation, die ihm wichtiger ist als alles andere. Auch diesmal wird der Roman seine aktuelle Lebenswelt widerspiegeln. Er schreibt an einem Hollywoodroman, dessen Hauptfigur Monroe Stahr sich an Irving Thalberg anlehnt, der 1936 im Alter von nur 37 Jahren an einer Lungenentzündung gestorben war. Der große Produzent, der es geschafft hatte, Qualität und Verkaufserfolg zusammenzubringen, hatte Scott immer fasziniert, war er doch trotz seiner Jugend bereits zu Lebzeiten eine Legende gewesen. Obwohl er in den letzten Monaten als Drehbuchautor versucht hatte, seinen Doppelblick zu verdrängen und nur als Autor zu fungieren, besinnt er sich jetzt auf seine größte Stärke: »Unabhängig davon, ob etwas vor zwanzig Jahren oder erst gestern passiert ist – ich muss immer von einer Empfindung ausgehen, die mir nahegeht und die ich nachvollziehen kann.«[493]

Es gelingt ihm, Kenneth Littauer von *Collier's Weekly* für seinen neuen Roman zu interessieren. Um entscheiden zu können, ob er ihn vorab als Fortsetzungsroman bringt, will Littauer aber zunächst eine Leseprobe von 15 000 Wörtern sehen. Dafür will er Scott 5000 Dollar bezahlen. Sollte die Veröffentlichung zustande kommen, bietet er ihm für die nächsten 20 000 Wörter weitere 5000 Dollar an. Im Raum stehen insgesamt rund 20 000 Dollar. Max Perkins ist überzeugt, man könne den Preis sogar auf bis zu 30 000 Dollar hochtreiben, was Scott, der 20 000 Dollar als zu wenig empfindet, beruhigt. Dabei schafft er nicht einmal die ersten 15 000 Wörter. Ende November 1939 schickt er ein erstes Kapitel mit 6000 Wörtern an Littauer und Perkins. Littauer kabelt zurück: »Die ersten 6000 Wörter sind ziemlich kryptisch und deshalb enttäuschend.«[494] Er bittet um weitere Textproben, da er auf Basis des Übersandten keine Zusage machen könne. Daraufhin bietet Scott seinen Text der *Post* an, doch die winkt von vornherein ab. Einzig Max Perkins hält weiter unverbrüchlich zu seinem Autor und schickt ihm als Aufmunterung 250 Dollar aus eigener Tasche. Dass er Scott weitere 1000 Dollar für Anfang 1940 in Aussicht stellt, erweist sich als Fehler. Scott unternimmt alles Mögliche, um sofort an das Geld zu kommen. Er fällt seinem Lektor so lange auf die Nerven, bis dieser ihm klipp und klar erklärt, er könne das Geld momentan unter keinen Umständen an ihn auszahlen.

Nach diesen niederschmetternden Erfahrungen geht Scott auf tagelange Sauftour. Sheilah Graham findet ihn eines Abends mit zwei Saufkumpanen, die er auf der Straße aufgelesen hat, völlig betrunken zu Hause vor. Als sie seine neuen Freunde hinauskomplimentiert, dreht Scott durch und wirft die Suppenschüssel samt Inhalt an die Wand. Dann tanzt er wie ein Derwisch durchs Zimmer und singt dabei ihren wirklichen Namen »Lily Sheil«. Empört will sie das Haus verlassen, doch Scott stellt sich ihr drohend in den Weg. In ihren Erinnerungen schildert sie die beängstigende Szene: »Er zog eine Zigarette hervor und brachte es mit zitternder Hand fertig, sie anzubrennen: ›Du gehst nicht‹, sagte er. ›Ich werde dich umbringen.‹«[495] Dann geht er zur Kommode, um seine Pistole zu holen. Glücklicherweise hat Sheilah sie jedoch nach dem letzten großen Streit gemeinsam mit der Haushälterin an einen sicheren Ort gebracht. Außer sich vor Wut schlägt Scott zu. Sie schafft es zu entkommen, doch der Terror ist damit nicht ausgestanden. Noch in derselben Nacht beginnt Scott, sie mit Telefonanrufen und Telegrammen zu bedrohen. Wenn sie nicht sofort die Stadt verlasse, werde sie binnen 24 Stunden tot sein. Als Sheilah schließlich erfährt, dass er ihrem Verleger ein Telegramm geschickt hat, trennt sie sich von ihm. Scott hatte ihr größtes Geheimnis verraten: »Sheilah Graham heute aus allen Studios verbannt. (…) Schlage vor, sie nach England zurückzuschicken, wohin sie gehört. Wissen Sie, dass ihr richtiger Name Lily Sheil ist?«[496] Nach der Trennung bricht Scott in ihre Wohnung ein, entwendet die teure Silberfuchsjacke, die er Sheilah geschenkt hat, und schickt sie als Präsent an Scottie.

Es dauert lange, bis er wieder zu sich kommt und erkennt, was er getan hat. Er kann verstehen, dass es über Sheilahs Kräfte geht, mit einem Säufer zu leben. In einem langen Brief erklärt er sich ihr: »Ich glaube, es hat keinen Sinn mehr mit uns. Ich bin froh, dass Du weder Achtung noch Zuneigung mehr für mich hegst. Entweder passen zwei Menschen zueinander, oder sie passen nicht zueinander, und ganz offensichtlich bin ich für Dich *unerträglich*. Ich habe Dich mit meinem ganzen Sein geliebt, aber irgend etwas war von Grund auf verkehrt. Du brauchst nach dem Grund nicht weit zu suchen – ich bin der

Grund. Ich tauge nicht für irgendwelche menschlichen Beziehungen. (...) Ich will sterben, Sheilah, und zwar auf meine Weise.«[497] Doch sein Rückzug hält nicht lange an. Mit Hilfe von riesigen Rosenbouquets und zärtlichen Entschuldigungsbriefen schafft er es schließlich, dass Sheilah zu ihm zurückkehrt. Sie nimmt ihm das Versprechen ab, nicht mehr zu trinken.

In diesem Winter beginnt Zelda auf Anregung Dr. Carrolls, die Sonnenblenden für die Fenster des neuen Gemeinschaftsgebäudes der Klinik zu bemalen. Zwar hat sie zunächst Zweifel, ob es richtig ist, sich als Künstlerin für Auftragsarbeiten zur Verfügung zu stellen, doch die Arbeit macht ihr großen Spaß. Sie ist stolz darauf, dass später alle Besucher der Klinik ihre Werke bewundern werden können. Als sie jedoch erfährt, dass ihre Blenden in den Krankenzimmern angebracht werden, wo niemand außer den Patienten sie zu Gesicht bekommt, ist sie bitter enttäuscht. Weihnachten 1939 reist sie zum ersten Mal ohne Begleiterin nach Montgomery. Ihr Zustand hat sich merklich verbessert. Im vergangenen Jahr hatte sie zwei kleinere Ausstellungen, die gut aufgenommen wurden. Zeldas Familie, die jeden noch so kleinen Fortschritt aufmerksam registriert, bombardiert Scott mit Briefen, in denen sie ihn auffordert, Zelda endlich aus der Klinik zu nehmen. Zunächst reagiert er auf die Briefflut mit Verständnis, dann versucht er, sie zu ignorieren. Zuletzt aber verfasst er wutentbrannt einen neun Seiten langen Brief an Zeldas Schwester Marjorie: »Ich habe diese gottverdammte Heuchelei so satt. Diese absurde Idee, dass Zeldas geistige Gesundheit durch ein One-Way-Ticket nach Montgomery erkauft werden kann, passt zu allem, was Ihr als Familie über diesen Fall seit 1930 denkt. (...) Ihr habt doch keine Ahnung. Warum in Gottes Namen haltet Ihr nicht einfach mal die Klappe.«[498] Zelda ginge es nur deshalb so gut, weil sie in der geordneten Umgebung der Klinik lebe. In Montgomery wäre sie den Eindrücken und Problemen des Alltags ausgesetzt, was zu einem Rückfall führen könnte. Trotz seiner Vorurteile gegen den Süden und seiner Animositäten gegen Zeldas Familie entscheidet er sich im letzten Moment dafür, den Brief nicht abzuschicken. Im Grunde befürchtet er, dass Zelda nach ihrer Entlassung wieder seine Patientin wird. Er versteht sich als klassisches Familienoberhaupt und versucht, stets seinen Verpflichtungen nachzukommen. Die Verantwortung für Zelda liegt bei ihm, egal was die Sayres auch sagen. Nur wenn sie geschieden wären und er offiziell von jeglicher

Verantwortung frei wäre, würde er darüber nachdenken. Momentan jedoch sieht er sich außerstande, für Zelda zu sorgen. Er bittet Dr. Carroll, die Anfragen der Sayres ablehnend zu beantworten. Zelda hat dafür keinerlei Verständnis: »Ich bin voller Groll darüber – und das mit Recht –, hier lebendig begraben zu sein, wo es doch kein ungünstiges soziales Urteil gibt, das dies länger rechtfertigen könnte.«[499] Ihr wird langsam klar, dass sie die Sache selbst in die Hand nehmen muss.

Im Januar 1940 erleidet Scott einen ersten Herzanfall bei dem Versuch, ein klemmendes Fenster zu öffnen. Es ist ein Warnschuss, den er versteht. Er verlässt Encino und nimmt sich ein Apartment in der Stadt, nur einen Block entfernt von Sheilahs Wohnung. Sie engagieren eine gemeinsame Haushaltshilfe und essen abwechselnd mal bei ihm, mal bei ihr zu Abend. Sheilahs Fürsorge tut Scott gut und er hält sich an sein Versprechen, nicht mehr zu trinken. Ruhe kehrt ein. *Esquire* veröffentlicht jetzt die erste von insgesamt 17 Pat-Hobby-Geschichten, die sich um das Leben eines erfolglosen Drehbuchautors in Hollywood ranken. Anders als viele seiner früheren Figuren ist Pat Hobby kein Alter Ego Fitzgeralds, dafür ist er zu gerissen, skrupellos und unmoralisch. Die Storys sind vielmehr Grotesken, die ihm den grauen Alltag Hollywoods erträglicher machen und den Roman finanzieren sollen. Dass er seinen Antihelden im Laufe der Zeit mehr und mehr ins Herz schließt, merkt man den Geschichten deutlich an. Die letzten werden erst nach seinem Tod veröffentlicht.

Anfang März 1940 erhält Scott einen Brief, in dem Dr. Carroll Zeldas Entlassung ankündigt. Sie habe so große Fortschritte gemacht, dass man es nun wagen solle. Scott ist überrascht von dieser plötzlichen Wendung. Gerade Dr. Carroll hatte stets darauf hingewiesen, dass Zeldas Zustand nicht stabil genug sei, um sie zu entlassen. Doch wenn die Ärzte nun anderer Meinung sind, will Scott seiner Frau nicht länger im Weg stehen. Allerdings lässt er sich von Dr. Carroll schriftlich bestätigen, dass Zelda jederzeit in die Klinik zurückkehren kann, wenn sie dies möchte. Ein Entlassungsschreiben an Mrs. Sayre erinnert die Familie noch einmal daran, sich dessen bewusst zu sein, dass Zelda weiterhin betreut werden muss. Zelda ist überglücklich, als sie die Neuigkeiten erfährt. Voller Pläne für die Zukunft achtet sie sorgsam darauf, sich nichts zuschulden kommen zu lassen, was ihre Entlassung gefährden könnte. Nicht nur für Scott kommt Dr. Carrolls Sinneswandel überraschend. Bei ihren Recherchen hat Zeldas Biografin Sally

Cline herausgefunden, dass es in den Monaten vor Zeldas Entlassung einen Missbrauchsfall in der Klinik gab, in den Dr. Carroll verwickelt war. Sie fand Hinweise darauf, dass dies wohl kein Einzelfall war und womöglich auch Zelda zu den Opfern gehörte. Dr. Irving Pine, ein ehemaliger Arzt des Highland Hospitals, bestätigte in mehreren Gesprächen mit ihr diesen Verdacht.[500] Ob Zelda tatsächlich zu den Opfern gehörte oder aber vielleicht nur ihr Wissen über die Vorfälle geschickt nutzte, bleibt unklar. Interessant ist in diesem Zusammenhang jedoch ein Brief, den sie Jahre später, als sie eine Rechnung vom Highland Hospital erhält, an Scotts Nachlassverwalter John Biggs schreibt: »Ich habe mich gegenüber dem Krankenhaus immer regelkonform verhalten, bis zum August 1939. Danach habe ich mich in Verschwiegenheit geflüchtet. (…) Der Klinikchef [Carroll] war in einen Missbrauchsskandal verwickelt (…) und wird sicher bereit sein, mit uns zu verhandeln. Ich bin durchaus in einer Position, in der ich gegen diese Rechnung Widerspruch einlegen kann.«[501] Am 15. April 1940 kann Zelda die Klinik verlassen.

Diesmal wartet Scott nicht am Eingang. Allein steigt sie gegen fünf Uhr morgens in den Bus, der sie nach Montgomery bringt. Vier Jahre sind vergangen, seit sie das Highland Krankenhaus zum ersten Mal betreten hat. Noch im Bus schreibt sie an Scott: »Ich denke an Dich und die vielen Morgen, die wir im Glauben an neue Orte zusammen aufgebrochen sind. Dieses Land ist so nostalgisch mit seinen verführerischen Möglichkeiten, dem traurigen Los der Berge zu entfliehen, und seinen langen einladenden Straßen, dass es zum Reisen geschaffen worden ist. Ich bin immer froh, wenn ich fortgehe.«[502]

Einfach fortgehen, das wünscht sich auch Scott. Im Mai 1940 schreibt er an Perkins und bittet ihn darum, seine Bücher neu aufzulegen, damit er nicht ganz in Vergessenheit gerät: »Aber so vollständig und auf so ungerechte Weise zu sterben, nachdem ich soviel gegeben habe. Selbst heutzutage wird in Amerika wenig veröffentlicht, was nicht ein wenig meinen Stempel trüge – im *kleinen* Maßstab war ich ein Original.«[503] Scotts Befürchtungen, dass Scottie ihren Freunden erzählen muss, ihr Vater sei einmal ein Schriftsteller gewesen, scheinen sich zu bewahrheiten. Umso mehr freut er sich, als der unabhängige Filmproduzent Lester Cowan die Filmrechte für »Wiedersehen mit Babylon« erwirbt. Scott wird beauftragt, für 5000 Dollar aus seiner Kurzgeschichte ein Drehbuch zu machen. Er nennt den Film, der nie produziert wird, »Cosmopolitan«. 1954 erst macht Richard Brooks aus der Geschichte den Film »Damals in Paris« mit Elizabeth Taylor.

Während Scott weiterhin an allen Fronten kämpft, vermag Zelda ihre neue Freiheit nicht recht zu genießen. Zum einen fehlt ihr das nötige Kleingeld; die 30 Dollar, die Scott monatlich überweist, sind zu wenig für ein unbesorgtes Leben. Er hatte sie gewarnt, dass sie längst nicht mehr die Frau eines reichen Mannes sei und ihr Leben ein ganz anderes sein würde. Dazu kommt, dass Montgomery weder New York noch die französische Riviera ist. Die Provinz bietet einer Frau wie Zelda nur wenig Abwechslung. Sie merkt rasch, dass das Leben hier nur als Highschool-Schönheit seinen Reiz hat. Für eine Frau von 40 Jahren, die gerade aus der Nervenklinik entlassen wurde und die von den Einheimischen mit einer Mischung aus Mitleid und Neugier beäugt wird, hat es seinen Glanz verloren. Es fällt ihr schwer, Fuß zu fassen. Scott ermuntert sie, wieder zu malen oder zu schreiben. Er könne ihr ein Atelier anmieten, wenn sie dies möchte. Vorbei die Angst vor der unmittelbaren Konkurrenz. Doch dazu hätte Zelda ohnehin keine Kraft mehr. Die Bewältigung des Alltags nimmt sie voll und ganz in Anspruch. Meist sieht man sie im Garten arbeiten. Sie fährt viel mit dem Fahrrad und macht auch in Montgomery täglich große Spaziergänge. Die Einwohner, denen sie dabei begegnet, finden dies sehr seltsam. Bewegung um der Gesundheit willen ist noch nicht in Mode. Zelda wirkt zerstreut und abwesend, sie spricht selten. Stattdessen liest sie weiterhin oft und gern in der Bibel. Um allein zu sein, setzt sie sich nachmittags in die Kirche. Anfang Juni geht es ihr plötzlich gesundheitlich sehr schlecht. Scott beordert Scottie nach Montgomery, um nach ihrer Mutter zu sehen. Mutter und Tochter verstehen sich besser denn je. Die zeitweilige Distanz scheint überwunden, obwohl Scottie nicht blind ist gegenüber den Veränderungen am Wesen ihrer Mutter. Sie schreibt an Scott, diese sei »wie ein Fisch, den man aus dem Wasser gezogen hat. Ihre Gedanken sind so kompliziert, dass niemand sie auch nur annähernd versteht, dabei aber so grundlegend falsch, dass sie keinen interessieren können, der einigermaßen Bescheid weiß (damit meine ich nicht mich!). (…) Ich frage mich, was aus ihr werden soll, wenn Großmama stirbt.«[504] Die Insulin- und Elektroschocks haben ganze Arbeit geleistet und Zeldas Persönlichkeit für immer verändert. Nach einigen Tagen reist Scottie zum Sommerkurs weiter nach Harvard. Sie überlegt ernsthaft, ihr Studium in Vassar aufzugeben und bei einer Zeitung anzuheuern, um ihren Vater finanziell zu entlasten. Scott lehnt diese Überlegungen strikt ab, Scotties Ausbildung ist ihm wichtiger als alles andere.

Außerdem sieht es gerade gar nicht so schlecht für ihn aus. Er arbeitet wieder an einem Drehbuch. Für 20th Century Fox soll er Emlyn Williams Theaterstück »The Light of Heart« umarbeiten. 1000 Dollar die Woche erhält er dafür. Es wird sein letztes Drehbuch werden.

Scott lebt sehr zurückgezogen, ab und zu sieht man ihn und Sheilah gemeinsam beim Einkaufen im Supermarkt. Sein Haar ist schütter geworden, sein Gesicht bleich. Er ist sichtlich gealtert, der jugendliche Sunnyboy ist ein gesetzter, älterer Herr geworden. Er wirkt wie ein Fossil aus vergangenen Zeiten, wozu nicht zuletzt seine altmodische Art sich zu kleiden und seine überkorrekten Manieren beitragen. Auf Partys hält er sich im Hintergrund und betrachtet das Treiben. Das Trinken hat er aufgegeben, die Depressionen sind geblieben. Hemingways neuer Roman »Wem die Stunde schlägt« übertrifft derweil alle Verkaufsrekorde. Im ersten Jahr gehen rund 270 000 Exemplare über den Ladentisch. Allein der Verkauf der Filmrechte bringt Hemingway über 100 000 Dollar ein. Scott hält das Buch für eines seiner schwächeren, gratuliert ihm aber dennoch herzlich, als Hemingway ihm ein Exemplar mit persönlicher Widmung übersendet. Nur Zelda gegenüber gibt er zu, wie neidisch er auf den Freund ist: »Ernests Buch ist ›Buch des Monats‹. Erinnerst Du Dich, wie überlegen er früher betreffs Verkaufserfolg getan hat?«[505]

Auch wenn Scott nie zu Zelda nach Montgomery fährt, ist der Kontakt zwischen den Eheleuten in diesen Jahren intensiver denn je. Mehr als 200 Briefe schreiben sie sich während Scotts Zeit in Hollywood, zuletzt sind es mehrere Briefe pro Woche. Eine durch die Ereignisse lange verschüttete Zärtlichkeit hält in ihre Briefe Einzug. Vergessen die Kämpfe vergangener Tage. Scott berichtet wie früher über die Fortschritte, die er mit seinem Roman macht. Sein Zimmer sei mit Manuskriptseiten übersät, ganz so wie damals in La Paix, als er »Zärtlich ist die Nacht« schrieb.

Als er Ende November 1940 in einem Drugstore am Sunset Boulevard Zigaretten kaufen will, erleidet Scott einen weiteren Herzanfall. Der herbeigerufene Arzt verordnet ihm strenge Bettruhe, jegliche Anstrengung sei zu vermeiden. Da seine Wohnung im zweiten Stock liegt, sieht Scott sich genötigt, während der Genesung in Sheilahs Apartment im Erdgeschoss zu ziehen. Mit Hilfe eines Schreibbords arbeitet er nun vom Bett aus. Er kommt gut voran. Zelda gegenüber spielt er den Herzanfall herunter und schreibt, der Arzt habe ihm versichert, sein Herz würde sich von selbst regenerieren.

Am Freitag, dem 20. Dezember, geht er nach langer Zeit einmal wieder mit Sheilah aus. Sie essen in Lyman's Restaurant am Hollywood Boulevard zu Abend und besuchen anschließend die Pressevorführung von »This Thing Called Love« im Pantages Theater. Dort erleidet Scott einen leichten Schwächeanfall, weigert sich aber, in der Nacht den Arzt aufzusuchen, der ohnehin am nächsten Tag zur Visite kommen will. Am Morgen erwacht er ausgeruht und frisch. Er schreibt einige Seiten, dann verfasst er einen langen Brief an Scottie. Nach einem gemeinsamen Mittagessen mit Sheilah setzt er sich in den Sessel vor den Kamin. Im Radio läuft die Übertragung eines Collegefootballspiels. Scott blättert in der *Princeton Alumni Weekly* und lässt sich einen Schokoriegel schmecken. Sheilah liegt auf dem Sofa neben ihm und liest in einem Buch, als er plötzlich aufspringt, sich am Kaminsims festhält und vor ihren Augen zusammenbricht. Schwer nach Atem ringend, stürzt er zu Boden. Noch bevor der von Sheilah alarmierte Rettungswagen eintrifft, stirbt F. Scott Fitzgerald am 21. Dezember 1940 nachmittags um viertel nach fünf Uhr an koronarer Arteriosklerose. Er wird nur 44 Jahre alt.

Frances Kroll, die von Nachlassverwalter John Biggs gebeten wird, sich vor Ort um alles zu kümmern, lässt seine Leiche ins Pierce-Brothers-Beerdigungsinstitut bringen, damit seine Freunde Abschied nehmen können. Scott wird im offenen Sarg aufgebahrt, die Bestatter haben sich so um ihn bemüht, dass er aussieht wie eine Wachsfigur. Er trägt seinen neuen Brooks-Brothers-Anzug, den ersten, den er sich seit vielen Jahren geleistet hat. Fast niemand kommt, nur ein einziges Blumenbouquet wird abgegeben. Während nach Hemingways Selbstmord 1961 Kondolenzschreiben vom Weißen Haus bis zum Kreml eingehen, scheint die Welt F. Scott Fitzgerald vergessen zu haben. Wie eine Ironie des Schicksals hatte Scott in »Der große Gatsby« sein eigenes Ende beschrieben. Genau wie Jay Gatsby ist auch F. Scott Fitzgerald am Ende allein. Dorothy Parker ist eine der wenigen, die ihm die letzte Ehre erweisen. Sie verharrt lange am offenen Sarg, und auch ihr drängt sich beim Anblick des vertrauten Toten die Parallele zur Beerdigung Jay Gatsbys auf. Unwillkürlich spricht sie die Worte, die auch an

Gatsbys Sarg gesprochen werden: »Armer Hund«. Die *New York Times* schreibt in ihrem Nachruf: »In seinen späteren Jahren (die nicht sehr ›spät‹ waren, er war ja erst 44, als er letzten Samstag verstarb) hat sich Scott Fitzgerald einmal mit einem gesprungenen Teller verglichen, der zwar ›in Gesellschaft nicht mehr hervorgeholt wird, aber noch für Salzgebäck am späten Abend oder für die Speisereste im Kühlschrank taugt‹. Er hat völlig unterschätzt, was er geleistet hat und was er noch hätte leisten können. Er war viel besser, als er überhaupt ahnte.«[506]

> »Wenn du an irgendetwas uneingeschränkt glaubst –
> dich selbst eingeschlossen – (…),
> dann endest du entweder im Gefängnis, im Himmel,
> in den Schlagzeilen oder im größten Haus in der Straße.«
> F. SCOTT FITZGERALD [507]

X.
»Wir waren dazu bestimmt, uns als Helden zu begreifen«
Ein Salamander und ein Phönix

Harold Ober übernimmt die schwierige Aufgabe, Zelda von Scotts Tod zu unterrichten. Sie kommt gerade von einem Spaziergang zurück, als ihr die Mutter die schreckliche Nachricht überbringt. Zelda bricht zusammen. Eine Welt ohne Scott erscheint ihr unvorstellbar: »Das Leben war so vielversprechend, wenn er da war, und ich habe immer geglaubt, er würde schon für alles sorgen. Es kommt mir so sinn- und zwecklos vor, dass ich ihm all das nicht mehr sagen kann. Obwohl wir uns nicht mehr sehr nahestanden, war Scott der beste Freund, den ich überhaupt haben konnte«, schreibt sie an Ober.[508]

Scottie erfährt vom Tod ihres Vaters während einer Party im Vassar College. Sie ist auf der Tanzfläche, als Dick Ober, Harolds Sohn, sie davon in Kenntnis setzt. Anders als ihre Mutter reagiert sie ihrem Wesen entsprechend ruhig und verhalten. Obgleich Zelda mit der Situation vollkommen überfordert ist, bestimmt sie, dass Scott in Maryland beerdigt wird. Es war immer Scotts Wunsch gewesen, neben seinen Eltern und seinen Vorfahren auf dem katholischen Friedhof der Kirche St. Mary in Rockville, Maryland, beigesetzt zu werden. John Biggs, den Scott bereits 1937 als seinen Nachlassverwalter eingesetzt hatte, organisiert mit Hilfe der treuen Frances Kroll die Überführung des Sarges an die Ostküste. Doch die zuständige Diözese verweigert sich Scotts letztem Wunsch. Fitzgerald sei kein praktizierender Katholik gewesen und gestorben, ohne die letzte Ölung empfangen zu haben. Dabei bleibt es, obwohl John Biggs sich sogar an den Bischof von Baltimore persönlich wendet: »So weit ich mich erinnere, wurde ich darüber informiert, dass Fitzgerald nicht einmal an Ostern die Heilige Kommunion empfangen habe und seine Schriften nicht im Sinne der katholischen Kirche seien«, hielt Biggs später fest.[509]

Und so wird einer der bedeutendsten amerikanischen Schriftsteller am 27. Dezember 1940, nach einer schlichten episkopalen Trauerfeier im Pumphrey Beerdigungsinstitut in Bethesda, auf dem interkonfessionellen Union Cemetery in Rockville begraben, weil ihm die katholische Kirche das letzte Geleit verweigert. Etwa 30 Menschen begleiten Scott bei Nieselregen auf seinem letzten Gang, darunter Sara und Gerald Murphy, Anne und Harold Ober, Louise und Max Perkins, die Familie Turnbull, Anne und John Biggs und Scotts Trauzeuge Ludlow Fowler. Die 19-jährige Scottie wird von Collegefreunden begleitet. Die beiden Frauen, die Scott am Ende seines Lebens geliebt hatte, sind nicht unter den Trauergästen. Zelda ist gesundheitlich nicht in der Lage, an der Beerdigung teilzunehmen, und hat stattdessen ihren Schwager Newman Smith geschickt. Er ist der Einzige aus der Familie Sayre, der an Scotts Begräbnis teilnimmt. Sheilah bleibt der Zeremonie aus Rücksicht auf die Familie fern, Scottie hatte sie darum gebeten. Diesmal gibt es viele Blumen. Zelda hat ein großes Gesteck aus pinkfarbenen Gladiolen geschickt. Dennoch ist es eine sehr schlichte Beerdigung für einen Mann, der zeitlebens so im Rampenlicht stand. Auch damit kommt man Scotts Wunsch nach. Im Juni 1937, kurz nach seiner Ankunft in Hollywood, als er noch daran glaubte, alles würde sich zum Guten wenden, hatte er seinen letzten Willen niedergeschrieben: »Ein Teil meines Vermögens soll für eine Beerdigung aufgewendet werden, die meiner Stellung im Leben entspricht.« Als seine Träume zerplatzt waren, hatte er den Satz durchgestrichen und mit Bleistift ergänzt: »für eine möglichst billige Beerdigung«.[510] In seinem Testament hatte er nicht nur seinen alten Collegefreund John Biggs, sondern auch Harold Ober zu seinen Nachlassverwaltern bestimmt. Nachdem er sich mit Ober überworfen hatte, hatte er dessen Namen durch den von Max Perkins ersetzt.

Biggs übernimmt jetzt die Verantwortung für Scottie und Zelda. Mit Hilfe von Frances Kroll ordnet er Scotts Nachlass. Neben ein wenig Bargeld, das nahezu komplett für die Beerdigungskosten aufgewendet wird, ist seine Lebensversicherung der größte Posten. Frances Kroll stellt eine Liste aller offenen Forderungen auf. Mit 4117,14 Dollar ist die Rechnung für Zeldas Aufenthalt im Highland Hospital die größte Summe. Nach Abzug aller Schulden bleibt für Zelda und Scottie ein Vermögen von etwas weniger als 35 000 Dollar übrig, was Biggs zu dem Ausspruch veranlasst: »Er hat das Erbe eines Bettlers hinterlassen und das Testament eines Millionärs.«[511] Frances Kroll übernimmt es, Scotts Apartment auszuräumen. Sie mietet einen Raum zur vorläufigen Aufbewahrung aller Gegenstände an. Scotts gebrauchtes 37er Ford Cabriolet stellt sie in der Garage ihrer Eltern unter. Was der berühmte Schriftsteller am Ende seines Lebens besessen hat, passt in ein paar wenige Koffer und Kisten: ein Koffer mit Kleidung, vier Kisten mit Büchern, ein Karton mit Notizbüchern und Fotografien, ein kleiner Koffer mit persönlichen Dingen, wie Weihnachtsgeschenke, seine Uhr und anderer Schmuck, weitere Notizbücher und Fotos, zwei hölzerne Schreibbords, eine Lampe und ein Radioapparat.[512] Die Sachen werden später an Zelda übergeben.

Das verbliebene Bargeld legt John Biggs so sicher und gewinnbringend wie möglich an, um Zelda und Scottie eine monatliche Zuwendung garantieren zu können. 50 Dollar kann er Zelda monatlich auszahlen, dazu kommt eine von ihm beantragte Witwenrente aus der Kasse der US-Armee von zusätzlich 35 Dollar im Monat. Es ist nicht viel und Zelda ist oft unglücklich darüber, dass ihr so wenig Geld zur Verfügung steht. Noch ahnt niemand, dass sich Scotts Hinterlassenschaft vervielfachen wird, noch heißt es haushalten mit dem, was da ist. Mit Hilfe der Familie Murphy, Harold Ober und Max Perkins kann Biggs Scotties College-Ausbildung weiter finanzieren. Nach ihrem Abschluss wird sie allen ihr Geld auf Heller und Pfennig zurückzahlen. Zelda und Scottie sind John Biggs, der sich unentgeltlich um alles kümmert, ihr Leben lang dankbar. Als Zeichen ihrer großen Dankbarkeit schenkt Zelda ihm eines ihrer Bilder, das er seit Langem bewundert. Lange Jahre schmücken Zeldas weiße Callas John Biggs Büro.

Nachdem Frances Kroll Scotts Hinterlassenschaften sicher verstaut hat, fliegt sie nach New York. In der Tasche hat sie Scotts letztes Manuskript, das sie an Max Perkins übergibt. Niemand weiß, was damit geschehen soll. Es ist Zelda, die Perkins bittet, es zur Erinnerung an Scott zu veröffentlichen. Dies ist ganz in Perkins' Sinn, doch was er vor sich liegen hat, bedarf einer ordnenden Hand, und die zu finden, ist nicht leicht. Perkins denkt zunächst an Budd Schulberg, auch Hemingway kommt ihm, zu Zeldas Entsetzen, in den Sinn. Zuletzt aber entscheidet er sich für Edmund Wilson, Scotts treuen Freund aus Collegetagen.

Die Aufgabe, die Wilson übernimmt, ist alles andere als einfach. Scotts Manuskript umfasst 44 000 Wörter und ein ausformuliertes erstes Kapitel. Daneben gibt es Entwürfe für 17 Episoden, jede Menge Notizen und Aufzeichnungen. Auch die ausformulierten Textstellen sind keine Endfassung, da Scott bekannt dafür war, alles bis zur letzten Minute umzuwerfen und neu zu arrangieren. Wilson versucht anhand der Notizen, die er vorfindet, den Roman zu rekonstruieren. Scott hat viele Informationen hinterlassen, und auch Frances Kroll weiß einiges zu berichten. Bald wird klar, dass Scott sein Buch als Gegenstück zum im Osten spielenden »Gatsby« verstand und es deshalb einen Western nannte. Im Umfang sollte es mit 50 000 Wörtern ursprünglich dem Umfang von »Der große Gatsby« gleichen. Allerdings hatte Scott seine Zielvorgabe bei seinem Tod bereits weit übertroffen. Nach 44 000 Wörtern ist das Ende der Geschichte noch lange nicht in Sicht. Insgesamt wollte er 30 Episoden in neun Kapiteln unterbringen. Für die fehlenden 13 Episoden finden sich ausführliche Notizen. Weil er davon ausgegangen war, den Roman immer wieder für Drehbuchaufträge unterbrechen zu müssen, hatte er sich die Struktur penibelst notiert, um nach einer Pause sofort wieder einsteigen zu können. Dies kommt Wilson nun zugute, dessen Aufgabe es ist, das vorliegende Material so aufzubereiten, dass es für die Allgemeinheit lesbar wird. Er fasst einzelne Episoden zu Kapiteln zusammen und füllt den Rest mit Notizen auf. In den Anhang packt er weitere Notizen, Entwürfe und Fragmente, die zeigen sollen, wie es eventuell weitergegangen wäre. Er gibt dem Buch den Titel »The Last Tycoon«. Am 27. Oktober 1941 wird der Roman in einem Sammelband zusammen mit »Der große Gatsby« und fünf seiner besten Kurzgeschichten veröffentlicht.

Scotts Roman ist einer der besten Romane, die je über Hollywood geschrieben wurden. Selbst wenn Fitzgerald als Drehbuchautor kein Glück hatte, war er doch immer von der Filmindustrie fasziniert gewesen. Er hatte sich weit mehr, als für seine Arbeit als Drehbuchautor nötig gewesen wäre, damit beschäftigt, wie Filme gemacht werden und welche Mechanismen die Traumfabrik am Laufen halten. Die Veränderungen, die er bei seinen dreimaligen Aufenthalten in Hollywood feststellen konnte, machte er symbolisch am *Wonderboy* der MGM-Studios, Produktionsleiter Irving Thalberg fest. Der Sohn deutschjüdischer Einwanderer hatte die Branche revolutioniert und das Niveau des reinen Unterhaltungsfilms auf das Niveau einer klassischen Bühnenproduktion gehoben. Mit ihm war der Rolle des Produzenten eine neue Bedeutung zugekommen. Thalberg war an allen Entscheidungen, einen Film betreffend, unmittelbar beteiligt. Er setzte durch, worunter Scott so gelitten hatte, nämlich dass mehrere Autoren zugleich an einem Drehbuch arbeiten. Er war es auch, der die sogenannten Previews einführte, nach denen ganze Szenen neu gedreht wurden und, falls nötig, sogar Rollen neu besetzt wurden. Thalberg war ein Perfektionist mit gutem Gespür für das, was das Publikum sehen wollte. Dies und die Tatsache, dass er es vortrefflich verstand, mit seinen Mitarbeitern umzugehen, machten ihn äußerst erfolgreich. Durch einen angeborenen Herzfehler von eher schwacher Konstitution, war Thalberg 1936 im Alter von nur 37 Jahren verstorben. Für Scott bedeutete sein Tod das Ende des Hollywoods, das sich der Kunst verschrieben hatte. Der Kommerz, den für viele Thalbergs Gegenspieler, MGM-Boss Louis B. Mayer, verkörperte, war auf dem Vormarsch, und dass er siegen würde, daran bestand nicht der geringste Zweifel. Hollywood war für Scott ein Mikrokosmos, dessen Veränderungen sich nicht nur auf die amerikanische Nation übertragen ließen, sondern auf die amerikanische Geschichte insgesamt. Sein Roman sollte ein Roman über einen altmodischen amerikanischen Helden werden, der die Werte des alten Amerikas verkörpert und in diesem Sinne schon heute Vergangenheit ist. Ganz so, wie Scott sich als Autor in der Tradition einer vergangenen Zeit begriff: »Ich bin für lange Zeit der letzte Romancier«, schrieb er in den Notizen zu seinem Buch.[513] Thalberg diente Scott als Vorbild für seinen Helden, wobei Thalbergs Frau Norma Shearer nach der Lektüre jegliche Ähnlichkeit mit Thalberg verneinte.

Scotts Held heißt Monroe Stahr und ist der letzte König von Hollywood. Als erfolgreicher Produzent ist er ein Patriarch, der viel verlangt und viel gibt. Er ist eine Autorität, die einsame Entscheidungen trifft, welche niemand infrage stellt. Auf eine altmodische Art und Weise fühlt er Verantwortung für seine Mitarbeiter, die ihrerseits mit all ihren Sorgen und Nöten zu ihm kommen. Dabei duldet er keinen Widerspruch und zeigt sich als entschiedener Gegner der im Entstehen begriffenen Gewerkschaft der Drehbuchautoren. Stahr ist ein Selfmademan, dessen Credo harte Arbeit ist. Mit einer fundierten Bildung kann er nicht dienen, dafür aber mit viel Intuition. Er ist kein moderner Managertyp, sondern ein anständiger, immer korrekter Geschäftsmann, der Filme um ihrer Qualität willen produzieren lässt, selbst wenn sie Verluste bringen. Ein Mann mit Visionen, der Steuermann, dem alle anderen blind vertrauen. Mit Monroe Stahr hat F. Scott Fitzgerald einen der wenigen literarischen Helden geschaffen, die aus der harten Geschäftswelt kommen. Sein Gegenspieler ist Studioboss Pat Brady, ein skrupelloser Geschäftemacher. Obwohl Scott Monroe Stahr als durchwegs positive Figur inszeniert, ist dennoch klar, wem von beiden die Zukunft gehören wird.

Wie schon bei »Der große Gatsby« lässt Scott auch hier die Geschichte von einer Beteiligten erzählen. Diesmal ist es Cecilia, Pat Bradys Tochter, die Stahr heimlich liebt. Die abrupten Wechsel in der Erzählperspektive hat Scott bis zu seinem Tod nicht mehr zufriedenstellend lösen können. Cecilia erlebt, wie Monroe Stahr sich in die junge Engländerin Kathleen verliebt, die ihn an seine verstorbene Frau Minna erinnert, um die er noch immer trauert. Während Kathleen ganz deutlich nach Sheilah Graham geformt ist, sind die Anspielungen auf Zelda unübersehbar. Als diese den Roman zum ersten Mal liest, spricht sie offen aus, wie sehr ihr die Figur der Kathleen missfällt. Kathleen und Stahr erleben eine kurze Zeit des Glücks, doch Kathleen hat längst einem anderen Mann ihr Ja-Wort gegeben, den sie heiratet, obwohl sie Stahr liebt. Stahr ist völlig gebrochen, fängt sich jedoch wieder und verlässt am Ende des Buches mit Cecilia die Stadt. Neben der zentralen Liebesgeschichte erfährt man viel über ein Hollywood, das hinter den Kulissen nicht ganz so strahlend ist. Da ist der Kameramann, der versucht, sich wegen eines bösen Gerüchts das Leben zu nehmen. Da sind die Drehbuchautoren, die sich ihre Eigenständigkeit mit viel Geld abkaufen lassen. Da ist die alternde Diva, die verzweifelt um ein Comeback ringt. Da ist die Vorzimmerdame, die wie ein Zerberus über die Tür zum Chefbüro wacht und mit dem Boss schläft. Da ist der Kommunist, der sich für die Organisierung der Drehbuchautoren stark macht. Da ist der Regisseur, der von einem Film abgezogen wird, ohne dass er irgendetwas dagegen unternehmen kann, und dann ist da noch George Boxley, der Romancier, der an den Drehbüchern verzweifelt und mit dessen Figur Scott sich selbst in den Roman hineingeschrieben hat. Das Ende des Romans bleibt offen. Scotts Notizen sowie der lange Brief, den er einst an Kenneth Littauer schrieb, als er den Roman *Collier's Weekly* angeboten hat, lassen verschiedene Möglichkeiten zu, wie die Geschichte weitergehen könnte. So könnte Stahr, schwer herzkrank, in heftige Auseinandersetzungen zwischen der Drehbuchautorengewerkschaft und den Produzenten verwickelt werden. Möglich wäre auch eine Intrige Pat Bradys gegen Stahr, woraufhin die Situation so eskaliert, dass Stahr einen Mordanschlag auf Brady in Auftrag gibt, den er bald bereut. Bevor er den Anschlag jedoch verhindern kann, kommt er bei einem Flugzeugabsturz ums Leben. Die Geschichte endet dann mit einem großen Hollywoodbegräbnis.

Nun aber endet der Roman mit dem letzten Satz, den F. Scott Fitzgerald geschrieben hat. Seine große Hoffung war es, mit diesem Roman endgültig das Image des *golden boy* hinter sich zu lassen: »Ich hoffe, es wird etwas Neues sein, neue Empfindungen wecken, vielleicht sogar eine neue Art, gewisse Phänomene zu sehen. Ich habe die Geschichte sicherheitshalber um fünf Jahre zurückverlegt, um Abstand zu gewinnen, aber jetzt, da Europa uns in den Ohren dröhnt, ist das wohl auch so am besten. Es ist ein Ausweichen in eine üppige, romantische Vergangenheit, die wir in unserer Zeit wohl nie wieder erleben werden.«[514]

Der Scribner Verlag lässt 5000 Exemplare drucken, die sich anständig, aber zäh verkaufen. Die Kritiker jedoch merken rasch, dass sie ein Meisterwerk in Händen halten. Die *New York Times* behauptet gar, es wäre wohl sein bestes Werk geworden, wäre ihm mehr Zeit geblieben. John Dos Passos schreibt nach der Lektüre: »Am Ende seines Lebens, das geprägt war von weltweitem Erfolg und absolutem Desaster, hat Scott Fitzgerald bewiesen (...), dass er der erstklassige Schriftsteller war, den seine Freunde immer in ihm gesehen haben.«[515] Wie hätte er sich über diese Einschätzung gefreut. Wie lange hatte er darauf gewartet, die verdiente Anerkennung zu ernten. Nur deshalb hatte er weitergemacht, auch als er längst nicht mehr mit der Gunst der Leser rechnete: »Ich nehme nicht an, dass irgend jemand sich dafür interessiert, was ich diesmal zu sagen habe, und vielleicht wird es der letzte Roman, den ich je schreiben werde.«[516] 1976 wird der Roman mit Robert De Niro, Robert Mitchum, Jack Nicholson und Tony Curtis von Elia Kazan verfilmt. Das Drehbuch stammt aus der Feder des späteren Literaturnobelpreisträgers Harold Pinter.

52 Jahre lang bleibt Edmund Wilsons Ausgabe die einzig offiziell verfügbare. Erst 1993 bringt Matthew J. Bruccoli, Professor an der Universität South Carolina und bedeutender Fitzgerald-Forscher, eine kritische Ausgabe des Textes heraus. Darin enthalten sind alle Vorarbeiten,

viele Faksimile, Notizen sowie Briefe, in denen Fitzgerald den Roman thematisierte. Bruccoli zeigt, wie sehr Edmund Wilson in seinem Bestreben, den Text leserfreundlich zu gestalten, in diesen eingegriffen hatte. Ein 95-seitiger Einführungstext macht die Ausgabe zur genauestmöglichen Rekonstruktion des Romans. Allerdings kommt Bruccoli damit auf 400 Seiten, die vor allem für Studenten und Forscher hochinteressant sind. Um dem Lesepublikum dennoch eine möglichst werkgetreue Ausgabe zur Verfügung zu stellen, wurde der Roman auf Grundlage von Bruccolis Text, ohne Anmerkungsapparat, neu herausgegeben. Zugunster der Lesefreundlichkeit wurde Wilsons Strukturierung des Textes beibehalten. Weithin sichtbare Neuerung ist die Änderung des Titels in »Die Liebe des letzten Tycoon«. Fitzgerald hatte sich noch auf keinen endgültigen Titel festgelegt, auf einer Liste mit Titelvorschlägen diesen jedoch als einzigen nicht durchgestrichen.

Zelda überlebt ihren Mann nur um acht Jahre. Die meiste Zeit davon wird sie bei ihrer Mutter in dem kleinen weißen Bungalow in der Sayre Street in Montgomery verbringen. Sie entwickelt ein sehr enges Verhältnis zu ihren Schwestern. Marjorie, die in unmittelbarer Nachbarschaft lebt, sieht sie fast täglich. Es scheint, als habe sie ihren Frieden gefunden. Am Nachmittag kann man sie lesend auf der Terrasse sitzen sehen. Die langen Partynächte sind vorüber, jetzt verbringt sie die Abende mit ihrer Mutter. Eine der wenigen neuen Freundschaften, die sie noch schließt, ist die mit einem jungen Mädchen, das als Spastikerin eine ähnliche Außenseiterin ist wie Zelda. Gelegentlich nimmt sie noch Tanzstunden bei Amalia Harper Rosenberg, einer ehemaligen Schülerin des berühmten Choreografen George Balanchine, der lange Jahre für Sergej Diagilews Ballets Russes gearbeitet hatte, dem Zelda einst so gerne angehört hätte. Für sie schließt sich hier der Kreis. Dass die Leute sie anstarren, wenn sie ihre Übungen auf der Terrasse macht, ist ihr genau wie früher herzlich egal.

Nach dem Eintritt der USA in den Zweiten Weltkrieg im Dezember 1941 wickelt Zelda freiwillig Mullbinden für das Rote Kreuz. Scotts Tod hat sie mitgenommen. Sie wird über den Verlust niemals hinwegkommen und oft von ihm sprechen. Um so größer ist deshalb ihre Freude, wenn junge Menschen kommen und an Scott Interesse zeigen. Paul McLendon, Student der Universität von Alabama, ist einer der Ersten, der Zelda um ein Interview bittet. Ihm folgen viele weitere. Eines der Gespräche, die ihr besonders in Erinnerung bleiben, ist das im März 1947 mit dem Princeton-Studenten Henry Dan Piper geführte, der eine Seminararbeit über Scott schreiben will. Ihm gegenüber benennt sie die vier großen Tragödien ihres Lebens: den Bruch mit Madame Egorova, den Selbstmord ihres Bruders Anthony, ihre Selbstmordversuche und das Scheitern ihrer Ehe. Ihre unglückliche Liebe zu Jozan zählt nicht dazu. Zum Abschied schenkt Zelda dem jungen Mann ein Selbstporträt und zeigt ihm das Manuskript ihres neuen Romans. Denn so ruhig diese letzten Jahre für Zelda auch verlaufen, sie sind dennoch sehr kreativ. Zelda ist so produktiv wie nie zuvor, ohne noch einmal den Boden unter den Füßen zu verlieren. Sie malt wieder, richtet sich endlich ein eigenes Atelier ein. Die meisten ihrer Bilder beschäftigen sich mit der Vergangenheit. Eine umfangreiche Aquarellserie zeigt Straßenszenen aus Paris und New York. Eine andere Serie stellt Bibelszenen dar. Sie bastelt wieder Papierpuppen, die erneut so delikat sind, dass sie eher Kunstwerke als Kinderspielzeug sind. Im August 1941 hat sie eine Ausstellung im Montgomery Museum of Fine Arts. Die lokale Presse zeigt sich begeistert von ihren feinen und aufwendigen Arbeiten. Ermutigt durch die positive Resonanz, schreibt sie an Max Perkins und bittet ihn auszuloten, ob die Möglichkeit einer Buchpublikation über die Puppen bestünde. Doch obwohl auch Perkins von deren Qualität überzeugt ist, kommt eine Veröffentlichung nicht zustande. Erst 1960 werden im *Esquire* zum ersten Mal einige ihrer Papierpuppen abgedruckt und damit einer breiten Öffentlichkeit zugänglich gemacht. Dafür zeigt das Montgomery Museum of Fine Arts im Mai und November 1942 eine Auswahl ihrer Gemälde und Zeichnungen. Im Dezember 1942 stellt Zelda im Women's Club in Montgomery aus. Die beiden Bilder, die am meisten Aufsehen erregen, sind ein Selbstporträt von Zelda und ein Porträt, das Scott mit einer Katze auf der Schulter zeigt, gemalt in verschiedenen Grüntönen. Noch im selben Jahr stellt sie dem Federal Art Project of Alabama, das Arbeitsmaterialien für Künstler in Not sammelt, einige ihrer Bilder zur Verfügung. Sie gestattet ausdrücklich, dass die Leinwände übermalt werden dürfen.

Dass sie bei ihrer Familie nur wenig Verständnis für ihre Kunst erntet, stört sie zwar, hält sie aber nicht vom Malen ab. Minnie Sayre hält nichts davon, dass sich ihre Tochter dabei in ihre eigene Welt zurückzieht. Sie fürchtet die Folgen von Zeldas Kreativität. Doch Malen ist eines der Mittel, durch die Zelda sich ausdrücken kann, und diesmal lässt sie sich nicht beirren. Kurzzeitig überlegt sie sogar auszuziehen, als die Kritik der Mutter lauter wird. Doch John Biggs überredet Zelda zu bleiben. Weder sind die finanziellen Mittel für eine eigene Wohnung vorhanden, noch glaubt er daran, dass Zelda ganz alleine leben kann. Davon raten auch die Ärzte dringend ab.

Jetzt, nachdem niemand mehr Einspruch erheben kann, setzt sie sich an den Schreibtisch und beginnt endlich, ihren Roman zu schreiben. Genau wie Scotts letzter Roman wird auch »Caesar's Things« unvollendet bleiben. Thematisch entfernt sie sich mit diesem Text von dem Roman, den sie vor Jahren im Kopf hatte und der sich am Schicksal des Balletttänzers Nurejew orientieren sollte. Bis zu ihrem Tod schreibt sie annähernd 40 000 Wörter. Was sie hinterlässt, ist noch weniger strukturiert als Scotts unfertiges Manuskript. Vieles ist so wirr, dass man geneigt ist, aus dem Text vor allem die gravierenden Schäden, welche die jahrelangen Insulin-Schockbehandlungen in Zeldas Gedächtnis angerichtet haben, herauszulesen. Auch diesmal hat der Roman stark autobiografische Züge, wenngleich ihm die Leichtigkeit und der Humor von »Schenk mir den Walzer« fehlt. Hauptperson ist die nach Zelda gestaltete Janno, die in einer fiktiven Kleinstadt im Süden lebt, die unzweifelhaft Montgomery nachempfunden ist. Zelda schildert wie in ihrem ersten Roman ihre Kindheit, allerdings mit einem gravierenden Unterschied. Diesmal ist Montgomery nicht der Hort der Geborgenheit, diesmal hängt etwas Bedrohliches in der Luft. Gewalt, unter der auch Janno leiden muss, hält Einzug, in einer nahe gelegenen Nervenheilanstalt werden Patienten misshandelt. Janno heiratet den Maler Jacob, der an Scott erinnert, und folgt ihm nach Paris und an die Riviera. Hier verliebt sie sich in einen französischen Flieger, was zu heftigen Auseinandersetzungen zwischen den Eheleuten führt. Genau wie Scott versucht auch Jacob seine Frau zu dominieren und lässt ihr keinen Raum zur Selbstverwirklichung: »Sie war sein Besitz. Er packte sie zusammen und setzte sie neben sich ins Taxi, (…) er gab mit ihr vor seinen Collegefreunden an und war sehr erfolgreich darin, den Impresario zu spielen.«[517] Ihr Roman ist ein Fragment des Schmerzes, nicht der Wut. Es ruht bis heute unveröffentlicht im Archiv der Universität Princeton.

Neben diesem Roman verfasst sie verschiedene religiöse Abhandlungen, die sie ungebeten an Freunde und Verwandte schickt, um deren Seelen zu retten. Ihre Religiosität, mit der sie weithin auf Unverständnis stößt, ist ihr größter Halt in diesen letzten Jahren. Ein anderer ist Scottie. Diese macht 1942 ihren College-Abschluss und arbeitet anschließend als Journalistin für den *New Yorker* und die *New York Times*. Am 13. Februar 1943 heiratet sie den Marineoffizier Ensign Samuel Jackson Lanahan aus Baltimore. Scott hatte Lanahan noch persönlich kennengelernt und war hochzufrieden gewesen, dass Lanahan genau wie er in Princeton studierte. Anne Ober arrangiert für ihre Ziehtochter die Hochzeit in New York. Harold Ober führt die Braut in der St. Ignatius von Loyola Kirche in Manhattan zum Altar. Zelda nimmt an der Hochzeit ihrer Tochter nicht teil. Zum einen geht es ihr nicht gut, zum anderen hat Scottie aus Angst, sie könnte die Hochzeit sprengen, sie zu spät benachrichtigt. Die Erfahrungen mit den verrückten Eltern haben Scottie vorsichtig werden lassen.

Dreimal kehrt Zelda in ihren letzten Jahren ins Highland Hospital zurück. Dabei sind ihre Aufenthalte dort wesentlich kürzer, als bisher angenommen. Anhand des Briefwechsels zwischen Zelda und John Biggs sowie der von Biggs getätigten Überweisungen an das Krankenhaus lässt sich feststellen, dass Zelda Anfang 1944 zwei Monate und von Juli bis September 1946 drei Monate in der Klinik verbringt. Kurz vor ihrem zweiten Aufenthalt wird das ehemalige *Flapper Girl* Großmutter. Am 26. April 1946 wird ihr erstes Enkelkind Thomas Addison Lanahan, genannt Tim, geboren. Zelda ist begeistert von dem Kleinen und fertigt auch für ihn historische Papierpuppen an, so wie einst für Scottie. Im Sommer 1946 besucht sie Scottie und ihre Familie, und nach ihrer Entlassung aus der Klinik ist sie auch bei Tims Taufe im Oktober dabei. Für Scottie sind die Besuche ihrer Mutter jedesmal ein Tanz auf dem Vulkan. Zelda kann liebenswert und sanft sein und dann plötzlich nervös und verwirrt. Dann glaubt sie, Scott wäre bei ihr, und schockiert alle Umstehenden. Besonders problematisch wird ihr Zustand nach dem Genuss von Alkohol. In einer Gesellschaft, in der Alkohol so unmittelbar zum Alltag gehört, ist es schwer, sich der ständigen Versuchung zu verweigern. Zwar geht Zelda nur sehr selten aus, doch wo sie auch hinkommt, überall wird ihr ein Drink angeboten. Den meisten ist nicht klar, wie rapide sich Zeldas Gesundheitszustand unter Alkoholeinfluss verschlechtert. Gerade die Freunde in Montgomery haben noch immer die lebenslustige Südstaatenschönheit vor Augen und versuchen, Zeldas schüchternes Auftreten durch Alkohol zu lockern. Ihre Schwester Marjorie, die alles tut, um Zelda vom Trinken abzuhalten, ärgert sich maßlos über die freundlichen Gastgeber, die ihr gedankenlos Alkohol anbieten: »Sie wollen einfach nicht begreifen, dass diese Zeiten vorbei sind und sie Hilfe braucht. (…) Sie sagen: ›Oh, nur ein kleiner Sherry, der schadet dir bestimmt nicht‹, und dann führt eins zum anderen. Zum Schluss kriegen wir mitten in der Nacht einen Anruf und finden sie in solch schlechter Verfassung vor, dass wir eine Krankenschwester brauchen, die ihr eine Beruhigungsspritze gibt, damit sie sich wieder beruhigt! Freunde! Sie tun wirklich alles, um Zelda wieder ins Krankenhaus zu bringen!«[518] Den Bekannten von früher fällt es schwer, sich an die neue Zelda zu gewöhnen. Nichts ist übriggeblieben von dem unbeschwerten jungen Mädchen, dem an der Seite des strahlenden Offiziers aus dem Norden die Welt zu Füßen lag. Begegnet man ihr jetzt bei einem ihrer langen Fußmärsche durch die Stadt, trifft man auf eine ungepflegte Erscheinung in abgetragenen Kleidern, um deren Mund ein harter Zug spielt. Zelda ist alt geworden.

Im Herbst 1947 verschlechtert sich ihr Zustand immer mehr. Bei der geringsten Kleinigkeit bricht sie in Tränen aus. Am 2. November 1947 kehrt sie freiwillig ins Highland Hospital zurück, nachdem sie ihrer Schwester Rosalind geschrieben hat: »Ich habe mich so sehr bemüht und habe so aufrichtig und voller Vertrauen zu Gott gebetet, damit er mir hilft. Ich verstehe einfach nicht, warum er mich so leiden lässt.«[519]

Dr. Carroll ist längst in Ruhestand, sein Nachfolger Dr. Basil Bennett wird ihr neuer Arzt. Erneut isoliert sie sich von den anderen Patienten. Sie will ihre Ruhe. Im Januar 1948 wird sie einer dreimonatigen Insulin- und Elektroschocktherapie unterzogen. Durch das Insulin nimmt sie über neun Kilo zu. Sie wiegt jetzt so viel wie nie zuvor und ist sehr unglücklich darüber. Eisern hatte sie stets auf ihr Gewicht geachtet. Am 25. Januar 1948 bringt Scottie ihre Tochter Eleanor zur Welt. Endlich ein Lichtblick. Zelda hofft darauf, die Klinik bald verlassen zu können, um ihr zweites Enkelkind in die Arme zu schließen. Doch ihr Zustand verbessert sich kaum. Anfang März 1948 schreibt sie an ihre Mutter: »Jeden Tag verliert die Zeit mehr an Bedeutung.«[520] Es ist ihr letztes Lebenszeichen.

Am 10. März 1948 bricht kurz vor Mitternacht in der Küche des Krankenhauses ein Feuer aus. Eine Krankenschwester entdeckt den Brand, doch weil die Frau zunächst versucht, verschlossene Patientenzimmer zu öffnen, verstreicht wertvolle Zeit. Erst 30 Minuten, nachdem das Feuer entdeckt wurde, wird offiziell Alarm gegeben. Weitere 15 Minuten vergehen, ehe die Feuerwehr am Brandort eintrifft. Das Treppenhaus ist bereits voller Rauch, die Flammen breiten sich rasend schnell aus. Es sind keine Sprinkleranlagen installiert, die Treppen sind aus Holz. Mit Äxten schlagen die Feuerwehrmänner verschlossene Türen und Fenster ein, tragen bewusstlose und unter Schock stehende Patienten ins Freie. Ärzte und Pfleger tun ihr Möglichstes, um weitere Türen aufzuschließen. Gemeinsam kämpfen sie einen verzweifelten Kampf. Am 11. März gegen vier Uhr morgens geben sie auf. Das Feuer ist außer Kontrolle geraten. Für die Patienten, die im obersten Stockwerk der Klinik eingeschlossen sind, gibt es keine Rettung mehr. Zehn Menschen befinden sich in dieser Nacht dort. Patienten, die während ihrer Behandlung mit Insulin- und Elektroschocks Ruhe brauchen und deshalb weit weg von den anderen Patienten untergebracht sind. Nur einer Frau gelingt es, ein Fenster einzuschlagen und zu entkommen. Die übrigen neun werden ein Opfer der Flammen und verbrennen bis zur Unkenntlichkeit. Eine der Patientinnen ist Zelda. Ihre Leiche wird später anhand der Lage, eines Hausschuhs, der neben ihr liegt, sowie ihres Zahnabdrucks identifiziert werden. Wie Zelda stirbt, weiß niemand. Offiziell heißt es, die Toten seien infolge der Rauchentwicklung erstickt. Wären sie bei Bewusstsein gewesen, hätten sie versucht zu fliehen. Die *New York Herald Tribune* schildert eine etwas andere Version der Ereignisse jener Nacht. In ihrer Ausgabe vom 12. März schreibt sie, dass für Zelda und ihre Mitpatienten eine Flucht völlig unmöglich gewesen wäre. Alle Zimmertüren seien verschlossen und die Fenster mit schweren Gittern und Vorhängeschlössern gesichert gewesen. Reporter und Schaulustige hätten draußen die verzweifelten Schreie der Eingeschlossenen gehört. Die polizeilichen Untersuchungen sind bald abgeschlossen. Einem Hinweis auf Brandstiftung wird nicht weiter nachgegangen. Den Familien der Toten wird ein Schmerzensgeld von 3000 Dollar zugesprochen. Dr. Bennett muss seinen Posten räumen. Dann ist die Sache erledigt.

Zelda Fitzgerald wird am 17. März 1948 an der Seite ihres Mannes in Rockville beigesetzt. Nachdem John Biggs ihr geschrieben hatte, hatte Minnie Sayre nach einigem Zögern zugestimmt: »Scott liebte Zelda bis zum letzten Atemzug und hat ein Vermögen ausgegeben, damit sie wieder gesund wird. (…) Zeldas Platz ist bei Scott. (…) Sie waren 20 Jahre lang zusammen, ihr wunderbares Kind ist das Produkt dieser Liebe, und sie sollten jetzt zusammen begraben werden.«[521] Zelda Fitzgerald wurde nur 47 Jahre alt.

1975 gestattet der Bischof von Baltimore die Überführung von Zelda und F. Scott Fitzgerald auf den Friedhof der St. Mary's Church: »F. Scott Fitzgerald kam aus der Tradition der katholischen Kirche von Maryland. Er war geprägt durch den Glauben an die katholische Kirche. Durch seine Arbeiten zieht sich ein katholisches Bewusstsein für die Realität. Durch seinen Glauben war es ihm möglich, das menschliche Herz zu verstehen, das im Kampf zwischen Erlösung und Tod gefangen ist. Seine Charaktere sind Teil dieses großartigen Schauspiels der Suche nach Gott und der Liebe. Als Künstler vermochte er mit Klarheit und poetischer Phantasie diesen Kampf auszudrücken. Auch in seinem eigenen Leben erfuhr er das tiefe Geheimnis des Leids und wir hoffen, auch die Kraft der göttlichen Gnade.«[522] Zelda und Scotts Grab ziert seitdem eine schlichte Grabplatte, auf der die letzten Worte aus »Der große Gatsby« eingemeißelt sind: »So regen wir die Ruder, stemmen uns gegen den Strom – und treiben doch stetig zurück, dem Vergangenen zu.«[523]

Sheilah Graham überlebt beide Fitzgeralds um viele Jahre. Nach Scotts Tod kehrt sie als Kriegsberichterstatterin nach England zurück, wo sie ihren zweiten Mann Trevor Cresswell Lawrence Westbrook kennenlernt, den sie 1941 heiratet. Sie bekommt zwei Kinder, ehe sie sich 1946 scheiden lässt. Zurück in den USA, nimmt sie ihre Karriere als Klatschkolumnistin wieder auf und wird in den 1960er Jahren so erfolgreich, dass sie ihre ewigen Konkurrentinnen Parsons und Hopper weit hinter sich lässt. Ihre Kolumne wird landesweit in 178 Zeitungen abgedruckt, Radio und Fernsehen vergrößern ihre Bekanntheit noch mehr. 1953 heiratet sie noch einmal, doch auch diese Ehe endet mit einer Scheidung. 1958 gibt sie zusammen mit Gerald Frank ein Buch über ihre Jahre mit Scott heraus, das 2009 unter dem Titel »Die furchtlosen Memoiren der Sheilah Graham« neu aufgelegt wird. Obwohl sie darin sehr offen Scotts Abstürze schildert, wird es dennoch eine Liebeserklärung an den großen Autor. Dabei hatte sie nach seinem Tod entdeckt, dass Scott, wahrscheinlich während einer seiner schlimmen Phasen, auf die Rückseite ihres Porträts, das auf seinem Schreibtisch stand, die Worte »Bild einer Hure« geschrieben hatte. Was Sheilah Graham über Zelda und Scott schreibt, wird nicht von allen für gut befunden. Dorothy Parker liest das Buch mit Abscheu und fordert in ihrer Besprechung die Leser dazu auf, »sich zu setzen und daran zu denken, wie Miss Graham und ihr Koautor freudig den Judaslohn von 30 Silberlingen unter sich aufteilen«.[524] Bereits 1959 wird das Buch mit Gregory Peck als F. Scott Fitzgerald und Deborah Kerr als Sheilah Graham unter dem Titel »Die Krone des Lebens« verfilmt. 1964 veröffentlicht Graham »The Rest of the Story« und zwei Jahre später zeigt sie der staunenden Öffentlichkeit in »College of One«, wie Scott sie unterrichtet hat, und druckt Stundenpläne, Leselisten und Lerninhalte ab. Ihr Buch macht noch einmal deutlich, dass F. Scott Fitzgerald den Frauen, die er schätzte und liebte, immer auch als Professor Higgins gegenübertrat. Seine Schwester, Zelda, Scottie und auch Sheilah waren in seinen Augen immer auch ein wenig Eliza Doolittle, die man unterweisen und lenken musste. Dass sie sich ebenso wie diese eines Tages emanzipierten, wollte er lange nicht wahrhaben. In seinen Romanen und Kurzgeschichten zeigte er sich weitsichtiger. Seine Frauen sind zwar immer schön, aber auch klüger und pragmatischer als seine talentierten jungen Helden, die allesamt Romantiker sind und an der Liebe scheitern, weil sie sie über die Realität stellen.

1976 veröffentlicht Graham ihr letztes Buch über Scott: »The Real F. Scott Fitzgerald«. Mit der Distanz der Jahre fällt ihr Urteil nüchterner aus. Der Schriftsteller ist darin weniger ein Held als ein Mann mit großen Schwierigkeiten. Sexueller Natur seien diese Schwierigkeiten allerdings nicht gewesen. Sie weist Zeldas Vorwurf, Scott sei nicht in der Lage gewesen, eine Frau sexuell zu befriedigen, noch einmal offiziell zurück. Sicher sei er nicht der größte Liebhaber aller Zeiten gewesen, doch ein zärtlicher und liebevoller Mann. Sheilah Graham verfasst noch einige weitere Bücher und stirbt am 17. November 1988 mit 84 Jahren in Palm Beach. Der Welt bleibt sie vor allem als die letzte Liebe von F. Scott Fitzgerald in Erinnerung.

Und Scottie? In einem seiner letzten Briefe an seine Tochter hatte Scott geschrieben: »Du hast in uns zwei wunderbare Beispiele dafür, wie man ein schlechtes Elternpaar wird. Mach einfach all das, was wir nicht gemacht haben, und du bist auf der sicheren Seite.«[525] Doch ganz so einfach ist das nicht. Zunächst macht sich Scottie als politische Aktivistin auf Seiten der Demokraten einen Namen. Mit ihren »Pflichten« als Ehefrau und Mutter kann sie sich jedoch ebenso wenig anfreunden wie Zelda. Nach 20 Jahren, die sie mehr oder weniger getrennt voneinander mit anderen Partnern verbringen, lassen sich Scottie und ihr

Mann scheiden. 1967 heiratet sie C. Grove Smith, der sich als schwerer Trinker entpuppt. Doch er trinkt nicht allein, Scottie erweist sich als die Tochter ihrer Eltern. 1973 verlässt sie Smith, um ihre Tante Rosalind in Montgomery zu pflegen. Im selben Jahr wird Zeldas Geburtshaus abgerissen. Ein Jahr später veröffentlicht Scottie gemeinsam mit Matthew J. Bruccoli den Bildband »The Romantic Egoists«, für den sie viele Materialien aus dem Nachlass freigibt. 1980 lässt Scottie sich von Smith scheiden und geht nach Washington zurück, wo sie jedoch bald an Krebs erkrankt. Obwohl sie nicht gerne über ihre Eltern spricht, erhält sie zuletzt pro Jahr um die 1000 Briefe und Anfragen. Es ist und war niemals leicht, die Tochter der Fitzgeralds zu sein: »Wenn ich es mir aussuchen könnte, möchte ich in meinem nächsten Leben lieber nicht noch einmal die Tochter eines berühmten Autors sein. Die Bezahlung ist gut und es bietet auch einige Annehmlichkeiten, aber die Arbeitsbedingungen sind einfach zu gefährlich. Menschen, die ganz und gar von ihrer Phantasie leben, sind faszinierend, brillant und meist auch sehr charmant. Man sollte bei einer Dinnerparty neben ihnen sitzen, aber nicht mit ihnen leben müssen.«[526] Am 15. Juni 1986 stirbt Scottie mit 64 Jahren. Sie wird neben ihren Eltern beigesetzt. Zuletzt war ihr Blick zurück auf das Leben ihrer Eltern ein versöhnlicher: »Meiner Ansicht nach liebten sie sich bis zu dem Tag, an dem sie starben. Sie kämpften nicht gegeneinander, wie Menschen gegeneinander kämpfen, die sich feindlich gegenüberstehen … Sie stritten nur über die Rahmenbedingungen ihres Lebens. Jene, die sie vorfanden, frustrierten sie zutiefst.«[527]

F. Scott Fitzgerald war sich immer sicher, dass es im Leben keinen zweiten Akt gibt. Was Zelda und ihn anbelangt, sollten sich er und die meisten seiner Zeitgenossen gründlich irren. Bei seinem Tod 1940 erinnerten zwar alle wichtigen Zeitungen des Landes an ihn, aber er gehörte nicht zu den Hauptschlagzeilen. Allein die Tatsache, dass es die renommierte *New York Times* in ihrem Nachruf fertigbrachte, aus »Die Schönen und Verdammten« nicht nur »Die Schönen und *die* Verdammten« zu machen, sondern den Roman auch noch in eine Kurzgeschichtensammlung zu verwandeln, zeigt, wie gering das Interesse an Fitzgerald war. Die meisten Nachrufe beschrieben bedauernd ein Talent, das sich selbst am meisten im Weg gestanden sei. Ob ein Autor, der ein oder zwei passable Romane, die meiste Zeit jedoch Kurzgeschichten für Zeitschriften geschrieben hatte, in ein paar Jahren noch gelesen werden würde, hielten sie allesamt für fraglich. Selbst *Esquire*-Verleger Arnold Gingrich, der Scott bis zuletzt veröffentlicht hatte, ging davon aus, dass außer »Der große Gatsby« und einigen wenigen Kurzgeschichten nichts überdauern würde: »Gebrochen ist der Zweig, der nach den Wolken strebte, verbrannt Apollos grüner Lorbeerspross«[528], zitierte er in seinem Nachruf aus Christopher Marlowes »Doktor Faustus«. Die *Chicago Daily News* schrieb: »Als er mit 44 Jahren starb, war F. Scott Fitzgerald, den man 1922 als Protagonisten und Exponenten der Flapper-Ära zum Helden ausgerufen hatte, für seine Zeitgenossen in etwa noch so interessant wie jemand, der 1929 eine Blue-Chip-Aktie gezeichnet hatte.«[529] Die meisten Kritiker hielten seine Texte für ein Zeitdokument, das die Zeit, in der es verfasst worden war, nicht überlebt hatte. Zu den wenigen, die dies anders sahen, gehörte der *Dispatch,* die Lokalzeitung seiner Heimatstadt St. Paul: »Ohne Zweifel ging der Pulitzerpreis schon an Romane, die im Vergleich mit ›Der große Gatsby‹ ziemlich trivial waren. Ich wage sogar zu behaupten, dass der Nobelpreis schon für Gesamtwerke verliehen wurde, von denen nicht ein Stück so schön geschrieben war (…) wie ›Der große Gatsby‹. Vielleicht wird man dies eines Tages wiederentdecken.«[530] Im Großen und Ganzen sah es danach aus, als wäre der *golden boy* mit den 1920er Jahren endgültig begraben worden. Der Staat Kalifornien schätzte den Wert seines unvollendeten Manuskripts auf 5000 Dollar. Die anderen Manuskripte seien höchstens 1000 Dollar wert.

Genau das ist die Summe, die die Universität Princeton im Frühjahr 1942 bereit ist, für Scotts literarischen Nachlass zu bezahlen. Scottie lehnt ab. Drei Jahre später schenkt sie Princeton 57 Kisten voll mit Manuskripten, Briefen und Unterlagen ihres Vaters. Dies wird der Grundstock eines umfangreichen Archivs, das mit den Jahren durch Schenkungen von Scotts Freunden und seinem Verlag weiter anwächst und heute mehrere Millionen Dollar wert ist.

Es sind diese Freunde, die dafür sorgen, dass F. Scott Fitzgerald nicht in Vergessenheit gerät. Edmund Wilson gibt 1945 den Band »The Crack-Up« heraus, der autobiografische Texte, Briefe und Notizen von Scott beinhaltet sowie Briefe von Kollegen. Noch im selben Jahr stellt Dorothy Parker für die berühmte *Portable*-Reihe gemeinsam mit John O'Hara »The Portable F. Scott Fitzgerald« zusammen. Dennoch gehen viele Jahre ins Land, in denen F. Scott Fitzgerald zwar in Literaturzeitungen ein Thema, aus dem Bewusstsein der amerikanischen Öffentlichkeit aber so gut wie verschwunden ist. 1949 veröffentlicht Arthur Mizener die erste große Fitzgerald-Biografie »The Far Side Of Paradise« und weckt damit neues Interesse an einem fast vergessenen Autor. Seine Bücher finden den Weg zurück in die Buchläden und zu den Lesern. Dass seine Kurzgeschichten in der Folgezeit auch für das Fernsehen entdeckt werden, mag ihnen oftmals nicht gerecht werden, sorgt aber für eine weitere Verbreitung. In den nächsten Jahren veröffentlichen viele Weggefährten ihre Erinnerungen. Anfang der 1960er Jahre erscheint die Fitzgerald-Biografie von Andrew Turnbull, jenem kleinen Jungen, mit dem Scott einst in La Paix gespielt hatte.

Begünstigt durch die Verfilmungen seiner Romane, allen voran der Verfilmung von »Der große Gatsby« mit Mia Farrow und Robert Redford, bricht in den 1970er Jahren ein wahrer Fitzgerald-Boom aus. Der Markt wird mit Biografien, literaturwissenschaftlichen Abhandlungen und Veröffentlichungen von bis dato unveröffentlichtem Material geradezu überschwemmt. Dass sich unter all den Publikationen wahre Schätze befinden, verdankt sich vor allem Matthew J. Bruccoli von der University of South Carolina, der sein gesamtes Forscherleben in den Dienst des einstigen Nachtclub-Gralsritters stellt und ihm endgültig seinen angemessenen Platz in der amerikanischen Literaturgeschichte erkämpft. Bruccoli baut eine der umfangreichsten Sammlungen zu F. Scott Fitzgerald auf, die er der University of South Carolina vermacht. In Princeton ist der Nachlass F. Scott Fitzgeralds heute derjenige, der am allermeisten nachgefragt wird.

Auch Zelda widerfährt späte Gerechtigkeit. 1970 veröffentlicht Nancy Milford eine erste Biografie, die sofort zum Bestseller wird. Die neue Frauenbewegung entdeckt Zelda für sich und zeigt an ihrem Beispiel, wozu die Unterdrückung weiblichen Talents führen kann. Es folgen weitere Biografien, die zu einer Kontroverse darüber führen, ob Zelda medizinisch richtig diagnostiziert wurde. Dr. Oscar Forel selbst hatte seine Anfangsdiagnose über die Jahre hinweg revidiert und sprach in späteren Interviews davon, dass er zwar bei Zelda gewisse Symptome und Verhaltensweisen gefunden hätte, die schizoid gewesen seien, dies aber nicht zwangsläufig Schizophrenie bedeuten müsse. Auch Dr. Irving Pine, Zeldas letzter Psychiater, erklärte in einem Interview mit Biografin Sally Cline, dass Zelda seiner Ansicht nach falsch diagnostiziert und falsch behandelt worden sei. Die Einschätzungen reichen heute vom Verdacht auf Burn-out bis zur Annahme einer bipolaren Störung. Einigkeit herrscht allerdings dahingehend, dass durch die angewandten Behandlungsmethoden Zeldas Persönlichkeit zerstört wurde und sie zuletzt tatsächlich eine schwer kranke Frau war. Mit der Veröffentlichung ihrer Kurzgeschichten und Briefe 1991 wurde Zelda auch einer breiten Öffentlichkeit als kluge und humorvolle Schriftstellerin bekannt. Das Klischee von der verrückten Schriftstellergattin verschwand in dem Maße, in dem die Künstlerin neu entdeckt wurde. »Schenk mir den Walzer« wurde neu aufgelegt und in zahlreiche Sprachen übersetzt. Auch als Malerin wurde sie wiederentdeckt. Es folgten diverse Ausstellungen, 1993 wurden Zeldas Werke in einem Bildband herausgegeben. Heute wird sie als außergewöhnliche Künstlerin längst auch von Kunsthistorikern ernst genommen.

Bedauerlicherweise haben nicht alle ihre Bilder überlebt. Ein Teil verbrannte in La Paix, ein anderer in der Nacht, als Zelda ums Leben kam. Und ganz so, als ob das Feuer Zelda nicht schon genug genommen hatte, ließen Mutter und Schwester nach ihrem Tod weitere Bilder verbrennen. Dass sie dennoch als Künstlerin und Frau unsterblich werden konnte, zeigt, dass sie, genau wie sie von sich selbst immer behauptet hatte, tatsächlich ein Salamander war – ein Wesen, dem das Feuer nichts anhaben kann.

»Es gibt keine Welt,
die ohne Helden auskommt.«
F. SCOTT FITZGERALD [531]

Epilog
Der zweite Akt

Zelda und F. Scott Fitzgerald erlebten nach ihrem Tod eine beispiellose Renaissance. Sie gelten heute als die Personifizierung des Zeitalters, dem Scott dereinst den Namen gab, der Jazz-Ära. Fitzgerald gehört zu den Hauptvertretern der amerikanischen Moderne und zählt zu den bedeutendsten Schriftstellern des 20. Jahrhunderts: »Der kluge Schriftsteller schreibt für die Jugend seiner eigenen Generation, für die Kritiker der nächsten und für die Schullehrer der übernächsten«, pflegte er zu sagen.[532] Zu seinen Lebzeiten hielten ihn viele aufgrund seines Lebenswandels für oberflächlich, auch als Schriftsteller. Nach seinem frühen Tod stieg er wie Phönix aus der Asche empor. Seine Romane wurden Klassiker und in den USA zur Schullektüre. Allein »Der große Gatsby« geht dort jedes Jahr 300 000 mal über die Ladentheke. Der Scribner Verlag hat bis heute mehr als 15 Millionen Exemplare seiner Bücher verkauft, sie sind in mehr als 35 Sprachen übersetzt. Eine Entwicklung, die F. Scott Fitzgerald höchst zufrieden stimmen würde. Denn allen Niederlagen zum Trotz, und derer gab es gerade in seinen letzten Lebensjahren viele, hatte er stets an ein Comeback geglaubt: »Im übrigen dürfen Sie einen Fehlschlag nicht mit einer endgültigen Niederlage verwechseln«, hatte er in »Zärtlich ist die Nacht« geschrieben.[533] Nichts könnte seinen Lebenswillen besser beschreiben. Bis zuletzt war er sich sicher, dass der Erfolg zu ihm zurückkehren würde und dass er wirklich und wahrhaftig einer der größten Schriftsteller der Welt war.

Das Leben von Zelda und F. Scott Fitzgerald war der Konkurrenzkampf zweier Künstler, die auf die schöpferische Kreativität und den Erfolg des anderen durchaus eifersüchtig waren. Zweier Individualisten, die die Erwartungen des Partners nicht erfüllen konnten und sich zerrieben zwischen dem Wunsch, sich selbst und dem anderen gerecht zu werden. Sie waren einander Inspiration und Hemmnis zugleich, konnten sie doch beide letztlich nur über sich selbst und ihr gemeinsames Leben schreiben. Dass sie sich über die Maßen liebten und weder mit noch ohne einander leben konnten, machte aus ihrem Leben eine griechische Tragödie, in deren Hintergrund leiser Jazz zu hören ist.

Die Fitzgeralds waren bewunderte Idole ihrer Zeit, Superstars, wie sie später nur noch die Filmindustrie hervorbrachte. Ihr kometenhafter Aufstieg und ihr tragischer Niedergang spielten sich vor den Augen der Weltöffentlichkeit ab, die zunächst mit großem Vergnügen an ihren Eskapaden teilhatte, sich später aber mit Grauen von der Selbstzerstörung des einstigen Traumpaares abwandte. Dass diese öffentliche Anteilnahme, die sie anfangs begeistert gesucht hatten, später einen Teil des Problems darstellte, dessen war sich Scott immer bewusst: »Es ist nicht schwer, kehrtzumachen und noch einmal von vorne anzufangen, besonders wenn niemand zusieht. Das große Ziel aber ist es, ein, zwei gute Läufe hinzulegen, wenn Zuschauer auf der Tribüne sitzen.«[534]

Chapeau – trotz alledem!

Anmerkungen

1. Zelda und F. Scott Fitzgerald: Gesprächsprotokoll der Therapiesitzung vom 28. Mai 1933 in La Paix, in: Bruccoli, Some Sort of Epic Grandeur, S. 350.
2. F. Scott Fitzgerald: Das Vernünftige, in: Ein Diamant – so groß wie das Ritz, Zürich 1980, S. 224.
3. F. Scott Fitzgerald: Zärtlich ist die Nacht, Zürich 1983, S. 106.
4. Hemingway, Paris, S. 188.
5. Citati, Schön und Verdammt, S. 26f.
6. Scottie Fitzgerald an Minnie Sayre, 19. März 1948, in: Lanahan, Scottie, S. 181.
7. Edmund Wilson: Thoughts on Being Bibliographed, *Princeton University Library Chronicle*, 5. Februar 1944, S. 54.
8. F. Scott Fitzgerald: Der große Gatsby, Zürich 1974, S. 183.
9. F. Scott Fitzgerald: »Author's House«, *Esquire*, Juli 1936, S. 40.
10. F. Scott Fitzgerald an John O'Hara, 18. Juli 1933 aus La Paix, Maryland, in: Turnbull, The Letters, S. 503.
11. F. Scott Fitzgerald: Ledger, Juli 1897, S. 151.
12. F. Scott Fitzgerald: Ledger, Dezember 1897, S. 152.
13. F. Scott Fitzgerald: Ledger, April 1898, S. 152.
14. F. Scott Fitzgerald: Ledger, Februar 1900, S. 154.
15. F. Scott Fitzgerald: Ledger, Juli 1903, S. 157.
16. Bruccoli, Some Sort of Epic Grandeur, S.16.
17. Turnbull, Das Genie, S. 12.
18. Ebenda, S. 20.
19. F. Scott Fitzgerald im Interview mit Michael Mok: »The Other Side of Paradise: Scott Fitzgerald, 40, Engulfed in Despair«, *New York Evening Post*, 25. September 1936, in: Bruccoli/Baughman, Conversations, S. 122.
20. F. Scott Fitzgerald an Harold Ober aus Juan-les-Pins, erhalten am 3. Juni 1926, in: Turnbull, The Letters, S. 393.
21. Interview mit Lorena und David McQuillan, 3. Januar 1948, in: Turnbull, Das Genie, S. 75.
22. F. Scott Fitzgerald an Scottie Fitzgerald, Sommer 1935 aus Asheville, North Carolina, in: Turnbull, The Letters, S. 5.
23. F. Scott Fitzgerald an Max Perkins, 20. Februar 1926 aus Südfrankreich, in: Turnbull, The Letters, S. 199.
24. Sam Kennedy in: *St. Paul Academy Now and Then*, Ostern 1909.
25. Turnbull, Das Genie, S. 28.
26. F. Scott Fitzgerald, in: Mizener, The Far Side of Paradise, S. 14.
27. F. Scott Fitzgerald: The Romantic Egoist, Typoskript, zitiert nach Turnbull, Das Genie, S. 34.
28. F. Scott Fitzgerald: Diesseits vom Paradies, Zürich 2006, S. 32.
29. F. Scott Fitzgerald: Basil der Frechste, in: Der gefangene Schatten, Zürich 1980, S. 170.
30. F. Scott Fitzgerald: »Author's House«, *Esquire*, Juli 1936, S. 40.
31. F. Scott Fitzgerald: Diesseits vom Paradies, Zürich 2006, S. 43.

32 F. Scott Fitzgerald: Telegramm an seine Mutter, in: Bruccoli u.a., The Romantic Egoists, S. 20.
33 F. Scott Fitzgerald: Diesseits vom Paradies, Zürich 2006, S. 59.
34 Ebenda, S. 69.
35 Ebenda, S. 57f.
36 F. Scott Fitzgerald: »The Most Disgraceful Thing I Ever Did«, *Vanity Fair*, Oktober 1923, S. 53.
37 F. Scott Fitzgerald: Ledger, September 1913, S. 168.
38 *Baltimore Sun*, in: Bruccoli, Some Sort of Epic Grandeur, S. 53.
39 Turnbull, Das Genie, S. 62.
40 F. Scott Fitzgerald: The Notebooks, S. 205.
41 Ginevra King: Tagebucheintrag vom 20. Februar 1914, in: West, The Perfect Hour, S. 35.
42 F. Scott Fitzgerald: Diesseits vom Paradies, Zürich 2006, S. 70f.
43 F. Scott Fitzgerald: Beim Zusammenkitten, in: Der Knacks, Berlin 1984, S. 29.
44 Stromberg, Zelda und F. Scott Fitzgerald, S. 23.
45 F. Scott Fitzgerald an seine Schwester Annabell 1915 aus Princeton, in: Fitzgerald, A Life in Letters, S. 7–10.
46 F. Scott Fitzgerald, 8. Mai 1916, Scrapbook, in: Mizener, The Far Side of Paradise, S. 57.
47 F. Scott Fitzgerald: Beim Zusammenkitten, in: Der Knacks, Berlin 1984, S. 23f.
48 Ebenda, S. 24f.
49 Ebenda, S. 24.
50 F. Scott Fitzgerald: Ledger, Mai 1916, S. 170.
51 F. Scott Fitzgerald: »The Pierian Springs and the Last Straw«, *Nassau Literary Magazine* Vol. 73, No. 4, Oktober 1917, in: Milford, Zelda, S. 32.
52 F. Scott Fitzgerald: Notiz auf der letzten Seite seines Exemplars von »Defence of Poesie«, in: Turnbull, Das Genie, S. 80.
53 Stromberg, Zelda und F. Scott Fitzgerald, S. 24.
54 F. Scott Fitzgerald: »Who's Who – and Why«, *Saturday Evening Post*, 18. September 1920, S. 42.
55 F. Scott Fitzgerald: »Hommage to the Victorians«, Besprechung von Shane Leslies: The Oppidan, *New York Tribune*, 14. Mai 1922, S. 6.
56 Fitzgerald an seine Mutter, 14. November 1917 aus Princeton, in: Fitzgerald, A Life in Letters, S. 14.
57 F. Scott Fitzgerald: Diesseits vom Paradies, Zürich 2006, S. 32–34.
58 Mitchell, Vom Winde verweht, Reinbek 1984, S. 7.
59 Lanahan, Scottie, S. 20.
60 Zelda Fitzgerald: Schenk mir den Walzer, S. 7.
61 Ebenda, S. 7.
62 Karl, Noch ein Martini, S. 68.
63 Zelda Fitzgerald, in: Milford, Zelda, S. 16.
64 Eleanor Addison: »Why Follow the Same Pattern?«, *Columbus Dispatch*, 27. Oktober 1963, S. 4C.

65 Zelda an F. Scott Fitzgerald, Februar 1920 aus Montgomery, in: Fitzgerald, Lover, S. 40.
66 Zelda Fitzgerald: »Children of the Alabama Judicary«, *The Montgomey Advertiser* Nr. 85, 20. März 1911.
67 Zelda Fitzgerald: Schenk mir den Walzer, S. 40.
68 F. Scott Fitzgerald: Die letzte Schöne des Südens, in: Die letzte Schöne des Südens, Zürich 2009, S. 547.
69 Mayfield, Exiles from Paradise, S. 11f.
70 Zelda Fitzgerald: Caesar's Things, unveröffentlichtes Romanmanuskript, hier zitiert nach: Cline, Zelda Fitzgerald, S. 41.
71 F. Scott an Zelda Fitzgerald, Herbst 1939 aus Encino, in: Fitzgerald, Correspondence, S. 559.
72 F. Scott Fitzgerald an Marjorie Sayre Brinson, Dezember 1938 aus Hollywood, in: Donaldson, Fool for Love, S. 63.
73 Zelda Fitzgerald: Southern Girl, in: The Collected Writings, S. 299f.
74 »Pageant-Masque of War and Peace«, Zeitungsausschnitt März 1918, in: Bruccoli u.a., The Romantic Egoists, S. 42.
75 Zelda Fitzgerald: Southern Girl, in: The Collected Writings, S. 302.
76 Scottie Fitzgerald, in: Lanahan, Scottie, S. 47.
77 F. Scott Fitzgerald an seine Mutter, 14. November 1917 aus Princeton, in: Turnbull, The Letters, S. 451f.
78 F. Scott Fitzgerald an seine Cousine Ceci Taylor, 10. Juni 1917 aus Princeton, in: Turnbull, The Letters, S. 414.
79 F. Scott Fitzgerald: Die letzte Schöne des Südens, in: Die letzte Schöne des Südens, Zürich 2009, S. 552.
80 F. Scott Fitzgerald: »Who's Who – and Why«, *Saturday Evening Post*, 18. September 1920, S. 42.
81 Ebenda.
82 Turnbull, Das Genie, S. 92.
83 Bruccoli, Some Sort of Epic Grandeur, S. 82.
84 F. Scott Fitzgerald an Sally Pope Taylor, 19. Juni 1918 aus Camp Sheridan, Alabama, in: Turnbull, The Letters, S. 453.
85 Zelda an F. Scott Fitzgerald, Herbst 1919 aus Montgomery, in: Fitzgerald, Lover, S. 38.
86 F. Scott Fitzgerald an Isabelle Amorous, 26. Februar 1920 aus Princeton, in: Fitzgerald, Correspondence, S. 53.
87 Zelda Fitzgerald: Schenk mir den Walzer, S. 74.
88 F. Scott Fitzgerald: Der Eispalast, in: Winterträume, Zürich 2009, S. 217.
89 Zelda an F. Scott Fitzgerald, Mai 1919 aus Montgomery, in: Milford, Zelda, S. 48.
90 Zelda Fitzgerald: Schenk mir den Walzer, S. 48.
91 F. Scott Fitzgerald: Ledger, September 1918, S. 173.
92 Turnbull, Das Genie, S. 100.
93 F. Scott Fitzgerald: Die letzte Schöne des Südens, in: Die letzte Schöne des Südens, Zürich 2009, S. 561.
94 Zelda Fitzgerald: Schenk mir den Walzer, S. 54.

95 F. Scott Fitzgerald: Früher Erfolg, in: Winterträume, S. 908.
96 F. Scott Fitzgerald an C. Edmund Delbos, 13. Januar 1919 aus Camp Sheridan, Alabama, in: Turnbull, The Letters, S. 454.
97 Zelda an F. Scott Fitzgerald, März 1919 aus Montgomery, in: Fitzgerald, Lover, S. 29.
98 F. Scott Fitzgerald an Isabelle Amorous, 26. Februar 1920 aus Princeton, in: Fitzgerald, Correspondence, S. 53.
99 F. Scott an Zelda Fitzgerald, 22. Februar 1919 aus New York, in: Bruccoli u.a., The Romantic Egoists, S. 48.
100 F. Scott Fitzgerald: »Who's Who – and Why«, *Saturday Evening Post*, 18. September 1920, S. 61.
101 Zelda an F. Scott Fitzgerald, März 1919 aus Montgomery, in: Milford, Zelda, S. 39.
102 Zelda an F. Scott Fitzgerald, Frühjahr 1919 aus Montgomery, in: The Collected Writings, S. 445.
103 Zelda an F. Scott Fitzgerald, Mai 1919 aus Montgomery, in: Fitzgerald, Lover, S. 35.
104 F. Scott Fitzgerald: My Lost City, in: Fitzgerald, Lover, S. 25.
105 Zelda an F. Scott Fitzgerald, März 1919 aus Montgomery, in: Fitzgerald, Lover, S. 29.
106 Zelda an F. Scott Fitzgerald, April 1919 aus Montgomery, in: Milford, Zelda, S. 45.
107 Rosalinde Fuller, in: Mellow, Invented Lives, S. 82.
108 Rosalinde Fuller, in: Edwin McDowell: Fitzgerald-Fuller Affaire Recounted, *New York Times*, 9. November 1984.
109 F. Scott Fitzgerald: Erster Mai, in: Winterträume, S. 386f.
110 F. Scott Fitzgerald: My Lost City, in: The Crack-Up, S. 25f.
111 F. Scott Fitzgerald an Ruth Sturtevant, 24. Juni 1919 aus New York in: Turnbull, The Letters, S. 455.
112 F. Scott Fitzgerald an Edmund Wilson, 15. August 1919 aus St. Paul, in: Turnbull, The Letters, S. 324/325.
113 John Peale Bishop an F. Scott Fitzgerald, Herbst 1919, in: Turnbull, Das Genie, S. 115.
114 Edmund Wilson an F. Scott Fitzgerald, Herbst 1919, in: Turnbull, Das Genie, S. 115.
115 F. Scott Fitzgerald an Alida Bigelow, 22. September 1919 aus St. Paul, in: Turnbull, The Letters, S. 457.
116 F. Scott Fitzgerald: Früher Erfolg, in: Winterträume, S. 910.
117 F. Scott Fitzgerald an Alida Bigelow, 22. September 1919 aus St. Paul, in: Turnbull, The Letters, S. 456.
118 Zelda an F. Scott Fitzgerald, Oktober 1919 aus Montgomery, in: Cline, Zelda Fitzgerald, S. 71.
119 F. Scott Fitzgerald: Früher Erfolg, in: Winterträume, S. 910.
120 Zelda an F. Scott Fitzgerald, Herbst 1919 aus Montgomery, in: Fitzgerald, Lover, S. 38.

121 F. Scott Fitzgerald: Ledger, September 1919, S. 174.
122 F. Scott an Scottie Fitzgerald, 5. September 1940 aus Hollywood, in: Turnbull, The Letters, S. 93.
123 Zelda an F. Scott Fitzgerald, Februar 1920 aus Montgomery, in: The Collected Writings, S. 447.
124 F. Scott Fitzgerald: Widmung für H. L. Mencken, 20. März 1920, in: Fitzgerald, Correspondence, S. 55.
125 F. Scott Fitzgerald: Telegramm an Zelda Fitzgerald, 30. März 1920 aus New York, in: Fitzgerald, Lover, S. 43f.
126 Burton Rascoe: »A Youth in the Saddle«, *Chicago Tribune*, 3. April 1920.
127 H. L. Mencken: »Books More or Less Amusing«, *The Smart Set*, August 1920.
128 F. Scott Fitzgerald an Miss Vas, 14. September 1921 aus White Bear Lake, Minnesota, in: Turnbull, The Letters, S. 470.
129 F. Scott Fitzgerald an Frances Newman, 26. Februar 1921 aus New York, in: Turnbull, The Letters, S. 470.
130 Zelda Fitzgerald: »Mrs. F. Scott Fitzgerald Reviews ›The Beautiful and the Damned‹, Friend Husband's Latest«, *New York Tribune*, 2. April 1922, in: The Collected Writings, S. 388.
131 F. Scott Fitzgerald: »An Interview mit F. Scott Fitzgerald«, in: On Authorship, S. 34.
132 F. Scott Fitzgerald: Diesseits vom Paradies, Zürich 2006, S. 407.
133 Ebenda, S. 155f.
134 Ebenda, S. 408.
135 John Grier Hibben an F. Scott Fitzgerald, 27. Mai 1920 aus Princeton, in: Bruccoli u.a., The Romantic Egoists, S. 70.
136 F. Scott Fitzgerald an John Grier Hibben, 3. Juni 1920 aus Westport, Connecticut, in: Fitzgerald, A Life in Letters, S. 37/40.
137 Donaldson, Fool for Love, S. 26.
138 F. Scott Fitzgerald an Ruth Sturtevant, 26. März 1920 aus Princeton, in: Turnbull, The Letters, S. 459.
139 Zelda an F. Scott Fitzgerald, Februar 1920 aus Montgomery, in: Fitzgerald, Lover, S. 41.
140 Alexander McKaig: Tagebuch vom 12. April 1920, in: Stromberg, Zelda und F. Scott Fitzgerald, S. 78.
141 F. Scott Fitzgerald: Ein Diamant – so groß wie das Ritz, in: Ein Diamant – so groß wie das Ritz, Zürich 1980, S. 72.
142 Zelda Fitzgerald: Schenk mir den Walzer, S. 61.
143 Gilbert Seldes, in: Milford, Zelda, S. 87.
144 Dorothy Parker, in: Milford, Zelda, S. 64.
145 F. Scott Fitzgerald: My Lost City, in: The Crack-Up, S. 28f.
146 Ebenda, S. 27.
147 Zelda Fitzgerald: Schenk mir den Walzer, S. 61.
148 Mayfield, Exiles from Paradise, S. 56.
149 F. Scott Fitzgerald an Charles Scribner II, 12. August 1920 aus Westport, in: Turnbull, The Letters, S. 145.

150 Zelda Fitzgerald: Schenk mir den Walzer, S. 67.
151 H. L. Mencken an George Jean Nathan, Sommer 1920, in: Turnbull, Das Genie, S. 137.
152 Alexander McKaig: Tagebuch, 15. September 1920, in: Milford, Zelda, S. 71.
153 George Nathan an Zelda Fitzgerald, 13. September 1920, in: Turnbull, Das Genie, S. 136.
154 George Nathan an Zelda Fitzgerald, September 1920, in: Taylor, Sometimes Madness Is Wisdom, S. 82.
155 Handschriftlicher Vermerk von Arthur Mizener auf einem Brief von George Nathan, in: Taylor, Sometimes Madness Is Wisdom, S. 82.
156 F. Scott Fitzgerald: Ein neues Kapitel, in: Wiedersehen mit Babylon, Zürich 2009, S. 183.
157 F. Scott Fitzgerald im Interview mit Marguerite Mooers Marshall: »F. Scott Fitzgerald, Novelist, Shocked By Younger Marrieds and Prohibition, *New York Evening World*, 1. April 1922, S. 3.
158 F. Scott Fitzgerald: The Cruise of the Rolling Junk, S. 30.
159 Zelda Fitzgerald: »Show Mr. and Mrs. F. to Number«, in: The Collected Writings, S. 419.
160 Zelda Fitzgerald: Eulogy on the Flapper, *Metropolitan Magazine,* Juni 1922, in: The Collected Writings, S. 391.
161 F. Scott Fitzgerald im Interview mit Marguerite Mooers Marshall, »F. Scott Fitzgerald, Novelist, Shocked By Younger Marrieds and Prohibition, *New York Evening World*, 1. April 1922, S. 3.
162 F. Scott Fitzgerald im Interview: »What a ›Flapper Novelist‹ Thinks of His Wife«, *Courier-Journal*, 30. September 1923, S. 112.
163 Alexander McKaig, Tagebuch, 16. Oktober 1920, in: Mellow, Invented Lives, S. 117f.
164 F. Scott Fitzgerald: »Does a Moment of Revolt Come Some Time to Every Married Man?«, in: In His Own Time, S. 185f.
165 Zelda Fitzgerald: Schenk mir den Walzer, S. 64.
166 Dorothy Parker, in: Milford, Zelda, S. 65.
167 H. L. Mencken: Demokratenspiegel, Berlin 1930, S. 62.
168 F. Scott Fitzgerald an Max Perkins, 31. Dezember 1920 aus New York, in: Turnbull, The Letters, S. 145f.
169 F. Scott Fitzgerald: Wie man 36 000 Dollar in einem Jahr verprassen kann, in: Die letzte Schöne des Südens, Zürich 2009, S. 697.
170 »This Side of Paradise«, Times Literary Supplement, *London Times*, 23. Juni 1921.
171 F. Scott Fitzgerald an Edmund Wilson, Juli 1921 aus London, in: Fitzgerald, A Life in Letters, S. 46.
172 F. Scott Fitzgerald an Max Perkins, 25. August 1921 aus White Bear Lake, in: Fitzgerald, A Life in Letters, S. 48.
173 F. Scott Fitzgerald: Ledger, Oktober 1921, S. 176.
174 F. Scott Fitzgerald, Telegramm an Mr. und Mrs. Sayre, 26. Oktober 1921 aus St. Paul, in: Bruccoli u.a., The Romantic Egoists, S. 87.

175 F. Scott Fitzgerald an Edmund Wilson, 25. November 1921 aus St. Paul, in: Fitzgerald, A Life in Letters, S. 48.
176 F. Scott Fitzgerald: Früher Erfolg, in: Winterträume, S. 913.
177 F. Scott Fitzgerald an Edmund Wilson, Januar 1922 aus St. Paul, in: Turnbull, The Letters, S. 331.
178 Edmund Wilson: »F. Scott Fitzgerald«, *The Bookman*, März 1922, in: Wilson, The Shores of Light, S. 33.
179 Zelda Fitzgerald: »Reviews ›The Beautiful and Damned'«, in: The Collected Writings, S. 387.
180 Manfred Papst im Nachwort zu: Die Schönen und Verdammten, Zürich 2006, S. 600.
181 F. Scott Fitzgerald an Edmund Wilson, Januar 1922 aus St. Paul, in: Turnbull, The Letters, S. 330.
182 Henry Seidel Canby: »The Flapper's Tragedy«, *New York Post*, 4. März 1922.
183 F. Scott Fitzgerald: »What I Think and Feel at 25«, *American Magazine* XCIV, September 1922, in: In His Own Time, S. 221.
184 Zelda an F. Scott Fitzgerald während der Verlobungszeit aus Montgomery, in: Milford, Zelda, S. 48.
185 F. Scott Fitzgerald: Früher Erfolg, in: Winterträume, S. 915.
186 Ernest Hemingway an F. Scott Fitzgerald, 21. Dezember 1935 aus Key West, in: Bruccoli, Fitzgerald and Hemingway, S. 186.
187 F. Scott an Scottie Fitzgerald, 14. Juni 1940 aus Hollywood, in: Die Schönen und Verdammten, S. 591.
188 Alexander McKaig, Tagebucheintrag, 17. April 1921, in: Turnbull, Das Genie, S. 128.
189 F. Scott Fitzgerald: Die Schönen und Verdammten, S. 196.
190 Ebenda, S. 297f.
191 F. Scott Fitzgerald: The Notebooks, Nr. 1564, S. 244.
192 Zelda Fitzgerald: Schenk mir den Walzer, S. 63.
193 F. Scott Fitzgerald an Edmund Wilson, Frühjahr 1922 aus St. Paul, in: Turnbull, The Letters, S. 334.
194 F. Scott Fitzgerald an Edmund Wilson, 24. Januar 1922 aus St. Paul, in: Turnbull, The Letters, S. 329.
195 Zelda Fitzgerald im Interview: »What a ›Flapper Novelist‹ Thinks of His Wife«, *Courier-Journal*, 30. September 1923, S. 112.
196 F. Scott Fitzgerald an Max Perkins, 12. August 1922 aus White Bear Lake, in: Kuehl/Bryer, Dear Scott, S. 62.
197 Ebenda.
198 Dos Passos, Die schönen Zeiten, S. 160.
199 F. Scott Fitzgerald an Max Perkins, 11. Mai 1922 aus St. Paul, in: Kuehl/Bryer, Dear Scott, S. 58.
200 F. Scott Fitzgerald: My Lost City, in: The Crack-Up, S. 27.
201 F. Scott Fitzgerald: Der große Gatsby, Zürich 1974, S. 45.
202 F. Scott Fitzgerald: Wie man 36 000 Dollar im Jahr verprassen kann, in: Die letzte Schöne des Südens, Zürich 2009, S. 698f.

203 Matthew J. Bruccoli: A Great Neck Friendship, *The New York Times*, 7. November 1976, S. 3.
204 Boyd, Portraits, S. 223.
205 Ebenda.
206 Anita Loos, in: Latham, Crazy Sundays, S. 5.
207 Zelda Fitzgerald: Schenk mir den Walzer, S. 75.
208 Zelda an F. Scott Fitzgerald, September 1920 aus Westport Connecticut, in: Fitzgerald, Lover, S. 55f.
209 F. Scott Fitzgerald: Wie man 36 000 Dollar im Jahr verprassen kann, in: Die letzte Schöne des Südens, Zürich 2009, S. 702f.
210 Zelda Fitzgerald an Xandra Kalman, November 1923, in: Mayfield, Exiles from Paradise, S. 87.
211 F. Scott Fitzgerald an Max Perkins, 7. November 1923 aus Great Neck, in: Kuehl/Bryer, Dear Scott, S. 67f.
212 F. Scott Fitzgerald: Wie man 36 000 Dollar im Jahr verprassen kann, in: Die letzte Schöne des Südens, Zürich 2009, S. 707.
213 F. Scott Fitzgerald: Ledger, 1920–1924, S. 174–178.
214 F. Scott Fitzgerald: Wie man 36 000 Dollar im Jahr verprassen kann, in: Die letzte Schöne des Südens, Zürich 2009, S. 713.
215 Ebenda, S. 708.
216 Ebenda, S. 705.
217 F. Scott Fitzgerald an Thomas Boyd, Mai 1924 aus Hyères, in: Fitzgerald, A Life in Letters, S. 69.
218 Zelda Fitzgerald: Schenk mir den Walzer, S. 78.
219 Boyd, Portraits, S. 223.
220 F. Scott Fitzgerald: Wie man 36 000 Dollar im Jahr verprassen kann, in: Die letzte Schöne des Südens, Zürich 2009, S. 703.
221 F. Scott Fitzgerald: Wie man mit fast nichts über die Runden kommt, in: Ebenda, S. 718.
222 Ring Lardner: »The Other Side, What of it?«, *Liberty*, 14. Februar 1925, S. 8.
223 F. Scott Fitzgerald: »Ring«, Nachruf auf Ring Lardner, *The New Republic*, 11. Oktober 1933, S. 255.
224 Hemingway, Paris, S. 66.
225 Hemingway, Fiesta, S. 37.
226 Stewart, By a Stroke of Luck, S. 117.
227 F. Scott Fitzgerald: Wie man mit fast nichts über die Runden kommt, in: Die letzte Schöne des Südens, Zürich 2009, S. 721.
228 Ebenda, S. 734.
229 F. Scott Fitzgerald: Zärtlich ist die Nacht, Zürich 2006, S. 13.
230 F. Scott Fitzgerald: Wie man mit fast nichts über die Runden kommt, in: Die letzte Schöne des Südens, Zürich 2009, S. 717.
231 Zelda Fitzgerald: Schenk mir den Walzer, S. 114.
232 Ebenda, S. 108.
233 F. Scott Fitzgerald: Ledger, 13. Juli 1924, S. 178.
234 Mayfield, Exiles from Paradise, S. 96f.

235 F. Scott Fitzgerald: Ledger, August 1924, S. 178.
236 F. Scott Fitzgerald an Ludlow Fowler, August 1924 aus Valescure, in: Fitzgerald, A Life in Letters, S. 78.
237 F. Scott Fitzgerald: The Notebooks, Nr. 839, S. 113.
238 F. Scott Fitzgerald an Max Perkins, 25. August 1924 aus Valescure, in: Kuehl/Bryer, Dear Scott, S. 80.
239 F. Scott Fitzgerald, in: Mizener, The Far Side of Paradise, S. 180.
340 F. Scott Fitzgerald an John Peale Bishop, April 1925 aus Rom, in: Fitzgerald, A Life in Letters, S. 104.
241 Zelda Fitzgerald: Breakfast. Favourite Recipes of Famous Women, New York 1925, in: The Collected Writings, S. 401.
242 Isabel Paterson: »Up to the Minute«, *New York Herald Tribune* Book Review, 19. April 1925.
243 T. S. Eliot an F. Scott Fitzgerald, 31. Dezember 1925, in: Bruccoli u.a., The Romantic Egoists, S. 135.
244 Heywood Broun: »It seems to me«, *New York World*, 17. August 1925.
245 Conrad, Der Nigger von der »Narcissus«, S. 10.
246 F. Scott Fitzgerald an Max Perkins, 22. April 1925 aus Paris, in: Turnbull, The Letters, S. 179.
247 F. Scott Fitzgerald an Max Perkins, 24. April 1925 aus Marseille, in: Kuehl/Bryer, Dear Scott, S. 102.
248 Hemingway, Paris, S. 106.
249 Ebenda, S. 166.
250 Ebenda, S. 171.
251 Ebenda, S. 183.
252 Ebenda.
253 Ernest Hemingway an F. Scott Fitzgerald, 28. Mai 1934 aus Key West, in: Hemingway, Ausgewählte Briefe, S. 299.
254 Glassco, Die verrückten Jahre, S. 142f.
255 F. Scott Fitzgerald: Junger Mann aus reichem Haus, in: Die letzte Schöne des Südens, S. 135.
256 F. Scott Fitzgerald an Anne Ober, 4. März 1938 aus Hollywood, in: Fitzgerald, A Life in Letters, S. 352.
257 F. Scott Fitzgerald: Ledger, Juni 1925, S. 179.
258 F. Scott Fitzgerald an John Peale Bishop, Poststempel vom 21. September 1925 aus Paris, in: Fitzgerald, A Life in Letters, S. 126.
259 Hemingway, Paris, S. 187.
260 F. Scott Fitzgerald an Max Perkins, 27. Dezember 1925, Paris, in: Turnbull, The Letters, S. 193.
261 John Chapin Mosher: Profiles »That Sad Young Man«, *The New Yorker*, 17. April 1926, S. 20.
262 Scottie Fitzgerald, zitiert in: Scottie Fitzgerald Smith, Writer's Daughter, Dies, Nachruf *Los Angeles Times,* 19. Juni 1986.
263 Gerald Murphy, in: Stromberg, Zelda und F. Scott Fitzgerald, S. 111/113.
264 Moore, You're Only Human Once, S. 114f.

265 Mosher: Sad Young Man, *The New Yorker*, 17. April 1926, S. 21.
266 Milford, Zelda, S. 108.
267 Louis Bromfield, in: Mizener, The Far Side of Paradise, S. 220.
268 Zelda an F. Scott Fitzgerald, September 1930 aus der Prangins Klinik, Nyon, in: Fitzgerald, Lover, S. 71.
269 F. Scott Fitzgerald an Ernest Hemingway, 23. Dezember 1926 auf der S. S. Conte Biancamano auf dem Weg nach New York, in: Turnbull, The Letters, S. 298.
270 Zelda Fitzgerald: Gesprächsprotokoll der Therapiesitzung vom 28. Mai 1933 in La Paix, in: Bruccoli, Some Sort of Epic Grandeur, S. 350.
271 F. Scott Fitzgerald: Lost City, in: The Crack-Up, S. 39/31.
272 F. Scott Fitzgerald an Ceci Taylor, Winter 1927 aus Hollywood, in: Turnbull, The Letters, S. 415f.
273 Zelda an Scottie Fitzgerald, Januar 1927 aus Hollywood, in: Milford, Zelda, S. 111.
274 Moore, Silent Star, S. 141.
275 F. Scott Fitzgerald: Zärtlich ist die Nacht, Zürich 2006, S. 14f.
276 Tim Young im Interview mit Richard Buller, in: Buller, A Beautiful Fairy Tale, S. 132.
277 Zelda an F. Scott Fitzgerald, September 1930 aus der Prangins Klinik, Nyon, in: Fitzgerald, Lover, S. 71.
278 Zelda Fitzgerald: Schenk mir den Walzer, S. 151.
279 F. Scott an Zelda Fitzgerald, Sommer 1930 aus Paris oder Lausanne, in: Fitzgerald, Lover, S. 57.
280 F. Scott Fitzgerald an Harold Ober, Januar 1927 aus Los Angeles, in: Fitzgerald, A Life in Letters, S. 149.
281 Zelda an Scottie Fitzgerald, Februar 1927 aus Los Angeles, in: Milford, Zelda, S. 112.
282 Scottie Fitzgerald Lanahan Smith, in: Lanahan, Zelda, S. 30.
283 Zelda Fitzgerald an Carl van Vechten, 27. Mai 1927 aus Ellerslie, in: Taylor, Sometimes Madness Is Wisdom, S. 192.
284 Milford, Zelda, S. 116.
285 F. Scott Fitzgerald an Ernest Hemingway, 28. Dezember 1928 aus Ellerslie, in: Turnbull, The Letters, S. 304.
286 »Fitzgerald, Spenglerian«, Harry Salpeter im Interview mit F. Scott Fitzgerald, *New York World,* 3. April 1927, S. 12.
287 Ebenda.
288 F. Scott Fitzgerald an Harold Ober, 22. September 1927 aus Ellerslie, in: Fitzgerald, A Life in Letters, S. 150.
289 F. Scott Fitzgerald an Harold Ober, 27. Oktober 1927 aus Ellerslie, in: Fitzgerald, A Life in Letters, S. 151.
290 F. Scott Fitzgerald an Harold Ober, 9. September 1927 aus Ellerslie, in: Fitzgerald, A Life in Letters, S. 150.
291 F. Scott Fitzgerald an Harold Ober, 18. Oktober 1927 aus Ellerslie, in: Fitzgerald, A Life in Letters, S. 151.

292 F. Scott Fitzgerald an Harold Ober, 27. Oktober 1927 aus Ellerslie, in: Fitzgerald, A Life in Letters, S. 151.
293 Bruccoli, Some Sort of Epic Grandeur, S. 261.
294 B. F. Wilson: »Notes on Personalities: F. Scott Fitzgerald«, *The Smart Set*, April 1924, in: In His Own Time, S. 419.
295 Zelda Fitzgerald: A Millionaire's Girl, in: The Collected Writings, S. 333f.
296 Zelda Fitzgerald an Carl van Vechten, 14. Oktober 1927 aus Ellerslie, in: Cline, Zelda Fitzgerald, S. 213.
297 Edmund Wilson: A Weekend at Ellerslie, in: Ders., The Shores of Light, S. 378f.
298 Ebenda, S. 382f.
299 F. Scott an Zelda Fitzgerald, Sommer 1930 aus Paris oder Lausanne, in: Fitzgerald, Lover, S. 58.
300 Zelda Fitzgerald an Carl van Vechten, 23. März 1928 aus Ellerslie, in: Turnbull, Das Genie, S. 199.
301 F. Scott Fitzgerald: Echos of the Jazz Age, in: The Crack-Up, S. 17.
302 Zelda Fitzgerald: Schenk mir den Walzer, S. 162f.
303 Milford, Zelda, S. 123.
304 F. Scott Fitzgerald: Ledger, Juli 1928, S. 182.
305 Bruccoli, Some Sort of Epic Grandeur, S. 265.
306 Tomkins, Living Well is the Best Revenge, S. 109f.
307 Zelda Fitzgerald: Schenk mir den Walzer, S. 133.
308 F. Scott Fitzgerald an Max Perkins, 1. März 1929 aus Ellerslie, in: Kuehl/Bryer, Dear Scott, S. 154.
309 F. Scott Fitzgerald: Die Schwimmer, in: Die letzte Schöne des Südens, Zürich 2009, S. 692f.
310 Zelda Fitzgerald: Autobiographical Sketch 1932, Phipps Clinic, Johns Hopkins Hospital Records, in: Milford, Zelda, S. 215.
311 F. Scott Fitzgerald: A Short Autobiography, *The New Yorker*, 25. Mai 1929, S. 23.
312 F. Scott Fitzgerald an Harold Ober, erhalten 13. Mai 1930 aus Paris, in: Turnbull, The Letters, S. 395.
313 Cline, Zelda Fitzgerald, S. 241.
314 Zelda Fitzgerald: Autobiographical Sketch 1932, in: Milford, Zelda, S. 213.
315 F. Scott Fitzgerald an Ernest Hemingway, 29. September 1929 aus Cannes, in: Stromberg, Zelda und F. Scott Fitzgerald, S. 125.
316 Donaldson, Hemingway vs. Fitzgerald,, S. 126.
317 Ernest Hemingway an F. Scott Fitzgerald, 24. oder 31. Oktober 1929 aus Paris, in: Hemingway, Ausgewählte Briefe, S. 229f.
318 Stromberg, Zelda und F. Scott Fitzgerald, S. 119.
319 Zelda Fitzgerald: Schenk mir den Walzer, S. 129.
320 Ebenda, S. 167.
321 Bruccoli, Some Sort of Epic Grandeur, S. 129.
322 F. Scott an Zelda Fitzgerald, Sommer 1930 aus Paris oder Lausanne, in: Fitzgerald, Lover, S. 60.
323 F. Scott Fitzgerald: Ledger, Mai 1929, S. 183.
324 Milford, Zelda, S. 135.

325 F. Scott Fitzgerald an Ernest Hemingway, 9. September 1929 aus Cannes, in: Fitzgerald, Lover, S. 53.
326 F. Scott Fitzgerald: Echos of the Jazz Age, in: The Crack-Up, S. 21.
327 Ebenda, S. 20.
328 F. Scott Fitzgerald: Beim Zusammenkitten, in: Der Knacks, Berlin 1984, S. 26.
329 Callaghan, That Summer in Paris, S. 159.
330 F. Scott an Zelda Fitzgerald, Entwurf Sommer 1930 aus Paris oder Lausanne, in: Fitzgerald, Lover, S. 59.
331 F. Scott Fitzgerald an Max Perkins, 21. Januar 1930 aus Paris, in: Kuehl/Bryer, Dear Scott, S. 161.
332 Zelda Fitzgerald: Autobiographical Sketch 1932, in: Milford, Zelda, S. 215.
333 Dos Passos, Die schönen Zeiten, S. 247.
334 F. Scott an Zelda Fitzgerald, Sommer 1930 aus Paris oder Lausanne, in: Fitzgerald, Lover, S. 61.
335 Zelda Fitzgerald: Schenk mir den Walzer, S. 271.
336 F. Scott Fitzgerald: Ledger, September 1929, S. 184.
337 Krankenakte Zelda Fitzgerald, in: Daniel Kampa: Nachwort zu: Fitzgerald, Wiedersehen mit Babylon, S. 64.
338 Bericht von Dr. H. A. Trutmann, Valmont Klinik Schweiz, in: Bruccoli, Some Sort of Epic Grandeur, S. 291.
339 Zelda an F. Scott Fitzgerald, Sommer 1930 aus der Pragins Klinik, Nyon, in: Fitzgerald, Lover, S. 82.
340 Cline, Zelda Fitzgerald, S. 264.
341 F. Scott Fitzgerald: Written with Zelda gone to the Clinique, in: Fitzgerald, A Life in Letters, S. 187–189.
342 Zelda an F. Scott Fitzgerald, September 1930 aus der Prangins Klinik, Nyon, in: Fitzgerald, Lover, S. 72.
343 Zelda an F. Scott Fitzgerald, Juni 1930 aus der Prangins Klinik, Nyon, in: Fitzgerald, Lover, S. 83.
344 Ebenda, S. 84.
345 Ebenda.
346 Zelda an F. Scott Fitzgerald, September 1930 aus der Prangins Klinik, Nyon, in: Fitzgerald, Lover, S. 75.
347 Ebenda, S. 77.
348 Ebenda, S. 74.
349 F. Scott an Zelda Fitzgerald, Juli 1930 aus der Schweiz, in: Fitzgerald, Lover, S. 86.
350 F. Scott Fitzgerald: Zärtlich ist die Nacht, Zürich 2006, S. 408f.
351 Zelda an F. Scott Fitzgerald, Juni 1930 aus der Prangins Klinik, Nyon, in: Milford, Zelda, S. 150.
352 Zelda an F. Scott Fitzgerald, Sommer 1930 aus der Prangins Klinik, Nyon, in: Milford, Zelda, S. 147.
353 F. Scott Fitzgerald an Dr. Oscar Forel, Sommer 1930 aus der Schweiz, in: Fitzgerald, A Life in Letters, S. 197.
354 Ebenda.

355 F. Scott Fitzgerald, in: Turnbull, Das Genie, S. 216.
356 F. Scott Fitzgerald an Lubov Egorova, 22. Juni 1930 aus Glion, in: Fitzgerald, A Life in Letters, S. 185.
357 F. Scott Fitzgerald an Max Perkins, 8. Juli 1930 aus der Schweiz, in: Kuehl/Bryer, Dear Scott, S.166f.
358 F. Scott Fitzgerald an Max Perkins, 20. Juli 1930 aus der Schweiz, in: Fitzgerald, A Life in Letters, S. 186.
359 F. Scott an Zelda Fitzgerald, vermutlich Juli 1930 aus der Schweiz, in: Fitzgerald, Lover, S. 87.
360 Cline, Zelda Fitzgerald, S. 286.
361 Zelda an F. Scott Fitzgerald, August 1930 aus der Prangins Klinik, Nyon, in: Milford, Zelda, S.154f.
362 F. Scott Fitzgerald an Mr. und Mrs. Sayre, 1. Dezember 1930 aus Paris, in: Fitzgerald, Lover, S. 90.
363 F. Scott Fitzgerald an Dr. Oscar Forel, 29. Januar 1931 aus Paris, in: Fitzgerald, Lover, S. 90.
364 F. Scott Fitzgerald: The Death of My Father, in: The Apprentice Fiction, Appendix, S. 2.
365 Helen Blackshear: »Mama Sayre, Scott Fitzgerald's mother in law«, *Georgia Review*, Winter 1965, S. 467.
366 Gerald Murphy im Interview mit Nancy Milford, in: Milford, Zelda, S. 170.
367 Zelda an F. Scott Fitzgerald, Frühjahr/Sommer 1931 aus der Prangins Klinik, Nyon, in: Fitzgerald, Lover, S. 91f.
368 Zelda an F. Scott Fitzgerald, Frühjahr/Sommer 1931 aus der Prangins Klinik, Nyon, in: Fitzgerald, Lover, S. 93.
369 F. Scott Fitzgerald an Max Perkins, Herbst 1931 aus Montgomery, in: Turnbull, Das Genie, S. 223.
370 F. Scott Fitzgerald: Verrückter Sonntag, in: Wiedersehen mit Babylon, S. 446.
371 Zelda Fitzgerald, Krankenakte, Februar 1932, Phipps-Klinik, Baltimore, in: Milford, Zelda, S. 188.
372 Zelda an F. Scott Fitzgerald, Februar 1932, Phipps-Klinik, Baltimore, in: Milford, Zelda, S. 190.
373 Dos Passos, Die schönen Zeiten, S. 255.
374 F. Scott Fitzgerald an Dr. Mildred Squires, vermutlich 20. März 1932 aus La Paix, Towson, in: Fitzgerald, Lover, S. 109f.
375 F. Scott Fitzgerald an Dr. Adolf Meyer, 10. April 1933 aus La Paix, Towson, in: Fitzgerald, A Life in Letters, S. 240.
376 F. Scott Fitzgerald an Dr. Mildred Squires, undatiert, in: Milford, Zelda, S. 195.
377 Zelda an F. Scott Fitzgerald, März 1922 aus der Phipps-Klinik, Baltimore, in: The Collected Writings, S. 467.
378 Cline, Zelda Fitzgerald, S. 310.
379 Zelda an F. Scott Fitzgerald, April 1932 aus der Phipps-Klinik, Baltimore, in: Fitzgerald, Lover, S. 111.
380 F. Scott Fitzgerald an Max Perkins, 30. April 1932 aus Baltimore, in: Kuehl/Bryer, Dear Scott, S. 174.

381 Zelda Fitzgerald: Autobiographical Sketch, in: Milford, Zelda, S. 210.
382 F. Scott an Zelda Fitzgerald, Sommer 1933 aus La Paix, Towson, in: Fitzgerald, Lover, S. 120.
383 Mizener, The Far Side of Paradise, S. 259.
384 F. Scott Fitzgerald: Einhundert Fehlstarts, in: Wiedersehen mit Babylon, S. 614.
385 Max Perkins an F. Scott Fitzgerald, 4. August 1933, in: Kuehl/Bryer, Dear Scott, S. 180.
386 F. Scott Fitzgerald: Sleeping and Waking, Dezember 1934, in: The Crack-Up, S. 66f.
387 F. Scott Fitzgerald an Cecilia Delihant Taylor, August 1934 aus Baltimore, in: Fitzgerald, A Life in Letters, S. 265.
388 Mizener, The Far Side of Paradise, S. 257.
389 F. Scott Fitzgerald an Dr. Adolf Meyer, Frühling 1933 aus La Paix, Towson, in: Fitzgerald, A Life in Letters, S. 231f.
390 F. Scott Fitzgerald, Gesprächsprotokoll, 28. Mai 1933 aus La Paix, Towson, in: Bruccoli, Some Sort of Epic Grandeur, S. 345.
391 Ebenda, S. 346.
392 Zelda Fitzgerald, in: Ebenda, S. 347.
393 Zelda Fitzgerald: Gesprächsprotokoll, 28. März 1933, La Paix, in: Cline, Zelda Fitzgerald, S. 328.
394 Zelda Fitzgerald: Gesprächsprotokoll, 28. Mai 1933, La Paix, in: Bruccoli, Some Sort of Epic Grandeur, S. 347.
395 Ebenda, S. 349.
396 Ebenda, S. 348.
397 F. Scott Fitzgerald, in: Ebenda, S. 350.
398 Milford, Zelda, S. 243.
399 F. Scott Fitzgerald an Max Perkins, 25. September 1933 aus La Paix, Towson, in: Kuehl/Bryer, Dear Scott, S. 185/187.
400 Zelda an F. Scott Fitzgerald, September 1930 aus der Prangins Klinik, Nyon, in: Fitzgerald, Lover, S. 76f.
401 F. Scott Fitzgerald: Zärtlich ist die Nacht, Zürich 2006, S. 212.
402 F. Scott Fitzgerald: The Notebooks, Nr. 1362, S. 204.
403 F. Scott Fitzgerald: Beim Zusammenkitten in: Der Knacks, Berlin 1984, S. 22.
404 F. Scott Fitzgerald: Der Knacks, in: Der Knacks, Berlin 1984, S. 9.
405 Zelda an F. Scott Fitzgerald, März 1934 aus Craig House, Beacon, in: Fitzgerald, Lover, S. 124.
406 Zelda an F. Scott Fitzgerald, April 1934 aus Craig House, Beacon, in: Taylor, Sometimes Madness Is Wisdom, S. 287.
407 Dorothy Parker, in: Karl, Noch ein Martini, S. 141.
408 Dorothy Parker: Sentiment, in: New Yorker Geschichten, Zürich 2003, S. 140.
409 F. Scott Fitzgerald, in: Bruccoli, Some Sort of Epic Grandeur, S. 364.
410 Sara Murphy, in: Donnelly/Billings, Sara and Gerald, S. 38.
411 Malcolm Cowley: Breakdown, *New Republic*, 6. Juni 1934.
412 F. Scott Fitzgerald an Ernest Hemingway, 10. Mai 1934 aus Baltimore, in: Fitzgerald, A Life in Letters, S. 259.

413 Ernest Hemingway an F. Scott Fitzgerald, 28. Mai 1934 aus Key West, in: Hemingway, Ausgewählte Briefe, S. 297f.
414 Cline, Zelda Fitzgerald, S. 451.
415 Zelda Fitzgerald, Phipps-Klinik, Februar-März 1934, in: Milford, Zelda, S. 249.
416 Zelda an F. Scott Fitzgerald, Mai 1934 aus Craig House, Beacon, in: Fitzgerald, Lover, S. 133.
417 F. Scott an Zelda Fitzgerald, 26. April 1934 aus Baltimore, in: Fitzgerald, Lover, S. 131f.
418 F. Scott Fitzgerald, in: Turnbull, Das Genie, S. 248.
419 Zelda an F. Scott Fitzgerald, Sommer 1934 aus Craig House, Beacon, in: Milford, Zelda, S. 258.
420 Zelda Fitzgerald: Schenk mir den Walzer, S. 270.
421 Zelda an F. Scott Fitzgerald, Anfang Juni 1934 aus dem Sheppard und Enoch Pratt Hospital, Towson, in: Fitzgerald, Lover, S. 137.
422 Zelda an F. Scott Fitzgerald, Sommer 1934 aus dem Sheppard und Enoch Pratt Hospital, Towson, in: Taylor, Sometimes Madness Is Wisdom, S. 298.
423 Zelda an F. Scott Fitzgerald, Juni 1935 aus dem Sheppard und Enoch Pratt Hospital, Towson, in: Fitzgerald, Lover, S. 145.
424 F. Scott Fitzgerald: Ledger, Januar/Juni 1935, S. 189, Appendix.
425 F. Scott Fitzgerald, in: Westbrook, Intimate Lies, S. 37.
426 Zelda an F. Scott Fitzgerald, in: Taylor, Sometimes Madness Is Wisdom, S. 303.
427 F. Scott Fitzgerald: Der Knacks, in: Der Knacks, Berlin 1984, S. 15.
428 F. Scott Fitzgerald, in: Buttitta, The Lost Summer, S. 17.
429 Guthrie, A Summer, S. 164.
430 F. Scott Fitzgerald, in: Buttitta, The Lost Summer, S. 22.
431 F. Scott Fitzgerald an Laura Guthrie, 23. September 1935 aus Baltimore, in: Fitzgerald, A Life in Letters, S. 290.
432 F. Scott Fitzgerald an Beatrice Dance, August 1935 aus Asheville, in: Fitzgerald, Correspondence, S. 420.
433 Buttitta, The Lost Summer, S. 116.
434 Ebenda, S. 43.
435 Guthrie, A Summer, S. 257.
436 Ebenda, S. 165.
437 Laura Guthrie, Tagebuch, in: Donaldson, Hemingway vs. Fitzgerald, S. 191.
438 F. Scott Fitzgerald an Laura Guthrie, 23. September 1935 aus Baltimore, in: Fitzgerald, Lover, S. 245.
439 Zelda an F. Scott Fitzgerald, etwa 1935 aus dem Sheppard und Enoch Pratt Hospital, Towson, in: Cline, Zelda Fitzgerald, S. 355.
440 F. Scott Fitzgerald: Mit Vorsicht zu behandeln, in: Der Knacks, Berlin 1984, S. 33.
441 Ernest Hemingway an F. Scott Fitzgerald, in: Bruccoli, Fitzgerald and Hemingway, S. 188.
442 John Dos Passos an F. Scott Fitzgerald, wahrscheinlich Oktober 1936, Truro, Mass., in: The Crack-Up, S. 311.

443 John V. A. Weaver an F. Scott Fitzgerald, 17. Februar 1936, in: Mellow, Invented Lives, S. 446.
444 F. Scott Fitzgerald an Sara Murphy, 30. März 1936, in: Fitzgerald, Lover, S. 148.
445 F. Scott Fitzgerald an Annabel Clifton Sprague, Juni 1936, in: Turnbull, The Letters, S. 535.
446 Ernest Hemingway: Schnee auf dem Kilimandscharo, *Esquire*, August 1936, zitiert in der Übersetzung der abgewandelten Buchveröffentlichung: Ernest Hemingway: Schnee auf dem Kilimandscharo, Reinbek bei Hamburg 1988, S. 102f.
447 F. Scott Fitzgerald an Max Perkins, 19. September 1936 aus Asheville, in: Turnbull, Das Genie, S. 305.
448 F. Scott Fitzgerald: Wiedersehen mit Babylon, in: Wiedersehen mit Babylon, S. 141.
449 Michael Mok: »The Other Side of Paradise: Scott Fitzgerald, 40, Engulfed in Despair«, *New York Evening Post*, 25. September 1936, in: Bruccoli/Baughman, Conversations, S. 120.
450 Ebenda.
451 Ebenda, S. 125f.
452 Ebenda, S. 126.
453 F. Scott Fitzgerald an Ernest Hemingway, 28. September 1936 aus Asheville, in: Fitzgerald, Correspondence, S. 454.
454 F. Scott Fitzgerald: Der Knacks, in: Der Knacks, Berlin 1984, S. 16.
455 F. Scott Fitzgerald: Mit Vorsicht zu behandeln, in: Der Knacks, Berlin 1984, S. 46.
456 F. Scott Fitzgerald, in: Buttitta, The Lost Summer, S. 126.
457 Van Vechten, Sommer 1937, in: Milford, Zelda, S. 272.
458 F. Scott Fitzgerald an Arnold Gingrich, 7. Februar 1940 aus Encino, in: Fitzgerald, A Life in Letters, S. 433.
459 Dorothy Parker: Brief an George Oppenheimer, undatiert, in: Calhoun, Dorothy Parker, S. 28.
460 Loos, A Cast of Thousands, S. 128f.
461 F. Scott Fitzgerald an Anne Ober, 26. Juli 1937 aus Hollywood, in: Fitzgerald, A Life in Letters, S. 334f.
462 Frances Goodrich Hackett im Interview mit Aaron Latham, in: Latham, Crazy Sundays, S. 8.
463 F. Scott Fitzgerald an F. Scott Fitzgerald, Sommer 1937 aus Hollywood, in: Fitzgerald, A Life in Letters, S. 334.
464 F. Scott Fitzgerald: Die Liebe des letzten Tycoon, Zürich 2006, S. 47.
465 Nora Flynn an F. Scott Fitzgerald, Januar 1938, in: Mizener, The Far Side of Paradise, S. 310.
466 F. Scott Fitzgerald an Dr. Robert S. Carroll, 4. März 1938 aus Hollywood, in: Fitzgerald, A Life in Letters, S. 350.
467 Zelda an F. Scott Fitzgerald, September 1937 aus dem Highland Hospital, Asheville, in: Fitzgerald, Lover, S. 162.
468 Graham/Frank, Fitzgerald – meine große Liebe, S. 215.

469 F. Scott Fitzgerald an Joseph Mankiewicz, 20. Januar 1938 aus Culver City, in: Fitzgerald, A Life in Letters, S. 343–345.
470 Joseph Mankiewicz, in: Alan Margolies: »F. Scott Fitzgerald's Work in the Film Studios«, *Princeton University Library Quarterly* 32, Nr. 2, Winter 1971, S. 81.
471 F. Scott Fitzgerald an Dr. Robert S. Carroll und Dr. R. Burke Suitt, 7. April 1938 aus Hollywood, in: Milford, Zelda, S. 275.
472 F. Scott Fitzgerald an Dr. Robert S. Carroll, 19. April 1938 aus Hollywood, in: Milford, Zelda, S. 276.
473 F. Scott Fitzgerald an Dr. Robert S. Carroll, 4. März 1938 aus Hollywood, in: Fitzgerald, A Life in Letters, S. 351.
474 Zelda an F. Scott Fitzgerald, März/April 1938 aus dem Highland Hospital, Asheville, in: Fitzgerald, Lover, S. 165.
475 Scottie Fitzgerald, in: Lanahan, Scottie, S. 94.
476 F. Scott an Scottie Fitzgerald, 7. Juli 1938 aus Hollywood, in: Milford, Zelda, S. 278.
477 Scottie Fitzgerald im Interview mit Matthew J. Bruccoli, in: Bruccoli, Some Sort of Epic Grandeur, S. 442.
478 F. Scott Fitzgerald, in: Graham/Frank, Fitzgerald – meine große Liebe, S. 237.
479 Zelda an F. Scott Fitzgerald, Juli 1938 aus dem Highland Hospital, Asheville, in: Fitzgerald, Lover, S. 170.
480 Thomas Wolfe an F. Scott Fitzgerald, 26. Juli 1937 aus New York, in: The Crack-Up, S. 313.
481 Budd Schulberg, in: Dardis, Some Time in the Sun, S. 27.
482 Graham/Frank, Fitzgerald – meine große Liebe, S. 278.
483 Ebenda, S. 280.
484 Zelda an F. Scott Fitzgerald, später Januar 1939 aus dem Highland Hospital, Asheville, in: Milford, Zelda, S. 281.
485 Graham/Frank, Fitzgerald – meine große Liebe, S. 285.
486 Zelda an F. Scott Fitzgerald, April 1939 aus New York, in: Milford, Zelda, S. 281f.
487 F. Scott an Zelda Fitzgerald, 6. Mai 1939 aus Encino, in: Fitzgerald, Lover, S. 184.
488 F. Scott Fitzgerald: Pat Hobby geht aufs College, in: Der letzte Kuss, Zürich 2009, S. 461f.
489 Kroll, Against the Current, S. 111.
490 Zelda an F. Scott Fitzgerald, Ende Juli 1939 aus dem Highland Hospital, Asheville, in: Fitzgerald, Lover, S. 192.
491 F. Scott Fitzgerald an Harold Ober, 19. Juli 1939 aus Encino, in: Fitzgerald, A Life in Letters, S. 401f.
492 Zelda an F. Scott Fitzgerald, Herbst 1939 aus dem Highland Hospital, Asheville, in: Fitzgerald, Lover, S. 197.
493 F. Scott Fitzgerald: Einhundert Fehlstarts, in: Wiedersehen mit Babylon, S. 623.
494 Kenneth Littauer an F. Scott Fitzgerald, 28. November 1939 aus New York, in: Fitzgerald, Correspondence, S. 561.
495 Graham/Frank, Fitzgerald – meine große Liebe, S. 302.
496 Ebenda, S. 304.

497 F. Scott Fitzgerald an Sheilah Graham, 2. Dezember 1939 aus Encino, in: Graham/Frank, Fitzgerald – meine große Liebe, S. 305.
498 F. Scott Fitzgerald an Marjorie Brinson, 1939 aus Encino, in: Taylor, Sometimes Madness Is Wisdom, S. 336.
499 Zelda an F. Scott Fitzgerald, Februar 1940 aus dem Highland Hospital, Asheville, in: Fitzgerald, Lover, S. 209.
500 Cline, Zelda Fitzgerald, S. 457.
501 Zelda Fitzgerald an John Biggs, 29. Januar 1941 aus Montgomery, in: Cline, Zelda Fitzgerald, S. 376.
502 Zelda an F. Scott Fitzgerald, April 1940 aus Montgomery, in: Fitzgerald, Lover, S. 215.
503 F. Scott Fitzgerald an Max Perkins, 29. Mai 1940 aus Beverly Hills, in: Der große Gatsby, Nachwort, S. 247.
504 Scottie an F. Scott Fitzgerald, September 1940, in: Milford, Zelda, S. 295.
505 F. Scott an Zelda Fitzgerald, 28. September 1940 aus Hollywood, in: Fitzgerald, Lover, S. 231.
506 »Not Wholly Lost«, Nachruf, *New York Times,* 24. Dezember 1940, S. 14.
507 F. Scott Fitzgerald: »What I Think and Feel at 25«, *American Magazine* XCIV, September 1922, in: A Short Autobiography, S. 19.
508 Zelda Fitzgerald an Harold Ober, 24. Dezember 1940 aus Montgomery, in: Milford, Zelda, S. 298.
509 Toll, A Judge Uncommon, S. 185.
510 Mizener, The Far Side of Paradise, S. 336.
511 Bruccoli u.a., The Romantic Egoists, S. V.
512 Kroll, Against the Current, S. 118.
513 F. Scott Fitzgerald: The Notebooks, Nr. 2201, S. 326.
514 F. Scott Fitzgerald an Kenneth Littauer, 19. September 1939 aus Hollywood, in: Der letzte Taikun, Zürich 1977, S. 195.
515 John Dos Passos: A Note on Fitzgerald, in: The Crack-Up, S. 343.
516 F. Scott an Zelda Fitzgerald, 11. Oktober 1940 aus Hollywood, in: Fitzgerald, Lover, S. 234.
517 Zelda Fitzgerald: Caesar's Things, in: Wagner-Martin, Zelda Sayre Fitzgerald, S. 206.
518 Marjorie Brinson, in: Helen Blackshear: »Mama Sayre, Scott Fitzgerald's Mother-in-Law«, *Georgia Review* 19, Winter 1965, S. 467.
519 Zelda Fitzgerald an Rosalind Smith, Herbst 1947 aus Montgomery, in: Meyers, Scott Fitzgerald, S. 340.
520 Zelda Fitzgerald an Minnie Sayre, März 1948 aus dem Highland Hospital, Asheville, in: Mellow, Invented Lives, S. 490.
521 John Biggs an Minnie Sayre, Frühjahr 1948, in: Toll, A Judge Uncommon, S. 219.
522 Rede von Reverend Maurice Thomas Fox bei der Überführung, 7. November 1975, Rockville, in: Allen, Candles and Carnival Lights, S. 144f.
523 F. Scott Fitzgerald: Der große Gatsby, S. 189.
524 Dorothy Parker: The Veiled Surface, Minus Fronds and Dreams, *Esquire,* Februar 1959, S. 18.

525 F. Scott an Scottie Fitzgerald, 15. Dezember 1940 aus Hollywood, in: Fitzgerald, A Life in Letters, S. 475.
526 Scottie Fitzgerald Lanahan Smith: Vorwort zu: F. Scott Fitzgerald: Letters to His Daughter, S. IX.
527 Scottie Fitzgerald Lanahan Smith, in: Lanahan, Scottie, S. 60.
528 Arnold Gingrich: »Salute and Farewell to F. Scott Fitzgerald«, *Esquire*, März 1941.
529 Zitiert nach: Ebenda.
530 James Gray: »A Last Salute to the Gayest of Sad Young Men«, *Dispatch*, 24. Dezember 1940, S. 4.
531 F. Scott Fitzgerald: Die Liebe des letzten Tycoon, S. 48
532 F. Scott Fitzgerald: An Interview with F. Scott Fitzgerald, *Saturday Review* 43, 5. November 1960, S. 56.
533 F. Scott Fitzgerald: Zärtlich ist die Nacht, Zürich 2006, S. 315.
534 F. Scott Fitzgerald: Einhundert Fehlstarts, in: Wiedersehen mit Babylon, S. 628.

* * *

Literatur

Allen, Frederick Lewis: Only Yesterday. An Informal History of the 1920's, New York 1997
Allen, Joan M.: Candles and Carnival Lights. The Catholic Sensibility of F. Scott Fitzgerald, New York 1978
Angoff, Charles: H. L. Mencken. A Portrait from Memory, New York 1956
Astre, Georges-Albert: Hemingway. Aus dem Französischen von Elmar Tophoven, Reinbek bei Hamburg 1986
Berman, Ronald S.: Fitzgerald, Hemingway and the Twenties, Tuscaloosa – London 1994
Berman, Ronald S.: The Great Gatsby and Modern Times. Urbana, Illinois, 1994
Berg, A. Scott: Max Perkins. Editor of Genius, New York 1978
Best, Gary Dean: The Dollar Decade. Mammon and the Machine in 1920s America, Westport 2003
Boese, Katrin: Zelda Fitzgerald. So leben, dass ich frei atmen kann. Roman, Berlin 2010
Bondi, Victor (Hrsg.): American Decades. 1930–1939, Detroit 1995
Boyd, Ernest: Portraits. Real and Imaginary, New York 1924
Brian, Denis: Tallulah Darling. A Biography of Tallulah Bankhead, New York 1980
Bruccoli Matthew J./Fitzgerald Smith, Scottie/Kerr, Joan P.: The Romantic Egoists. A Pictorial Autobiography From The Scrapbooks And Albums of F. Scott and Zelda Fitzgerald, Columbia 1974
Bruccoli, Matthew J.: Scott and Ernest: The Authority of Failure and Success, New York 1978

Bruccoli, Matthew J.: Fitzgerald and Hemingway. A Dangerous Friendship, New York 1994

Bruccoli, Matthew J. (Hrsg.): The Only Thing That Counts. The Ernest Hemingway/Maxwell Perkins Correspondence 1925–1947, New York 1996

Bruccoli, Matthew J. (Hrsg.): F. Scott Fitzgerald's The Great Gatsby. A Literary Reference, New York 2002

Bruccoli, Matthew J.: Some Sort of Epic Grandeur. The Life of F. Scott Fitzgerald, Columbia 2002

Bruccoli, Matthew J./Baughmann, Judith (Hrsg.): Conversations with F. Scott Fitzgerald, Jackson 2003

Bucker, Park: The Matthew J. and Arlyn Bruccoli Collection of F. Scott Fitzgerald at the University of South Carolina. An Illustrated Catalogue, Columbia 2004

Buller, Richard: A Beautiful Fairy Tale. The Life of Actress Lois Moran, Pompton Plains, New Jersey, 2005

Burns, Ric/Sanders, James: New York. Die illustrierte Geschichte von 1609 bis heute, München 2002

Buttitta, Tony: The Lost Summer. A Personal Memoir of F. Scott Fitzgerald, New York 1987

Callaghan, Morley: That Summer in Paris. Memories of tangled friendship with Hemingway, Fitzgerald, and some others, New York 1963

Calhoun, Randall: Dorothy Parker. A Bio-Bibliography, Westport 1993

Carey, Gary: Anita Loos, New York 1988

Caruthers, Clifford M: Ring Around Max. The Correspondence of Ring Lardner & Max Perkins, DeKalb, Illinois, 1973

Citati, Pietro: Schön und verdammt. Ein biographischer Essay über Zelda und F. Scott Fitzgerald. Aus dem Italienischen von Maja Pflug, Zürich 2009

Cline, Sally: Zelda Fitzgerald. Her Voice in Paradise, New York 2002

Conrad, Joseph: Der Nigger von der Narcissus. Erzählungen. Aus dem Englischen von Lore Krüger, Hamburg 2006

Cowley, Malcolm/Cowley, Robert (Hrsg.): Fitzgerald and the Jazz Age, New York 1966

Curnutt, Kirk (Hrsg.): A Historical Guide to F. Scott Fitzgerald, Oxford 2004

Dabney, Lewis M.: Edmund Wilson. A Life in Literature, New York 2005

Dardis, Tom: Some Time in the Sun, New York 1976

Delaney, John (Hrsg.): The House of Scribner 1905–1930, Detroit 1997

Donaldson, Scott: Fool for Love. F. Scott Fitzgerald, Lincoln 2001

Donaldson, Scott: Hemingway vs. Fitzgerald: The Rise And Fall Of A Literary Friendship, Woodstock 2001

Donnelly, Honoria M./Billings, Richard N.: Sara and Gerald. Villa America and After, New York 1982

Douglas, Ann: Terrible Honesty. Mongrel Manhattan in the 1920s, New York 1995

Dos Passos, John: Die schönen Zeiten. Jahre mit Freunden und Fremden. Übersetzt von Paul Baudisch, Reinbek bei Hamburg 1969

Dumenil, Lynn. The Modern Temper. American Culture and Society in the 1920s, New York 1995

Elder, Donald: Ring Lardner. A Biography, Garden City 1956
Fahey, William A.: F. Scott Fitzgerald and the American Dream, New York 1973
Fass, Paula S. The Damned and the Beautiful. American Youth in the 1920's. New York 1979
Fitzgerald, F. Scott: A Descriptive Bibliography, hrsg. v. Matthew J. Bruccoli, Pittsburgh 1972
Fitzgerald, F. Scott: A Life in Letters, hrsg. v. Matthew J. Bruccoli, New York 1994
Fitzgerald, F. Scott: A Short Autobiography, hrsg. v. James L. W. West III, New York 2011
Fitzgerald, F. Scott: Afternoon of an Author, hrsg. v. Arthur Mizener, New York 1957
Fitzgerald, F. Scott: As Ever Scott Fitz: Letters Between F. Scott Fitzgerald and His Literary Agent Harold Ober, hrsg. v. Matthew J. Bruccoli, New York 1972
Fitzgerald, F. Scott: Correspondence of F. Scott Fitzgerald, hrsg. v. Matthew J. Bruccoli/Margaret M. Duggan, New York 1980
Fitzgerald, F. Scott: Der gefangene Schatten. Erzählungen. Aus dem Amerikanischen von Walter Schürenberg, Anna von Cramer-Klett, Elga Abramowitz und Walter E. Richartz, Zürich: Diogenes, 1980
Fitzgerald, F. Scott: Der große Gatsby. Aus dem Amerikanischen von Walter Schürenberg, Zürich: Diogenes, 1974
Fitzgerald, F. Scott: Der Knacks. Aus dem Amerikanischen von Walter Schürenberg, Berlin: Merve, 1984
Fitzgerald, F. Scott: Der letzte Kuss. Erzählungen. Aus dem Amerikanischen von Christa Hotz, Renate Orth-Guttmann, Harry Rowohlt, Alexander Schmitz, Walter Schürenberg und Melanie Walz, Zürich: Diogenes, 2009
Fitzgerald, F. Scott: Der letzte Taikun. Aus dem Amerikanischen von Walter Schürenberg, Zürich: Diogenes, 1977
Fitzgerald, F. Scott: Der Präsident oder Das Würstchen. Aus dem Amerikanischen von W. E. Richartz. Theater heute, 12. Dezember 1973, S. 37–54
Fitzgerald, F. Scott: Die letzte Schöne des Südens. Erzählungen. Aus dem Amerikanischen von Walter Schürenberg, Elga Abramowitz und Walter E. Richartz, Zürich: Diogenes, 1980
Fitzgerald, F. Scott: Die letzte Schöne des Südens. Erzählungen. Aus dem Amerikanischen von Bettina Abarbanell, Anna Cramer-Klett, Dirk van Gunsteren, Christa Hotz, Alexander Schmitz, Walter Schürenberg und Melanie Walz, Zürich: Diogenes, 2009 [in anderer Zusammenstellung als die Ausgabe Zürich 1980]
Fitzgerald, F. Scott: Die Liebe des letzten Tycoon. Ein Western. Aus dem Amerikanischen von Renate Orth-Guttmann, Zürich: Diogenes, 2006
Fitzgerald, F. Scott: Die Schönen und Verdammten. Aus dem Amerikanischen von Hans-Christian Oeser, Zürich: Diogenes, 2006
Fitzgerald, F. Scott: Diesseits vom Paradies. Aus dem Amerikanischen von Martina Tichy und Bettina Blumenberg, Zürich: Diogenes, 2006
Fitzgerald, F. Scott: Ein Diamant – so groß wie das Ritz. Erzählungen. Aus dem Amerikanischen von Walter Schürenberg, Walter E. Richartz, Elga Abramowitz und Günter Eichel, Zürich: Diogenes, 1980

Fitzgerald, F. Scott: F. Scott Fitzgerald's Ledger. A Facsimile, Washington 1972
Fitzgerald, F. Scott: Flappers and Philosophers, New York 1959
Fitzgerald, F. Scott: In His Own Time, hrsg. v. Matthew J. Bruccoli/Jackson R. Bryer, New York 1971
Fitzgerald, F. Scott: On Authorship, hrsg. v. Matthew J Bruccoli und Judith S. Baughman, Columbia 1996
Fitzgerald, F. Scott: Taps at Reveille, New York 1935
Fitzgerald, F. Scott: The Apprentice Fiction of F. Scott Fitzgerald 1909–1917, hrsg. v. John Kuehl, New Jersey 1965
Fitzgerald, F. Scott: The Crack-Up, hrsg. v. Edmund Wilson, New York 2009
Fitzgerald, F. Scott: The Cruise of the Rolling Junk, London 2011
Fitzgerald, F. Scott: The Notebooks of F. Scott Fitzgerald, hrsg. v. Matthew J. Bruccoli, New York 1978
Fitzgerald, F. Scott: The Portable F. Scott Fitzgerald, hrsg. v. Dorothy Parker, New York 1945
Fitzgerald, F. Scott: The St. Paul Stories of F. Scott Fitzgerald, hrsg. v. Patricia Hampl/Dave Page, St. Paul 2004
Fitzgerald, F. Scott: The Stories of F. Scott Fitzgerald, hrsg. v. Malcolm Cowley, New York 1953
Fitzgerald, F. Scott: Wiedersehen mit Babylon. Erzählungen. Aus dem Amerikanischen von Bettina Abarbanell, Christa Hotz, Renate Orth-Guttmann, Alexander Schmitz, Christa Schuenke, Walter Schürenberg und Melanie Walz, Zürich: Diogenes, 2009
Fitzgerald, F. Scott: Winterträume. Erzählungen. Aus dem Amerikanischen von Bettina Abarbanell, Dirk van Gunsteren, Christa Hotz, Alexander Schmitz, Christa Schuenke, Walter Schürenberg und Melanie Walz, Zürich: Diogenes, 2009
Fitzgerald, F. Scott: Zärtlich ist die Nacht. Aus dem Amerikanischen von Walter E. Richartz und Hanna Neves, Zürich: Diogenes, 1983
Fitzgerald, F. Scott: Zärtlich ist die Nacht. Aus dem Amerikanischen von Renate Orth-Guttmann, Zürich: Diogenes, 2006
Fitzgerald, Scott: Letters to His Daughter, hrsg. v. Andrew Turnbull, New York 1965
Fitzgerald, F. Scott/Fitzgerald, Zelda: Lover! Briefe, hrsg. v. Jackson R. Bryer/ Cathy W. Barks. Aus dem Englischen von Dora Winkler, München: DVA/Randomhouse, 2004
Fitzgerald, Zelda: Caesar's Things. Unveröffentlichtes Romanmanuskript, Universität Princeton
Fitzgerald, Zelda: Schenk mir den Walzer. Aus dem Amerikanischen von Anita Eichholz, München: Rogner & Bernhard, 1984
Fitzgerald, Zelda: The Collected Writings, hrsg. v. Matthew J. Bruccoli, New York 1991
Galbraith, John Kenneth: Der große Crash 1929. Ursachen, Verlauf, Folgen, München 2008
Glassco, John: Die verrückten Jahre. Abenteuer eines jungen Mannes in Paris. Aus dem Englischen von Matthias Fienbork, München 2010

Goldhurst, William: F. Scott Fitzgerald and His Contemporaries, New York 1963
Graham, Sheilah/Frank, Gerold: F. Scott Fitzgerald – meine große Liebe. Furchtlose Memoiren. Aus dem Amerikanischen von Marguerite Schlüter, Wiesbaden 1968
Graham, Sheilah: College Of One. New York 1968
Graham, Sheilah: The Real F. Scott Fitzgerald: Thirty-Five Years Later, New York 1976
Guthrie Hearne, Laura: A Summer with F. Scott Fitzgerald, in: *Esquire*, Dezember 1964, S. 160–260
Hackl, Llyod C.: F. Scott Fitzgerald and St. Paul: »Still Home to me«, Cambridge, Mass., 1996
Hansen, Arlen J.: Expatriate Paris. A Cultural and Literary Guide to Paris in the 1920s, New York 1990
Harnett, Koula Svokos: Zelda Fitzgerald and the Failure of the American Dream for Women, New York 1991
Hemingway, Ernest: Ausgewählte Briefe 1917–1961. Deutsch von Werner Schmitz, Berlin 1987
Hemingway, Ernest: Schnee auf dem Kilimandscharo. 6 Stories. Aus dem Amerikanischen von Annemarie Horschitz-Horst, Reinbek bei Hamburg 1988
Hemingway, Ernest: Fiesta. Aus dem Amerikanischen von Annemarie Horschitz-Horst, Reinbek bei Hamburg 1997
Hemingway, Ernest: Paris. Ein Fest fürs Leben. Aus dem Englischen von Walter Schmitz, Reinbek bei Hamburg 2011
Hook, Andrew: F. Scott Fitzgerald. A Literary Life, New York 2002
Hobson, Fred: Mencken. A Life, New York 1994
Kahn, Gordon/Hirschfeld, Al: The Speakeasies of 1932, New York 2004
Kanin, Garson: Hollywood, London 1975
Karl, Michaela: Noch ein Martini und ich lieg unterm Gastgeber. Dorothy Parker. Eine Biografie, Salzburg – St. Pölten 2011
Keel, Daniel/Kampa, Daniel: Heimliche Gedichte, Zürich 2007
Koblas, John J.: F. Scott Fitzgerald in Minnesota. His Homes and Haunts, St. Paul 1978
Kobler, John: Ardent Spirits. The Rise and Fall of Prohibition, New York 1973
Kuehl, John/Bryer, R. Jackson: Dear Scott/Dear Max. The Fitzgerald-Perkins Correspondence, London 1971
Kyvig; David E.: Daily Life in the United States, 1920–1939. Decades of Promise and Pain, Westport 2002
Lambert, Gavin: Nazimova. A Biography, New York 1997
Lanahan, Eleanor (Hrsg.): Zelda. An Illustrated Life. The Private World of Zelda Fitzgerald, New York 1996
Lanahan, Eleanor: Scottie. The Daughter of … The Life of Frances Scott Fitzgerald Lanahan Smith, New York 1995
Latham, Aaron: Crazy Sundays. F. Scott Fitzgerald in Hollywood, New York 1971
Latham, Angela J.: Posing a Threat, Flappers, Chorus Girls, and Other Brazen Performers of the American 1920s, Hanover 2000

Leroy, Gilles: Alabama Song. Aus dem Französischen von Xenia Osthelder, Zürich 2008

Le Vot, André: F. Scott Fitzgerald, Hardmondsworth 1985

Loos, Anita: A Cast of Thousands, New York 1976

Loos, Anita: A Girl Like I, New York 1966

Mayfield, Sara: Exiles from Paradise. Zelda and Scott Fitzgerald, New York 1971

McElvaine, Robert S.: The Great Depression: America 1929–1941, New York 1993

McLendon, Winzola: »Scott and Zelda«, *Ladies Home Journal* 91, November 1984, S. 58–171

Mellow, James R.: Charmed Circle. Gertrude Stein & Company, New York 1974

Mellow, James R: Invented Lives. F. Scott & Zelda Fitzgerald, Boston 1984

Meade, Marion: Dorothy Parker. What Fresh Hell Is This?, New York 1989

Meade, Marion: Bobbed Hair and Bathtube Gin. Writers Running Wild in the Twenties. Edna St. Vincent Millay, Dorothy Parker, Zelda Fitzgerald, and Edna Ferber, New York 2004

Mencken, H.L.: Ausgewählte Werke in 3 Bänden, hrsg. v. Helmut Winter, Band 1: Kulturkritische Schriften 1918–1926: Die Verteidigung der Frau/Das amerikanische Credo (Vorrede)/Demokratenspiegel, Waltrop 1999–2002.

Meyers, Jeffrey: Scott Fitzgerald. A Biography, New York 1994

Milford, Nancy: Zelda. Die Biographie des amerikanischen Traumpaares Zelda und F. Scott Fitzgerald. Aus dem Amerikanischen von Gertrud Baruch, München 1980

Miller-Patterson, Linda (Hrsg.): Letters from the Lost Generation. Gerald and Sara Murphy and Friends, New Brunswick 1991

Miller, Nathan: New World Coming. The 1920s And The Making Of Modern America, New York 2004

Mitchell, Margaret: Vom Winde verweht. Aus dem Amerikanischen von Martin Beheim-Schwarzbach, Reinbek bei Hamburg 1984

Mizener, Arthur: The Far Side of Paradise. A Biography of F. Scott Fitzgerald, Boston 1965

Mizener, Arthur: F. Scott Fitzgerald and His World, New York 1972

Moore, Colleen: Silent Star, Garden City 1968

Moore, Grace: You're Only Human Once, New York 1947

Moore, Lucy: Anything Goes. A Biography of the Roaring Twenties, London 2008

Mowry, George E.: The Twenties. Fords, Flappers, & Fanatics, Englewood Cliffs 1963

Müller, Kurt: Ernest Hemingway. Der Mensch, der Schriftsteller, das Werk, Darmstadt 1999

Ogden Stewart, Donald: By a Stroke of Luck! An Autobiography, New York 1975

Okrent, Daniel: Last Call. The Rise and Fall of Prohibition, New York 2011

Page, David/Koblas, John J.: F. Scott Fitzgerald in Minnesota. Towards the Summit, Saint Cloud 1996

Parrish, Michael E.: Anxious Decades. America in Prosperity and Depression, 1920–1941, New York 1992

Prigozy Ruth: F. Scott Fitzgerald, Woodstock 2001
Prigozy, Ruth (Hrsg.): The Cambridge Companion to F. Scott Fitzgerald, Cambridge 2002
Reynolds. Michael: Hemingway. The Paris Years, Oxford und New York 1989
Rielly, Edward J.: F. Scott Fitzgerald. A Biography, Westport 2005
Ring, Frances Kroll: Against the Current. As I Remember F. Scott Fitzgerald, Berkeley 1985
Robinson, Douglas: Ring Lardner and the Other. New York 1992
Rodriguez-Hunter, Suzanne: Rendez-vous im literarischen Paris, Reinbek bei Hamburg 1994
Schnack, Elisabeth: Müssen Künstler einsam sein?, Zürich 1991
Schulberg, Budd: Der Entzauberte. Aus dem Amerikanischen von Harry Kahn, Zürich 1954
Spindler, Elizabeth Carroll: John Peale Bishop. A Biography, Morgantown 1980
Stromberg, Kyra: Zelda und F. Scott Fitzgerald. Ein amerikanischer Traum, Berlin 1997
Taylor, Kendall: Sometimes Madness is Wisdom. Zelda and Scott Fitzgerald. A Marriage, New York 2001
Thomas, Bob: Thalberg. Life and Legend, Garden City 1969
Toll, Seymour I: A Judge Uncommon. A Life of John Biggs, Jr. Philadelphia 1993
Tomkins, Calvin: Living Well is the Best Revenge. Two Americans in Paris 1921–1933, New York 1972
Tunney, Kieran: Tallulah. Darling of the Gods. An Intimate Portrait, New York 1973
Turnbull, Andrew: F. Scott Fitzgerald. Das Genie der wilden zwanziger Jahre. Aus dem Amerikanischen von Alexandra von Reinhardt, München 1986
Turnbull, Andrew (Hrsg.): The Letters of F. Scott Fitzgerald, New York 1963
Tytell, John: Leben. Liebe Leidenschaft. D. H. Lawrence, F. Scott Fitzgerald, Henry Miller, Dylan Thomas, Sylvia Plath. Fünf Porträts. Aus dem Amerikanischen von Ebba D. Drolshagen, Zürich 1993
Wagner-Martin, Linda: Zelda Sayre Fitzgerald. An American Woman's Life, New York 2004
Way, Brain: F. Scott Fitzgerald and the Art of Social Fiction, London 1980
Weisbrod, Eva: A Student's Guide to F. Scott Fitzgerald, Berkeley Heights 2004
West, James, L. W. III: The Perfect Hour. The Romance of F. Scott Fitzgerald and Ginevra King, his first love, New York 2005
Westbrook, Robert: Intimate Lies. F. Scott Fitzgerald and Sheilah Graham. Her Son's Story, New York 1995
Wilson, Edmund: The Shores of Light. A Literary Chronicle of the 1920s and 1930s, New York 1952
Wilson, Edmund: The Bit Between My Teeth. A Literary Chronicle 1950–1965, New York 1965
Wilson, Edmund: The Twenties. From Notebooks and Diaries of the Period, New York 1975
Wilson, Edmund: The Thirties. From Notebooks and Diaries of the Period, New York 1980

Wilson, Edmund: The Fifties. From Notebooks and Diaries of the Period, New York 1986
Schessler, Ken: This is Hollywood, Los Angeles 1984
Seidel, Kathryn Lee: The Southern Belle in American Novel, Tampa 1985
Vail, Amanda: Everybody Was So Young. Gerald and Sara Murphy. A Lost Generation Story, New York 1998
Valenstein, Elliot S.: Great and Desperate Cures. The Rise and Decline of Psychosurgery and Other Radical Treatments for Mental Illness, New York 1986
Ward Lyons, Anne: Myth and Agony. The Southern Woman as Belle, Ann Arbor 1975
Webb, Michael: Hollywood. Legend and Reality, Boston 1986
Weiss, Andrea: Paris war eine Frau. Die Frauen von der Left Bank. Djuna Barnes, Janet Flanner, Gertrude Stein & Co., Reinbek 2006
Yagoda, Ben: About Town. The New Yorker and the World It Made, New York 2000
Zeitz, Joshua: Flapper: A Madcap Story of Sex, Style, Celebrity and the Women Who Made America Modern, New York 2007

Archive

New York Public Library, New York
Princeton University, Firestone Library, Department of Rare Books and Special Collections, F. Scott Fitzgerald Papers und Zelda Fitzgerald Papers
The New Yorker, New York
The New York Times, New York
The Los Angeles Times, Los Angeles
University of South Carolina, Thomas Cooper Library, Rare Books and Special Collections: The Matthew J. and Arlyn Bruccoli Collection of F. Scott Fitzgerald

Textnachweis

Zitate aus Übersetzungen der Werke von F. Scott und Zelda Fitzgerald erfolgen nach den in den Anmerkungen und im Literaturverzeichnis genannten Ausgaben. Für die Abdruckgenehmigungen von Zitaten aus den deutschsprachigen Ausgaben der Werke und Briefe F. Scott Fitzgeralds und Zelda Fitzgeralds danken wir Diogenes Verlag AG Zürich, Rogner & Bernhard Berlin, DVA/Verlagsgruppe Randomhouse München.
Weitere Übersetzungen aus Originalquellen wurden, soweit in den Anmerkungen nicht anders vermerkt, von der Autorin ins Deutsche übersetzt.
Die Originaltitel der Kurzgeschichten von F. Scott Fitzgerald wurden nur dann genannt, wenn von diesen noch keine Übersetzungen vorliegen.

Anm. 8, 201, 523: F. Scott Fitzgerald: Der große Gatsby. Aus dem Amerikanischen von Bettina Abarbanell. Copyright der deutschsprachigen Ausgabe © 2006 Diogenes Verlag AG Zürich. – Anm. 229, 275, 350, 401, 533: F. Scott Fitzgerald: Zärtlich ist die Nacht. Aus dem Amerikanischen von Renate Orth-Guttmann. Copyright der deutschsprachigen Ausgabe © 2006 Diogenes Verlag AG Zürich. – Anm. 28, 31, 33, 34, 35, 42, 57, 132, 133, 134: F. Scott Fitzgerald: Diesseits vom Paradies. Aus dem Amerikanischen von Martina Tichy und Bettina Blumenberg. Überarbeitet von Hans-Christian Oeser. Copyright der deutschsprachigen Ausgabe © 2006 Diogenes Verlag AG Zürich. – Anm. 88: F. Scott Fitzgerald: Der Eispalast. In: F. Scott Fitzgerald: Winterträume. Aus dem Amerikanischen von Walter Schürenberg. Copyright der deutschsprachigen Ausgabe © 2009 Diogenes Verlag AG Zürich. – Anm. 95, 116, 119, 176, 185: F. Scott Fitzgerald: Früher Erfolg. In: F. Scott Fitzgerald: Winterträume. Aus dem Amerikanischen von Bettina Abarbanell. Copyright der deutschsprachigen Ausgabe © 2009 Diogenes Verlag AG Zürich. – Anm. 109: F. Scott Fitzgerald: Erster Mai. In: F. Scott Fitzgerald: Winterträume. Aus dem Amerikanischen von Christa Schuenke. Copyright der deutschsprachigen Ausgabe © 2009 Diogenes Verlag AG Zürich. – Anm. 68, 79, 93: F. Scott Fitzgerald: Die letzte Schöne des Südens. In: F. Scott Fitzgerald: Die letzte Schöne des Südens. Aus dem Amerikanischen von Bettina Abarbanell. Copyright der deutschsprachigen Ausgabe © 2009 Diogenes Verlag AG Zürich. – Anm. 169, 202, 209, 212, 214, 220: F. Scott Fitzgerald: Wie man 36 000 Dollar in einem Jahr verprassen kann. In: F. Scott Fitzgerald: Die letzte Schöne des Südens. Aus dem Amerikanischen von Melanie Walz. Copyright der deutschsprachigen Ausgabe © 2009 Diogenes Verlag AG Zürich. – Anm. 230: F. Scott Fitzgerald: Wie man mit fast nichts über die Runden kommt. In: F. Scott Fitzgerald: Die letzte Schöne des Südens. Aus dem Amerikanischen von Melanie Walz. Copyright der deutschsprachigen Ausgabe © 2009 Diogenes Verlag AG Zürich. – Anm. 309: F. Scott Fitzgerald: Die Schwimmer. In: F. Scott Fitzgerald: Die letzte Schöne des Südens. Aus dem Amerikanischen von Melanie Walz. Copyright der deutschsprachigen Ausgabe © 2009 Diogenes Verlag AG Zürich. – Anm. 156: F. Scott Fitzgerald: Ein neues Kapitel. In: F. Scott Fitzgerald: Wiedersehen mit Babylon. Aus dem Amerikanischen von Melanie Walz. Copyright der deutschsprachigen Ausgabe © 2009 Diogenes Verlag AG Zürich. – Anm. 337: aus der Krankenakte Zelda Fitzgeralds. In: Daniel Kampa: Nachwort. In: F. Scott Fitzgerald: Wiedersehen mit Babylon. Copyright der deutschsprachigen Ausgabe © 2009 Diogenes Verlag AG Zürich. – Anm. 370: F. Scott Fitzgerald: Verrückter Sonntag. In: F. Scott Fitzgerald: Wiedersehen mit Babylon. Aus dem Amerikanischen von Walter Schürenberg. Copyright der deutschsprachigen Ausgabe © 2009 Diogenes Verlag AG Zürich. – Anm. 384, 493, 534: F. Scott Fitzgerald: Hundert Fehlstarts. In: F. Scott Fitzgerald: Wiedersehen mit Babylon. Aus dem Amerikanischen von Renate Orth-Guttmann. Copyright der deutschsprachigen Ausgabe © 2009 Diogenes Verlag AG Zürich. – Anm. 448: F. Scott Fitzgerald: Wiedersehen mit Babylon. In: F. Scott Fitzgerald: Wiedersehen mit Babylon. Aus dem Amerikanischen von Walter Schürenberg. Copyright der deutschsprachigen Ausgabe © 2009 Diogenes Verlag AG Zürich. – Anm. 187: F. Scott Fitzgerald an Scottie Fitzgerald. In: Manfred Papst:

Chronik eines Niedergangs. Nachwort. In: F. Scott Fitzgerald: Die Schönen und Verdammten. Copyright der deutschsprachigen Ausgabe © 1998, 2006 Diogenes Verlag AG Zürich. – Anm. 189: F. Scott Fitzgerald: Die Glanzstunde. In: F. Scott Fitzgerald: Die Schönen und Verdammten. Aus dem Amerikanischen von Hans-Christian Oeser. Copyright der deutschsprachigen Ausgabe © 1998, 2006 Diogenes Verlag AG Zürich. – Anm. 190: F. Scott Fitzgerald: Symposium. In: F. Scott Fitzgerald: Die Schönen und Verdammten. Aus dem Amerikanischen von Hans-Christian Oeser. Copyright der deutschsprachigen Ausgabe © 1998, 2006 Diogenes Verlag AG Zürich. – Anm. 2: F. Scott Fitzgerald: Das Vernünftige. In: F. Scott Fitzgerald: Winterträume. Aus dem Amerikanischen von Bettina Abarbanell. Copyright der deutschsprachigen Ausgabe © 2009 Diogenes Verlag AG Zürich. – Anm. 141: F. Scott Fitzgerald: Ein Diamant so groß wie das Ritz. In: F. Scott Fitzgerald: Winterträume. Aus dem Amerikanischen von Dirk van Gunsteren. Copyright der deutschsprachigen Ausgabe © 2009 Diogenes Verlag AG Zürich. – Anm. 255: F. Scott Fitzgerald: Junger Mann aus reichem Haus. In: F. Scott Fitzgerald: Die letzte Schöne des Südens. Aus dem Amerikanischen von Walter Schürenberg. Copyright der deutschsprachigen Ausgabe © 2009 Diogenes Verlag AG Zürich. – Anm. 29: F. Scott Fitzgerald: Basil findet sich fabelhaft. In: F. Scott Fitzgerald: Die letzte Schöne des Südens. Aus dem Amerikanischen von Walter Schürenberg. Copyright der deutschsprachigen Ausgabe © 2009 Diogenes Verlag AG Zürich.

Zelda Fitzgerald: Ein Walzer für mich. Aus dem Amerikanischen von Pociao. Copyright der deutschsprachigen Ausgabe © 2011 Diogenes Verlag AG Zürich. Für die Übersetzung von Anita Eichholz: © 1984 Rogner & Bernhard Berlin.

Fitzgerald, F. Scott/Fitzgerald, Zelda: Lover! Briefe, hrsg. v. Jackson R. Bryer/Cathy W. Barks. Aus dem Englischen von Dora Winkler. © München: DVA in der Verlagsgruppe Randomhouse, 2004.

Bildnachweis

[1], [8], [9] ullstein bild – Photo12
[2], [3], [7], [11], [13] Bettmann/Corbis
[4] Interfoto/Friedrich
[5] Underwood & Underwood/Corbis
[6] Everett Collection/action press
[10] Hulton-Deutsch Collection/Corbis
[12] John Springer Collection/Corbis
[14] CSU Archives/Everett Collection/picture alliance
[15] Corbis

Personenregister

Adair, Perry 67
Adams, Franklin Pierce 76, 93
Addison, Eleanor 49
Aischylos 51
Alexander d. Gr. 147
Anderson, Margaret 90
Aristoteles 51
Armstrong, Louis 10
Astor, Nancy 215
Babe, Ruth 10
Baker, Hobey 29
Balanchine, George 270
Bankhead, Eugenia 87
Bankhead, Tallulah 48, 52, 55, 87, 134, 232
Bankhead, William 48
Banning, Margaret Culkin 224
Barnes, Djuna 113, 132
Barney, Natalie 162
Barron, Joseph 70
Barrymore, John 68, 142
Beach, Sylvia 132, 153f.
Benchley, Robert 93, 114, 162, 232, 236
Bennett, Basil 274f.
Bergson, Henri-Louis 39
Berlin, Irving 12
Bigelow, Alida 72
Biggs, Anne 264
Biggs, John 145, 154, 258, 261, 263ff., 272f., 275
Bishop, John Peale 31, 57, 62, 71, 86, 92, 122, 133, 157, 166
Bishop, Margaret 157
Bleuler, Eugen 179
Bow, Clara 90
Braque, Georges 114, 131, 153
Bromfield, Louis 139
Brooke, Rupert 38, 39, 62, 71
Brooks, Louise 90
Brooks, Richard 259
Brooks, Romaine 162
Brooks, Van Wyck 124
Broun, Heywood 124
Bruccoli, Matthew J. 269f., 278, 280
Brush, Katharine 182
Buller, Richard 143
Bushnell, Asa 148
Buttitta, Tony 217f.
Byron, George Lord 12
Callaghan, Morley 159f., 165
Campell, Alan 232
Carroll, Robert S. 223, 242f., 247, 253, 256ff., 274
Case, Frank 250
Chamson, André 154
Chandler, Raymond 235
Chaplin, Charlie 12, 101, 143
Chapman, Ross McClure 211
Churchill, Lady Randolph 94
Churchill, Winston 39, 94
Citati, Pietro 14
Cleveland, Grover 15
Cline, Sally 183, 258, 280
Cochran, C. B. 235
Cocteau, Jean 132
Colbert, Claudette 234
Conrad, Joseph 94, 106, 124
Coolidge, Calvin 22
Cowan, Lester 258
Cowley, Malcolm 205, 222
Crawford, Joan 234, 241
Curtis, Tony 70, 269
Dance, Beatrice 217f., 237
Davis, Jefferson 43, 46
De Niro, Robert 269
Dent, Helen 67
Diaghilew, Sergej 152
Dickens, Charles 51, 115, 236
Dietrich, Marlene 234
Donahoe, Sap 27, 29, 34
Donegall, Lord 236
Dos Passos, John 11, 103f., 133, 147, 167, 186, 203, 217, 222, 269
Doubleday, Frank 106
Duncan, Isadora 134
Edward, Prinz von Wales 115

Egorova, Lubov 152, 154, 161f., 166, 173, 175ff., 271
Eisenhower, Dwight D. 56
Eldridge, Florence 233
Elgin, Paul 253
Elgin, William Worcester 211
Eliot, T. S. 112, 124
Emerson, John 87
Ervine, St. John 94
Fairbanks sen., Douglas 143
Farrow, Mia 280
Faulkner, William 10f., 217, 231, 235
Fay, Cyril Sigourney Webster 28, 39, 63f.
Fitzgerald, Annabel (Schwester) 18, 35, 225
Fitzgerald, Edward (Vater) 16ff., 21, 50
Fitzgerald, Louise und Mary 17
Fitzgerald, Mary (Mollie, Mutter) 16f., 20ff., 47, 50, 55, 226
Fitzgerald, Scottie 14, 96ff., 100, 102f., 112f., 117, 129, 133ff., 139, 141f., 145f., 155, 161, 171, 175f., 178, 180f., 183ff., 190, 195, 209, 213, 215, 220, 222, 224f., 228f., 231, 236ff., 242, 244ff., 251ff., 255, 258ff., 263ff., 273f., 277ff.
Flanner, Janet 113, 132
Flynn, Maurice, »Lefty« 214f., 224
Flynn, Nora 215, 224, 237
Forel, Oscar 170ff., 175, 176ff., 180, 183, 201, 280
Fowler, Ludlow 80, 120, 132, 264
France, Anatole 94f.
Francillon, Robert Edward 45
Franco, Francisco 233
Frank, Gerald 276
Franklin, Benjamin 94
Fuller, Edward M. 126
Fuller, Rosalinde 67
Gable, Clark 213, 234
Galsworthy, John 94
Garbo, Greta 231, 234
Gaus, Christian 38, 85

Gerould, Gordon Hall 40
Gershwin, George 10, 82
Gingrich, Arnold 213, 222, 239f., 252, 279
Gillespie, Porter 68
Gish, Lilian 96
Glassco, John 132
Goethe, Johann Wolfgang von 147
Goldwyn, Samuel 142
Goncharova, Natalia 114
Graham, Sheilah 119, 235ff., 244, 248ff., 251, 253, 255ff., 260f., 264, 268, 276f.
Graham, Wendy 235
Guthrie, Laura 216ff.
Haardt, Sara 48, 220
Hackett, Albert 234
Hackett, Frances Goodrich 234
Hammett, Dashiell 233
Hardy, Thomas 97
Havilland, Olivia de 252
Hayes, Helen 237
Heap, Jane 90
Hearst, William Randolph 11, 142
Hecht, Ben 247
Held jun., John 103
Hellman, Lillian 233
Hemingway, Ernest 10, 13, 62, 72, 76, 100, 103, 112f., 119, 128ff., 134, 136, 138ff., 147, 155, 157ff., 194, 203, 206f., 211, 213, 221f., 225, 227, 229, 233, 260f., 265
Hemingway, Hadley 128, 131f., 134, 136
Hersey, Marie 32, 79
Hibben, John Grier 79
Hill, James J. 16, 24
Hitler, Adolf 245
Hopkins, Miriam 234
Hopper, Hedda 235, 276
Hornung, E. W. 252
Horton, Edward Everett 246
Howard, Sidney 247
Huxley, Aldous 234
Ignatius von Loyola, hl. 20, 273
Ivens, Joris 233

James, Henry 72, 121, 124
James, William 39
Jolson, Al 136
Joyce, James 90, 132, 153
Jozan, Edouard 118f., 139, 143, 172, 271
Kalman, Oscar 96, 98, 165
Kalman, Xandra 96ff., 109, 115, 165
Kaufman, George S. 232
Kazan, Elia 269
Keats, John 12, 31, 204
Kellermann, Annette 54
Kennedy, Robert 142
Kerr, Deborah 277
Key, Francis Scott 17
Key, Philip 17
King, Charles 37
King, Ginevra 32ff., 37f., 60f., 126, 178, 239
King, Martin Luther 45
Konstantin d. Gr., röm. Kaiser 147
Kroll, Frances 250f., 261, 263ff.
Lanahan, Eleanor 274
Lanahan, Ensign Samuel Jackson 273
Lanahan, Thomas Addison 273
Lardner, Ring 105ff., 112, 126, 198, 204, 210
Lasky, Jesse 234
Leigh, Vivien 41
Lemmon, Jack 70
Leslie, Shane 39, 57, 94
Lincoln, Abraham 17, 43
Lindbergh, Charles A. 10, 146
Littauer, Kenneth 254, 268
Littlefield, Catherine 150
Lombard, Carole 234
Loos, Anita 87, 92, 107, 232, 234
Lubitsch, Ernst 232
Ludendorff, Erich 147
MacArthur, Charles 137, 218, 237
Mackenzie, Compton 76, 122
MacLeish, Archibald 114, 133, 138
Maddock, Lillian 113, 117
Madonna 116
Man Ray 132
Mankiewicz, Joseph 240f.

Mann, Thomas 238
March, Fredric 233f.
Marlowe, Christopher 279
Martin, Townsend 86
Marx Brothers 106
Marx, Karl 194
Marx, Samuel 210
Mathis, Peyton 52
Matisse, Henri 131
Mayer, Edwin Justus 232
Mayer, Louis B. 267
Mayfield, Sara 48f., 51f., 119, 137, 212
McAlmon, Robert 162, 174
McClennan, Howard 36
McKaig, Alexander 80, 86, 92, 100
McKenzie, Compton 39
McLendon, Paul 270
McQuillan, Philip Francis 16
Medici, Katharina von 115f.
Meduna, Ladislas 211
Mencken, Henry Louis 48f., 75, 86, 93
Meyer, Adolf, 186, 195
Milford, Nancy 119, 153, 280
Miller, Marilyn 102
Miro, Joan 114
Mitchell, Margaret 41, 246f.
Mitchum, Robert 269
Mizener, Arthur 87f., 241, 280
Mok, Michel 226f.
Moniz, Egas 223f.
Monroe, Marilyn 70, 87
Montand, Yves 134
Montgomery, Robert 234
Moore, Colleen 142
Moran, Lois 143ff., 204
Morgan, John Tyler 46
Murphy, Boath 113, 220
Murphy, Gerald 113ff., 119f., 132ff., 152f., 162f., 166, 175, 181, 204, 207, 215, 223, 228f., 233, 253, 264f.
Murphy, Honoria 113
Murphy, Patrick 113, 163f., 181, 229
Murphy, Sara 113ff., 119f., 132ff., 136, 138f., 152ff., 163ff., 166, 175, 181, 203f., 207, 215, 223, 229, 264f.

Mussolini, Benito 147
Myers, Carmel 121, 142
Nathan, George Jan 87, 93
Nazimova, Alla 231f.
Negri, Pola 142
Niblo, Fred 121
Nicholson, Jack 269
Nietzsche, Friedrich 147
Nijinsky, Vaslav 153, 193
Niven, David 252
Nurejew, Rudolf 272
O'Conor, Bijou 178
O'Hara, John 41, 279
O'Sullivan, Maureen 234, 237
Ober, Anne 264, 273
Ober, Dick 263
Ober, Harold 74, 94, 123, 148, 157, 177, 183f., 193, 213, 215, 219, 226, 229, 231, 249, 252, 263ff., 273
Oppenheimer, George 234
Owens, Isabel 190, 194, 215f., 220, 224
Palmer, Edgar 150
Palmer, John 80, 250
Paramore jun., Edward 239f.
Parker, Dorothy 48, 83, 92f., 114, 137, 162, 164, 203, 218, 232ff., 236, 261, 277, 279
Parks, Rosa 44
Parsons, Louella 235, 276
Pawlowa, Anna 53, 102, 150, 177
Peck, Gregory 277
Penn, Sean 72
Perelman, S. J. 234
Perkins, Louise 264
Perkins, Maxwell 62, 72, 76, 93f., 96, 102, 109, 121ff., 125, 127ff., 135, 145, 148, 151, 154ff., 165, 166, 176ff., 186, 189, 198, 212, 226, 231, 254, 258, 264f., 271
Pfeiffer, Pauline 155, 157
Philippe (Saufkumpan, Chauffeur) 154
Picabia, Francis 131
Picasso, Pablo 114, 131, 153, 214
Pickford, Mary 96, 143

Pine, Irving 258, 280
Pinter, Harold 269
Piper, Henry Dan 271
Plutarch 51
Porter, Cole 14, 68, 82, 114f.
Pound, Ezra 112, 132, 147
Rascoe, Burton 75
Redford, Robert 9, 17, 280
Remarque, Erich Maria 238
Rennie, Thomas 191ff., 195, 197
Revere, Paul 18
Reynold, Paul Revere 74
Richardson, Dorothy 225
Robinson, Lennox 94
Rogers, Ginger 234
Roosevelt, Franklin D. 233
Rosenberg, Amalia Harper 270
Ross, Cary 199, 203
Rousseau, Henri 154
Russell, Rosalind 234
Ryan, J. A. 63
Salinger, J. D. 77
Sano, Marcel de 184
Sayre, Anthony 45ff., 50, 54, 180, 183, 271
Sayre, Clothilde 46, 80, 249
Sayre, Daniel 46
Sayre, Marjorie 46, 50, 52, 79f., 256, 270, 273
Sayre, Minerva 45ff., 50, 52, 180, 243, 246, 257, 271, 27
Sayre, Rosalind 46, 50, 80, 150, 170f., 223, 246
Schopenhauer, Arthur 39
Schulberg, Budd 247f., 265
Scribner, Charles 57, 61
Sedova, Julia 163
Seldes, Gilbert 83, 114, 120, 124, 151, 203
Sellers, John 52
Selznick, David O. 246f.
Shakespeare, William 38, 51
Shaw, George Bernard 217
Shearer, Norma 182, 210, 267
Shelley, Percy 12

Signoret, Simone 134
Sinatra, Frank 231
Slocum, Clarence 202
Smith, C. Grove 278
Smith, Newman 170, 264
Spengler, Oswald 147
Squires, Mildred 186ff.
Stein, Gertrude 112f., 131f., 159, 214
Steinbeck, John 205, 217
Steiner, May 67
Stephens, Lottie 218
Stewart, Donald Ogden 70, 114
Strawinsky, Igor 114, 152f.
Sullavan, Margaret 241
Surratt, Mary 17
Swanson, Gloria 106
Swanson, H. N. 235
Swinburne, Algernon Charles 38
Swope, Herbert Bayard 104, 106, 126
Synge, John M. 12
Talmadge, Constance 96, 141
Taylor, Elizabeth 259
Taylor, Robert 237, 241
Temple, Shirley 233f.
Thackerey, William Makepiece 51, 132
Thalberg, Irving 145, 182, 184, 210, 254, 266f.
Thompson, Mildred 244
Toklas, Alice B. 214
Tolstoi, Leo N. 39
Tracy, Spencer 234

Trajan, röm. Kaiser 147
Turnbull, Andrew 190, 280
Twain, Mark 18
Valentino, Rudolph 10, 114, 231
Vanderbilt, Emily 178
Vechten, Carl van 142, 146, 150, 152, 229
Voltaire 154
Wanger, Walter 248
Warren, Charles Marquis 210
Washington, George 20
Weaver, John V. A. 222
Westbrook, Trevor 276
Wharton, Edith 72, 124, 133
White, George 84
Wilde, Dolly 162
Wilde, Oscar 51, 115, 162, 175
Wilder, Billy 70
Wilder, Laura Ingalls 16
Wilder, Thornton 151
William, Emlyn 260
Williams, Robbie 116
Wilson, Edmund 33f., 70f., 92, 96f., 99, 101, 151, 194, 221f., 229, 266, 269f., 279
Wilson, Woodrow 29, 33, 69
Wolfe, Thomas 11, 72, 176, 207, 246
Woollcott, Alexander 124, 137
Young, Tim 143
Zukor, Adolph 234

Michaela Karl
»Ladies and Gentlemen, das ist ein Überfall!«

Die Geschichte von
Bonnie & Clyde

Die erste deutschsprachige Biografie des legendären Ganovenpärchens

Amerika in den 1930er-Jahren, die Zeit der Großen Depression. Um Armut und Arbeitslosigkeit zu entfliehen, entwickeln Bonnie & Clyde ein eigenwilliges Geschäftsmodell: sie rauben Banken aus. Bewundert von den Verlierern des amerikanischen Traums, halten sie das Land zwei Jahre lang in Atem. Doch dann erklärt FBI-Direktor Hoover den beiden Verbrechern den Krieg …

Wie konnten zwei junge Menschen aus Texas, auf deren Konto kaltblütige Morde gingen, zu Volkshelden werden?

Michaela Karl erzählt in ihrem neuen Buch die spannende Geschichte von Bonnie & Clyde: Es ist die Geschichte von einem kompromisslosen Kampf gegen Staat und Gesetz – und von der großen Liebe.

304 Seiten mit zahlreichen Abbildungen
Hardcover mit Schutzumschlag
ISBN 978 3 7017 3282 1

residenzverlag.at